내전, 대중 혐오, 법치

신자유주의는 어떻게 지배하는가

내전

Civil War

대중 혐오

Demophobia

법치

Rule by Law

신자유주의는 어떻게 지배하는가

**피에르 다르도, 크리스티앙 라발,
피에르 소베트르, 오 게강**
지음

정기현 **장석준**
옮김 해제

원더박스

이 책은 '신자유주의와 대안 연구그룹(GENA)'의 집단적 성찰의 일환이다. GENA는 2018년 가을에 결성된 국제적인 학제 간 연구그룹으로, 신자유주의를 그것의 전략적 변형을 통해 분석하는 것을 목표로 한다. 도널드 트럼프와 자이르 보우소나루의 대선 승리, 민족주의적, 권위주의적, 인종주의적 정부 모델의 광범위한 확산 등의 역사적 국면에서 출발하여, 신자유주의의 역사에서 폭력과 내전이 차지하는 위치와 중요성에 대해 공동 연구를 진행하였다.

원고 검토와 분석, 참고문헌 등으로 이 책의 집필에 도움을 준 마틸드 치올리, 마르시아 쿤하, 장-프랑수아 들뤼셰, 바르바라 디아스, 에이토르 데 마세두, 마시밀리아노 니콜리, 닐튼 오타, 시몽 리들리, 타티아나 로크, 에민 사리카르탈, 라파엘 발랭에게 지면을 빌려 감사의 마음을 전한다.

차
례

신자유주의
내전의 전략들

신자유주의는 애초부터 내전이라는 근본적인 선택에서 출발했다. 오늘날 군사적 수단이 동원되지 않을 때조차도 여전히 이 선택에 따라 노선과 정책이 결정된다. 이 책은 시종일관 이러한 주장을 견지할 것이다. 사회에 대한 억압과 폭력이 갈수록 노골화하는 오늘날 벌어지는 일들은 실제로 **내전**이다. 이를 더 명확히 이해하기 위해서는 내전의 개념을 살펴야 한다. 널리 알려진 대로 내전은 외부와의 전쟁인 국가 간 전쟁에 대비되는 '내부에서 벌어지는 전쟁'이다. 이에 따르면 내전은 동일한 국가의 시민들 사이에 벌어진다. 외부와의 전쟁은 모든 교전 당사국들이 따르는 법의 통제를 받지만, 국내에서 벌어지는 전쟁은 무법 지대로 밀려난다. 1871년 4월, 귀스타브 쿠르베가 '내전의 선례들(1861~1865년 미국에서 벌어진 남북전쟁)'을 언급하며 파리 코뮌 참여자들에게 교전 당사자의 지위를 부여해야 한다고 주장하자 "내전은 보통의 전쟁이 아니다"[1]라는 반론이 제기됐다. 이 대비에 정치와 내전이라는 두 번째 대비를 이중으로 추가할 필요가 있다. 법의 우위를 인정함으로써 폭력을 중단하는 것이 정치라면, 내전은 투키디데스가 말한 대로 "열광과 복수를 하나로 뒤섞는"[2] 분노와 폭력의 무원칙한 분출이다. 앞에서 제시한 대비들은 그것의 **전략**이라는 측면에서 신자유주의에 접근하는 길을 막는다. 전략이라는 관점에서 보면, 정치가 극악한 폭력의 사용을 완벽하게 수용할 수 있으며, 내전이 법을 수단으로 전개될 수 있기 때문이다.

분화된 전략들

칠레와 미국 두 예시를 통해 문제의 핵심에 접근할 수 있을 것이다. 산티아고에서 지하철 운임 인상에 항의하며 폭동이 발생한 지 이틀 후인 2019년 10월 20일, 세바스티안 피녜라 칠레 대통령은 주저 없이 전쟁 상태를 선포했다. "우리는 불법적이고 안하무인적인, 극도의 폭력과 범죄도 불사하는 강력하고 무자비한 적과 전쟁 중이다." 칠레인들의 귀에는 이 '전쟁'이라는 말이 전혀 비유로 들리지 않았을 것이다. 군대가 질서 유지에 나섰고 산티아고 시내에 장갑차가 다시 등장했다. 노인들은 1973년 9월 11일 아우구스토 피노체트의 군사 쿠데타를 떠올렸다. 그 후 몇 주 동안 칠레 무장 경찰은 이 '전쟁'이라는 말을 일반 시민에게 가하는 무자비한 국가 폭력이라는 형태로 실현했다(경찰서 내에서 강간이 사행되고, 경찰차가 시위대 한가운데로 돌진하여 사람들을 깔아뭉개고, 시위자 수백 명이 납이 함유된 고무탄을 맞아 눈을 다치거나 실명했다). 그렇다면 피녜라가 '강력하고 위험한 적'이라고 지목한 이들은 어떤 얼굴을 하고 있었을까? 2019년 10월 18일은 '10월의 각성'이라고 명명된 운동이 시작된 날이다. 정치 지도자나 우두머리 없이 일어난 이 수평적 운동은 며칠 사이에 지속 기간이나 강도 면에서 전례 없는 진정한 인민 혁명으로 발전했다. 돌연 사회의 모든 다양성이 공공 공간에 터져 나왔다. 페미니스트의 구호와 마푸체족의 구호가 뒤섞이는 장면은 결코 사소하게 볼 일이 아니었다. 칠레 여성들은 항상 희생을 강요하는 가족주의에 짓눌려 왔으며, 마푸체족은 '권위주의적 내부 식민화'[3]의 희생자들이었다. 이들을 상대로 피녜라가 선포한 전쟁은 명백한 **내전**으로, 이를 위해서는 논증적이고 전략적으로 '내부의 적'이라는 형상을 구축해야 한다. 이 전쟁은 신자유주의 과두제 지배 계층이 자신들의 지배를 직접적으로 위협하는 시민들의 대중운동에 대항하여 전쟁을 선택함으로써 발발한 것이다. 하지만 대중은 이 내전을 막아낼 수 있다. "신자유주의는 태어난 곳에서 죽을 것이다"라는 당시 흔하게 볼 수 있던 벽 낙서는 이를 잘 보여준다. 이 낙서는 예언적 가치가 아니라 수행적 가치를 지닌다. 존엄한 삶과 공존할 수 없는 이 시스템을 지금 끝장낼 수 있는 건 여기 살고 있는 우리 공동의 몫이라는 것이다. 과두제가 일으킨 내전을 막은 것은 자체적으로 구성된 이 운동의 역능이다. 개헌안을 국민투표에 부치고 그 여세를 몰아 2020년 10월 25일 국민투표의 승리*를 이끌어낸 것도 이 운동의 역능이다.

그런데, 내전이라는 신자유주의의 전략을 방금 살핀 예시처럼 인민 봉기를 진압하려는 국가의 무력 사용으로만 한정할 수 있을까? 전혀 그렇지 않다. 2020년 미국 대선을 앞두고 포틀랜드와

◆　2020년 10월 국민투표 결과 80% 가까운 지지로 제헌의회에 의한 개헌이 결정됐다. 그러나 2022년 9월 국민투표에서 신헌법안이 부결되었다.

오클랜드에서 백인 우월주의자들과 반인종주의 시위자들이 격돌했을 때만큼 내전의 위협이 거세진 적은 없었다. 칼럼니스트 토머스 프리드먼은 CNN에서 미국이 제2차 내전 전야라고 스스럼없이 이야기했다. 그해 1월, 버지니아주 의회 다수당 지위를 확보한 민주당 정부가 총기 규제 법안 발의를 약속하자 대규모 시위가 일어났다. 약 2만 2000명의 군중이 리치먼드의 버지니아주 의사당 앞에 모여 "우리는 복종하지 않을 것이다"를 합창하며 시위를 벌였다. 그들 중 상당수는 무장한 채였다. 같은 해에 미시간 주지사를 납치하려던 시도가 저지되기도 했다. 2021년 1월 6일 워싱턴에서 벌어진 의회 난입 사건은 미국 사회 깊숙이 자리 잡은 운동의 실체를 보여주었다.

이 모든 폭력 사태는 미국 남북전쟁처럼 두 무장 세력이 충돌하는 전통적인 내전이 아닌 오늘날 내전의 독특한 형태로, 사회 내 두 세력 간 근본적이고 지속적인 대립의 양상을 보인다. 이 대립은 선거판에서의 민주당과 공화당의 대립이라는 왜곡된 프리즘에 의해 너무 오랫동안 은폐되어 왔다. 도널드 트럼프를 평화롭던 사회에 온갖 대립을 일으킨 악마 같은 존재로 여기는 건 너무나도 쉬운 해석이다. 우리는 보다 면밀히 트럼프가 한 일을 살펴야 한다. 그는 노예제와 인종주의를 지지했던 남부연합파의 상상계를 되살려냄으로써 오랜 기간 이어져 온 인종적, 사회적, 문화적 대립을 자신의 이해에 따라 재창조했다. 시위에 남부군 깃발이 등장하고 무장단체 부갈루 보이스(Boogaloo bois)가 임박한 내전 준비에 집착하는 것 등이 그 예다. 무엇보다 트럼프가 2020년

대선에서 모든 분파를 결집하는 데 성공하여 2016년 대선 때보다 지지율을 끌어올렸다는 점(2016년 6300만 표, 2020년 7300만 표)에 주목할 필요가 있다. 이러한 결집은 자유와 평등의 대립, 자유와 사회 정의의 대립, 한마디로 '자유'와 '사회주의'의 대립이라는 **가치의 대립**에 의해 가능했다. 이 대립이 유권자 상당수가 품은 증오와 원한에 의미를 부여했다. 웬디 브라운의 말을 빌리면, 두 번의 대선에서 공화당이 거둔 가장 큰 성공은 '트럼프를 자유와 동일시하게 된 것'이다. 이 자유는 "코로나 방역 조치에 저항하고, 부자들의 세금을 인하하고, 기업의 권력과 권리를 확장하고, 규제적 국가 및 사회적 국가의 잔재를 일소할 자유다."[4] 이 '자유'에 대한 집착이 트럼프 개인을 넘어서는 트럼프주의를 낳았으며, 트럼프 없는 트럼프주의의 가능성을 열어준다. 역사학자 실비 로랑에 따르면, 미국 의회에 난입한 무장단체는 미국에서 낯선 존재가 아니다. 그들은 지금으로부터 4세기에 걸쳐 '토착주의(nativism)'의 토양에서 번성해온 "미국 백인 우월주의 테러리즘의 오랜 전통을 계승한다."[5] 미국에서뿐 아니라 브라질의 보우소나루 지지자들, 스페인, 독일, 이탈리아의 극우파는 코로나 1차 대유행이 한창이던 때 '목숨보다 소중한' 이 자유의 깃발을 흔들어댔다. 이들은 지금도 여전히 이 자유를 내세운다. '자유'의 이름으로 평등에 대항해 벌이는 내전은 현 신자유주의의 주요한 전략적 면모 중 하나다.

그러나 극우파가 신자유주의 전략을 독점한다고 비난할 수는 없다. 이른바 '집권 좌파', 특히 사민주의 계열의 좌파는 1980년

대부터 이와 동일한 전쟁을 수행했다. 이들의 방식은 보다 우회적이었을지언정 권력 관계와 대안적 선택지에 엄청난 영향을 끼쳤다. 이들은 인민 계급을 대변하지도, 공공서비스를 보호하지도 못했을 뿐 아니라 '현실주의'를 내세우며 인민 계급을 더 빈곤하고 취약하게 만들었다. 그들이 말한 현실이란 때에 따라서는 지구화가 부과하는 제약이기도 했고 유럽연합의 조약이기도 했다. 신자유주의 공세에 대한 '좌파'의 적극적 참여가 없었다면 급진적 우파의 국민주의적 신자유주의는 결코 인민 계급의 원망을 자양분 삼아 부상할 수 없었을 것이다.

내전의 정치

신자유주의 내전은 매우 다양한 형태를 취하며, 그 자체로 다양한 전략의 결과이다. 그렇다면 국가의 역할은 무엇일까? 이렇게 묻는 게 가능하다면, 시민들은 어떤 방식으로 서로 대립하는가? 홉스의 유명한 표현처럼 '만인의 만인에 대한' 전쟁인가? 미셸 푸코는 『처벌 사회(La société punitive)』에서 내전은 자연 상태의 재출현이라는 홉스의 명제에 대해 논하며 내전 개념에 문제를 제기한다. 이에 따르면 내전은 국가 해체의 순간에 개인들이 회귀하는 국가 구성 이전의 상태이다. 그러나 이 견해와 달리 내전은 집단들을 무대에 올리고, 집단을 구성하기도 한다. 내전의 주역은 언제나 개인이 아니라 집단의 모습을 하고 있다는 것이다.

오늘날 내전은 영국 내전(1640~1660)*에서처럼 무장한 두 적들 간 충돌이라는 모델을 따르지 않는다. 17세기 맨발(Nu-Pieds)의 난**, 18세기 시장의 반란들, 더 최근에는 노란 조끼 운동 같은 인민 봉기가 좋은 예다. 권력 담론이 주장하는 것과 달리, 내전은 권력의 외부에서 권력을 위협하지 않는다. 내전은 권력 안에서, 권력을 횡단하며, 권력을 포위한다. "권력을 행사하는 것은 어떤 의미에서 내전을 벌이는 것"[6]이기 때문이다. 따라서 내전은 "권력의 구성 요소들이 활동하고, 재활성화되고, 해체되는 모태"처럼 작동한다. 이런 의미에서 정치는 전쟁의 중단이기는커녕 '내전의 연속'[7]이라고 말할 수 있다.

신자유주의 내전이 여러 전선에서 동시에 진행되고, 전 세계 과두세력들의 지배를 그 목적으로 할지라도, 전 세계를 무대로 삼는 단 하나의 내전으로 곧장 합쳐지는 것은 아니다. 카를 슈미트가 발명했으나 상당히 다른 의미로 사용된 '세계내전(Weltbürgerkrieg)'이라는 표현 또한 여기서는 사용하지 않을 생각이다. 슈미트에게 세계내전은 1940년대 중반부터 베스트팔렌 체제에 기초한 국가 간 전쟁의 종말이자, 정의의 이상을 내세우는 비대칭 전쟁의 탄생을 의미했다. 이 이상에 따라 초강대국들은

♦ 잉글랜드 왕국의 왕당파와 의회파 사이에 벌어진 내전으로 왕정에서 민주주의로의 이행 과정에서 발생했다. 이 사건은 영국이 군림하되 통치하지 않는 입헌군주제 국가가 되는 계기가 되었다.

♦♦ 1639년 정부의 염세(鹽稅) 도입에 분노한 프랑스 노르망디 지역의 농민들이 일으킨 봉기.

개정된 국제법에 의거하여 선교사의 사명을 띠고 경찰 권력을 행사한다.[8] 한나 아렌트에 따르면 이 세계내전은 전체주의 체제 간 (나치즘과 스탈린주의)의 전쟁이다. 두 체제는 서로 상당히 닮았음에도 확장 의지 때문에 직접적인 충돌을 피할 수 없었다. 이런 유의 분석은 에른스트 놀테의 『유럽의 시민전쟁 1917~1945』에도 등장한다. 또 다른 예로, 에릭 홉스봄은 『극단의 시대』에서 계몽주의와 파시즘에서 탄생한 진보 세력 간 벌어지는 국제적 충돌을 설명하기 위해 이 표현을 사용한다.

우리가 이야기하는 '신자유주의 내전'은 이와 전혀 다른 의미다. 신자유주의 내전은 다음과 같은 특징을 지닌다. 첫째, 이 전쟁은 과두 정치 세력이 앞장서 벌이는 '총력전'이다. 이 전쟁은 사회적 권리 축소를 노린다는 점에서 사회적이며, 외국인에게서 모든 종류의 시민권을 박탈하고자 하고 망명권을 제한한다는 점에서 민족적이며, 모든 저항과 비판을 억압하고 범죄화하기 위해 법적 수단을 사용한다는 점에서 정치적이고 법적이다. 기독교의 영향을 받은 강성 보수주의가 도덕 질서 수호를 내세우며 개인의 권리를 공격할 때, 이 전쟁은 문화적이고 도덕적이다. 둘째, 이 전쟁에서 각각의 전략은 서로를 지지하고 상호 영감을 주기도 하지만, 각 국가나 지역의 특수한 전략들이 범세계적인 단일 전략으로 수렴하지는 않는다. 셋째, 이 전쟁은 패권주의 강국이 주도하는 제국주의적 '글로벌 질서'와 블록화한 국가들 사이의 직접적인 대립이 아니다. 두 정치체제 간, 두 경제 시스템 간의 대립도 아니다. 이 전쟁은 연합한 과두지배자들이 국민 일부의 적극적 지지에 힘입어 다른 국민 일부를 상대로 벌이는 전쟁이다. 그러나 이러한 지지는 미리부터 주어지는 것이 아니라, 기존의 분열, 그 중에서도 가장 해묵은 분열을 수단으로 삼아 매번 획득되는 것이다. 여기서 모든 종류의 이원론적 도식은 힘을 잃는다. 신자유주의 내전은 **시민**전쟁이다. 그러나 유명하지만 기만적인 구호인 '1% 대 99%'의 대립은 아니다. 이 전쟁은 사회 계급 간 대립선보다 훨씬 복잡한 대립선으로 분열된 여러 집단 사이에 긴장을 조성할 뿐 아니라 그러한 집단을 구성하기도 한다. 이러한 집단에는 우선 (군사적, 정치적, 상징적) 국가적 수단을 총동원하여 신자유주의 질서를 방어하는 연합한 과두지배자들이 있다. 다른 한편에는 '진보주의적' 신자유주의와 '현대화' 옹호 담론에 사로잡힌 중산층이 있다. 또 다른 집단으로는 권위주의적 국민주의에 포획된 불만에 찬 인민 계급과 중산층 일부가 있다. 마지막으로 과두지배자들의 공세에 맞선 사회적 결집 과정에서 형성되는 사회의 평등과 민주주의 개념을 고수하는 집단(특히 소수 민족, 성 소수자, 여성)이 있다.

신자유주의 지배는 대립의 규칙과 주제, 장소를 완전히 바꾸어 놓았다. 글로벌 자본의 기치 아래 자본의 이익을 방어하고자 나선 각 국가들은 온갖 수단과 정동을 동원하여 평등과 사회 정의에 대한 요구와 기대를 외부 또는 내부의 적, 성가신 소수자들, 지배적인 정체성이나 전통적인 위계질서를 위협하는 집단들에 대한 적대로 유도한다. 이런 방식으로 글로벌 질서에 대한 반대는 그 질서의 주요 수혜자들에게 포획된다. '국민'이라는 정체성과 '경제적 국민주의'의 깃발을 흔드는 스티브 배넌 같은 급진 우파는 국민 다수의 분노를 결집하는 데 성공했다. 브렉시트 찬반 국민투표, 트럼프와 보우소나루의 당선, 2018년 마테오 살비니의 입각 등도 좋은 예다. 국가의 이익이 곧 노동자의 이익이라는 주장이 등장한다. 이 주장은 가족, 전통, 종교라는 보수적 가치의 장려와 불가분한 관계에 있다. 글로벌화한 엘리트에 대한 고발은 문화적 정체성의 해체라는 환상의 거대 서사에 덮여버린다. 이 '경제적 국민주의'의 목적은 자유 교역을 피하는 데 있을 뿐 아니라, 자국에 가장 유리한 방식으로 국제 경제 전쟁을 수행하기 위해 국민국가 주권에 힘을 실어주는 데 있다. 급진 우파는 문화적 지구화에 대한 비판의 이면에서 세계 경제 시장의 게임 규칙을 충실히 따르고 있다. 갈수록 심해지는 신자유주의의 '국민주의-경쟁주의' 경향은 경제적 세계화의 영토에 진입하는 데 전혀 방해가 되지 않는다. 이 새로운 구도는 '글로벌리즘 대 내셔널리즘', '개방된 자유민주주의 대 비자유민주주의 포퓰리즘'이라는 대립으로 환원되지 않는다. 사실상 이 두 진영은 신자유주의의 두 버전이기 때문이다. 대립의 재코드화를 통해 신자유주의는 그것의 다른 버전들이 공유하는 것을 은폐함으로써 이데올로기적, 정치적 공간을 포화시킨다. 트럼프 개인을 넘어선 트럼프주의가 너무도 잘 보여주듯이 이러한 신자유주의는 글로벌 시장 질서 수호, 반민주주의 체제, 경영과 소비에만 국한된 '자유' 개념, 서구의 문화적 가치 지배에 대한 긍정 등을 공유한다.

맥락에 따른 전략적 합리성

최근 이러한 신자유주의의 새로운 경향에 대한 여러 분석이 등장했다. 어떤 이들은 권위주의, 민족주의, 포퓰리즘, 인종주의 경향을 지닌 강경 우파의 부상을 프리드리히 하이에크, 밀턴 프리드먼, 독일 질서자유주의 등 자유 시장과 전통적 도덕의 수호를 주창한 초기 신자유주의의 '괴물적' 발전 혹은 '프랑켄슈타인적' 창조로 본다.[9] 다른 한편에서는 현시대 국가권력의 폭력을 신자유주의의 핵심인 현대성에 대한 '적응'이라는 근본적으로 '사목적'인 논리와 상반되는 '다른 권력 체제로의 전환'으로 보며, 이를 신자유주의 스스로 실패를 인정한 것으로 해석한다.[10] 또 다른 이들은 1930년대까지 거슬러 오르는 권위주의적 신자유주의 버전의 재출현을 신자유주의의 '정치적 약화의 표시'이자 '심화된 헤게모니 위기'[11]로 본다. 어떤 것이든 현시대의 신자유주의는 퇴화하거나 변질된 것으로서 위기에 처한 모델, 혹은 웬디 브라운의 말을 빌리면 '형해화한' 모델의 증상으로 해석하고 있다.

그러나 전략이라는 차원에서 본 신자유주의는 언제나 다른 정치적 합리성과 맺는 (구성, 동맹, 대립) 관계의 총체 속에서, 적을 지목하고 효과적인 공격을 가하기 위한 행동 방식을 고민해야 할 필요에 직면한 것으로 드러난다. 이러한 전략의 차원에 주목한다면, 어떤 전략적 고려가 핵심으로 간주되었는지를 드러내기 위해 신자유주의의 기원에 대한 질문을 새롭게 제기할 필요가 있다. 월터 리프먼 학술대회(Colloque Walter Lippmann)*의 개회사가 이를 증언한다. 루이 루지에는 "수정 자유주의로의 회귀로 인한 이론적, 실천적, 전략적, 전술적 문제들을 검토"할 것을 제안하며, 그들의 '임무'는 학술적인 것에 머물지 않고 "논쟁 속에 뛰어들어 정신의 무기로 싸우는 것"[12]이라고 강조했다. 더 좋은 예로 하이에크는 신자유주의 전략의 효력은 '이념들의 전쟁'에 투자하는 것, 나아가 이념들의 전쟁터에서 '이념 중개상(second-hand dealers in ideas)' 역할을 수행하는 중개자들(지식인, 언론인, 정치인, 싱크탱크)에게 투자하는 데 달려 있다고 강조했다.[13] 경제적, 정치적 **기획**으로서의 신자유주의는 1920년대 사민주의 정당들의 선거 승리에 힘입어 보통선거와 당파 민주주의(démocratie partisane)가 자유 시장에 부과한 사회 규제 형식에 대한 대응이자, 선출된 정부들이 추진한 계획경제에 대한 대응이었다. 여기서 문제의 본질은 민주주의가 자유 시장에 가하는 '경제의 정치화' 위협이다. 1920년대 말에서 1940년대 말까지 루트비히 폰 미제스와 질서자유주의자들, 하이에크, 리프먼은 이론을 구축하는 과정에서 오로지 이 문제에 골몰했다. 신자유주의자들은 대의민주주의의 합법적 틀 안팎에서 연합한 '대중들'이 시장의 자율 조

◆　1938년 8월 20일 파리에서 결성된 모임으로 신자유주의의 태동으로 간주된다. 루이 루지에, 하이에크, 루드비히 폰 미제스, 레몽 아롱 등이 참석하여 월터 리프먼의 저서 『좋은 사회(The Good Society)』(프랑스어판 제목 La Cité Libre(자유 도시))에 대해 토론을 벌였다. 이들은 세계 대공황의 와중에 정부의 역할이 강조되던 당시를 자유주의 정치와 철학의 위기로 보았다.

정 기능을 문제 삼을 수 있다는 사실을 사회병리로 치부하며 거부한다. 질서자유주의자들이 모든 형태의 반자유주의(복지 경제, 국가사회주의, 계획경제 혹은 케인스주의)를 '폭로자'로 보면서 '적대의 범위'를 정의한 것[14]은 '나치즘의 경험' 때문이 아니다. 이들의 자유주의 재정립 시도에 동기를 부여한 것은 오스트리아 사민주의와 독일 바이마르 공화국의 경험이다. 여기서 무엇보다 문제가 되는 것은, 신자유주의자들이 스스로 '총체적 국가(Etat total)'[15]라고 명명한 사회국가(Social State) 앞에서 느끼는 공포이다. '총체적 국가'라는 표현은 '전체주의적'이라는 말과 잘 호응한다. 사회적 위험으로부터 국가의 보호를 내세우는 정치(정책)와는 반대로, 신자유주의 국가는 시장을 구축하고 국가의 지나친 규제와 통제 위협으로부터 시장을 보호하고자 한다. 그러나 이 임무를 달성하려면 국가는 민주주의가 경제를 침범하지 못하도록 항상적인 전시 상태를 유지해야 한다. 지금까지 경쟁적 경제 질서를 만들어내는 신자유주의의 '구성주의적' 성격을 살펴보았다면, 이제 '자유 사회'를 위협하는 모든 것(경제, 환경, 페미니즘, 문화 영역에서 요구 사항을 관철하기 위해 투쟁하는 사회주의 정부와 정당, 노동조합, 사회운동 등이 그들에게 위협이 된다)에 맞서 신자유주의 정부들이 벌이는 내전의 전략들에도 온당한 관심을 기울여야 한다. 이 전쟁은 근본적으로 이중적인 측면을 지닌다. 한 측면은 강한 국가의 확립이며, 다른 측면은 그 기획에 반대하는 모든 종류의 힘과 사회운동에 대한 탄압이다.

　신자유주의 통치성이 헌법을 이용하는 동시에 국가권력의 직접적인 억압을 이용한다는 사실을 신자유주의의 '모호함', '실패' 혹은 '위기의 징후'로 해석하면, 폭력을 이용하는 신자유주의 전략의 진정한 일관성을 보지 못하게 된다. 한편, 신자유주의적 폭력은 국가의 외부자로 지목된 공동체에 대항해 정동을 동원할지언정 그들에게 파시스트적 폭력을 가하지는 않는다는 점에 주목해야 한다. 신자유주의가 가하는 폭력은 무엇보다 민주주의와 사회에 대항해 **시장 질서를 보호하는 폭력**의 성격을 띤다.[16] 신자유주의자들에게 시장 질서는 경제정책을 선택하는 문제를 넘어 시민-소비자 개인의 책임과 자유에 기초한 문명 전체가 달린 문제다. '자유 사회'는 이런 기초 위에 구축되었기 때문에 국가는 모든 특권을 가지고 독보적인 역할을 수행한다. 심지어 상황에 따라서는 가장 폭력적이고 반인권적인 수단들을 사용하는 것이 국가의 의무가 된다. 이런 의미에서 '경쟁 시장'은 1973년 칠레의 예처럼 경우에 따라 군사독재와 같은 극단적인 수단들을 정당화하는 일종의 정언명령으로 작동한다. 역설적이게도 바로 이 지점이 신자유주의 전략의 유연성을 담보하며, 신자유주의가 어떤 이유로 특정 역사적 상황에서 자유민주주의의 도래 혹은 재건과 연결되는지를 설명해준다. 다른 한편으로는 시장 질서의 존립 자체가 직접적으로 위협받는 순간에는, 그와 반대로 개인의 기본권을 침해하는 가장 권위주의적인 정치 형태를 띠게 되는 이유를 이해하게 해준다. 이 두 번째 선택은 언제나 완벽하게 이루어졌다. 1997년 게리 베커는 「라틴 아메리카가 시카고 보이즈에게 진 빚(What Latin America Owes to the Chicago Boys)」이라는 글에서 주저 없이 다음과 같이 썼다. "돌이켜보면, 그들(시카고 보이즈)이 잔인한 독재자에 봉사하고 새로운 경제적 관점에서 출발한 것은 칠레를 위해 한 가장 좋은 일이었다."[17]

신자유주의의 다른 역사

이 책은 '순수한 시장 사회'를 위한 신자유주의의 기획과 그것을 실현하는 전략의 긴밀한 연관을 밝혀내고자 한다. 전략적 합리성과 그것에 내재된 폭력이라는 관점에서 신자유주의를 다시 읽어내는 것은 신자유주의를 순전히 이데올로기적인 주의 혹은 입장으로 보는 이론적 해석에 의문을 제기하는 것이며, 신자유주의가 지배 유지를 위해 사회적, 정치적 갈등을 벌이는 현장을 분석하는 것이다. 오늘날 '신자유주의'라는 용어가 지나치게 많이 사용되다 보니 오해의 소지가 다분한 것은 주지의 사실이다. 소급해보면 모두 신자유주의적이라고 평가되는 여러 경향 간의 인식론적, 존재론적 대립이 1920년대와 1930년대부터 존재해왔다는 사실을 확인하는 것은 어렵지 않으며, 이를 분석하는 작업은 충분히 이루어졌다. 사상들의 시시콜콜한 역사를 따지는 것은 무익한 걸 넘어서 핵심을 놓치게 만든다. 신자유주의는 이론, 저서, 저자 들의 집합에 그치는 것이 아니라 모든 형태의 사회주의, 더 나아가 모든 종류의 평등 요구를 무력화하려는 기획으로, 애초부터 **정치적 기획자**(Entrepreneurs politiques)인 이론가와 저술가들에 의해 수립된 것이다. 신자유주의는 명료한 법과 원칙의 틀 속에서 경쟁에 기초한 자유 사회, 사법(私法)의 사회를 수립하려는 공동의 정치적 의지에서 발현했다. 또한, 이는 도덕, 전통, 종교에 기초하여 사회의 전면적인 개조 전략에 복무하는 주권국가에 의해 보호된다.[18] 달리 말해 신자유주의는 사회주의와 파시즘과 같은 대체로 '집산주의적(collectiviste)'◆이라고 간주된 정치적 기획들에 대항한 전략적 투쟁으로 이해되어야 한다. 신자유주의자들의 목표는 사회에 일련의 표준적인 기능을 부과하는 데 있다. 그중 **모든 신자유주의자가** 첫째로 꼽는 것은 개인-소비자의 주권 보장을 전제로 한 경쟁이다. 이러한 신자유주의의 전략적, 갈등적 특성을 통해서만 우리는 신자유주의의 출현 조건과 지속성, 사회 전반에 끼치는 영향을 파악할 수 있다.

이런 특성은 신자유주의 독트린들이 추구하는 정치적 목적에의 거대한 수렴을 드러내 보여주며, 복수로서의 '신자유주의들'[19]이 아닌 완벽하게 파악이 가능한 **하나의** 정치적 합리성에 대해 논할 수 있는 길을 열어준다. 신자유주의가 보호 또는 재건하려

◆ 집산주의(collectivism)는 일반적으로 자유방임 개인주의에 반대해 생산수단의 사회적 소유를 주장하는 이념이다. 1869년 바쿠닌이 이 용어를 처음 사용할 때는 국가권력 없는 협동조합 사회주의를 의미하였으나, 점차 생산수단 국유화, 사회주의적 경제 통제 일반을 의미하게 되었다. 집산화 경향은 사회주의 국가, 뉴딜 정책을 내세운 미국뿐 아니라 이탈리아, 독일, 일본 등 파시즘 국가 등에서도 두루 관철되었다. 하이에크 등 신자유주의자들은 자유주의를 옹호하려는 의도로 경제에 대한 국가의 개입이나 계획경제 일반을 집산주의와 동일시하였다.

는 이 '시장 질서'는 다르게 이해할 수 있다. 자발적으로 형성되었으나 법적 틀에 의해 승인되고 강화되는 질서(하이에크의 영향을 받은 오스트리아-미국 신자유주의)로 이해될 수도 있고, 입법자의 규범적 의지에 의해 수립된 질서(독일 질서자유주의)[20]로 이해될 수도 있다. 그러나 이 차이를 넘어 모든 신자유주의자는 오직 정치적 행동만이 이 사회질서를 실현하거나 보호할 수 있다고 믿는다. 이런 믿음은 첫 번째로 1938년 리프먼 학술대회에서, 두 번째로 1947년 몽펠르랭 협회(Mont-Pèlerin Society)◆ 창립 시점에 합의의 기초로서 표명되었다. 그 후 신자유주의가 전개한 모든 중요한 싸움들은 이러한 합의를 증명하고 있으며, 신자유주의자들은 사회주의와 공산주의에 대항해 단호하게 전투를 벌이듯이, 복지국가에 대한 고발에 나섰다.[21]

이러한 신자유주의의 전략적 합의를 강조한다고 해서 신자유주의의 역사를 쓰는 다른 방식들, 가령 푸코의 작업에서 영감을 얻은 방식들을 문제 삼는 것은 아니다. 2000년대 초에는 신자유주의가 기업, 기관, 개인, 국가 간 경쟁을 부추긴다는, 독특하면서 동시에 일반적인 기능에 주목하는 해석이 존재했다. 이 해석은 당시의 신자유주의를 무법사회(이른바 '정글의 법칙')에 근접한 '초자유주의(ultralibéralisme)'로 보거나 애덤 스미스의 자연주의

◆ 1947년 자유주의 경제학자 프리드리히 하이에크가 스위스 몽펠르랭에서 결성한 경제학자, 역사학자, 철학자들의 모임. 제2차 세계대전 직후 확산되던 전체주의와 공산주의에 맞서 자유주의 경제 이념을 연구, 전파하기 위해 창립되었다.

로의 회귀, 또는 본래의 '순수한 자본주의'의 복원 등으로 해석하던 오독을 바로잡는 역할을 했다. 무엇보다 시장 질서에 필수적인 **법적 기반**을 창조하고 유지하는 신자유주의 고유의 개입주의 형식을 명확히 보여주었다. 그러나 이 해석은 신자유주의의 급진적인 반민주주의를 과소평가했으며, 신자유주의의 통치 방식이 개혁에 개혁을 거듭하고, 작은 수정과 승리들, 일련의 실험과 시행착오들을 거쳐 평화적으로 자리 잡은 것처럼 보이게 만들었다. 요컨대 최근 신자유주의의 발전을 살펴보면, 이 계보의 해석들은 상황에 따라 신자유주의를 강요하는 수단이 되는 폭력을 간과했다는 점을 알 수 있다.[22]

우리는 이 책에서 갈수록 거칠어지는 신자유주의 정치 형식들을 조명한 필수적인 챕터 하나를 기존의 계보에 추가하고자 한다. 이 작업을 통해 드러나는 것은 '새로운' 혹은 '변질된' 신자유주의가 아니라, 적을 약화하거나 때로는 굴복시키기 위해 수단을 가리지 않는 신자유주의의 무자비한 교조주의적 논리이다. 이는 신자유주의 역사의 가장 어두운 측면이라고 할 수 있다.[23] 따라서 우리는 푸코가 구분한 '전략'의 세 가지 의미[24] 중 다른 두 의미를 중층결정하는 가장 중요한 세 번째 의미, 즉 '적에게서 전투의 수단을 박탈함으로써 싸움을 포기하게끔 만드는 모든 방법'이라는 의미로 접근할 것이다. 적에 대한 이 같은 전략적 지목의 이면에는 언제나 급진적인 반평등주의 유토피아에 대한 긍정이 도사리고 있다.[25] 이미 월터 리프먼 학술대회에서 질서자유주의자 알렉산더 뤼스토프는 평등에의 요구를 정면으로 비난했다. 그는 "봉

건 영주제가 강요한 인위적인 서열을 자연적이고 자발적인 위계로 대체하는 대신, 서열의 원칙 자체를 부정하고 그 자리에 평등이라는 잘못된 허위의 이상을 가져다 놓았다"[26]라고 이야기하며, 평등에 대한 요구를 시대의 '병리적 증상'으로 보았다. 따라서 신자유주의가 벌이는 전쟁은 경쟁을 **위한** 전쟁인 동시에 평등에 **대항한** 전쟁이라고 말할 수 있을 것이다.

1장

칠레, 최초의 신자유주의 반혁명

어느 기갑 부대 대령이 쿠데타를 기도하고, 한 카메라맨이 죽어 가면서 자신의 죽음을 촬영하고, 아옌데의 해군 보좌관이 암살되고, 소요가 일어나고, 험악한 말이 난무하고, 온 칠레 국민이 저주를 퍼붓고 벽에 이념적 그림을 그리고, 약 50만 명의 사람들이 아옌데를 지지하는 대행진을 벌였다. 그 후 군사 쿠데타가 일어나고, 모네다 대통령궁을 폭격하고, 폭격이 그치자 대통령이 자살하고, 모든 것이 끝났다.

— 로베르토 볼라뇨, 『칠레의 밤』[1]

이는 제국주의 전략의 승리로서, 지난 천 일 동안 이루어낸 갖가지 사회적 진보를 그 이전으로 돌려놓았을 뿐 아니라, 칠레를 미증유의 신자유주의적 자본주의를 실험하는 실험실로 만들었다. 그리하여 이 남쪽의 작은 나라는 '시카고 보이즈'의 지도 아래 몇 가지 실험들을 진행했다. 1973년 9월 11일부터 이어진 17년의 독재 기간은 토마스 물리안과 마누엘 가라테가 '자본주의 혁명'이라고 명명한 시기로, 사회가 군사정권에 의해 개조되었다. 이는 엄밀한 의미의 반혁명이었다.

— 프랑크 고디쇼, 『칠레 1970~1973(Chili 1970~1973)』[2]

1970년 살바도르 아옌데의 승리로 시작된 칠레 인민연합의 실험은 1973년 9월 11일 리처드 닉슨 대통령과 미국 중앙정보국(CIA)의 적극적 지지를 등에 업은 피노체트 장군의 쿠데타로 막을 내렸다. 그로부터 1년 3개월이 지난 1974년 12월 10일, 하이에크는 노벨경제학상을 수상한다. 다시 그로부터 2개월 후인 1975년 2월 11일, 대처 수상은 처음으로 하이에크를 만난다. 대처는 보수당 당수가 된 직후 승리의 후광에 둘러싸인 채 국회의사당에서 출발하여 로드 노스 스트리트까지 행차했다. "영국 신자유주의 싱크탱크 중 가장 오래되고 가장 영향력 있는"[3] 경제문제연구소(IEA)로 가기 위해서였다. 몇몇 증언에 따르면, 둘의 만남은 30분을 넘기지 않았다. 하이에크가 주장을 펼치는 동안 대처는 그답지 않게 얌전한 초등학생처럼 10분 넘게 침묵을 지켰다.[4] 이 세 사건 사이에는 어떤 연관이 있을까?

장군, 노벨상 수상자, 철의 여인

집권 신자유주의 정치의 원초적 장면이라고 부를 만한 이곳에는 세 명의 주요 인물이 등장한다. 아우구스토 피노체트 '장군', '노벨상 수상자' 프리드리히 하이에크, 그리고 '철의 여인'으로 불린 마거릿 대처다(대처는 이 별명을 집권 후 몇 년이 지나서야 얻게 된다). 이 낯선 장면에서 두 번째 인물이 핵심적인 역할을 수행했다.

그의 역할은 경제학 이론가를 넘어 정치적 지도자에 가까웠다.

　일찍이 하이에크가 칠레 군사정권에 대해 취한 정치적 태도가 어떠했는지 보여주는 사건이 있다. 하이에크는 자신과 반대 입장이던 케인스주의 경제학자 군나르 뮈르달과 노벨경제학상을 공동 수상했다(사실 노벨경제학상은 노벨상이 아니다. 이 상은 알프레드 노벨이 제정한 상이 아니며 노벨 재단이 관리하지도 않는다. 1969년 스웨덴 은행이 '알프레드 노벨 기념 경제학상'이라는 이름으로 제정한 상이다[5]). 스톡홀름에서 열린 시상식에서 두 수상자가 각자의 부인을 대동하고 스웨덴 국왕에게 다가가려던 순간, 갑자기 두 부인 사이에 다음과 같은 말들이 터져 나왔다. "제가 먼저예요, 부끄러운 줄 아세요, 파시스트, 사회주의자, 피노체트……." 언성을 높인 쪽은 확실히 헬렌 하이에크였지만, 알바 뮈르달이 내뱉은 피노체트라는 말이 특히 도드라졌다. 하이에크는 사실상 피노체트의 쿠데타를 비판하기를 거부했다. 추측에 따라 재구성한 그날 밤의 대화에 따르면, 군나르 뮈르달은 그 점을 들어 하이에크를 비판했다. 하이에크는 그날 밤(1974년 12월 9~10일 파리에서 열린 9개국 정상회담 다음 날) 유럽이 '예속의 땅'[6]이 될 것이라고 예측했다. 군나르 뮈르달은 "예속으로 말할 것 같으면 칠레의 당신 친구들이 강요하고 있잖소"라고 맞받아쳤다.[7]

　하이에크 자신도 마거릿 대처에게 '칠레의 친구들'을 예로 제시했다고 한다. 존 래널라프가 전하는 일화에 따르면, 1970년대 말 보수당 정치 모임에서 한 발언자가 실용주의 노선을 옹호하기 시작하자 대처는 테이블 위에 하이에크의 『자유헌정론』을 올려

놓으며 참석자들을 향해 '이게 우리가 믿는 것'이라고 선언했다.[8] 1979년 8월, 하이에크는 대처에게 하루빨리 노조를 굴복시켜야 하므로 국민투표를 실시해야 한다고 썼다. 이어서 공공 지출을 삭감하고 5년이 아니라 1년 안에 재정 균형을 회복해야 한다고 대처를 다그쳤다. 또한 밀턴 프리드먼의 통화주의가 정부의 정책에 영향을 끼치는 것을 한탄하며, 도산이나 실업의 대가를 치르더라도 당장 금리를 올려 인플레이션을 막아야 한다고 주장했다. 그리고 대처에게 칠레의 예를 더 긴밀하게 따를 것을 권고했다. 대처는 그토록 신속한 조정은 그로 인한 사회적 충격 때문에 실현하기 힘들 뿐 아니라 영국의 민주주의 특성상 칠레의 예를 그대로 적용할 수는 없다고 답했다.[9] 이런 이견이 있었음에도 대처는 1981년 1월 5일 하원에서 다음과 같이 이야기한다. "본인은 하이에크 교수의 열렬한 지지자다. 존경하는 의원님들이 『자유헌정론』과 총 세 권으로 된 『법, 입법 그리고 자유』 등 그의 저서를 읽어보시길 권한다."[10] 그로부터 몇 달 후인 1981년 4월, '하이에크 교수'는 피노체트 독재 정권을 지지하는 《엘 메르쿠리오(El Mercurio)》와의 인터뷰에서 다음과 같이 말했다. "주지하다시피, 독재자가 자유주의적 방식으로 통치하는 것이 가능합니다. 그리고 민주주의가 자유주의의 완전한 부재 속에서 통치하는 것도 가능합니다. 개인적으로 저는 자유주의를 결여한 민주 정부보다 자유주의적 독재를 선호합니다."[11]

이런 예들을 보건대, 당시 몇 년간 피노체트의 칠레는 지속적으로 정치적 참조점이 되었다. 1974년 알바 뮈르달이 내뱉은 말처럼 비판과 논쟁을 위해서건, 1981년 하이에크가《엘 메르쿠리오》와 한 인터뷰에서 선언한 것처럼 이론적 입장을 강화하기 위해서건 상관없었다. 피노체트의 칠레는 어떻게 이런 위치를 점하게 되었을까? 1973년 칠레에서 일어난 쿠데타는 신자유주의와 어떤 관계이며, 그 신자유주의는 **어떤** 신자유주의일까? 프리드먼의 신자유주의일까? 아니면 그의 통화주의적 노선을 비판한 하이에크의 신자유주의일까? 이 두 신자유주의 이론가들 사이의 견해차를 떠나서, 군사정권에 영감을 준 이 사상 조류들이 이질적이라는 점 때문에 그것들에 이데올로기적 일관성을 부여하려는 노력을 그만두어야 할까? 결과로부터 출발하지 않고 기원에서부터 출발하여 신자유주의를 예측하려 한다면, 이 체제가 취할 경제적, 사회적 방향을 예견할 수 없다. 따라서 신자유주의를 구축해나간 주창자들과 그 시대의 목격자들을 검토하는 것이 매우 중요하다.

쿠데타, 준비 과정과 제국주의의 역할

일부 참여적 관찰자들에게 칠레 인민연합의 승리는 라틴 아메리카의 새로운 시대 서막을 알리는 사건이었다. 유럽의 혁명적 신세대를 지도해온 '남미대륙의 게릴라 노선' 실험에 마침표를 찍은 셈이었다. 1960년대 말, 게릴라 거점 전략(foco)은 여전히 선거 노선에 대한 실천적 대안이었다.[12] 1973년 칠레에 체류한 모리스 나즈만에 따르면, 칠레는 1917년 10월 볼셰비키 혁명 시기 '이중권력'의 경험을 다시 되살림으로써 판도를 바꾸었다. 한편에는 아옌데의 합법 정부가, 다른 한편에는 인민 권력의 자율 조직들이 있었다.[13] 이런 식의 해석에 동의한 이들은 당시 맹아 상태였던 조직들의 발전 가능성을 과대평가하여, 그 자율 조직들이 '인민연합을 대체할 정치적 지도의 문제'를 해결해갈 능력이 있다고 믿었다. 이 해석으로부터 쿠데타에 대항해 즉각적인 무장투쟁이 벌어질 것이라는 예측이 나왔는데, 이는 '인민 권력의 힘을 과대평가하는 관점'[14]에서 비롯된 잘못된 예측이었다. 실제로 무슨 일이 벌어졌을까?

프랑크 고디쇼는 칠레 인민 권력이 겪은 '세 번의 호흡 곤란'이라는 말로 세 시기를 구분 짓는다.[15] 첫 번째는 아옌데 당선(1970년)부터 반정부 세력과 경영자 주도의 파업이 벌어지던 1972년 10월까지의 시기다. 이 시기의 지배적인 경향은 '국가에 의해 고무되고 지도되는' 제도화한 인민 참여였다. 두 번째는 1972년 10월 파업에서부터 1973년 6월까지의 시기로, 산업평의회(Cordon industrial)[16]와 코뮌특공대(Comando comunale) 같은 '행정부로부터 독립적인 조직들의 출현'이 특징이다. 세 번째는 이른바 불발 쿠데타(tancazo)가 일어난 1973년 6월 29일부터 피노체트가 쿠데타를 일으킨 같은 해 9월 11일까지의 기간이다. 산업평의회는 동원력을 발휘했지만, '선출된 위임자들로 구성된 총회에 기초한 민주적 상임 기구'가 부재했다. 대부분 지역 단위를 벗어나지 못한 이러한 협력 방식으로는 역부족이었다. 따라서 이들을 '칠레식 소비에트'[17]로 보는 것은 순전히 환상에 불과하다.

실제로 독재 정권이 퍼트린 가장 큰 거짓말 중 하나는 매우 잘 무장된 좌파가 쿠데타를 일으킬 준비가 되어 있었다는 것이다.[18] 훗날 《엘 메르쿠리오》의 사설들 혹은 군사정권의 '백서'가 주장한 '산업평의회 군대'라는 말은 순전히 신화에 불과하다는 사실이 밝혀졌다. 9월 11일 저녁, 1976년 대선까지 정국 안정을 위한 개헌을 국민투표에 붙이겠다는 아옌데의 발표를 구실로 쿠데타가 일어났다. 이 쿠데타는 치밀한 준비 과정을 거쳤다. 1973년 7월 트럭 운전사들이 파업을 벌이던 당시 반정부 세력의 사주를 받은 소상공인 운동의 일환으로 매일 테러와 사보타주가 끊이지 않았다. 산업평의회가 주요 표적이었다. 그뿐만이 아니었다. 1972년 10월 20일 좌파 의원들의 찬성으로 통과된 '무기 통제법'은 불법 무기 색출을 빌미로 군대에 더 큰 권한을 부여했다. 군인들에게 탄압의 자격을 제공한 셈이다. 그리하여 "쿠데타 이전에 이미 인민 권력에 대항해 일방적으로 전개되는 독특한 형태의, 일종의 반혁명 전쟁"[19]이 벌어진 것이다. 그러나 아옌데는 9월 11일 오전 8시까지 피노체트 장군의 충성심을 믿었다. 쿠데타 직후 전 세계에 돌던 소문과는 달리, 쿠데타에 대항한 칠레 노동자들의 대규모 무장 항쟁은 없었다. "일부 용기 있는 저항이 산발적으로 벌어졌지만, 1973년 9월 11일 산업평의회는 수동적인 반응을 보였을 뿐이다."[20]

쿠데타 직후, 우선 좌파 활동가와 노동조합운동 지도자 들에게 충격적인 대규모 **국가 테러**가 자행되었다. 피노체트는 계엄령 선포, 의회 해산, 헌정 중단, 정당 활동 금지에 만족하지 않고 미국 정부의 지지와 주변 군사정권과의 협력 아래 '콘도르 작전'을 통한 초국적 차원의 탄압을 자행했다. 프랑크 고디쇼의 표현을 빌리면, 제국주의가 맡은 이 역할이야말로 칠레 비극의 '중요한 내막' 중 하나다. 칠레의 쿠데타는 닉슨 정부가 주도한 불안 조성 작전의 일환으로 치밀하게 준비된 것이다.

> 언론(특히《엘 메르쿠리오》)에, 여론과 야당들에(그중에서 특히 기독교민주당이 아옌데와 타협을 거부하도록 하기 위해), 인민연합과 적대하고 있던 민간 부문 동업조합들에 영향을 가하기 위해 3년간 800만 달러가 넘는 돈이 쓰였다. 칠레에 대한 경제적 압력, 쿠데타 주동 세력과의 공조, CIA의 물류 지원 등은 별개다. 최근의 역사 속에서 벌어진 이 '은밀한 외설'은 '칠레의 길' 종말에 대한 성찰에서 빠져서는 안 되는 요소다.[21]

오늘날 많은 문서가 공개되며 이에 관한 많은 사실이 밝혀졌다. 미국 정부의 이런 정책은 직접적 군사개입이 잦던(베트남 전쟁은 1975년에야 끝났다), 여전히 냉전의 영향이 강했던 당시의 국제 정세 속에서 이해되어야 한다. 그러나 이러한 제국주의의 역할이 결정적이었다고 해도 칠레 군사정권이 1975년부터 취했던 방향을 충분히 설명해주지는 못한다. 따라서 무엇이 이런 방향 전환에 동기를 부여했는지를 살펴볼 필요가 있다.

군사정권의 이데올로기와
1975년 방향 전환

1976년 공동 집필된『우리의 길(Nuestro Camino)』에 따르면, 군사정권의 독트린은 두 시기에 걸쳐 결합된 세 가지 사상 조류에 기초한다. 우선 유럽에서 온 극보수주의 철학이 있다. 왕정주의자로서 프랑스혁명에 격렬히 저항한 프랑스 철학자 조제프 드 메스트르와 루이 드 보날드, 1918년 보수주의 가톨릭당을 창당한 스페인의 후앙 바스케스 데 메야, 작가이자 정치가인 후안 도노소 코르테스 등을 예로 들 수 있다. 이들은 프랑코주의에 영감을 주었다. 이 극보수의적 사상 조류는 오푸스 데이(Opous Dei)◆ 회원이자 피노체트의 조언자로서 동업자주의(gremialismo, 스페인어로 '조합' 혹은 '동업자 단체'를 의미하는 gremio에서 온 말) 정당[22]을 창당한 하이메 구스만에 의해 구체화되었다. 둘째, 국가 안보 독트린으로, 이는 군사정권의 손에 권력이 집중되는 것을 정당화했다. 쿠데타는 늘 '공산주의자' 혹은 '마르크스주의자' 등으로 불리는 치명적인 적의 활동으로 야기된 전쟁 상황으로부터 나라를 구하는 공공의 구원으로 여겨졌다. 이 두 흐름은 쿠데타 전부터 매우 적극적으로 아옌데 정권을 신랄하게 비판하는 데 이용되었다.

◆ 1928년 마드리드에서 에스크리바 신부가 창설한 종교 단체로 현실주의적, 개인주의적 복음을 주장했다. 지식인, 관료, 정치가, 중산계급 상층부 등 사회적 지위가 높은 사람들이 주축이 된 이 단체는 프랑코 정권의 배후에서 정치결사의 역할을 수행했다.

그리고 셋째, 마침내 신자유주의가 이 두 조류와 결합하게 된다. 신자유주의 조류는 시카고학파의 통화주의를 배워온 이른바 '시카고 보이즈'에 의해 도입되었다. 사실상 이들은 산티아고 가톨릭 대학과 시카고 대학 간 협약을 맺은 1955년부터 이미 칠레 내에 영향을 끼치고 있었다. 그러나 일부 소수 서클을 넘어 정치에서 직접 영향력을 행사하기에는 아직 역부족이었다. 아옌데의 당선은 모든 것을 바꾸어 놓았다. 가톨릭 근본주의 우파 지식인들[23]이 1971년에 창간한 《케 파사(Que Pasa)》는 쿠데타 이전에 토양을 다지는 데 무시할 수 없는 역할을 수행했다. 그리고 1975년 4월, 군사정권은 모든 사회적 관계를 근본적으로 변화시키기 위한 '충격' 요법을 실시한다.

여기서 잠깐, 군사정권이 집권 초기부터 시카고 보이즈가 주장하는 강력한 요법들에 마음이 기울었다는 식의 연속주의적 해석을 경계해야 한다. "피노체트가 집권 첫 18개월 동안 시카고학파의 가르침을 충실히 따랐다"라는 나오미 클라인의 말을 긍정하는 건 서로 다른 순간의 사건들을 하나로 뭉뚱그려 바라보는 셈이다. 나오미 클라인 역시 그 사실을 인정했다. "집권 초기부터 군사정권 내부에는 아옌데 정부 이전의 상태로 돌아가기를 원하는 편과 향후 수년에 걸쳐 모든 방면에서 자유화 프로그램을 진행해야 한다고 주장한 시카고 보이즈 사이의 갈등이 있었다."[24] 좀 더 자세히 들여다보면, 기독교민주당에 가까운 경제학자들이 1973~1975년 추진한 '점진적 정책'의 목적은 온건한 긴축 프로그램을 통해 거시경제적 변수를 안정화하는 것이었다. 이 프로그램

은 반세기 전부터 취해온 '국가 개발주의' 원칙을 문제 삼지는 않았다.[25]

하지만 1974년부터 점진주의와 급진주의를 옹호하는 경제학자 그룹 간 갈등이 시작되었고, 1975년 4월 위기가 터지자 '경제 회복 프로그램'을 실시하면서 진정한 전환점을 맞이한다. 이 프로그램의 도입으로 피노체트는 쿠데타 직후 해군이 맡았던 경제 분야로 권력을 확장하였고, 모레노 제독보다 우위에 설 수 있게 되었다.[26] 세르히오 데 카스트로가 재무부 장관에 임명되고 그 주변 인물들이 요직에 배치되면서 시카고 보이즈와 군사정권 수장과의 동맹이 결성되었다. 가격 안정이 모든 시장경제의 성공을 위한 근본 요소라고 믿은 그들은 처음 2년간의 점진적 정책에 등을 돌렸고, 마르쿠스 테일러의 표현을 빌리자면, 과감한 '창조적 파괴' 프로그램을 채택한다. 이때 '창조적 파괴'라는 말은, 1942년 조지프 슘페터가 부여한 의미보다는 사회적 관계들을 규정해 온 제도적 형태들을 파괴하기 위한 국가 주도의 의식적 사회 건설 전략으로 이해해야 한다. 마르쿠스 테일러는 신자유주의의 창조적 파괴 프로그램은 시장 주도 전략이라는 수사와 달리 국가의 체계적인 개입에 의존한다고 보았다. 국가가 사회제도를 개혁하면서 동시에 그로 인한 정치적, 사회적 긴장에 대한 해결책을 제시하는 것이다.[27] 이런 프로그램은 상당수의 노동자를 실업으로 내몰고 급격한 임금 하락을 초래하는 등 산업 전반에 파괴적인 효과를 야기했다. 이에 더해 무역과 금융에 관한 규제 완화를 통해 생산 자본보다 화폐 자본을 우선하는 정책이 실행되면서 국내 자본축적이 이루어지고 글로벌 자본과의 관계가 심하게 왜곡되었다.[28] 그리고 마침내 피노체트의 군사정권은 1978년과 1980년 두 차례에 걸쳐 '노동 플랜(The Labor Plan)'이라는 새로운 노동법을 공표한다. 국가, 자본, 노동 간 새로운 관계를 제도화하는 것을 목적으로 한 이 법은 노동조합의 권리를 매우 엄격한 조건으로 제한했을 뿐 아니라 노동자 조직을 최대한 분열시키기 위해 각 직장 내 복수 노조 설립과 노조 간 경쟁을 장려했다. 또한, 1978년부터 1982년까지 '7대 현대화'라고 명명된 개혁 조치들이 시행되면서 부분적 또는 전면적인 민영화가 추진되었다. 개혁의 범위는 노동법, 연금, 보건, 교육, 사법, 농업과 농지 문제, 지방분권 등을 망라했다. 그리고 그사이 1980년, 신헌법이 공표되었다. 이 헌법은 정부 정책 노선의 변경을 사전에 차단하는 법적 자물쇠 역할을 했다.

1980년 헌법 혹은 '기만적 헌법'

칠레 헌법은 1818년에 제정된 이래 쿠데타 전까지 1833년과 1925년, 고작 두 차례 개정되었다. 마지막 개정 이후 반세기가 지난 뒤인 1980년 9월 11일(쿠데타가 일어난 지 7년째 되는 날), 국민투표로 1925년 헌법을 대신할 새 헌법이 제정되었고 현재까지 유효하다.* 하이메 구스만이 독재 정권에서 임명한 전문가들로 구성된 제헌 위원회와 함께 새로운 헌법안을 작성했다. 군사정권의 권력 찬탈을 정당화하기 위해 구스만은 카를 슈미트가 고안한 '제헌 권력(pouvoir constituant)' 개념을 동원했다. 슈미트에 따르면, 실존적으로 주어진 의지에 의해 정초되고 국가의 존재 의의가 명시된 헌법만이 유효하다.[29] 이를 1973년 칠레에 적용하면, 법률(loi)에 구속되지 않는 권력(*legibus solutus*)일 뿐만 아니라 법(droit)^{♦♦}으로부터도 자유로운 권력(*jure solutus*)으로서 구성된 군사평의회는 신헌법을 제정할 자격을 얻는다. 시행령 제128호에 의해 인민의 제헌 권력이 군사정권으로 이양됐다. 군사정권은 1925년 헌법에 의해 국가의 의지가 훼손되었다고 주장했다. 군사정권의 제헌 위원들 사이의 논의 내용과 새로운 헌법 초안을 보면 정권의 의도가 처음부터 기존 헌법을 파괴하는 것이었음을 알 수 있다. 시행령 제178호는 정부 평의회 구성을 선언한 1973년 9월 11일의 시행령 제1호를 명확히 하며, 군사평의회가 인민을 대신하여 제헌 권력을 지니고, **모든 권한**(*plenitudo potestatis*)을 행사한다고 명시했다.[30] 이렇게 구스만과 제헌 위원회가 슈미트로부터 우선적으로 취한 개념은 **제헌 권력 주권**으로, 여기서 제헌

  ♦ 2022년 9월 4일 새로운 헌법안에 대한 국민투표가 실시되었으나 부결되었다.

  ♦♦ 프랑스어의 loi가 공공기관에서 제정한 규칙과 표준, 즉 법률을 의미한다면, droit는 모든 규칙과 규범을 포괄한다. 따라서 맥락에 따라 권리로 번역되기도 한다. 이 책에서는 편의상 loi를 법률, droit를 법 혹은 권리로 옮기고, 필요한 경우 괄호 안에 프랑스어를 병기했다. loi와 droit에 대한 더 자세한 논의는 이 책 제4장을 참조할 것.

의 주체는 군사평의회가 된다.

1980년 헌법은 칠레의 정체(政體)를 '주권이 핵심적으로 국가에 있는 민주주의 공화국'으로 정의한다. 이 주권은 "국민투표와 정기적인 선거를 통해 인민에 의해 실현되며, 또한 헌법이 정한 권력기관에 의해 실현된다."[31] 이렇게 선포된 국가 주권은 인민주권과 전혀 일치하지 않는다. 오히려 인민주권에 맞서는 방어벽과 같다. 신헌법은 형식적으로는 권력 분립 원칙을 준수한다. 행정권은 공화국 대통령에, 입법권은 상원과 하원으로 구성된 양원제 의회에, 사법권은 대법원에 주어진다. 그러나 사실상 매우 대통령 중심적인 헌법으로, 8년 임기가 보장된 대통령에게 인사권과 전쟁 상태 선포권 등 엄청난 권한이 주어졌다. 칠레 헌정사의 관점에서 볼 때, 1980년 헌법은 1833년 헌법 모델에서 영향을 받았다. 1833년 헌법은 권위적인 대통령에게 많은 권한을 부여했는데, 그중에는 의회의 추후 승인을 전제로 계엄령을 선포할 권한도 포함된다. 군사정권의 이데올로기에 따르면 1973년의 칠레에는 디에고 포르탈레스[32]가 그의 시대에 주도한 것과 같은 '보수 혁명'이 필요했다. 이 역할을 더 충실히 수행하기 위해 1980년 헌법은 군대에 '공화국의 제도적 질서'를 수호할 임무를 부여했다. 이에 따라 각 군의 사령관들을 중심으로 구성된 국가안전보장회의가 창설되었다. 법률의 합헌성을 감독하고, 제도의 원칙을 위배하는 사람 및 행동을 규정하는 것을 주요 역할로 하는 헌법재판소도 설립되었다. 헌법재판소 재판관 7명 중 3명은 대법원에서, 2명은 주로 군인으로 구성된 국가안전보장회의에서 임명한다. 상원은 보통선거로 선출된 26명의 의원과 별도로 여러 국가기관에서 지명한 9명의 의원을 둔다. 그중 4명은 각 군 사령관이 맡는다. 하이메 구스만에 따르면, 이와 같은 '임명된' 의원들을 두는 이유는 "선거로는 국가의 근본적이고 영원한 의지를 철저히 구현하지 못하기 때문에" 칠레 정치체제에서 보통선거의 영향을 제한하기 위해서다. 하나 더 덧붙이자면 정치권력으로부터 상대적으로 독립적인 중앙은행의 자율성이 헌법에 명시되었다. 이런 독립성은 신자유주의의 직접적인 영향을 여실히 보여준다. 사실상 어떤 정권이 들어서더라도 이 새로운 질서를 수정하거나 되돌리지 못하도록 하는 게 목적이었다.

하이메 구스만은 1979년 발표한 글 「정치의 길(El camino politico)」에서 이를 웅변한다.

안정성을 획득하기 위해서는 번갈아 권력을 얻는 세력들 간의 차이가 현저해서는 안 된다. (…) 사유 재산의 혜택과 민간 경제의 주도권이 광범위하고 강력하게 사회적으로 뿌리내리면, 그것을 공격하려는 모든 실질적인 시도들이 도저히 넘을 수 없는 벽에 부딪힐 것이다. (…) 핵심은 누가 통치하느냐가 아니라 국가를 이끌게 되었을 때 행사할 수 있는 권력의 범위이다. 다시 말해, 반대편이 정권을 잡더라도 그들이 취할 수 있는 조치들은 우리가 희망하는 방향에서 크게 벗어나지 않을 것이다. (…) 반대 행동을 취하는 게 몹시 힘들게끔, 게임의 무대가 허락하는 대안의 여지가 상당히 제한되어 있다.[33]

게임의 무대가 강제하는 규칙이라는 비유는 여기서 너무도 명료한 의미를 지닌다.

이 체계의 핵심을 이루는 근본 원칙이 있으니, 바로 보충성의 원칙(principle of subsidiarity)이다. 이 원칙은 19세기에 고안되고 20세기 코포라티즘(corporatisme)◆에 의해 전용된 가톨릭교회의 사회 교리에서 유래되었다. 이 교리는 개인들을 통합하여 사회집단을 구성하는 자연적 공동체들 사이의 위계를 강조한다. 자연적인 공동체에 해악을 끼치는 현대 정치에 대항하여, 개인의 의지에서 시작해 사회 내 자연스러운 집단으로 여겨지는 가족, 동업조합, 지역, 교회, 군대, 나아가 국가와 같은 일련의 조직들의 가치를 회복하는 것이 목적이었다. 칠레 독재정권의 이데올로그들은 보충성의 원칙을 사회를 마비시키는 국가주의를 끝장내고 경제적 자유, 사적 소유, 시장을 지탱하는 근본인 개인의 자유를 방어하는 원칙으로 재해석한다.[34] 그들에 따르면 보호받는 개인들의 영역은 어떤 집단적 주체도 합리적으로 변형시킬 수 없는 문화적 전통들의 비의도적 자연선택의 결과이다. 이러한 생각은 하이에크의 영향을 받은 것이다. 이데올로기 측면에서 보충성의 원칙의 장점은 사회질서에 대한 자연주의적 묘사와 개인들 간 경쟁이 이루어지는 시장의 가치를 화해시킨다는 점이다. 헌법의 원

◆ 1960년대 유럽에서 정치적 안정과 지속적 경제 성장을 위해 임금을 억제하고 노동시장을 통제하기 위해 정부, 고용주, 노동자 대표가 참여하는 각종 위원회가 등장하였다. 이런 위원회들의 작동 원리나 이념을 가리켜 코포라티즘이라는 용어가 사용되었다.

칙으로까지 승격된 보충성의 원칙은 민간 부문의 주도권이 불충분할 때만 국회의 사전 승인 조건으로 국가와 국가기관이 시장에 개입하는 것을 의미한다. 따라서 국가는 민간 부문이 역할을 제대로 해내지 못할 때만 시장의 영역에서 행동을 개시한다. 이런 논리에 의해 기본 서비스가 민영화되고, 기본권(보건, 교육, 주택, 연금 등)이 사적 영역으로 이양되며, 국가는 개인의 권리를 보장하는 책임으로부터 면제된다.

그렇다고 해서 이 '보충적' 국가가 '최소' 국가인 것은 아니다.[35] 왜냐하면 시장의 자연발생적 질서를 주장한 하이에크와 반대로 칠레 군사정권이 추진한 사회 개혁은 '엄청난 구성주의적 노력'[36]을 전제했기 때문이다. 관건은 사회복지 메커니즘과 관련된 엄격한 법규에 포위되지 않는 시장의 기능적 조건을 구축하는 것이었다. 노동시장, 교육 시장, 의료 시장, 공제 시장 등을 구축할 필요가 있었다. 시장과 사법(私法)의 우위를 법적으로 신성화한다는 면에서 1980년 제정된 이 신헌법은 칠레의 헌법학자 페르난도 아트리아가 붙인 '기만적 헌법(constitución tramposa)'[37]이라는 명칭과 너무도 잘 어울린다.

앞에서 인용한 1979년의 글에서 하이메 구스만은 보충성의 원칙에서 비롯된 국가의 행동 범위 제한이 어떤 의미에서 핵심적인지를 설명한다. "충분히 오랫동안 누리는 개인적 자유가 칠레인들을 통해 실현되어야 한다. 이를 통해 각 시민은 그 자유의 열매의 가장 열렬한 수호자가 될 것이다." 그리고 덧붙이기를, "경제적, 사회적 자유를 행사하고 그 혜택을 누리는 시간만이 미래

사회주의자들의 재부상을 막을 수 있는 효과적인 방파제가 될 것이다."[38] 이것으로 모든 것이 이야기되었다. 경제정책의 영속화는 그 자체가 목적이 아니라 인간을 근본부터 변형시키기 위한 수단일 뿐이다.

이양기, 그리고 '권위주의적 독립 기구들'

1989년 피노체트 정권은 헌법에 명시된 대로 공공 지출, 화폐, 외환, 신용 관련 정책을 담당하는 독립적인 중앙은행을 설립했다. 1988년 국민투표 패배[*] 이후에 제정된 중앙은행 설립법은 치밀한 전략의 일환이었다. 국민투표 패배와 1989년의 총선거 사이, 군사정권은 시민 대표들과 '권력 이양'의 헌법적 틀을 협상하는 동시에 여러 복합적인 제도적 보호장치('권위주의적 독립 기구'라는 이름으로 알려진)를 마련했다. 국가기구들을 강화하여 현상을 유지하게 함으로써 선거로 들어설 차기 정부의 운신의 폭을 제한하려는 의도였다. 새 정부가 '근시안적' 시각에 사로잡혀 경제적 안정을 위협하는 행동을 하지 못하도록 막는다는 게 공공연한 목적이었다. 중앙은행 역시 그에 따라 설립한 것으로, 재무부의 영향

◆ 피노체트의 임기를 1997년까지로 연장하는 것을 묻는 국민투표에서 과반수의 칠레인이 반대표를 던졌다. 이후 헌법 개정안 찬반을 묻는 1989년 국민투표 관련 협상이 진행됐다.

으로부터 독립적인 기구를 얻게 된 것이다. 중앙은행은 각각 2년에서 10년 사이의 임기를 수행하는 5인으로 구성된 이사회에 의해 운영된다. 이사회 임원 교체는 엄격한 조건을 충족하는 상황에서만 가능하다. 더욱이 새 임원 선출을 위해서는 상원의 동의를 얻어야 한다. 마르쿠스 테일러가 지적했듯이, 이런 조치는 국가권력의 축소가 아니라 국가권력을 정부 기관에 이양하는 것에 가까웠다. 거시경제 운용 부문을 민주주의 정치의 행동반경으로부터 떼어내어 테크노크라트의 조언에 맡김으로써, 피노체트 집권 기간 동안 수립한 목표와 메커니즘의 연속성을 보장하는 것이 목적이었다.[39] 현상 유지를 위한 다른 개혁들도 이어졌다. 9명의 상원의원이 새로 임명됐고, 피노체트는 종신 상원의원과 군 총사령관으로 임명됐다. 우파 정당들에 유리하게끔 선거제도도 개편되었다. 칠레 독재 정권은 이런 개혁들을 통해 새 정부가 제도를 통해 신자유주의적 사회를 다른 방향으로 전환하는 것을 막고자 했다.

1983년에서 1986년 사이 사회운동이 확장되던 시기, 훗날 민주주의를 위한 정당 연합으로 발전하게 될 동맹 세력은 군부 세력과의 협상으로 정치적 출구를 찾기 시작했다. 두 가지 조건이 붙었다. 첫째는 군부 세력이 용인할 수 없는 공산주의 좌파를 배제할 것, 둘째는 일부 조항이 수정된 1980년대 헌법을 인정하는 것이었다. 이는 훗날 매우 중요한 결과를 불러오게 된다.[40] 이 헌법은 1989년 국민투표에 부쳐짐으로써 이전에 결여했던 민주주의적 정당성을 획득하게 된다(이로써 1980년 9월 11일의 국민투표는 어떤 민주주의적 가치도 지니지 못한다). 국민투표로 채택된 헌법의 일부 개정 조항들은 일정 부분 민주화의 방향과 일치했다. 하지만 일반 입법을 위한 국회 의결정족수를 상향 조정해야 한다는 요구에 대해서는 행정부가 양원 중 한 곳은 과반수, 다른 곳은 3분의 1의 찬성만으로 입법을 할 수 있도록 하는 등 한계를 두었다. 2005년 일부 조항의 근본적인 개정이 이루어지며 임명 상원의원 제도가 철폐되는 등 민주화가 이루어지기도 했지만, 경제정책의 자율성이 보장되는 중앙은행 등 권위주의적 기구들은 존속하게 됐으며, 헌법재판소에 부여된 권한들로 인해 민주주의에 대한 새로운 제약이 추가되었다.[41]

여기서 헌법재판소에 부여된 권한에 대해 주목할 필요가 있다. 헌법재판소는 일련의 권한을 통해 양원으로 구성된 국회를 초월한 지위를 명실상부 얻게 되었다. 상원과 하원이 법안에 합의해도 그 법안이 법률로 제정된다는 보장은 없다. 국회가 법안을 통과시켜도 일군의 상원의원이나 하원의원이 헌법재판소에 합헌 여부 심사를 요청할 수 있고, 헌법재판소가 위헌판결을 내리면 그 법안은 법으로 제정될 수 없기 때문이다. 이런 권한 덕분에 헌법재판소는 상원과 하원보다 더 강력한 권한을 행사하는 제3의 비공식 입법기관 노릇을 하게 되었다. 결국, (국민에 의해 선출된) 상원의원이나 하원의원이 국가의 이익에 부합한다고 여겨지는 법안 통과를 의결해도 (국민에 의해 선출되지 않은) 몇몇 임명 판사들이 해당 법 제정에 반대할 수 있게 된 것이다. 그렇게 헌법재판소는 선출된 대표자들이 발의한 법안 통과를 막는 장벽이 될 수 있다. 헌법재판소가 헌법이 보장하는 권력 분립에 위배되는 권한을 획득하게 된 셈이다. 이 책 제4장에서 다시 살펴보겠지만, 여기서 하이에크의 영향을 어렵지 않게 찾을 수 있다. 하이에크가 설계한 체계에 따르면, 판사와 전직 입법 관료 및 행정 관료들로 구성된 헌법재판소는 경우에 따라 의회 다수파에 반대하여 엄격한 합법성 심사 권한을 행사할 수 있다. 이 개념을 그대로 반영한 칠레의 2005년 개정 헌법은 헌법재판소를 국회 양원을 초월하는 위치에 올려놓았으며 모든 민주적 통제로부터 해방시켰다. 슈미트식으로 말하면, 헌법재판소는 시장의 우월함을 확립하는 법적 규범의 불가침성을 보장하기 위해 헌법 안에서 '헌법의 수호자' 노릇을 하는 셈이다.[42]

이 헌법이 수십 년 동안 국가와 시장의 관계 재설정 시도를 어떻게 막아왔는지를 명확히 이해하려면 이 헌법에 의해 어떻게 수자원의 사유화가 법적으로 보장받게 되었는지를 살펴보면 된다. 1980년 헌법과 1981년 수자원법은 수자원의 사적 소유를 우선시한다.[43] 헌법은 명확히 다음과 같이 규정한다. "법에 의해 인정되고 구성된 물에 대한 개별적인 권리를 그 소유자들에게 부여한다." 다른 말로 하면, 헌법은 물에 대한 소유권을 인정하는 것이다. 물에 대한 시민들의 접근권은 보호받지 못하는 반면, 기업들은 물 사용권을 획득하고 인근 주민, 농지, 가축에 주는 피해 여부와 무관하게 원하는 방식대로 물을 사용할 수 있다. 이 법에는 물 분배와 사용 방식에 대한 어떤 기준이나 규칙도 명시되어 있지 않고, 인구 대다수가 물 접근에서 배제되는 사태를 막기 위한 방도도 마련되어 있지 않다. 한마디로 (물 사용권을 구입할) 돈이 있으면 물을 쓸 수 있고, 돈이 없으면 물에 대한 어떤 권리도 누릴 수 없다. 국가는 이 권리를 무상으로 무기한 양도하고, 사용 방식을 제한하지 않는다. 이 권리는 자유로운 양도의 대상이 되며, 물 시장의 형성을 촉진한다. 이런 법적 틀 덕분에 엄청난 양의 물을 소비하는 농기업이나 광산기업 들은 지역주민을 희생시키며 물 사용권을 독점하여 물 접근권의 불평등을 심화시킨다. 이제 우리는 '칠레의 각성' 운동에서 물 문제가 중심을 차지하게 된 연유를 이해할 수 있게 되었다.[44]

칠레 경험의
독특함과 교훈

신자유주의를 전체적으로 개관하고자 하는 이들은 칠레의 신자유주의 실험을 일반화하지 않도록 상당한 주의를 기울여야 한다. 물론 칠레 신자유주의의 일부 특징은 일반화가 가능하지만, 어떤 특징은 칠레의 특수성과 연관되어 있어서 일반적인 것으로 확대 적용해서는 안 된다.

칠레 신자유주의의 특성 중 신자유주의의 근본 논리를 드러내는 것으로 다음 세 가지를 꼽을 수 있다. 첫째, 신자유주의적 사회의 구축은 국가와 사회의 관계를 재구성한다. 국가를 약화하기 위해서라기보다는 시장의 규율 권력을 창조하고 보강하는 국가기관들을 강화하기 위해서다. 따라서 신자유주의 국가는 결코 '약한 국가'가 아니라 '행동주의적이고 유능한 국가'[45]이다. 둘째, 신자유주의는 단순히 경제정책을 실행하는 것에 그치는 것이 아니라 냉혹한 시장 법칙에 의해 모든 사회적 관계를 근본적으로 개조하는 것을 목적으로 한다. 칠레 군사정권은 1974년 발표한 원칙 선언에서 "도덕적, 제도적, 물질적으로 나라를 재건하기 위해 새로운 제도적 기초를 세우겠다"[46]라는 의지를 천명했다. 셋째, 경제의 '탈정치화'와 사법(私法)의 헌법화가 함께 진행된다. 이러한 결합은 프리드먼을 신자유주의의 창시자로 칭송하는 데 그치지 않고 칠레의 신자유주의 실험에 대한 하이에크의 영향을 재평가할 것을 요구한다. 호세 피녜라의 표현을 빌리자면 '보호된 민주주의'를 정착시키는 것, 다시 말해 민주주의를 정치로부터 고립시키는 것이 관건이었는데[47], 여기에서 "정치를 폐위시키자"라는 하이에크의 슬로건이 곧바로 연상된다.

한편, 칠레의 경험에 대해 지나치게 많이 쓰인 '실험실'이라는 표현은 신중하게 사용되어야 한다. 유리한 기회가 왔을 때 (반혁명이 확산하던 칠레, 브라질, 우루과이, 아르헨티나의) '자유방임의 실험'에서 과학적 가설을 다각도로 테스트하는 '충격요법 의사'(밀턴 프리드먼)라는 가정[48] 역시 검토가 필요하다. 사회는 '실물 크기의' 실험실이 아니다. 몇 가지 매개변수들을 조정하여 인위적으로 조건들을 만들어낼 수는 없기 때문이다. 정부의 정책들 속에 일종의 실험 논리가 스며들어 있다는 것은 사실이다. 경제의 탈정치화에서 파생된 이 논리는 "시민들을 수단적 합리성만을 따르는 호모 에코노미쿠스(Homo oeconomicus)로, 사회를 실물 크기의 실험실로, 정치를 실험의 개시, 조정, 조작으로 축소"[49]하고자 한다. 하지만 그렇다고 해서 각 정부가 차용한 실험 논리가 실험과학의 논리에 부합한다는 것을 의미하지는 않는다.

마지막으로, 모델이라는 개념의 쉬운 유혹에 넘어가서는 안 된다. 남미의 '재규어'라며 '칠레의 기적'을 추켜세운 신자유주의 프로파간다와 달리 칠레는 다른 라틴 아메리카 국가들이 따른 '모델'이 아니었다. 칠레는 있는 그대로 분석되어야 할 고유한 예일 뿐이다. 신자유주의의 칠레식 노선은 칠레와 아르헨티나의 차이가 보여주듯이 특수한 국가적 조건들과 관련되어 있다. 양국의 정부 정책 모두 시카고학파의 이론으로부터 영향을 받은 건 사실이다. 또한 양국 모두에서 '군사정권이 권력을 잡기 전부터 사전에 계획한 명확한 경제계획이라는 가설'을 반박할 공통적인 특징들이 발견된다. 예컨대 "칠레와 아르헨티나 모두, 정권 초기 정부의 경제적 선택에서 시카고학파의 독트린은 눈에 띄지 않았으며, 실질임금의 급격한 하락을 제외하고는 과거에 경험한 전통적인 조정 계획들과 크게 다르지 않았다"[50]라는 것이다. 그러나 '신자유주의적 조치들을 실행하는 시점이나 그 규모의 차이'에 주목할 필요가 있다. 칠레와 달리 "아르헨티나에서는 사회적 변형이 새로운 제도적 틀에 모두 반영되지 못하였기 때문에 더 제한적이고, 논쟁적이고, 비공식적이었다."[51] 칠레에서는 '후견 지도자'를 중심으로 한 과도한 집중화 덕분에 정부 조직 내부의 갈등을 일소할 수 있었던 반면, 아르헨티나에서는 장기간 군대와 시민사회 내부의 대립과 균열이 지속되었다.[52] 따라서 신자유주의를 각국의 조건에 대한 고려 없이 적용 가능한, '모든 국가적 특수성'에서 자유로운 경제모델로 간주해서는 안 된다.

훗날 신자유주의 모델을 도입하는 중미 국가들에도 같은 지적이 가능하다. 칠레의 경험은 소급적으로 보면 '선행'한 경제 세계화처럼 보이지만, 군사 쿠데타로 집권한, 강한 대통령제를 기반으로 한 독재 정권이 취한 매우 특수한 정치 형태로서 진행됐다. 프랑스, 영국, 독일과 달리 칠레의 신자유주의 정치는 푸코가 분석한 통치성(gouvernementalité)◆의 전통적인 형태, 즉 격려와 자극을 통해 개인들을 간접적으로 인도하는 형태를 취하지 않았다. 실제로 마거릿 대처와 토니 블레어의 권위주의[53]는 점증하는 통치화(gouvernementalisation)를 수반했다. 반면 칠레의 경우 통치성과 유사한 요소들이 먼저 자리를 잡아가다가, 피노체트의 임

◆ 미셸 푸코는 『안전, 영토, 인구』[오르트망(심세광, 전혜리, 조성은)옮김, 난장, 2011)]에서 통치성과 통치화 개념을 다음과 같이 설명한다. "첫째 인구를 주요 목표로 설정하고 정치경제학을 주된 지식의 형태로 삼으며 안전장치를 주된 기술적 도구로 이용하는, 지극히 복잡하지만 아주 특수한 형태의 권력을 행사케 해주는 제도, 절차, 분석, 고찰, 계측, 전술의 총체를 저는 통치성으로 이해합니다. 둘째 통치라고 부를 수 있는 권력 유형 한편으로 통치에 특유한 일단의 장치를 발전시키고, 다른 한편으로 일련의 지식을 발전시킨 이 권력 유형을, 서구 전역에서 꽤 오랫동안 주권이나 규율 같은 다른 권력 유형보다 우위로 유도해간 경향, 힘의 선을 저는 통치성으로 이해합니다. 마지막으로 저는 중세의 사법국가가 15~16세기 행정국가로 변하고 차츰차츰 통치화되는 절차 혹은 그 절차의 결과를 통치성이라는 말을 통해 이해할 필요가 있다고 생각합니다."

기 만료와 이양기 초기에 이르러서야 비로소 국가의 통치화가 시작되었다. 대학의 예가 이 점을 명확히 보여준다. 피노체트는 원하던 대로 고등교육 민영화 조치를 단행했다. 현재 칠레 대학 중 17%에 해당하는 14개 대학만이 공립이다. 이러한 교육 민영화는 그 계획에 있어서나 효과에 있어서나 경제정책에 의한 하나의 조치에 불과한 것이 아니다. 교육 민영화는 일반화된 경쟁의 법적, 제도적 틀을 마련했다. 이 경쟁 속에서 개인들의 행동 방식은 지속적으로, 근본적으로 변형된다. 칠레의 경험에서 지배적인 논리는 시장에 의한 개인의 **규율화**(disciplinarisation)다. 신자유주의에서 역사를 제거하고 그것을 '사전에 준비되고 결탁된 프로젝트'[54]로 여기는 오류에 대해서는 아무리 비판을 해도 지나치지 않다. 칠레의 경험은 이와 반대로 역사, 무엇보다 칠레의 역사 속에 신자유주의를 새롭게 새겨 넣도록 한다.

이처럼 역사에 비추어 볼 때 우리는 2020년 10월 25일 칠레 민중이 거둔 승리의 의의를 온전히 파악할 수 있다. 10월의 각성 운동이 신헌법 제정을 요구하고 나선 것은 피노체트 헌법이 모든 정치적 대안의 가능성을 봉쇄하고 있다는 날카로운 인식이 있었기 때문이다. 정당들은 당시의 운동을 자신들의 이익에 부합하는 방향으로 이끌고자 애썼다. 2019년 11월 15일, 정당들은 '평화를 위한 국민 협약'을 체결하고 두 단계의 국민적 합의를 준비했다. 첫 단계로 신헌법 제정 여부를 묻는 국민투표를 실시하고, 다음 단계로 제헌의회 구성에 관한 국민투표(의석의 50%를 정당 대표들에게 할당하는 '혼합의회'와 전원 시민들에 의해 선출된 인원으로 구성된

'제헌의회' 중 결정)를 실시하고자 했다. 그런데 2019년 12월 체결된 새로운 협약에 따라, 두 번으로 예정됐던 국민투표를 한 번만 실시하고 신헌법 제정 여부와 제헌의회 구성 방식을 동시에 묻는 것으로 변경되었다. 이런 조치는 국민들이 헌법 개정에 찬성하면서 동시에 혼합의회 구성에 찬성하도록 유도하려는 의도가 다분했다. 이런 시도에도 불구하고, 사회복지 제도의 사각지대에 놓인 빈곤층에 특히 고통을 안긴 세바스티안 피녜라 대통령의 봉쇄 조치에도 불구하고, 국민투표일이 연기됐음에도 불구하고(원래 2020년 4월 27일로 예정), 2020년 10월 25일 시행된 국민투표는 정당들과 그 대표들에 대한 대대적이고 준엄한 반대 의사를 재확인시켜주었다. 제헌의회를 다른 형식의 의회(혼합의회, 제헌 권한을 부여받은 '보통' 입법의회 등)와 구분하는 것은 단지 구성 방식의 차이일뿐 아니라, 그 자체로 그 의회에 부여되는 특별한 권한이다. 국민투표로 구성된 이 제헌의회는 새로운 헌법안을 작성하기 위해 고안되었지만, 시민들을 대신하여 그 법안을 채택할 임무를 갖지는 않는다. 핵심은 이 제헌의회만이 1973년 군인들이 쿠데타로 찬탈한 '본래의 제헌 권력'을 되찾을 수 있다는 데 있다. 1980년 뒤에는 1973년의 문제가 도사리고 있다.

2장

신자유주의의
대중 혐오

1981년 11월 15일부터 19일까지, 칠레 발파라이소에서 멀지 않은 비냐 델 마르에서 몽펠르랭 협회 지역 학회가 개최되었다. 전 세계 신자유주의 조류를 대표하는 이들이 모여 한목소리로 '민주주의의 위험성'을 경고하고 피노체트가 세운 새로운 질서를 칭송했다. 이는 하이에크주의자, 프리드먼주의자, 질서자유주의자, 공공선택론(public choice theory)*을 따르는 이들 사이의 근본적인 합의, 즉 민주주의는 자유와 문명에 적대적인 위협이라는 견해에 이들 모두가 동의함을 여실히 보여주는 사건이다.[1] 이 학회에 참석한 이들은 근본적인 개혁은 권위주의적 체제하에서만 가능하다는 믿음을 공유했다. 독일 질서자유주의자 볼프강 프리크회퍼는 1948년 연합군 군정하에서 루트비히 에르하르트가 단행한 유명한 개혁은 점령군의 비민주주의적 권력 덕분에 가능했으며, "지금의 평범한 독일 의회(Bundestag)의 표결을 거쳤더라면" 절대 불가능했을 것이라고 말했다. 그는 1973년 칠레 쿠데타를 이와 비교하면서 칠레 군인들에 의한 권력 장악은 "정당하고 불가피했다"라고 결론 내렸다.[2]

♦ 정부를 공공재의 생산자, 시민을 소비자로 규정하고, 시민의 편익을 극대화할 수 있는 서비스의 공급과 생산은 공공 부문의 시장경제화를 통해 가능하다고 주장하는 이론.

몽펠르랭 협회 회원이자 훗날 칠레 중앙은행장과 재무부 장관을 역임한 카를로스 프란시스코 카세레스는 같은 자리에서, 1973년 이후 "우민 선동과 도덕적 타락"으로 귀결될 "무제한적 민주주의 체제"로 돌아가는 것은 한순간도 고려한 적 없으며, "인간 본성에서 우러나온 근본 권리 위에 공공의 이익 보존을 우선하는 국가 체제를 수립하는 것"[3]이 목적이었다고 말했다. 하이에크의 사상에 영향을 받아 1980년 헌법안 작성에 참여했던 그는 자신이 무슨 말을 하는지 잘 알고 있었다. 몽펠르랭 협회의 모든 회원에게 칠레는 하나의 모델이자 역사적 패러다임이었다. 수십 년간 의회주의의 폐해로 집산주의 직전까지 간 칠레가 강권을 발동하여 자유를 바탕으로 한 정치적, 헌법적 조건들을 수립할 수 있었다는 것이다. 몽펠르랭 협회 회원들이 피노체트의 쿠데타에 보인 호의는, 평등과 사회 정의를 요구하는 민주주의에 대한 불신과 증오를 너무도 잘 드러내는 예시다. 신자유주의 귀족들이 쿠데타를 찬양한 것은 그때가 처음이 아니다. 뢰프케는 1964년 CIA의 도움으로 브라질 주앙 굴라르 정권을 무너뜨리고 군사독재 정부를 세운 쿠데타를 보며 기쁨을 감추지 못했다. 그는 하이에크와 마찬가지로 포르투갈의 안토니우 드 올리베이라 살라자르 정권 같은 '자유주의 독재'에 상당히 우호적이었다.

신자유주의는 잠재적으로 자유를 말살할 수 있는 모든 종류의 국가 개입에 반대하고 민주주의와 자유 시장에 완전한 정당성을 부여한다는 식의 정치 설화가 존재한다. 신자유주의가 전체주의에 대한 승리에서 핵심적인 역할을 했다는 영웅적인 독해 또한 존재한다. 하지만 이 같은 정치 설화나 독해는 신자유주의 독트린이 출발부터 근본적으로 **반민주주의론**(anti-democracy)의 영향을 받았으며, 현대 인민주권 이상에 철저하게 반대했다는 사실을 간과하는 것으로, 기만적인 역사 재구성일 뿐이다. 오늘날에는 전술적 차원에서 신자유주의의 이러한 문제점이 자주 부차적인 것으로 밀려나곤 하지만 말이다. 그러나 다양한 갈래의 신자유주의 이론가들에게 민주주의를 비판하는 건 부차적인 문제가 아니다. 그들에게 민주주의는 사회를 위험에 빠뜨리는 이른바 '집산주의'의 모태가 될 수 있는 핵심 문제다. 이는 신자유주의자들이 이미 1930년대 바이마르 공화국의 위기를 보며 내린 결론이었으며, 1945년 이후 복지국가의 부상을 보며 확인한 바이기도 했다. 하이에크나 뢰프케는 이런저런 차이 따위는 개의치 않고 복지국가와 완전고용을 나치즘이나 소련의 굴라크와 직접 연관시키곤 했다. 이런 점에서 보면 전쟁 후 상당한 시간이 지났음에도 전쟁 전과 이 시기 사이에 강한 연속성이 존재함을 알 수 있다. 신자유주의 이론가들은 항상 '대중 민주주의'를 극복해야 할 장애물로 간주하고 그것의 정당성을 박탈하려는 노력을 기울여왔다. 정치적 실천으로서 신자유주의는 민주주의를 무력화시키는 다양한 수단들에 대한 테스트와도 같았다. 그렇기 때문에 신자유주의의 민주주의 혐오를 이론과 통치의 차원에서 면밀히 들여다보면, 경제 질서 수호를 위해 공공연하게 정당화되는 신자유주의의 폭력성을 더 잘 파악할 수 있다. 신자유주의 독트린은 인민주권 논리가 통제되지 않을 때 '총체적 국가'의 위험이 도사린다고 보고 이에 대한 **제도적 제한**의 이론을 자처한다. 신자유주의자들에 따르면, 총체적 국가는 자신이 의존하는 이익집단들을 만족시키기 위해 존재의 모든 영역으로 개입의 범위를 확대한다.[4] 이처럼 현대 민주주의에는 총체적 국가로 나아갈 위험이 내재되어 있기 때문에, 선거의 결과나 인민들의 결집이 시장의 법칙을 위험에 빠뜨린다고 여겨지면 신자유주의는 민주주의에 대항하는 실질적인 전쟁 이데올로기로서 제시된다.

민주주의의
두 가지 형태

신자유주의의 모든 조류는 '인민주권의 신화' 위에 수립된 민주주의를 지속적으로 비판해왔다. 자유주의의 정치적 기초를 세운 선구자들(루이 루지에, 월터 리프먼, 루트비히 폰 미제스, 프리드리히 하이에크, 빌헬름 뢰프케)은 '민주주의에 대한 광신', 즉 여론의 지배 혹은 대중의 어리석음이야말로 자유주의를 위협하는 진정한 위험이며, 인민주권 도그마의 유해한 효과를 제한할 수 있는 제도적 장치들을 마련해야 한다고 역설한다. 그들은 엘리트주의적이고, 개인의 선택과 사적 소유라는 최상위 원칙을 존중하는 제한된 형태의 민주주의만을 인정한다. 이것이 그들이 생각하는 '자유민주주의'다. 그러나 그 민주주의가 인민주권의 반영을 요구하는 순간 '자유 사회'에 대한 가장 큰 해악이 되어버리며, 자유를 회복하기 위한 준엄한 조처가 필요하게 된다. 이런 생각은 결코 신자유주의의 뒤늦은 급진화에서 비롯된 것이 아니다. 민주주의가 문제라는 생각은 이미 19세기 말부터 대중의 급격한 부상이라는 보수주의적 사유의 중심 주제와 연결되어 있었다. 그들에 따르면 대중은 계획경제 국가의 지도를 따르면 훨씬 큰 번영을 가져다주겠다는 선동을 거부할 지적 능력을 결여하고 있다. 제대로 제한되지 않은 민주주의는 모든 자유와 개인성을 파괴하는 집산주의의 온상이 된다는 것이다.

1938년 리프먼 학술대회에서 루이 루지에는 '자유민주주의'와 인민주권 위에 수립된 민주주의의 차이를 완벽하게 요약했다. 그는 후자를 '사회주의적' 민주주의라고 명명하며 '불가피하게 전체주의 국가로 귀결될 것'이라고 주장했다.

민주주의라는 말은 참으로 다의적이다. 민주주의에는 두 가지 개념이 존재한다. 우선 자유민주주의 이념으로, 국가권력의 제한, 개인과 시민의 권리 존중, 입법과 행정 권력의 상위 사법기관에의 종속 위에 수립된다. 다음은 사회주의적 민주주의로, 인민 권력 위에 수립된다. 전자는 인간의 권리에 관한 이론가들과 프로테스탄트 공법학자들, 미국과 프랑스의 선언에서 나왔으며, 개인의 주권 원칙을 긍정한다. 후자는 루소에게서 나왔으며, 대중의 주권 원칙을 긍정한다. 두 번째 개념은 첫 번째 개념에 대한 부정으로, 필연적으로 우매한 민중을 선동하여 전체주의 국가로 귀결된다. 의무교육 덕분에 다수결 원칙에 기초한 보통선거 제도를 통해 국가권력을 쟁취할 수 있다는 것을 이해한 대중은, 공공 권력을 장악할 수 있도록 해주는 정당에 지지를 보낼 것이다. 그리하여 부의 생산 문제 대신 가장 빈곤한 계급에 부를 즉각적으로 분배하는 문제에만 골몰하게 될 것이다. 국가는 가난해지고 무질서해질 테고, 그 상태로부터 벗어나려면 독재 정부를 불러오는 수밖에 없을 것이다. 전체주의 국가를 가장 잘 만들어내는 이들은 다름 아닌 사회주의 선동가들이다.[5]

인민, 보통선거, 다수결 원칙, 정치적 다원주의, 분배 정의, 공공 교육, 빈곤층을 싸잡아서 이보다 더 노골적으로 거부하기도 힘들 것이다. 신자유주의자들은 결코 민주주의를 온전히 지지하지 않는다. 그들은 항상 근본적으로 대중을 혐오하는 '자유민주주의'와 '무제한적' 혹은 **'전체주의적'** 민주주의를 구별하며, 전자를 수단으로 후자를 무력화하는 이론적 작업을 수행한다.

하이에크는 자유민주주의에 중요하지만 제한된 기능을 부여한다. "민주주의의 진정한 가치는 권력 남용에 대항해 우리를 보호하는 예방적 안전장치를 만드는 데 있다. 민주주의는 일군의 정부들을 배제하고 최상의 정부를 찾는 수단이 되어준다. (…) 그러나 최상의 정치적 가치는 다른 곳에 있다. 왜냐하면 제한받지 않는 민주주의는 비민주적인 제한된 정부들보다 더 나쁠 수 있기 때문이다."[6] 신자유주의는 민주주의 개념을 단지 최상의 지도자 선출 과정으로 보며, 인민주권의 도그마와 그것에서 비롯되는 '해로운 의회 주권' 실현을 배제한다. 지금까지 계속 언급한 인민주권은 실제로는 다수파의 지지를 받아 선출된 국회의원들이 행사하게 되는데, 이들은 다수파를 유지하기 위해 일반 품행 규칙을 무시하고 특정 집단의 이익에 복무할 수밖에 없다는 것이다.[7] 따라서 국회의 주권은 법의 주권을 희생하고 수립될 수밖에 없다.

반대로 하이에크가 선호한 엄격히 절차적인 민주주의는, 민주주의의 기초라고 주장되는 가치들에 근거해서가 아니라 그 실제적 성과에 의해서 평가되어야 한다. 이러한 민주주의는 독단을 막고, 지도자 선택에 참여한다는 의미에서의 '정치적 자유'보다 더 우선시해야 할 '개인적 자유'의 보호를 가능하게 해준다. 하이에크에게 '인민이 자유롭다'는 말은 '개인의 자유 개념을 하나의 인간 집단 전체에 적용하는 것'이다. 이는 역사적으로 매우 심각한 혼동을 초래할 수 있다. 하이에크는 "이런 의미에서 '자유로운 인민'이 반드시 자유로운 인간들로 구성된 건 아니다"[8]라고 지적한다. 한 개인은 민주주의 체제에서 억압받을 수 있으며, 반대로 독재 체제에서 자유로울 수 있다는 것이다. 이 지점에서 레몽 아롱과 하이에크는 극단적으로 대립한다. 아롱에게 모든 자유는 보호받을 만하며, 민주주의와 전체주의의 대립이야말로 근본적인 대립이다.[9] 하이에크에게는 '교환학적 게임(jeu catallactique)' 속 개인의 선택의 자유가 가장 중요하다. 따라서 시장의 자율적 질서를 수호하기 위해서는 정치적, 지적 자유의 축소 혹은 철폐를 용인할 수 있다. 또한 그에 따르면 전체주의에 민주주의를 대립시키는 것은 완전한 착오다. 전체주의의 반대는 자유주의다.

왜냐하면 민주주의는 지도자를 선택하는 방식에 관한 것이지 그 지도자들이 권력을 행사하는 방식에 관한 것이 아니기 때문이다. "자유주의는 정부의 기능, 더 구체적으로 정부 권력의 제한과 관련하고, 민주주의는 누가 정부를 이끌 것인가의 문제와 관련한다. 자유주의는 다수파의 권력을 포함한 모든 권력의 제한을 요구한다."[10]

방임의 위험과
사회국가의 탄생

이러한 분리는 18세기, 더 구체적으로는 프랑스혁명의 철학에서 '전체주의적 민주주의'의 뿌리를 찾았다고 믿은 역사학자들의 작업에 근거하고 있다. 제이콥 탈몬은 『전체주의적 민주주의의 기원(The Origins of Totalitarian Democracy)』에서 서구 사회가 두 갈래의 민주주의를 고안하고 추구해왔다고 주장한다. 하나는 **자유주의적** 길로, 개인의 자유를 다른 모든 가치보다 우위에 놓는다. 자유를 다른 말로 하면 '강제의 부재'다. 다른 하나는 루소와 자코뱅에서 나온 **전체주의적** 길로, 조화롭다고 가정된 자연적 질서를 실현하기 위한 절대 권력을 인민에 부여한다. 탈몬이 보기에 이 권력은 곧바로 스탈린주의로 귀결된다. 그에 따르면 루소와 프랑스혁명에서 파시즘과 공산주의까지, 서구 사회의 모든 역사는 이 두 가지 민주주의의 충돌로 이해할 수 있다.[11] 이 점에 대해 루지에와 리프먼의 길을 따른 하이에크는 '자코뱅적 민주주의'가 인민주권과 사회정의 두 가지에 대한 믿음 때문에 사회주의로 귀결된다고 생각했다. 그에 따르면 이 두 신화는 점진적으로 공공 권력을 자유롭게 풀어놓아 급기야 사회의 자율적 질서를 심각한 위험에 빠트린다. 이런 민주주의의 일탈은 인민의 의지를 구현하고 사회정의를 실현한다고 주장하는 의회를 방임하는 것에서 비롯된다. 사회정의와 결합된 인민주권 이념은 대표자 선택이라는 권력의 **기원**과 정당한 권력 행사의 **범위**를 혼동하는 구성주의적 개념의 기초를 이룬다. 법실증주의의 교훈을 따른다면, 옳은 것과 과반수 찬성을 혼동하고 있는 셈이다. 옳은 것이 성립하기 위해서는 다수결만으로는 부족하다. 다수결은 우리를 '공공복지'로 이끌지 않는다. 실제로는 그 반대인 경우가 훨씬 많다. 다수파는 재선출되기 위해 개인의 자유 존중 등과 관련한 제한을 포함하여 모든 종류의 제한을 넘어서려 한다. 정치의 역사가 이를 여실히 보여준다. 전후 '자유주의' 성향의 다수파는 어떻게든 권력을 유지하기 위해 재분배와 케인스주의에 기초한 좌파 정치를 펼쳤다. '다수파의 독재'는 사실상 '정치 시장'에서 이해관계자들의 제휴에 의한 것이었으며, 그 결과 일부 집단의 희생 위에 힘 있고 위협적인 집단이 특권을 얻게 되었다.

하이에크는 '시장 사회'는 정치가 **시장이 아닐 때에만** 존속할 수 있다고 보았다. 인민주권은 사실상 조직된 집단들이 각각의 특수 이익을 두고 흥정하는 것을 가리기 위한 가면에 불과하다. 하이에크에 따르면, 이런 의미에서 민주주의는 "사회의 일부 측면을 자신에게 유리한 방향으로 이끌고자 하는 특정 집단의 요구를 정당성의 후광으로 치장한 언어적 물신이 된다."[12] 오늘날 우리가 '민주주의'라고 부르는 것은 하이에크에게는 권리에 대한 침해, 더 근본적으로는 사적 권리에 대한 침해다. 한 집단이 개인들의 실제적인 이익을 희생시키고 자신의 집단적 이익을 관철하기 때문이다. 그는 "민주주의적 기관들이 법 우위의 전통에 의해 운영되지 않는 곳은 어디나 '전체주의적 민주주의'로 귀결되거나, 일정 시간이 지난 후에는 '국민투표 독재'로 귀결된다"[13]라고 이야기했으며, 압력 집단에 의한 독재, 특히 경영 정신과 시장 질서를 심각하게 파괴하는 노동조합에 의한 독재는 법의 외양을 하고 있더라도 실제로는 특정 결과를 위한 조직 규범에 불과한 행정명령들을 만들어낸다(반면 법은 근본적으로 추상적이고 일반적인 규범이다. 다시 말해 예측 불가한 개별 적용들로부터 독립적이다)[14]고 보았다. 또한 이처럼 부패와 흥정이 일반화된 체제에서는 각각의 유권자 집단에 다른 집단들에게 부여한 특권에 상응하는 특권을 부여해야만 한다고 생각했다.[15]

하이에크는 이 같은 흥정의 일반화와 특수한 목적을 위한 국가의 개입은 '사회정의라는 신기루' 덕분에 가능하다고 주장한다. "'사회정의'라는 신앙이 정치적 행동을 지배할수록 그 과정은 점점 더 전체주의 시스템에 가까워질 것이다."[16] 사회정의라는 신화는, 시장 질서는 어떤 경우에도 가장 공로가 큰 자가 가장 공로가 적은 자보다 더 많이 가질 수 있도록 보장해주지 못하며, 각자가 공로에 따라 자기 몫을 받을 수 있어야 한다는 믿음을 심어준다.

따라서 분배 정의라는 생각에 의문을 제기하지 않으면 사람들은 사회 혹은 제도 권력에 '공정한' 배분을 요구하게 될 것이다. 하이에크는 알려졌다시피 경쟁의 결과와 도덕을 혼동하지 말아야 한다고 주장하는 이들 중 하나다. 그가 보기에 시장은 도덕과 아무런 관련이 없다. 그에게 시장은 어떤 집단적 원리로도 반대할 수 없는 최상의 가치인 개인의 자유와 관련된 것이다. "자유로운 인간들의 사회에서는 개인을 구속하는 의무적인 집단적 행동 원칙은 존재하지 않는다. 우리가 무언가를 실현할 수 있었다면 그것은 자신이 선택한 목적 달성을 위해 재능을 펼치는 보호된 영역(그들의 '소유')을 개인들 스스로 창조할 수 있는 가능성이 보장되었기 때문이다."[17]

하이에크는 이러한 흥정과 주권 및 정의의 '미신들'로부터 적극적인 경제정책과 사회정책, 복지국가 행정, 우편 혹은 교통 등 특정 서비스에 대한 국가 독점, 노동조합 같은 '수탈자들', 완전고용 정책 등이 탄생했다고 보았다. 또한 이 같은 지속적인 협박에 굴복한 정치권력은 노예가 되며, 그 역시 탄압을 일삼게 된다고 이야기한다. 마치 "주정뱅이가 운전하는 압축 롤러 장비와도 같다."[18]

이러한 일탈은 국가가 선험적으로 최상의 사회질서를 정의할 수 있다는 합리주의적 환상에서 비롯된다. 하이에크는 이를 두고 '치명적 자만'[19]이라고 비판했다. 복지국가를 탄생시킨 사회 개혁들이 이루어지던 19세기 말부터의 일이다. 질서자유주의자 발터 오이켄은 1932년에 이미 국가의 개입주의적 경향을 개념적으로 분명하게 비판했다. 그는 「국가의 구조적 변형과 자본주의의 위기 (Staatliche Strukturwandlungen und die Krisis des kapitalismus)」라는 글에서 기업인들에게 경제 영역을 이끌도록 한 자유주의 국가가 점차 압력 집단들의 이해 사이에서 갈팡질팡하면서 약화되는 개입경제국가(interventionistisher Wirtschaftsstaat)로 변형되었다고 설명한다.[20] 그에 따르면, 정신적 공허함이 지배하는 신 없는 세계에서 대중은 자신들이 전능하다고 믿지만 실제로는 무능한 총체적 국가에 자신의 구원을 의탁한다. 대중은 만족을 얻을수록 평등의 이름으로 더 많은 요구를 내세우게 되고 국가는 약해진다. 잘못은 대중의 지나친 요구에만 있지 않다. 신자유주의자들은 합리주의에 사로잡혀 사회와 경제의 세세한 부분까지 모두 통치할 수 있다고 믿는 지식인들의 해로운 역할을 지적한다. 그로부터 계획경제, 중앙집권제, 사회주의, 그 모두를 아우르는 '집산주의'가 비롯되었다는 것이다. 이런 유의 논증 중에는 양차 세계대전 사이 독일 제국(Reich)의 통일성을 해체한 '특수 이익들의 다원주의'에 대한 카를 슈미트의 유명한 비판이 있다. 뢰프케가 '자코뱅적-중앙집권적 대중 민주주의'라고 명명한 체제는 바로 이 '다원주의'와 실랑이를 벌이는 상태의 국가를 말한다. 이 체제하에서 이익집단, 로비스트, 정당, 노동조합 들이 케이크의 더 큰 조각을 차지하려고 드잡이하면서 바이마르 공화국에 큰 해악을 끼쳤다는 것이다. 이런 시각에서 신자유주의자들은 총체적 국가를 향해 가는 '다당제 국가'에 대한 슈미트의 비판에 명시적으로 동의한다.[21]

대중에 대한 공포와
엘리트 권력

민주주의의 이런 '일탈'이 서양 역사의 아무 시기에나 나타나는 건 아니다. 유럽과 미국의 보수주의자들 사이에서 사용되는 표현을 빌려 말하자면 이런 일탈은 '대중의 시대'와 관련이 있다. 그들에 따르면, 단지 다수라는 이유로 공공 영역을 이끌어야한다고 믿는, 원자화된, 선망에 사로잡힌, 교양 없는, 순응주의적인 인간들로 이루어진 대중의 지배야말로 집산주의와 전체주의의 근본 원인이다. 뢰프케는 널리 퍼진 이런 생각을『우리 시대의 위기(The Social Crisis of Our Time)』에서 다음과 같이 요약한다. "집산주의 국가는 대중에 뿌리박고 있다. (⋯) 그리고 대중화라고 불리는 사회학적 맥락, 즉 급진적 민주주의의 발전에 의해 준비된 사회적 지형 속에서만 가능하다. 집산주의 국가는 귀족주의적-보수주의적 이상뿐 아니라 자유주의적 이상에도 역행한다."[22] 뢰프케는 여기서 발터 오이켄의 유명한 표현을 되풀이했을 뿐이다. 오이켄은 현대의 가장 해로운 요소는 "세계의 민주화와 그에 따른 인민들 속 악마적 힘의 해방"[23]이라고 이야기했다. 1930년 스페인어로 출판된 호세 오르테가 이 가세트의『대중의 반역』은 신자유주의를 낳은 지적, 정치적 맥락을 드러내는 증후적 저서 중 하나다. 1930년대 큰 성공을 거둔 이 책은 대중에 의해, 평범한 인간에 의해, 유행과 기분에 휩쓸리는 멍청한 군중에 의해 억압받는 엘리트와 개인성이라는 주제에 수많은 영감을 주었다. 오르테가 이 가세트는 이 책 전체에 걸쳐 정치적, 문화적 소수가 다스리던 과거의 자유주의를 그리워한다. "오늘날 대중은 카페나 공공 집회 같은 곳에서 나온 진부한 생각들을 법으로 강요할 권리가 있다고 믿는다. 역사 속 어느 때를 봐도 오늘날처럼 대중이 직접 통치를 하는 예는 없었다. 그래서 나는 초민주주의(hiperdemocracia)에 대해 말할 수 있는 것이다."[24] 그가 보기에 대중의 '초민주주의적' 지배는 곧바로 전능하고 보편적인 국가로 귀결된다.

오르테가 이 가세트는 양차 세계대전 사이 자유주의를 표방한 이들 사이에 넓게 퍼져 있던 대중에 대한 공포를 표현한 보수적인 저자 중 한 명이었을 뿐이다. 당시의 시대 분위기가 귀스타브 르 봉의 '군중 심리'라는 클리셰를 되살렸다. 신자유주의 형성과 활성화에 앞장선 루이 루지에도 이런 엘리트주의적 분위기에 편승해 앞에서 언급한 대중 혐오의 모습을 보였다. 제2차 세계대전 발발 이전에 쓰인 그의 두 저서에서 이런 모습이 발견된다. 그가 1929년에 펴낸 『민주주의 광신(La mystique démocratique)』과 1938년에 펴낸 『경제적 광신자들(Les mystiques économiques)』[25]은 사실상 하나의 주제를 다루고 있다. 첫 번째 책은 오르테가 이 가세트가 다룬 것과 유사한 주제들에서 출발하여 민주주의 세계를 날카롭게 비판한다. 대중의 반이성, 공리주의적 문화의 무게, 금권정치의 지배, 무관심한 엘리트에게 보내는 구조 요청 등이 이 책의 주요 내용이다. 두 번째 저서에서는 어떻게 자유민주주의가 전체주의 체제로 변형되는지를 보여주고자 했다. 그에 따르면 국가 주도 경제계획 이론가들에 의해 부추겨진 '무분별한 사회 개혁과 공공 권력의 지나친 개입'은 파시스트 혹은 공산주의 독재로 귀결된다.

루지에는 현대 정치체제의 두 요소, 즉 국가권력을 제한하는 침범할 수 없는 개인의 자연권과, 국가권력을 정당화하는 원리인 인민주권이 하나가 될 수 없을 뿐 아니라 갈수록 모순 관계에 놓이게 된다는 생각에서 출발한다. 첫 번째 요소가 로크에 가깝다면, 두 번째 요소는 루소에 가깝다. 당대에 승리한 건 루소였다. 대중이 인민 권력을 제한하기를 원하지 않았고, 오히려 개인주의에 대항해 국가주의를 향해 나아갔기 때문이다.

그리하여 참을성 없고, 거칠고, 야생적이고, 원초적이고, 부화뇌동하고, 물질주의적이고, 민족주의적인 대중은 "경제적 균형을 자동으로 달성해주는 방정식 시스템인 가격 메커니즘이라는 훌륭한 계산기"[26]를 부숴버렸다. 빈 학파의 유일한 프랑스인 철학자였던 루지에가 보기에 이 메커니즘과 대중의 마술적 사고 사이에는 극복할 수 없는 모순이 도사리고 있다. 대중은 경제를 자신들의 만족을 채울 수 있는 무언가처럼 생각하고서 계획경제, 국유화, 소득 재분배를 통해 기분 내키는 대로 통제하고 지배하고 굴복시키려 한다. "대중은 경제 균형의 법칙을 이해하는 데 참으로 재능이 없다. 유권자 대중의 압력으로 도입된 경제, 예산, 통화 정책들에 대해 정치경제학과 재정학 교수들이 어느 때보다 비판적인 이유이다."[27]

이들이 품은 대중에 대한 공포라는 공통 기반으로부터 몇 가지 차이를 발견할 수 있는데, 몇몇은 생각보다 훨씬 반현대적이다. 일부 논객들이 '진보주의자'로 오해한 뢰프케와 뤼스토프는 가장 보수적인 이들에 속한다. 이들은 사회의 '대중화'가 도덕, 제도, 삶의 틀을 철저하게 파괴한다고 고발했다. 거대한 대중 조직들은 노동자를 '프롤레타리아화'한다는 것이다. 이 상황에서 빠져나올 방법은 오직 '활력의 정치(Vitalpolitik)'◆뿐이며, 이는 노동자가 "자기 자신을 책임지고 노동을 통해 스스로 생존해나갈 수 있도록"[28] 기업가적 덕성을 함양함으로써 가능하다. 리프먼 같은 이들은 (일정 부분 하이에크도 포함하여) 대중의 반동적 성격과 진보의 여정에 제동을 거는 자신들의 역할을 강조한다. 이런 시각은 대중의 존재 자체에 내재한 위험을 바라보는 여러 방식 중 하나다. 이들은 소비 욕구, 한심한 여가 취향, 이기적인 성향 등을 이유로 대중을 파괴적인 존재로 바라본다. 다른 몇몇은 대중을 자유보다 안전을 선호하는 천성적인 보수주의자들로서 진보를 멈추고자 하며, 시행착오를 통해 발전하는 사회를 거부하고 시험과 선택 과정에서 불가피하게 피해자를 낳을 수밖에 없는 사회를 거부하는 존재로 생각한다.

이런 차이에도 불구하고 모든 신자유주의자에게 근본적인 질문은 이것이었다. 어떻게 '대중'으로 이해되는 인민의 권력을 제한할 것인가? 루지에의 답은 명확하다. 새로운 '귀족'에게 권력을 양도해야 하며, 대중으로부터 분리된 정치적 권력기관을 세울 수

◆　저자들이 '활력의 정치(politique de la vitalité)'로 표기한 것을 따랐다.

있는 '통치의 기술'을 정립해야 한다.

통치의 기술은 지혜, 기술, 고귀함을 요구한다. 또한 과거에
대한 지식, 미래에 대한 대비, 가능성에 대한 감각, 그것을 실
현하는 데 필요한 수단들에 대한 지식, 책임감, 역량 등이 요
구된다. 통치의 기술은 본질적으로 귀족적이며 엘리트에 의
해서만 행사되어야 한다. 통제되지 않은 대중은 이와 정반대
다. 대중은 마술적 사고방식을 갖고 있기 때문에 현실적 가능
성을 판단하는 감각이 없다. 대중은 지도자들의 배신이나 악
의 때문에 자신들이 원하는 기적을 이루지 못한다고 믿는다.
대중은 무지하고 거만하다. 대중은 스스로를 만능으로 여기
며, 기술자와 **지식인**(intelligenzia)의 자리를 넘본다. 대중은
프랑스혁명 법정이 라부아지에에게 사형을 선고하며 "공화국
은 과학자를 필요로 하지 않는다"라고 한 말을 기꺼이 자신의
것으로 삼는다.[29]

식견을 갖춘 엘리트만이 경제와 사회를 이성적으로 이끌 수
있다는 생각은 당시 자유주의적 지식인, 철학자, 경제학자 사이
에 널리 퍼져 있었다. 뢰프케는 그의 마지막 저서 『수요와 공급을
넘어서(Jenseits von Angebot und Nachfrage)』(1958)에서 '대중 봉
기'에 맞선 '엘리트 봉기'를 촉구한다. 그에 따르면, 어떤 사회도
진정한 '자연적 귀족(nobilitas naturalis)'의 지배 없이는 지속될 수
없다.[30] 미국의 월터 리프먼은 새로운 귀족제 도입 주장에 덜 적

극적이었지만, 그 역시 1920년대부터 변덕스럽고 조종당하기 쉬우며 해결해야 할 현실에 대해 완전히 무지한 '여론'에 대항하여 진정으로 책임감 있는 이들과 전문가들에게 권력을 부여해야 한다고 주장했다. 리프먼은 공공 이익의 대상은 없으며, 일반의지는 존재하지 않고 파악될 수도 없다는 식의 극단적인 유명론을 견지한다. 오직 기술적 차원에서의 문제와 특수한 지식만 존재할 뿐이다.[31] 『좋은 사회(The Good Society)』 출간 이후 신자유주의의 총아로 떠오른 리프먼은 서구 국가들, 특히 정책 결정 과정에서 여론에 지도적 역할을 부여한 미국의 정치적, 지적 변화에 대해 비판적으로 분석했다.[32] 1920년대의 이러한 고찰은 1930년대 '구성적 자유주의'론과, 전후 민주주의의 잠재적 통치 불가능성에 대한 그의 결론에도 영향을 끼쳤다.

신자유주의 반민주주의론은 대부분 대중은 자기 자신을 스스로 다스리기 위한 도덕적, 미학적, 지적 수단을 결여하고 있으며, 정치적, 경제적 권한을 부여받기에는 대중의 능력이 불균등하다는 사실에 기초한다. 때때로 이러한 반민주주의론은 제1차 세계대전 이전의 제국주의적, 엘리트적 질서에 대한 반동적인 향수에 의해 지탱되기도 한다. 미제스는 『자유주의』에 다음과 같이 썼다. "인류의 모든 구성원이 평등하다는 주장만큼 근거 없는 것은 없다. 모든 인간은 완전히 불평등하다."[33] 신자유주의 대중 혐오의 철학적 기초가 무엇이든 간에 자유주의의 혁신가들은 1970년대 이전부터 대중사회의 '통치 불가능성'을 신자유주의가 풀어야 할 근본 문제로 삼았다. 그들은 자신들이 대중에 대항하여 행동하려면 필연적으로 대중을 이용할 필요가 있으며, 따라서 대중이 대중에 등을 돌리게끔 해야 한다는 것을 간파했다. 미제스 역시 이를 인정했으며 제자들에게 이념 전쟁을 독려했다. "대중은 사유하지 않는다. (…) 정신적으로 인류를 지도하는 일은 스스로 생각할 줄 아는 소수의 사람들에게 맡겨야 한다. 이들은 우선 자신들이 고안한 생각을 수용하고 이해할 줄 아는 집단에 행동을 취할 수 있다. 이런 방식으로 그들의 생각이 대중에게 확산될 것이며, 점차적으로 응축되어 시대의 여론을 형성하게 될 것이다."[34]

3장

강한 국가 예찬

양차 세계대전 사이 자유주의 혁신가들은 민주주의적 대중이 '자유경제'에 제기하는 문제에서 출발하여 국가의 역할을 근본적으로 다시 상상하고자 했다. 그들에 따르면 시장은 자유롭게 작동한다는 보장 속에서 반드시 문명의 번영에 이바지할 수 있어야 한다. 뉘앙스의 차이는 있지만 그들 모두 시장을 민주주의적 요구들로부터 보호하기 위한 '강한 국가'의 필요성을 이론화함으로써 그 출발부터 신자유주의와 권위주의를 연결시켰다. 그렇다면 강한 국가란 정확히 무엇이며, 그것을 규정하는 특징은 무엇일까?

신자유주의자들에게 무엇보다 중요했던 건, 19세기 말부터 여러 국가에서 나타난 사회적 이익에 복무하는 개입주의적 경향과 급진적으로 결별하는 국가의 형태를 정초하는 것이었다. 이를 위해 보통선거의 일반화를 통해 의회 다수파가 '경제를 정치화'하는, 프랑스혁명에서 탄생한 대의 민주주의 국가 개념을 재고할 필요가 있었다. 자유방임을 내세운 고전적 자유주의 이데올로기가 민주주의로 인한 위험으로부터 경제를 보호하지 못했다는 사실 때문에 이런 작업은 더욱 필요했다.

따라서 강한 국가의 일반적인 목표는 무엇보다 정치가 시장의 자유로운 작동에 영향을 끼치지 못하도록 하는 것이다. 이로부터 우선 부정(negative)의 임무들이 도출된다. 사회국가를 해체하고, 사회적 이익의 압력에 굴복하지 말 것이며, 필요에 따라서는 폭력을 동원해서라도 시장의 효과적인 기능을 방해할 수 있는 모든 것을 억제해야 한다. 국가와 경제의 관계를 근본적으로 재정의하는 긍정(positive)의 임무도 있다. 시장의 올바른 기능을 보장하고 일탈을 제재하는 국가의 기능으로, 뤼스토프가 말한 '시장 경찰'의 임무이다. "출발점에서부터 우리는 경제적 자유와 완전한 경쟁을 보호하는 시장 경찰의 임무를 강하고 독립적인 국가에 맡겨야 한다."[1] 이러한 개입주의는 특히 시장의 법적 규범화를 의미한다. 하이에크는 "효과적인 시장은 오점 없는 작동을 위해 적절한 규범적 틀을 필요로 한다"[2]라고 역설했다.

권위주의의 형태 혹은 동원되는 폭력의 강도 등의 차이가 있다고 해서 신자유주의자들 사이에 근본적인 이견이 있는 것은 아니다. '강한 국가'에 대한 신자유주의자들의 견해 차이는 본질적인 차이가 아니라 정도의 차이, 카를 슈미트의 표현에 따르면 '강도'의 차이다. 강한 국가의 한계는 인위적으로 정의되는 것이 아니라 자유 시장에 대한 적의 위협에 따라 비례적으로 결정된다. 따라서 특정한 신자유주의만을 가리켜 '권위주의적 자유주의'라고 표현하는 건 적절치 않다.[3] 시장경제를 규제하기 위한 모든 민주주의적 의지를 공격한다는 점에서 신자유주의는 이미 내재적으로 권위주의적이다. 국가의 힘을 사용하는 형태가 다를 뿐이다. 신자유주의자들은 반복해서 말했다. 독재와 민주주의는 그 자체로 가치를 지니지 않는다. 단지 자유경제를 보장하기 위한 수단일 뿐이다. 이런 이유로 강한 국가는 파시스트 국가와 구별된다. 반대자들에 가해지는 노골적인 폭력은 그 자체로 근본적인 원칙이 아니라 맥락적인 것이다. 그렇지만 미제스가 설명하듯이 상황에 따라 신자유주의 국가는 시장의 적들을 물리치기 위해 파시스트 폭력에 의존하는 것도 가능하다.

강한 국가와 약한 국가

신자유주의의 강한 국가 옹호에 자양분을 제공한 건 다름 아닌 법학자이자 철학자인 카를 슈미트였다. 슈미트는 국가가 '경제를 탈정치화'하기 위해 사회로부터 완전히 독립된 방향을 지향하는 정치적 의지를 가져야 한다고 역설한다. 다시 말해 사회정의에 대한 요구와 그 요구에 부응하기 위해 정부가 취하는 조처들로부터 시장경제를 보호해야 한다는 것이다. 1932년 7월, 슈미트는 바이마르 공화국을 대중의 민주주의적 요구에 굴복한 '약한 국가'라고 비판한다. 여기서 '약한 국가'는 '총체적 국가'로, '총체적'이라는 수식어는 국가 개입의 양과 범위를 가리키며, 국가가 인간 삶 모든 영역에 침투하는 것을 의미한다. "다당제 국가는 활기차고 힘이 강해서 '총체적'으로 되는 게 아니라 약해서 '총체적' 국가가 된다. 이런 총체적 국가는 이해 당사자들의 모든 요구를 만족시키기 위해 삶의 모든 영역에 개입하며, 급기야 이전에는 국가로부터 자유로웠던 경제 영역에까지 진출한다. 설사 경제 영역에 대한 모든 지도와 정치적 영향을 포기하게 되더라도 마찬가지다."[4] 그에 따르면 공화국 대통령의 막강한 권력을 중심으로 수립된 강하고 권위주의적인 국가만이 필수적으로 요청되는 경제의 탈정치화를 실현할 수 있다. 한마디로 총체적 국가로 나아가는 걸 저지하기 위해 권위주의적 국가가 필요하다는 것이다. 그런데 슈미트는 1932년 11월 23일 강연에서 총체적 국가를 둘로 구분하며 새로운 총체적 국가를 제시한다. 앞에서 언급한 양적 총체적 국가에 대비해 질적 총체적 국가를 제시한 것이다. "여기서 총체는 파시스트 국가가 '전체주의 국가(stato totalitario)'를 자칭하듯이 질과 에너지 측면에서의 총체를 말한다."[5] 이 질적 총체적 국가는 권력의 증대를 위하여 권력의 모든 수단, 특히 군사적 수단과 대중에게 영향력을 발휘하는 기술적 수단(라디오, 영화)을 독점한다. 슈미트는 다음과 같이 구체적으로 설명한다. "이런 국가는 그 안에서 국가에 적대적인 모든 힘, 국가 운영을 방해하고 분열시킬 수 있는 모든 힘을 짓누른다. 국가는 새로운 권력 수단들을 국가의 적 또는 국가를 타도하는 이들에게 넘겨주어 자유주의든 법치국가든 요즘 유행하는 무엇이든, 그 이름을 내걸고 국가의 권력을 무너뜨리도록 절대로 내버려두지 않는다."[6]

여기서 혼동하지 말아야 할 것이 있다. 슈미트가 무솔리니(Duce)의 전체주의 국가(stato totalitario)를 언급한 맥락을 살펴보면 그는 질적 총체적 국가를 파시스트 국가와 동일시하지 않았으며, 파시스트적인 해결책을 선호한 것은 더더욱 아니었다. 올리비에 보가 정확히 간파했듯이 두 가지 총체적 국가의 대비는 강한 국가와 약한 국가의 대비, 즉 "앞으로 도래할 이상 국가와 현실의 국가(당대의 바이마르 공화국)의 대비를 더욱 강조하는 것"[7]으로 보아야 한다. 이 질적 총체적 국가는 슈미트가 명명한 '당파 국가(Parteienstaat)'[8]의 지배로부터 국가를 해방시킬 수 있는 유일한 국가로서 '매우 강한 국가'이다. 그러나 슈미트가 소망한 국가는 나치나 파시스트 국가가 아니며, 중세의 동업조합 시스템에 기초한 국가도 아니다. 슈미트가 보기에 나치즘과 공산주의라는 이중의 위험으로부터 독일을 구원할 수 있는 유일한 국가 체제는 대통령 중심의 국가다.

'강한 국가'라는 표현을 쓰지는 않았지만, 독일 질서자유주의 창시자들은 슈미트 이전부터 경제적 자유주의가 살아남기 위해서는 권위주의적 국가가 필요하다고 보았다. 뢰프케는 1923년에 이미 경제적 자유주의를 '국가를 위한 투쟁의 최전선'에 두어야 한다고 역설했다.[9] 1932년 그들은 모든 민주주의적 사회국가, 그들의 표현으로 하면 '약한 국가'의 해체를 위해 슈미트의 강한 국가론을 채택한다. 발터 오이켄은 "국가권력은 더 이상 국가의 의지에 복무하지 않는다. 민주화로 인해 정당, 대중, 이익집단 들이 정부의 경제정책에 끼치는 영향이 증가하기 때문이다"[10]라고 주장했고, 뤼스토프는 '이익의 정치(Interessenpolitik)', 즉 "탐욕스러운 군중에게 점령당한 의회 민주주의"[11]를 제압할 수 있는 '국가의 정치(Staatspolitik)'를 역설한다. 특기할 점은, 1932년 슈미트의 주장이 당시 그와 교류했던 독일의 학자들뿐 아니라 다양한 신자유주의 사상가들에게 지속적으로 열광적인 지지를 받았다는 점이다. 훗날 하이에크는 『법, 입법 그리고 자유』에서 슈미트에게 영향을 받았음을 인정한다. "독일의 탁월한 정치 분석가 카를 슈미트는 전능한 민주주의 국가의 약점을 명확하게 파악했다. 그는 1920년대 당시 발전하던 정부 형태의 특성을 누구보다 잘 이해하고 있던 것으로 보인다."[12]

민주주의적 요구를 초월한 강한 국가

'강한 국가'의 출발점은 다음과 같다. 대중의 무제한 통치와 개입주의적 사회국가를 막기 위해서 전통, 관습 그리고 최대한 안정화된 '일반 규칙'의 준수를 관리하는 과두제에 권력을 부여하는 것이다. 엘리트들에게 경쟁 질서를 방어하는 데 책임감 있게 나서라고 호소하는 것만으로는 부족하다. 신자유주의자들에 따르면 국가의 통일성과 시장경제의 근본법을 동시에 보호하기 위해서는 튼튼한 제도적 방벽을 갖춰야 한다. 또한, 민주주의가 장기간 존속하기 위해서는 법적, 정치적 틀에 의해 대중 유권자 권력이 실질적으로 제한되어야만 한다. 뢰프케는 다음과 같이 설명한다. "민주주의와 자유가 지속적으로 공존하기 위해서는 국가 내 삶과 경제적 조직과 관련한 최상의 원칙과 규범이 민주주의적 결정 과정 밖에 존재한다는 사실을 유권자들, 최소한 그들 중 다수가 인식해야 한다."[13] 그리고 이러한 제도적 제한은 헌법에 명시되어야 한다. 다시 말해 선거 다수파와 압력 집단의 영향을 차단해야 한다는 것이다.

신자유주의자라면 프랑스혁명으로 탄생한 민주주의 국가와 강한 국가를 혼동해서는 안 된다. 강한 국가는 계획경제적, 개입주의적, 사회적 국가가 아니다. 강한 국가는 초월적 국가이며, 이 사람 저 사람의 요구를 일일이 들어주지 않을 때만 강해질 수 있다. 뢰프케 같은 이들이 보기에 이 강한 국가가 해야 할 일이 있다면, 그것은 교환 사회의 규칙을 제정하고 유지하며 전통적 삶의 양식과 틀을 보호하는 것이다. 한편으로 이들은 국가가 시장의 창조와 유지를 위한 건설적인 기획들, 노동 분업에 기초한 새로운 산업 세계에 대한 사회적 적응 활동을 수행해야 한다고 주장한다. "1776년에서 1832년 사이, 다시 말해 애덤 스미스와 제러미 벤담의 시대에 자유주의 철학은 새로운 산업경제의 요구에 부응하는 사회질서의 방향을 보여주었다."[14] 스스로 조직되는 이상적인 시장이란 존재하지 않기 때문에 그들은 "자유주의 사회에서 시장의 개선은 끊임없는 연구 대상이 되어야 한다. 이는 필수적인, 광범위한 개혁의 영역이다"[15]라며 국가의 역할을 강조했다. 루지에는 다양한 사회적 요구 앞에 굴복하지 않는 강한 국가를 앞장서서 옹호한 프랑스 신자유주의자 중 하나다. 대중이 경쟁 질서를 교란할 가능성을 차단하는 정치체제를 바란 그는 정부와 입법자들이 경제적 행동 강령을 반드시 준수할 수밖에 없게끔 하는 정치제도를 재구축하는 것을 해결책으로 제시했다. 그가 자신의 두 저서『민주주의 광신』과『경제적 광신자들』에서 발전시킨 신자유주의 전략은, '경제 기계를 망가뜨리는' 모든 특수 이익집단을 정치권력이 제어함으로써 '인민주권'의 손길이 미치지 못하는 정치 질서를 구축하는 것이었다.

자유주의로 회귀하기 위해서는 노동조합으로 결성된 사적 이익집단의 부상을 막을 수 있을 만큼 충분한 권위를 정부에 부여해야 한다. 러시아의 경험을 통해 경제 균형을 철저히 무너뜨리고 다수의 시민-소비자에게 피해를 입히고 소수에게만 일시적인 혜택이 돌아가게 하는 개입주의 및 계획경제의 문제를 확인했다. 국가의 권위 회복은 이러한 개입주의와 계획경제의 폐해를 고발하고 공공의식을 다시 세운 바탕 위에서 헌법 개혁을 통해 가능할 것이다.[16]

또한 루지에는 훗날 다른 이들이 이론적, 실천적으로 발전시키게 될 신자유주의의 정치적 목표를 정초했다.

권력의 책임자들이 스스로를 경제적 이익과 인민의 욕구의 대변자가 아닌 특수 이익에 대항해 일반 이익을 보장하는 자로, 선거에서 공약 경쟁을 부추기는 자가 아닌 노동조합의 요구를 억제하는 자로 여기도록 민주주의의 헌법이 개혁되어야 한다. 또한 모든 이들의 안녕을 위한 엘리트를 선출하는 과정을 선동적인 소수파나 열광에 사로잡힌 다수파가 자신들에게 유리한 방식으로 왜곡하지 못하도록 막아야 하고, 개인의 경쟁과 집단의 화합을 위한 공동의 규칙을 모든 이들이 존중하도록 해야 한다.[17]

이처럼 특수 이익을 초월하는 강한 국가는 오늘날까지 신자유주의의 상표처럼 사용되고 있다. 강한 국가는 시작부터 신자유주의를 특징짓는 요소이며, 실천적 적용 원리이기도 하다. 다른 신자유주의자들과 마찬가지로 리프먼은 자주 개입하는 국가는 약한 국가라고 보았다. 큰 정부(Big Government)는 효과적으로 작동할 수 없으며, 난쟁이들에게 결박당한 거인과도 같다. 특정 이익집단이 승리를 거둔다면 그것은 그 집단이 여론을 매개로 지나친 영향력을 행사한 것이다. 여론은 민주주의의 힘이 아니라 선천적인 약점이다. 따라서 정부가 일반 이익을 위해 통치해야 한다는 것이 그들의 주장이다. 특히 전쟁과 평화와 같은 중대한 선택을 내려야 할 때는 더욱 그러하다. 리프먼은 토마스 제퍼슨을 따라 인민의 권력을 정부 구성원 임명까지로 제한하고자 했다. 인민은 자신들을 다스릴 이들을 임명하지만, 매 순간 그들이 무엇을 해야 할지 지시해서는 안 된다는 것이다. 그는 모든 민주주의 이론에, 특히 다수파의 의견은 최대 다수의 이익의 표현이기에 통치자는 이를 따라야 한다는 제러미 벤담의 이론에 이의를 제기해야 한다고 역설한다. '다수의 의견'이라는 이 도그마는 정부가 필요한 과감한 조치(특히 다수의 이익을 침해할 수 있는 조치)를 취하지 못하게 하며, 대중에게 가장 편하고 가장 덜 고통스러운 방향만을 취하기 때문이다.

데모크라시(Democracy)보다
디마키(Demarchy)

조직된 이해관계들에 맞서는 강한 권력이 필요하다는 선언적 주장은 지도자 선출을 위한 민주적 절차를 유지하려고 할 때 상당한 문제를 불러온다. 하이에크는 다음과 같이 말했다. "효과적으로 권력의 범위를 구획하는 것이야말로 사회질서 유지를 위해 가장 중요한 문제다."[18] 그에 따르면 법에 의해 고려되어야 할 유일한 이익은 '보편적인 품행 규칙'에 의해 보호되고 동시에 한정되는 개인의 이익이다. 이러한 형식적 규칙은 대의 정치기구가 입법 및 행정 권력을 행사할 때 넘지 말아야 할 절대적 한계를 구성한다. 그가 보기에 민주주의의 모든 실질적 정의, 가령 '최대 다수의 최대 행복' 혹은 '인구의 삶의 질 향상' 같은 것들은 필연적으로 부당한 강제권을 낳게 될 수밖에 없다.

이렇게 현실 민주주의가 변질되는 것을 막기 위해 하이에크는 '디마키(Demarchy)'라는 말로 정치 시스템을 정의하고자 했다. 하이에크는 공적 행동의 제한 원칙에 기초한 이 개념이 '지속적인 남용으로 오염된' 민주주의 개념을 대체할 수 있다고 주장했다.[19] 하이에크에 따르면 '야만적 힘'의 사용이라는 의미의 그리스어 크라틴(kratein)을 어원으로 한다는 사실 자체가 '민주주의(Democracy)'의 근원적 약점이다. 반면 아르케인(archein)과 데모스(demos)가 합쳐진 말인 디마키는 '규칙에 의한 통치'[20]를 의미한다. '디마키'는 원칙적으로 오로지 일반 규칙만을 따르며 일시적인 다수파의 독단에 휘둘리지 않는다. 디마키는 특정 집단에 '특혜'를 주거나 특정 집단을 차별하는 모든 조처를 금지한다. 이소노미아(isonomia)는 단순히 '법 **앞의** 평등'으로 이해되고 있지만, 본래 의미는 '법에 **의한** 평등'이다. 즉, 모든 시민의 정치적 권리의 평등, 특히 평의회나 의회에서의 결정 과정에 참여할 수 있는 권리이다.[21] 그런데 이를 '법 앞의 평등'으로 재해석하는 건 자발적으로 소득과 재산의 분배를 바로잡으려는 모든 시도를 저지하는 데 목적이 있다. 가령 소득에 따라 다른 세율을 적용하는 누진세는 법 앞의 평등을 위배하는 셈이 된다. 다수파는 약탈적인 세율을 자신들에게는 적용하지 않으며, 자신들에게 '부자들을 차별할' 권한이 있다고 믿는다.[22] 하이에크는 인민의 요구에 굴복한 정부로부터 시장의 자유 질서를 어지럽힐 수 있는 수단을 박탈하는 것이 관건이라고 설명한다. "사회주의가 파시즘이나 공산주의와 마찬가지로 불가피하게 전체주의 국가로 귀결되며 민주주의 질서를 파괴할 수밖에 없다는 것을 명확하게 이해했다면, 헌법적 수단을 통해 정부로부터 차별을 강제하는 권력을 박탈함으로써 의도치 않게 사회주의로 탈선할 가능성을 차단하는 것은 의심할 여지 없이 정당한 일이다. 정부의 차별 권력이 한때는 일반적으로 정당한 명분을 위한 것으로 받아들여졌다고 하더라도 마찬가지다."[23]

대중의 과도한 요구로 민주주의가 위험에 빠지고, 사회가 그로 인해 통치 불가능해졌을 때[24], 개인의 사적 권리와 시장 질서를 존중하도록 만드는 모든 행동은 신자유주의자들의 눈에 정당한 것으로 간주된다. 그들에 따르면 사적 권리와 시장 질서 등 근본 가치를 수호하기 위해 제출된 의견들만이 수용 가능하며, 그 외 모든 입장, 특히 평등과 사회정의를 요구하는 주장은 자유와 시장에 적대적인 입장으로 간주하여 이성적인 토론의 공간에서 추방해야 한다. 엘리트주의적 민주주의에 자리를 둘러싼 경쟁, 즉 정치 집단들 간의 대립이 존재할 수는 있지만, 이런 싸움은 어디까지나 시장 질서의 경계를 벗어나서는 안 된다. 따라서 이러한 질서를 위협하는 반대자들에 대한 해결책을 고려해야 하고, 민주주의적 다원성 자체를 문제 삼을 수 있어야 한다.

독재가 필요한 순간

1920년대 공신주의와 사회민주주의 부상에 직면한 최초의 신자유주의자들은 적에 대항해 시장을 복구하기 위한 필수 조건으로서 독재와 국가 폭력의 동원을 고려했다. 1929년, 「민주주의의 한계 내에서의 독재(Diktatur innerhalb der Grenzen der Demokratie)」라는 제목의 글에서 뤼스토프는 '민주주의 유지를 위해 추후 토의에 상정하는' 것을 전제로 수상이 독재를 행할 수 있는 '검증 독재'를 제안했다.[25] 1942년 뢰프케 역시 '국가의 권위주의적 지도가 불가피해지는 극도의 위급 상황'인 '집산주의적 통치'에 맞서기 위한 '공인된 독재'의 필요성을 주장했다. 그는 뤼스토프와 마찬가지로 "일단 위급 상황이 지나가고 나면 합법적인 권력에 반납해야 하는 임시 권한"[26]이라는 제한을 두고자 했다. 그는 여기서 슈미트의 '위임 독재' 개념을 따른다.[27] 다시 말해, 위급 상황 선포에 따른 임시 체제인 것이다. 이러한 독재는 부당한 정치 세력의 장악 시도로부터 시민사회를 보호함으로써 법치 사회를 복구하는 데 목적이 있다. 슈미트는 '위임 독재'를 존재하는 모든 헌법 질서를 넘어서는 '주권 독재'와 구분한다.[28] 그보다 2년 전인 1940년 10월 20일 뢰프케는 마르셀 반 젤란트에게 보내는 편지에서 법치국가 내에서의 독재적 행위 제한을 무시하고 더욱 파시스트적인 '독재적 민주주의'를 옹호하기 위해 슈미트의 용어를 빌려 썼다.

'강한 국가'(통치하는 정부)와 관련하여, 저는 어쩌면 당신보다 '더 파시스트적'일 수도 있습니다. 경제정책에 대한 모든 결정은 동업조합적인 다원적 권력에 의해 약해지지 않는 완전히 독립적이고 강력한 정부에 의해 내려져야 한다고 보기 때문입니다. (⋯) 저는 국가의 힘을 경제정책의 외연이 아니라 그 강도 속에서 찾습니다. (⋯) 저는 과거의 의회 민주주의 방식의 무용함이 드러났다는 당신의 의견에 동의합니다. 사람들은 이제 대통령 중심의 권위주의적 민주주의, 더 나아가, 말하긴 괴롭지만, 독재적 민주주의가 존재한다는 사실에 익숙해

져야 합니다.[29]

뢰프케 선집 편집에 참여한 하이에크는 의심할 여지 없이 이
러한 선행 주장들을 알고 있었을 것이며,[30] 빈에서 교류하던 미제
스의 주장, 즉 사적 재산권을 보호하기 위해 파시스트 폭력의 일
시적인 동원이 정당화될 수 있다는 주장도 알고 있었다. 이에 대
해서는 이 장의 끝에서 다시 다룰 것이다.

알프레드 뮐러-아르막은 1920년대부터 슈미트와 마찬가지
로 의회 국가의 지나친 개입주의에 대한 대안으로서 이탈리아 파
시즘을 찬양했다.[31] 그는 슈미트와 달리 '총체적 국가'를 단지 민
주적 대중에 의한 사회경제적 관계의 정치화를 막을 수 있을 뿐
만 아니라, 기업과 경쟁을 위한 국가로 재정치화할 수 있는 방법
으로 보았다. 그가 궁극적으로 추구한 것은 '기업가'의 자유였지
만 그것을 실현하는 수단은 '경제를 완전히 통합한 국가, 정치 영
역을 제약하는 것이 아니라 정치에 부합하는 민간 주도권을 보
장하는 국가'였다.[32] 결국 목표는 모든 이익을 초월한 국가라기
보다는 **사적 이익의** 국가인 셈이다. 1933년, '사회적 시장경제'[33]
의 아버지로 불리는 뮐러-아르막은 나치당원이 되어 히틀러 체
제와 독일군의 자문위원으로 일하기 시작했으며, 나치즘을 찬양
하는 책 『새로운 제국의 국가 이념과 경제 질서(Staatsidea und
Wirtschaftsordnung im neuen Reich)』를 출간했다. 그는 이 책에
서 히틀러의 『나의 투쟁』을 '좋은 책'이라고 평한다.[34] 뮐러-아르
막은 국가사회주의를 민주주의의 새로운 형태, 국민(Volk)과 총통

(Führer)의 국민투표 민주주의(démocratie plébiscitaire)라고 설명
하며, 영혼 없는 대중은 총통의 리더십을 통해 기업가적 질서를
따르는 국가의 의지와 하나로 융합함으로써 갱생할 수 있다고 보
았다. 뮐러-아르막에게 총체적 국가란 기업가적 자유를 위해 전
권을 행사하는 국가인 동시에 '계급투쟁을 제거하는' 국가다.[35] 엄
밀한 의미에서 '자유주의적-파시즘'이라고 불릴 만한 것이었다.

베르너 본펠드가 지적하듯이 경제를 기업가적으로 정치화하
는 뮐러-아르막의 '총체적 국가'와 경제를 사회적으로 탈정치화
하는 오이켄, 뤼스토프, 뢰프케의 '강한 국가' 사이의 차이는 크지
않다. "전자의 국가는 길들여진 노동자 운동을 바탕으로 기업가
적 결정의 자유를 보호하기 위해 경제 질서에 따르는 정치 조직
을 필요로 하며, 노동자를 질서의 수호자로 육성한다. 후자의 국
가는 노동자를 자신의 노동력을 스스로 규율하는 기업가처럼 만
듦으로써 사회를 강제적으로 탈정치화한다."[36]

국가에 의해 경제 질서를 확립하는 질서자유주의자들의 정치
(Ordnungspolitik)는 나치 집권기에도 사라지기는커녕 "경제 교육
에 상당한 영향을 끼쳤다."[37] 오이켄, 프란츠 봄, 레온하르트 믹쉬
와 같은 질서자유주의자들은 1940년대 초 독일법학회에 소속되
어 있었으며, 1934년부터 '법의 일반 영역에서 국가사회주의 프
로그램을 실현하는' 임무를 부여받았다. 이들은 그 임무의 일환
으로 펴낸 간행물의 제6권 「경제의 생산성과 질을 향상하는 수
단으로서의 경쟁(Der Wettbewerb als Mittel volkswirtschaftlicher
Leistungssteigerung und Leistungsauslese)」[38] 집필에 참여했다. 또

한 오이켄, 뵘, 한스 그로스만-도어트는 1937년 제3제국 치하에서 '경제의 질서(Ordnung der Wirtschaft)' 컬렉션 발간을 시작했다. 그들은 시장경제를 국가의 정치적 질서에 의해 보장되는, 시장에 복종하는 규범으로 정의한다. 이를 위해 국가는 '시장에서 전달된 명령의 체계적이고 규율 잡힌 적용'을 보장하는 '감시 수단'을 갖추고 있어야 한다.[39]

질서자유주의자들의 경제관은 계획경제에 기울어 있던 나치의 전시 경제 체제에 반영되지는 못했지만, 나치 정권은 이를 전후 평화 시기의 모델로 고려했다. 나치의 법학자 에른스트 루돌프 후버는 질서자유주의로부터 '시장 경찰'[40]이라는 개념을 도출했다. 이는 나치에 복종하는 자유에 대한 정확한 정의였다. "질서자유주의는 국가가 삶에 행사하는 법이 안정된 경제의 존속을 위한 강제적인 규범이라는 것을 인정한다. 그러나 질서자유주의의 자유는 가장 고결한 의미의 자유다. 국가와 맺는 약속이 속박과 강제에 의하지 않고 자발적인 복종에 의한 것이기 때문이다."[41] 독일 경제사가 베르너 아벨스하우저가 지적했듯이 제2차 세계대전 이후 루트비히 에르하르트가 추진한 '사회적 시장경제'는 하늘에서 뚝 떨어진 것이 아니었다. 이미 나치의 국가기구 안에 견고한 제도적 가능성으로 자리 잡고 있었던 것이다.

루트비히 폰 미제스: 자유주의를 위한
파시스트 폭력의 효용

이러한 신자유주의의 독재 선호는 출발부터 국가 폭력과 경찰력에 의한 폭력적인 반대파 탄압을 염두에 두고 있었던 걸까, 아니면 괴물로 변한 신자유주의의 우연적인 일탈일 뿐일까? 이 질문에 답하기 위해서는 다시금 신자유주의의 기원으로 거슬러 올라가야 한다. 더 정확히는, 카를 슈미트가 바이마르 공화국의 사회적 정책 실시에 대항하여 자유경제를 보장하는 강한 국가의 필요성을 역설하기 이전인 1920년대, 오스트리아의 루트비히 폰 미제스의 사상을 살펴보아야 한다.[42] 미제스는 1909년, 그의 나이스물일곱 때부터 링스트라세에 위치한 빈 상공회의소에서 일했다. 하이에크 역시 1921년 같은 곳에 일자리를 얻어 미제스와 함께 공무원으로 18개월을 근무한다. 1920년대 후반에는 같은 건물에 자리 잡은, 미제스가 설립한 오스트리아 경제주기연구소(Institut für Konjunkturforschung)에서 일하게 된다. 미제스가 총애하는 고트프리트 하벌러와 함께였다. 이 연구소는 미제스가 1920년에서 1934년까지 14년 동안 개인 세미나를 연 곳이기도 하다. 이 세미나에는 프리츠 매클럽도 참석했으며, 드문드문 라이오넬 로빈스와 프랭크 나이트가 찾아오기도 했다. 미제스를 중심으로 교류하던 이 지식인들은 제2차 세계대전 후 몽펠르랭 협회의 주요 회원이 된다.[43] 미제스 서클의 참여자들은 이론적 토론을 마친 후 저녁에 퀸스틀러 카페에 모여 카를 크라우스의 시적스타일 전통을 좇아 자작한 가곡(Lied)을 부르며 세미나를 축하했다. 아래의 노랫말은 자유주의의 근본적인 재발명이 그들의 주관심사였음을 보여준다.

나는 스스로를 자유주의자라고 부른다네
하지만 옛날과는 다른 의미라네
나는 예전의 것들과 전혀 다르게
사물들을 본다네
자유주의자는 누구나 될 수 있지만
빈에서는 오직 이성만이 말을 한다네
나는 한계효용이
경제에 빛을 비추어준다는 것을 안다네[44]

자신이 '고전적 자유주의의 전통'에 속한다는 미제스의 주장은 무엇보다 **전통의 발명**이라는 소급적인 행위에 불과하다. 그는 사적 소유권 원칙을 중심으로 자유주의를 급진적으로 재정의했기 때문이다. 따라서 미제스는 자유주의의 단순한 계승자라기보다는 새로운 자유주의의 창시자다. "자유주의의 프로그램은 (…) 그것을 한마디로 요약한다면, 다음과 같다. **소유권**, 다시 말해 생산수단의 사적 소유다. (…) 자유주의의 다른 요구들은 모두 이 근본적인 요구에서 비롯된다."[45] 미제스의 사상을 자유방임의 '고대 자유주의'라고 비판한 독일 질서자유주의자들은 틀렸다.[46] 오늘날 미제스를 계승했다고 이야기하는 미국의 자유방임주의자들과 달리 미제스는 항상 국가의 '절대적 필요성'을 역설했다. 왜냐하면 "가장 중요한 임무가 국가에 주어지기 때문이다. 국가의 임무는 사적 소유권 보호에 그치지 않고 평화의 보호도 포함한다. 평화가 없다면 소유의 혜택을 보장할 수 없기 때문이다."[47] 그는 여기서 더 나아간다. "사적 소유권은 국가에 의해 보호되어야 하며, 내전이나 혁명, 반란 등에 의해 중단되지 않는 조화롭고 평화로운 국가 발전 과정이 구축되어야 한다."[48]

1918년 빈 상공회의소 서기관이 된 미제스는 1922~1923년 경제 위기 이후 이그나츠 자이펠 보수주의 정부의 경제정책 자문이라는 중요한 역할을 맡는다. 퀸 슬로보디언은 다음과 같이 요약한다. "1920년대 미제스의 경제적 처방은 세계시장으로의 개방과 국제적 경쟁을 위한 국내 경제 조절이라는 두 측면을 항상 포함하고 있었다."[49] 미제스는 오스트리아가 세계 자유무역을 받아들이고 오스트리아 실링화를 안정화하기 위해 금본위제로 돌아가야 한다고 주장했다. 이는 오스트리아 국내에서 공공 지출 삭감, 공무원 대량 해고, 공기업 민영화, 식비 지원 중단[50], 임금 감소로 귀결되었다. 이 조처들은 오스트리아인 수십만 명을 실업으로 내몰았다.[51]

『자유주의』가 출간된 1927년, 미제스는 자신의 이론을 실제로 시험해 볼 기회를 얻었다. 같은 해 7월, 준군사단체인 프론트캠퍼(Frontkämpfer) 소속의 극우파 조직원 두 명이 6개월 전 노동자 거주 지역에서 노동자 한 명과 아이 한 명을 죽이고도 무죄 석방되자, 같은 도시 전기 회사 노동자들이 도로를 차단하고 총

파업을 벌였다. 파업은 폭동으로 발전하였고, 시위대는 법원 청사에 불을 질렀다. 경찰의 진압은 과격했다. 긴급 권한을 부여받은 경찰청장은 법치를 중단하고 시위대를 향한 발포를 명령했다. 경찰은 시내 한복판에서 시위대를 향해 발포했으며, 도망자들을 주거지까지 추격하며 총을 쏘아댔다. 미제스는 한 친구에게 보내는 편지에 다음과 같이 썼다. "금요일의 폭동은 폭풍처럼 대기를 쓸어버렸다네. 사회민주당은 모든 수단을 다 동원했지만 결국 패배하고 말았지. 거리의 전투는 경찰의 완벽한 승리로 끝이 났네. (…) 모든 병력이 정부에 충성하고 있네."[52] 탄압의 효과에 대한 이런 만족스러운 반응은 그의 이론적 주장에 부합한다. 그는 다음과 같이 쓰지 않았던가. "분별 있는 사람들이 (…) 자신들의 나라가 파괴될 위험에 직면한 것을 본다면, (…) 세상이 무너지는 것을 막기 위해 그 어떤 수단을 동원하더라도 그것이 옳고 공정하다고 생각할 것이다." 그리고 덧붙이기를, "엘리트 독재, 즉 소수가 힘으로 권력을 유지하고 모든 이들의 이익을 위해 통치하는 정부가 필요하다는 생각이 등장할 것이다. 또, 그 주장에 대한 지지를 얻을 수 있을 것이다."[53] 미제스는 이런 소수의 정부가 다수의 동의 없이 힘을 통해 무기한 유지될 수 없다는 것을 인정했지만, 이는 그가 억압적 방식을 비판하려고 한 것이 결코 아니다. 오히려 그 반대다. 미제스는 '파시즘의 논증'이라고 스스로 명명한 것을 명시적으로 이론화했다. 이를 통해 그는 파시즘에 무조건적으로 찬동하기보다는 파시즘이 자유주의를 위한 **문명의 수호자** 역할을 해야 한다고 주장한 것이다.

미제스는 19세기의 자유주의는 반대자들조차도 그 원칙을 부정할 수 없을 만큼 공고한 헤게모니를 지니고 있었다고 보았다. 오직 제3인터내셔널 소속 정당들로 조직되어 제1차 세계대전 이후 중부 유럽과 동부 유럽에서 권력을 잡은, '사회민주주의 마르크스주의자'들만이 모든 자유주의 원칙을 포기했다. 미제스에 따르면 그들은 반대파를 제거하기 위해 폭력 사용도 주저하지 않았다. 이 '사회민주주의 마르크스주의자'들은 군국주의자와 민족주의자 들이 주도하는 반대 운동을 촉발시켰다. 이 반대 운동의 주도자들은 처음엔 마르크스주의자들과 달리 자유주의의 원칙들을 준수하고자 했다. 그러나 그러한 원칙이 자신들의 힘을 약화시킨다는 것과 자유주의의 지나친 관용이 1917년 이후 제3인터내셔널의 승리를 가능하게 했다는 것을 깨닫게 되었다. 적과 같은 방식으로 싸우는 것이 이 반대 운동의 방식이었다. "이 반대 운동에서 가장 위대하고 규율 잡힌 이들, 이탈리아인들은 (…) 파시스트로 불릴 만하다."

그러나 미제스가 보기에 파시스트와 볼셰비키 사이에는 극복할 수 없는 차이가 있었다. 파시스트들은 '단번에 파괴될 수 없는 수천 년 문명 속에서 이어져온 지적, 도덕적 유산'을 가진 나라에 속하기 때문에 '자유주의 이념과 전통적인 윤리적 가르침'을 완전히 폐기할 수 없다. 반대로 '러시아 볼셰비키'는 "우랄산맥 양쪽의 야만인들에 속한다. 숲이나 사막에 살다가 이따금 문명인들을 공격하여 약탈을 일삼는 것 말고는 문명과 접촉할 일이 없는 이들이다." 이런 인류학적 차이 때문에 "파시즘은 자유주의 이념의 힘에서 볼셰비키만큼 완전히 벗어날 수 없는 것이다."[54] 파시스트들은 볼셰비키가 저지른 참혹한 행위에 대해 분노에 직면한 때에만 불가피하게 피 흘리는 싸움에 나섰다. 즉, 그들의 폭력은 '감정적 반사작용'에 의한 것이었다. 미제스는 일단 분노가 잦아들고 나면 '전통적인 자유주의 가치들이 파시스트들에게 무의식적인 영향을 지속적으로 끼칠 것이기 때문에' 그들의 정치가 좀 더 온건해질 것이라고 보았다. 그가 보기에 '무분별하고 광적인 파괴주의 때문에 문명의 불구대천 원수가 된 공산주의자'들의 행동에 비한다면 파시스트의 행위는 '필요악'에 불과하다. 미제스는 이런 식으로 자유주의 도덕의 일시적 포기를 정당화한 것과 마찬가지로 파시즘을 복권시키고 정당화했다. 그는 여기서 더 나아간다. "오늘날 폭력적인 공격에 효과적으로 저항하는 유일한 방법은 폭력뿐이라는 것을 부정할 수 없을 것이다. (…) 어떤 자유주의자도 여기에 의문을 제기하지 않았다. 자유주의 정치 전술과 파시스트 정치 전술을 구별하는 것은 무장한 공격자들에 저항하기 위해 무력을 사용할 필요성에 대한 의견의 차이가 아니라, 권력 투쟁에서 폭력의 역할에 대한 근본적인 평가의 차이다."[55]

자유주의는 문명이 파괴될 위험에 처했을 때 무력과 국가 폭력 사용을 정당화한다. 따라서 '오스트리아 경제'의 초기 신자유주의 기획의 핵심이었던 이 '문명'을 미제스가 어떻게 정의하는지 반드시 살펴보아야 한다.[56] 우리는 이미 미제스가 '생산수단의 사적 소유'[57]만을 유일한 토대로 삼는 것을 확인했다. 그에 따르면 이 공리는 "어떤 옹호도 정당화도 지지도 설명도 요구하지 않"으며, 사실상 "사회는 사적 소유권이라는 기초 위에서만 존재할 수 있다." 이어서 그는 "문명을 옹호하는 이라면 그 문명으로 인도하는 유일한 수단, 즉 사적 소유권을 바라고 옹호해야 한다"[58]라고 주장한다. 그리고 대칭적으로 "현대 문명을 비판하고자 하는 이들은 사적 소유권에서부터 시작해야 한다"[59]라고 이야기한다. 그러나 그렇게 함으로써 비판자들은 문명에서 배제될 것이고, 문명의 수호자들이 동원하는 방어 수단에 직면하게 될 것이다.

따라서 자유주의와 파시즘의 차이는 국가 폭력의 동원 여부가 아니라 장기적인 권력 유지를 위한 전략에 있다. 파시즘은 권력 유지를 위해 폭력을 근본적이고 항시적인 수단으로 사용하지만, 미제스는 이 전략이 장기적으로는 실패할 수밖에 없다고 보았다. 그렇기 때문에 자유주의는 폭력의 조건부 사용을 단기 전략으로 사용한다. 장기 전략으로는 다수 여론의 지지를 얻고자 노력하는데, 이는 힘에 의해서가 아니라 '지성의 무기'에 의해서만 얻을 수 있다. 그러면서도 미제스는 파시즘의 업적을 기릴 필요가 있다며 다음과 같이 이야기한다. "독재를 구축하려는 파시즘과 기타 유사한 운동들이 선의에 기초해 있으며, 그들의 개입이 현재 유럽 문명을 구했다는 사실을 부인할 수 없을 것이다. 파시즘이 스스로 이룩한 공로는 역사에 길이 남을 것이다."[60] 동시에 파시즘은 '긴급한 개입'일 뿐이며, 다른 식으로 보는 것은 '치명적인 실수'라고 덧붙인다.

1932년 오스트리아 수상에 취임한 엥겔베르트 돌푸스는 1933년 긴급사태를 선포한 뒤 의회 공화주의를 폐지하고 권위주의 체제를 도입했다. 그는 이탈리아 파시스트와 동맹을 맺고 파시스트 정치 운동을 개시했는데, 이름하여 조국전선(Vaterländische)이다. 미제스는 1934년 오스트리아 파시스트 조직에 가입하고 상공회의소 수석 경제학자로서 돌푸스의 곁에서 경제 자문 노릇을 했다. 경제 자유를 위한 선언으로 간주되는, 1949년 출판된 그의 유명한 저서 『인간행동』에서 그는 다음과 같이 선언한다. "구속과 강제의 사회 기구인 국가는 시장과 시장에 의해 주도되는 시민의 활동에 간섭하지 않는다. 국가가 사람들을 복종시키기 위해 매를 드는 때는 시장경제의 보존과 올바른 작동을 위해 그것을 파괴하는 행동을 제지할 때뿐이다. (…) 이렇듯 국가는 시장경제가 완전한 안전 속에서 작동할 환경을 창조하고 보존한다."[61] 미제스가 말한 폭력은 막스 베버가 말한 국가가 독점하는 합법적인 물리적 폭력과는 무관하며, 사회의 민주적 요구에 대항하여 시장 질서를 수호하기 위해 국가가 의도적으로 사용하는 폭력이라는 의미로서 난폭성, 더 나아가 '브루털리즘(brutalisme)'♦에 가깝다.

♦ 난폭한, 잔혹한을 의미하는 형용사 'brutal'에서 나온 말로, 문학에서는 현실을 거칠게 묘사하는 문학 조류를 가리키고, 건축에서는 내부 골격을 겉으로 드러내는 양식을 가리킨다.

4장

정치 헌법과
시장의 입헌주의

얼핏 보기에 신자유주의자들이 가장 권위적인 형태의 강한 국가, 심지어는 파시즘을 선호하는 건 그들이 거의 한목소리로 주장하는 법 규범에 대한 불가침성과 모순되는 것처럼 보인다. 강한 국가의 필요성과 법 규범에 의한 정부 권력의 제한을 어떻게 동시에 긍정할 수 있을까? 강한 국가와 국가 주권은 어떤 관계일까? 신자유주의자들은 종종 주권이라는 개념 자체에 강한 의구심을 제기했다. 하이에크의 『법, 입법 그리고 자유』 제2권의 다음 구절을 보라. "법적 질서의 내적 문제를 검토하는 데 주권과 국가라는 두 개념은 불필요할 뿐 아니라 기만적이다."[1] 한편으로 하이에크는 다른 곳에서 국가를 '한 영토 내 단일정부하의 인민의 조직'이라고 정의한다. 그는 국가를 '선진 사회의 발전을 위해 필수적인 조건'으로 보며 국가에 중요성을 부여한다.[2] 실제로 제2장에서 살펴보았듯 '인민주권'이라는 말에 모든 비판이 집중되는데, 다수의 인민을 권력의 유일한 원천으로 보고 이는 무엇으로도 제한되지 않아야 한다는 믿음에 기초한다는 점에서 '구성주의적 미신'이라고 비판받는다.[3] 주권자를 법 위에 두는 고전 전통과 달리 하이에크는 인민 다수 혹은 그들이 선출한 대표자들에게는 개인의 권리를 보호하는 시장의 근본법에 손을 댈 권리가 없다고 주장했다. 다시 말해 정치권력이 경제에 개입할 여지를 엄격하게 제한하고, 입법 및 행정 결정이 헌법의 절대적 준수하에 이루어 지도록 해야 한다는 것이다. 한편, 근본법이 일반 이익을 판가름 하는 유일한 판관이라는 전제하에, 정치권력은 집단적 이익의 침해로부터 근본법을 보호하기 위한 완전한 자유를 누려야 한다. 이러한 사유는 다소 성급하게 '헌법 주권'이라는 말로 불렸다. 뒤에서 살펴보겠지만, 이 명제는 잘못되었다. 헌법이 현존하는 주체의 의지에 의해서가 아니라 마치 스스로 성립하는 것처럼 보이게 한다는 점에서 핵심을 벗어나 있기 때문이다. 하이에크는 슈미트에게 이 사실을 배워 알고 있었다. 모든 헌법은 헌법을 작성하고 공표하기 위해서 그것보다 상위에 있는 제헌 권력(pouvoir constituant)을 필요로 한다.[4] 하이에크가 사용한 표현은 '의회 주권'에 명백하게 맞서는 '법 주권'이다. 이 표현은 '지배(règne)'의 의미가 '절대적 지배권(empire)' 혹은 '주권(souvraineté)'으로 미끄러짐으로 인해 **법의 지배**(rule of law)'와 동일시되었다.[5] 헌법은 만들어지지만 법(droit)은 만들어지지 않는다. 자생적으로 생겨난 이 법은 상법과 형법을 포함하는 사법(私法)이다. 개인이 타인의 목표와의 비교나 결합 없이도 자신의 목표를 추구할 수 있는 사회 시스템에서 이 법은 집단적 의지보다 우위에 있다. 경제 영역에서의 개인의 권리는 더 이상 추상적인 참조 대상으로만 여겨져서는 안 되며 법의 영역 밖으로 배제되어서도 안 된다. 이 권리들은 실정법의 대상이 되어야 하고, 무엇보다 **헌법화**되어야 한다.

정치 헌법과
'경제 헌법'

'헌법화'라는 말을 어떻게 이해해야 할까? 헌법화와 헌법은 무슨 관계일까? 전형적인 신자유주의 개념인 '경제 헌법'은 무슨 의미일까? 이 같은 혼란들을 우선 해소할 필요가 있다. 1913년 찰스 비어드가 필라델피아 헌법 제정 회의에서 탄생한 헌법을 경제 문서라고 주장한 것처럼 역사 속 각각의 헌법들을 '경제 문서'로 고찰하려는 것은 아니다. 찰스 비어드는 특히 대의민주주의를 비판했는데, 헌법이 인민 '전체'에 의해 쓰였다는 '건국 신화'를 해체하는 것이 그의 목적이었다. 그는 '근본법' 조문을 통해 헌법 제정 회의에 모인 대표자 다수의 사적 소유권에 대한 이해 관계를 밝혀보고자 했다. 55명의 제정 위원 중 다수는 산업가, 협상가, 국채 소유자로, 채무를 짊어진 농장주들과 달리 연방정부를 수립하고자 했다.[6] 신자유주의자들이 보기에 이는 사적 소유권이라는 상위의 권리를 그 자체로 헌법에 버금가는 법의 위치로 신성시하고 합법화하는 문제였다. 비올렌 델테이와 로렐린 퐁텐에 따르면 "'경제 헌법'과 '경제 문서로서의 헌법' 사이에는 사용역의 차이가 있다."[7] 유럽연합을 조직할 때 경제 부문에 헌법적 지위를 부여하고 추후 정치적으로 형식화하였다면, 찰스 비어드의 해석에서는 사적 소유권이 먼저 주어지고 '헌정'이 뒤따른다. 그 자체로는 헌법성을 결여한 것을 국가 헌법의 이름으로 승인하기 위해서다. 신자유주의의 독특함은 국가 정치 헌법에 반영하는 것을 전제로

하지 않고도 경제 질서를 권리로서 헌법에 새겨 넣는다는 데 있다. 독일 질서자유주의의 두 창시자 오이켄과 뵘은 1930년대, '경제 헌법'이라는 개념에 사회학적 현실이라는 설명적 의미와 바람직한 법적 질서라는 규범적 의미, 두 가지 의미를 부여했다. 그들은 '경제 헌법'을 문자 그대로 이해한 것이 아니었으며, 경제 헌법이 선국을 위한 법적 문서에 통합되어야 한다고 주장하지도 않았다.[8] '헌법 없는 경제 헌법'이 가능하게 된 것이다.[9]

신자유주의적 통치의 최근 역사는 헌법화 과정이 취할 수 있는 다양한 형태를 고찰할 기회를 준다. 유럽연합의 최근 역사를 보면, 리스본 조약은 헌법의 형식을 갖추지 못했다. 헌법의 가치를 지니는 국가 간 합의에 가까운데, 헌법과는 큰 차이가 있다. 그럼에도 이 조약은 그 안에 (특히 제3부에) 그 유명한 '황금률'(통화 안정, 재정 안정, 자유롭고 공정한 경쟁)을 신성화하는 '유럽 경제 헌법'을 담고 있다. 이런 식으로 국가 헌법과 같은 의미의 유럽 헌법을 제정하지 않고 위에 언급한 규칙들에 헌법성을 부여한 것이다. 오히려 이러한 헌법화 덕분에 초국가적 헌법을 채택하지 않고도 단일한 질서의 경제를 만들어낼 수 있었다. 물론 조약 비준 과정에서 격렬한 저항에 부딪혔다.

브라질에서는 보수주의 대통령 미셰우 테메르가 2016년 향후 20년간 공공 지출 동결을 내용으로 하는 헌법 개정을 추진하면서 보우소나루에게 길을 열어주었다. 보우소나루 자신도 연금개혁을 위해 헌법 개정에 나서야 했다. 두 경우 모두 '헌법 개정안'을 통해서 수정이 이루어졌다는 점에서 동일한 메커니즘을 따랐다. 브라질의 사례는 칠레처럼 헌법을 새로 제정하는 방법을 통하지 않거나 기존 정치 헌법 속에 경제 헌법을 형식적으로 기입하지 않고도 '헌법화'가 가능하다는 것을 알 수 있다. 여기서 '입헌주의'라는 개념이 필수 불가결한데, "입헌주의는 한계 지워진 통치를 의미한다"[10]는 하이에크의 정의는 충분치 않다. 이 정의는 통치에 한계를 설정하는 것은 **사법**(私法)이라는 핵심을 빼놓고 있기 때문이다. 따라서 우리는 사법(상법과 형법을 포함한)의 규칙들이 헌법의 위치로 격상되는 것을 '시장의 입헌주의'라고 부르겠다. 이는 정치 헌법으로의 확장 여부와 무관하다. 이러한 헌법화와 정치 헌법의 분리는 이미 하이에크의 저서들에 매우 선명하게 기술되어 있다.

이상적 헌법 모델

하이에크는 『법, 입법 그리고 자유』 제17장에서 권력의 실질적 분리를 보장하는 '헌법 모델'을 상상한다. 그러나 '당장 적용 가능한 헌법안을 제안'하는 것이 목적은 아니라고 밝히고 있다. 그는 모든 국가가 자신이 설계한 모델을 따라 기존 헌법을 새 헌법으로 대체해야 한다고 주장하지 않았다. '견고한 헌법 전통'을 소유한 앵글로-색슨 국가들, 스위스, 북유럽의 소국들은 여기서 제외된다. 이 전통을 가진 나라들은 관습법 혹은 보통법(common law)*을 기반으로 하며, 인위적인 법 모델의 도입에 저항하는 경향이 있다. 하이에크는 17세기 영국의 역사를 되짚으면서 영국의 양원제가 법 혹은 품행 규칙을 개정할 권한과 정부 행정에 대한 통제 권한을 선명하게 분리하지 못했다고 한탄한다. 영국 상원 혹은 귀족원은 보통법하의 민법 개정에 대한 최종 승인권을 행사하고, 하원 혹은 서민원은 정부와 정부에 제공된 물적 수단에 대해 전권을 행사했어야 한다는 것이다.[11] 또한 하이에크는 '헌법 전통'이 없는 국가들의 경우, 이 전통에서 비롯된 기본 원칙들을 그들의 새 성문헌법에 '이식'해야 한다고 주장한다.[12] 하이에크는 자신의 저서 『자유헌정론』을 포르투갈의 독재자 살라자르에게 선물했다. 그는 동봉한 편지에 "헌법의 새로운 원칙들에 대한 이 기초적인 밑그림이 민주주의의 남용을 방지하는 헌법을 고안하기 위한 당신의 노력에 도움이 되기를 희망합니다"라고 썼다.[13] 이는 초대통령중심적인 1933년 포르투갈 헌법이 민주주의의 남용을 충분히 '방지'하지 못하고 있다는 의미를 담은 것으로, 이 '기초적인 밑그림'의 정치적 기능에 대해 모든 것을 말해주는 대목이다.

그렇다면 앞에서 말한 헌법의 '기본 원칙'은 무엇일까? 대부분의 헌법 서문에 등장하는 기본권 선언과 비슷한 것일까? 전혀 그렇지 않다. 헌법에는 개인에게 부과되는 의무와 금지의 영역

♦ 일반적으로 영미법을 일컫는 개념으로, 성문법주의인 대륙법과 달리 판례법주의를 특색으로 한다. 판례법, 관습법을 근간으로 삼고 있으므로 역사적 계속성, 곧 혁명이나 법전 편찬 등에 따른 법의 발달에 단층이 없는 특색을 지니고 있다.

을 제한하는 핵심적 기능을 하는 근본 조항이 존재해야 한다. 하이에크는 "평상시에는— 명확하게 정의된 예외적 상황을 제외하고— 공인된 품행 규칙에 의한 것이 아니라면, 사람들이 원하는 것을 못 하게 하거나 특정 행동을 하도록 강요해서는 안 된다"[14]라고 이야기했다. 여기서 '명확하게 정의된 예외적 상황'이 무엇을 의미하는지에 대해서는 뒤에서 살펴볼 것이다. 근본 조항은 모든 법률에 적용 가능한 형식적 특성을 규정하는 논리적 기준을 정의한다. 이 조항의 목적은 정부의 기능을 정의하는 것이 아니라 오로지 정부의 구속 권한의 한계를 명확히 하는 데 있다. 하이에크의 사유를 따르자면, 이 조항은 전통적인 권리선언 첫머리에 나열되는 기본권의 목록을 불필요한 것으로 만든다. 이 권리들은 부당한 강압이 없다는 의미에서 개인의 자유를 보호하는 목적을 갖는데, 이는 사실상 품행 규칙들이 보장하고 있다. 따라서 기본권은 일반 규칙에 종속된다. 하이에크에 따르면 이러한 기본권을 절대화할 경우 이 권리들만이 보호할 가치가 있으며, 다른 영역에서는 정부가 법규범에 대한 존중 없이 구속력을 행사할 수 있다고 생각하게끔 만들 위험이 있다. 하이에크는 정부가 특정 집단의 특수 이익을 보장해주기 위해 '사회정의'의 이름으로 개인들에게 제약을 가할 수 있게 해준다는 점을 들며 소위 말하는 '사회경제적 권리'[15]가 법규범과 결코 양립할 수 없다는 사실을 지적한다.

독특한 권력 분립

이처럼 '근본 조항'을 엄격하게 해석하면 정부는 법규범을 만들거나 변경할 권한을 스스로에게 부여할 수 없으며 입법자는 정부 고유의 품행 영역에 개입하지 못하는 결과를 가져온다. 두 가지 형태의 규범(사법(私法) 규범과 공법 조직 규범)은 누 가지 형태의 조직 혹은 의회(전자는 입법 의회, 후자는 행정 의회)에 대응한다. 이 두 의회 사이의 명확한 한계 설정만이 권력 분립의 효과를 보장해줄 것이다. 정부 고유의 임무와 중복되지 않은 채, 새로운 품행 규칙을 제정하거나 기존의 규범을 수정하는 것은 오직 입법 의회의 권한이다. 하이에크는 이 의회의 업무가 고대 그리스의 입법원 의원들의 일과 비슷하다고 보았다.[16] 그러나 그는 둘 간의 근본적인 차이를 무시했다. 기원전 4세기부터 고대 그리스 입법원은 구성원 중 추첨을 통해 선출된 이들로 심의 위원회를 구성하고 헌법을 수정하는 일을 맡았다. 반면 하이에크가 상상한 입법 의회는 심의 위원과 전문가로 구성되며 엄밀한 의미에서 헌법 수정 임무를 수행하는 것이 아니라 사법의 추상적 규범을 수정하는 일을 맡는다. 곧 살펴보겠지만 헌법을 책임지는 기관은 별도로 존재한다. 그러나 하이에크는 이 기관에 대하여 말을 아낀다.

하이에크의 '입법원'은 그리스 선조들의 그것과 달리 헌법에 속하지 않는 규범들을 수정할 권한을 가진다. 그럼에도 이러한 혼동은 하이에크 기획의 한 단면을 보여준다. 그는 사법 규범을 헌법 규범과 같은 효력을 지닌 것, 다시 말해 헌법적 법률로 간주했다. 따라서 사법의 **헌법화**를 말하는 것은 전적으로 정당하다. 그러나 한 가지 짚고 넘어갈 점은 이 헌법화는 독일의 질서 자유주의자들이 주장하던 것과 달리 사법을 헌법 안에 기입하는 걸 의미하지 않는다. 하이에크가 이해한 바대로 요약하자면 헌법은 '보호하는 상부구조'이다. 헌법은 온전히 조직 규칙들로만 구성되어야 하며, 정부에 법률(loi) 준수를 강제할 권한을 부여할 때 그 법률에 표현되어야 할 일반적 속성을 명시하는 형태로만 법(droit) 자체에 관여할 수 있다.[17]

그리하여 상당히 독특한 헌법이 탄생한다. 물론 다른 모든 헌법과 마찬가지로 이 헌법은 "기본적으로 정부 조직과 그 조직 내 여러 부분에 부여되는 다양한 권한에 관한 것"[18]이다. 그러나 이 헌법은 헌법이 규정하는 다양한 권한들에 대항할 수 있는 개인의 '기본권'을 기술하는 대신, 단지 일반적으로 알려진 의미에서의 '근본법'을 기술할 뿐이다. 이 헌법은 실질적인 법률로 기능하기 위해 법률이 갖추어야 할 것을 형식적으로 정의하지만, '법의 내용을 고안하는 임무'는 입법자와 사법관 들에게 맡긴다. 핵심은 사법 규범으로서의 법률이 헌법에 선재(先在)한다는 것이다. 이 헌법은 "품행 규칙 체계의 **선재**를 전제로 하며, 그 체계에 지속적으로 집행력을 부여하기 위한 장치를 제공"[19]할 뿐이다. 또한 헌법은 제헌 권력에 의해 만들어지지만, 법률은 입법자에 의해 '만들어지지' 않는다. 법률은 '수용된 정의 개념'에서 비롯되어 '장기간 사용된' 규범들로서 입법자에 의해 인정받고 승인되는 것이다.

이로써 우리는 이제 법률이 입법자에 의해 만들어지지 않는다는 역설에 도달했다. 여기서 권력 분립은 오직 입법자만이 법률을 만들 수 있다는 것을 의미하는 게 아니라 그와 반대로 입법자는 법률을 '만들어서는' 안 된다는 걸 의미한다. 적어도 '법률(loi)'이 입법 당국에서 나오는 것이 아니라 법(droit)을 뜻한다면 말이다.[20] 이러한 모든 이론적 구축에서 다음과 같은 결론이 도출된다. **헌법적 법률은 헌법에 속하지 않는다.**

굴레를 벗은
제도적 '구성주의'

하이에크의 구상은 '3층으로 구성된 대의 기구 체계'로 비유될 수 있을 것이다. 각 층은 세심하게 분류된 특정 임무를 맡는다. 가장 아래에 **제헌권자**(constituant), 다음 층에 **입법권자**(législateur), 마지막 층에 **행정권자**(gouvernant)가 위치한다. 제헌권자는 '헌법에 의해 규정된 반상임(半常任) 기구로, 필요하다고 간주될 경우에 긴 주기로 임무를 수행'한다. 입법권자는 '품행 규칙의 점차적 개선을 위한 임무를 상임으로 수행'한다. 마지막으로 행정권자는 '정부의 일상적인 운영 혹은 정부에 배정된 자원의 관리'를 맡는다.[21]

각 층은 그 아래층의 규칙에 의해 제한을 받으나 제헌권자는 위계상 가장 상위이므로 제한을 받지 않는다. 가령 2층의 입법권자는 제헌권자가 정한 규칙에 의해 관리된다. 가장 위층의 행정부(혹은 각료 회의)와 행정 의회로 구성된 행정권자는 헌법이 규정한 조직 규범(1층)과 입법 의회가 제정하거나 승인한 법규범(2층)에 의해 이중으로 엄격하게 관리된다. 따라서 이 통치 기계는 "스스로 개정할 수 없는 법의 틀 속에서 작동"[22]하게 되는 것이다. 하이에크는 이처럼 변경 불가한 틀에 갇힌 정부에 현대 국가의 주권자를 대비시킨다. 그에 따르면 주권자는 고대 군주처럼 한 명의 '인간'으로 구현되지 않으며, "인민 다수의 의견과 상당히 동떨어진 '정치적 필요'에 의해 변형된 기계"[23]일 뿐이다.

이처럼 권한에 따라 분리된 권력들의 독특한 결합으로부터 '법에 복종하는 정부' 혹은 '법치국가'가 탄생한다.[24] 앞에서 살펴보았듯이 하이에크는 법(droit/recht/nomos/jus)과 법률(loi/gesetz/thesis/lex)을 구별한다. 사실상, 하이에크는 이 구별을 슈미트에게서 빌려왔다. 슈미트에 따르면 민주적으로 선출된 정부에 의한 법의 제정은 법치국가(Rechtsstaat)를 입법국가(Gesetzesstaat)로 변질시킨다. 그 슬픈 예로 바이마르 공화국을 들 수 있다.[25] 그런데 품행 규칙과 정부의 조직 및 운영 규칙 각각의 한계를 규정하는 것은 그리 간단한 일이 아니다. 입법 의회와 행정 의회는 상대가 채택한 결의의 유효성에 이의를 제기하면서 '두 의회 간 권한을 둘러싼 분쟁'을 벌일 소지가 다분하다. 하이에크가 3층으로 구성된 기구들과 별개로 '특별 법원' 혹은 '최종심 법원'의 설치를 제안하는 것도 이런 이유 때문이다. 헌법에 의해 설치되는 이 법원은 제헌 권한을 갖지 않는다. 전문 판사들과 전직 입법 의회 의원들로 구성된 이 법원의 판결과 결정의 내용은 부정의 형식을 띨 수밖에 없다. 이 법원은 품행 방향을 제시하거나 두 의회 중한 곳의 결정을 승인함으로써 힘을 실어주지 않는다. 그 대신 품행 규칙의 준수를 위해서가 아니라 특수한 결과를 얻기 위한 목적으로 개인들에게 강제력을 행사하는, 즉 '특정 형태의 구속적 조치를 행하는' 모든 이들을 제지하는 역할에 머문다. 이 법원은 일련의 구속적 조처들에 일종의 거부권을 행사한다.[26] 법규범을 제정할 권한은 없지만, 법규범의 지상권을 수호하는 역할을 수행하는 것이다. 사실 이 법원의 진정한 역할은 무엇보다 행정 의회의 권한 침해로부터 입법 의회를 보호하는 데 있다. 이 법원은 긍정하는 권한보다는 부정하는 권한을 가지며, 어떤 의미에서 부정하는 역할의 '주권자'이다. 한편 하이에크는 이 법원이 판례의 원칙에 따라 과거의 결정을 지켜야 하지만, 필요한 경우 판례를 뒤집는 것을 금지해서는 안 된다고 말한다.[27] 핵심은 이 법원이 그러한 필요 여부를 결정할 권한을 갖고 있다는 것이다. 입법 의회와 행정 의회에 대한 통제 권한은 없지만, 자신의 판결을 파기할 권한을 갖는 셈이다. 그런 의미에서 이 법원은 법을 제정할 권한은 없지만 단순한 법 해석을 넘어서는 권한을 갖는다.

'위기의 권력', '예외 상황' 그리고 국가 주권

그러나 이러한 계획은 너무 이상적이라는 이유로 사문화되는 건 아닐까? 더욱이 이 계획은 하이에크 자신이 공언하던 반구성주의와 모순되는 초구성주의적 면모를 보여주고 있지 않은가? 우리는 오직 하이에크가 자신의 원칙을 위배하는 것을 정당화하기 위해 동원한 '예외들'을 면밀히 검토함으로써 그의 계획의 정치적 목적을 파악할 수 있다. 국가 주권을 무력화하거나 배제하려는 그의 시도는 사실상 국가 주권에 무시할 수 없는 위치를 부여한다. 물론 하이에크는 원칙적으로 모든 종류의 '무제한 권력'에 반대하며, '제한된 통치' 시스템 안에 주권이 들어설 자리는 없다고 주장했다. 그러나 그는 "헌법을 제정하거나 수정하는 기관에 일시적으로 부여되는"[28] 주권을 인정한다. 이 기관은 앞서 살펴본 건축물 구조에서 1층에 위치한 제헌권자에 해당한다. 실제로 제헌권자는 정의상 헌법으로 구성된 모든 권력보다 상위에 있다. 여기서 '헌법 주권'은 전혀 문제가 되지 않는다는 것을 알 수 있다. 하이에크는 슈미트의 가르침을 따라 제헌 권력의 의지에서 나온 헌법만이 유효하다고 주장한다.[29] 그러므로 하이에크가 유일하게 인정한 주권은 한정된 기간에만 행사되는 제헌 권력의 주권뿐이다.

하이에크에 따르면, 1973년 칠레 군사정권의 예처럼 정부가 제헌 권력을 합법적으로 찬탈하는 경우를 제외한다면, 이 제헌 권력은 정부에 귀속되지 않는다. 이런 관점으로 보면 1979년 출판된 『법, 입법 그리고 자유』 제3권에서 하이에크가 주장한 명제와, 그가 같은 해 8월에 대처 수상에게 따를 것을 권고한 칠레의 '예'는 결코 일치할 수 없다.[30] 그러나 하이에크의 저서를 면밀히 검토해보면 모순된 그의 주장을 발견할 수 있다. 이 장의 앞부분에서 우리는 '명확히 정의된 예외 상황'에서는 헌법의 근본 조항을 위배할 수 있다는 것을 지적한 바 있다. 하이에크가 생각한 예외 상황은 무엇이었을까? 그의 저서 제17장 말미에 실린 '위기의 권력'에 대한 불완전한 논리 전개는 우리에게 매우 선명한 설명을 제공한다. 하이에크는 '자유 사회의 정상적인 기능의 장기간 유지가 위협받을 때 일시적으로 자유 사회의 기본 원칙 적용을 중단할 수 있다'며 양보하는 모습을 보인다. 또한 그는 때에 따라 '세계 질서의 안녕이 우선적인 공동 목표가 되며, 자생적 질서가 일시적으로 하나의 조직으로 변형되는 것이 필요한 상황'이 도래할 때가 있다고 한다.[31] 이 놀라운 표현을 잠깐 짚고 넘어갈 필요가 있다. '자생적 질서'와 '조직'의 대비는 하이에크의 모든 사유를 떠받치는 구조이기 때문이다. '자생적 질서'는 인간의 품행으로부터 발생하지만, 반드시 인간의 계획에서 비롯되는 것은 아니다. 반면 고안되고 구축되고 계획된 질서로서 '조직'은 외부의 목표를 따른다. '시장'과 이에 포함된 품행 규칙은 하이에크식으로 말하면 '자생적 질서'다. 정부를 포함한 공공 기관은 고안된 '조직'이다.

그렇다면, 자생적 질서가 '일시적으로' 하나의 조직으로 변형될 필요란 무엇일까? '평상시라면 절대 허용되지 않으나 위기 상황이 발생한 경우 정부가 개인들에게 특정한 명령을 내릴 수 있다'는 것을 의미할 것이다.[32] 평상시 정부는 법규범의 엄격한 틀에서 벗어난 특정 품행을 개인에게 강요할 권리를 갖지 않는다.

그러나 위기 시에는 개인에 대한 강제권을 행사할 수 있다. 이를 명시적으로 인정하는 문장이 있다. "외부의 적이 위협을 가할 때, 반란이나 무정부적 폭력이 발생했을 때, 자연재해로 인해 모든 가용 자원을 동원한 즉각적인 대처가 필요할 때, 평상시라면 **누구도** 소유할 수 없는 강제적 조직의 권한을 **누군가**에게 부여해야 한다."[33] 여기서 '누구도'와 '누군가'의 대조에 주목할 필요가 있다. 이게 누구인지 밝히는 건 어렵지 않다. 모든 권력을 손아귀에 장악한 독재자, 특히 새로운 헌법을 작성하는 자이다. 이와 같은 하이에크의 사유는 칠레 군사정권의 레토릭과 정확히 일치하며, 1973년의 상황에 딱 들어맞는다. 외부의 적(공산주의)과 내부의 거점들(인민연합과 독립적 인민 기구들)에 의해 나라의 존립이 위협받을 때, 기존 헌법 질서를 뒤엎고 한 사람에게 모든 결정권을 부여하는 것은 정당화된다. 복잡한 우회로를 거친 끝에 피노체트 같은 초권위주의적 대통령 중심주의와 인민을 대신하여 군사정부가 제헌 권력을 독점적으로 소유하는 것이 정당화된다.

하이에크는 '법 주권'을 언급하며 세심하게 은폐하려던 국가의 주권 문제에 다시 직면한다. 그는 '누군가'에게 '독재 권력'을 부여하는 것의 위험을 인정하면서 카를 슈미트를 언급한다. "(슈미트는) 긴급사태를 선포하고, 그 구실로 헌법의 일부 조항의 적용을 중단시키는 자가 진정한 주권자가 되는 것이 가능하다고 주장했다."[34] 하이에크는 이를 '누군가 혹은 어떤 기관이 긴급사태를 선포함으로써 예외적 권력을 자기 자신에게 부여하는' 경우로 보았다. 이러한 예외적 권력의 남용을 어떻게 막을 수 있을까? 긴급사태를 선포할 수 있는 권한과 예외적 권력을 행사하는 권한을 분리함으로써 가능하다. 입법 의회는 긴급사태를 선포할 권한을 가지며, 입법 의회 권한의 일부와 평상시라면 누구도 행사할 수 없는 예외적 권력을 정부에 위임한다. 하지만 하이에크의 모델에 따른 입법 의회가 설치되어 있지 않은 경우나 기존의 의회가 해산된 경우는 어떻게 할까? 더욱이 예외적 권력이 '헌법 일부 조항의 적용'을 중단하는 것을 넘어 헌법 전체를 중단할 수 있는 권한까지 확장된다면 어떻게 될 것인가? 여기서 제헌 권력의 주권을 그 수반이 권한을 갖는 정부의 형태로 선포할 필요가 제기된다. 신성불가침한 '법 주권'에 의해 억압됐던 국가의 주권은 국가의 수반에게 부여된 예외적 권력이라는 형태로 돌연 회귀한다. 이 예외적 권력에는 법의 구애를 받지 않는 제헌 권력이 포함된다. 이러한 맥락에서 우리는 칠레의 사례를 다시 살필 필요가 있다. 신자유주의를 내건 정치적 실험들이 칠레를 직접적인 모델로 삼지 않았다는 의미에서 피노체트의 칠레는 신자유주의 역사의 본보기로 간주할 수는 없다. 그렇지만 칠레가 단지 주변적인 예에 불과한 것은 아니다. 칠레는 폭로자로서 기능한다. 칠레는 시장의 입헌주의가 일종의 **국가 권위주의**를 조건으로 요구한나는 것을 우리에게 가르쳐준다.

헌법 결단주의와
국가 독재

우리는 하이에크의 후기 정치적 사유가 그가 편지에 상세하게 기술한 헌법의 윤곽보다는 앞에서 살펴본 내용에 더 가깝다는 것을 보았다. 결코 놀라운 일이 아니다. 모든 것을 '자생적 질서'라는 지상권에 종속하려다보니 그의 사유는 한계에 부딪힌다. 그는 이 질서에서 인간의 모든 의지와 무관한 품행 규칙이 탄생한다고 보았다. 하이에크 자신도 인정했듯이 인간의 의지에서 비롯되는 '행위' 혹은 '제작'을 필연적으로 전제하는 헌법의 구상은 이런 식의 '문화적 진화주의'에서 나오기가 힘들다. 이러한 난점으로 인해 신자유주의자들, 심지어 하이에크에게 영향을 받은 이들조차 이론적 강화를 목적으로 슈미트의 결단주의를 동원한다. 실제로 독일 질서자유주의의 선구자 발터 오이켄과 프란츠 뵘은 '경제 헌법'을 '기초 결정' 혹은 '근본 결정'으로 이해함으로써 길을 개척했다. 슈미트의 표현을 빌리면, 이는 "정치적 통일체의 종류와 형태에 대한 전체적 결정"[35]이다. 일찍이 1937년에 뵘은 경제 헌법을 '의식적이고 정통한 정치적 의지, 리더십의 권위적 결정에 의해서만' 존재할 수 있는 '국가 경제의 규범적 질서'라고 기술했다.[36]

오이켄과 뵘의 작업에서 출발하여, 그리고 그들이 나치의 전쟁 비용 조달 문제에 자문해준 맥락에서[37], 질서자유주의자들은 '경제 헌법'을 '질서를 부여하는 정치(Ordnungspolitik)'와 연관해 정의했다. 이러한 '질서를 부여하는 정치'는 의회정치의 행동 영역과 경제 주체들의 행동을 규정하는 원칙 및 법적 규범 전체를 수단으로 삼으며, 경제에 대한 모든 형태의 자의적인 개입을 사전에 억제하는 것을 목적으로 한다. 그들은 이 '경제 헌법' 개념을 초국가적 차원인 유럽으로 옮겨놓는다. 과거 나치 당원이었으며, "아마도 브뤼셀에서 가장 영향력 있는 독일인"[38]인 뮐러-아르막은 1950년대 로마 조약 독일 협상단 대표로 활동했다. 1957년 로마 조약에 의해 유럽경제공동체(EEC)가 출범한다. 뮐러-아르막은 1971년 EEC가 시장경제를 기반으로 하며, 그 "구성 회원국들보다 상위에 있으며, 그것을 초월하는 법"[39]의 토대 위에 세워져야 한다고 주장했다. 그는 이를 '안정의 공동체(Stabilitätgemeinschaft)'라고 명명했다. 이 공동체에서는 회원국 정부와 의회가 개인의 경제적 권리를 보장하고 경쟁을 보호하는 초국가적 법적 틀에 종속된다.

뵘의 프라이부르크 대학 제자이자 1960년에서 1970년까지 유럽 집행위원회 특별 자문 위원을 역임한 에른스트-요아킴 메스트메커는 로마 조약에 대한 이러한 신자유주의적 해석과 관련하여 매우 특별한 위치를 차지하는 인물이다. 사실 로마 조약은 신자유주의 독트린에 충실한 판본과는 거리가 멀었으며, 정치적 지도력을 통해 구체적인 형태를 부여할 필요가 있는, 상당히 일반적인 법적 틀에 불과했다. 로마 조약의 경쟁 관련 조항(제85조 및 제86조)은 범위가 꽤 넓었으며, 유럽공동체재판소(CJEC)의 역할도 명확히 규정하지 않았다. 이러한 점으로 인해 로마 조약은 임시적이었고, CJEC에 관한 조항(제87조)의 확정은 3년 후로 연기됐다. 1962년이 되어서야 CJEC에 벌금과 처벌에 대한 '무제한 권한'을 부여하는 조항이 추가되었다.[40] 특별 자문 위원으로 활동하던 메스트메커는 '경제 입헌주의'라는 프리즘을 통해 유럽 통합을 바라보았다. 그의 이론적 구상 속에는 두 가지 원칙이 담겨 있는데, 하나는 각국의 법을 넘어서는 CJEC의 권한이고 다른 하나는 이 유럽재판소에 직접 상소할 수 있는 개인의 권한이다. 그는 1965년, "(CJEC는) 새로운 국제법 기관으로, 각 회원국뿐 아니라 개인도 주체가 된다"[41]라고 썼다. 이처럼 이중적인 법적 주체(국가와 개인)를 세움으로써 로마 조약은 자동 발효되며 직접적으로 적용 가능해진다. 위로는 CJEC를 향한, 아래로는 개인을 향한 권한의 이원화는 통합된 유럽 건설에 대한 입헌주의적 독해의 핵심이다. 유럽은 CJEC를 통해 직접적으로 사적 권리를 보장하는 '초국가적 법적 질서'가 되었다. 하이에크와 뵘을 조화시키고자 했던 메스트메커는 '유럽 집행위원회의 감시 권한보다 시민들을 유럽과 국가의 겹쳐진 주권 내부에 위치시키는 법적 관계에 방점을 찍어야 한다'고 생각했다. 개인에서 CJEC에 이르는 수직적인 법적 관계는 국민 주권의 일탈적 행사를 무력화시키고 상업에서의 개인의 권리를 보장해준다.[42]

신자유주의적 입헌주의는 다른 형태를 취하기도 한다. 질서 자유주의의 궤변 때문에 곤혹스러워하거나 하이에크와 뵘을 화해시키기 위해 고민할 필요 없이, 일부 신자유주의 이론가들은 공개적으로 '헌법 혁명'을 천명했다. 경제적 이해를 만족시키는 능력에 따라 제도를 평가하는 헌법 경제학(Constitutional Economics) 조류의 대부 제임스 뷰캐넌은 "우리는 모두 입헌주의자다!(We are all constitutionalists!)"라고 선언했으며, 찰스 비어드를 '제도적 경제'의 선구자로 소개했다. 사실상 둘의 접근법은 완전히 상반된다. 비어드가 미국 헌법의 기원을 기술하고자 시도했다면, 뷰캐넌은 가장 효과적인 경제 규범 체계 구상을 제시하면서 그 규범들에 부합하지 못하는 정치제도의 제거까지 고려하였다.[43] 뷰캐넌은 저서 『자유의 한계(The Limits of Liberty)』에서 '다수파 연합의 욕심에 제동을 거는 것'이 핵심이며, 해결책은 '다수결 원칙'에 '제한'을 가하는 것이라고 역설한다. "헌법적 제한이 가해지지 않거나 적용되지 않는다면 민주주의는 스스로 리바이어던이 되어버릴 것이다."[44]

1981년 11월 비냐 델 마르에서 개최된 몽펠르랭 협회 회의에서 뷰캐넌은 「민주주의, 제한할 것인가 말 것인가?(Democracy Limited or Unlimited?)」라는 발표문을 통해 동료들에게 당시 대처와 레이건이 거둔 승리에 도취되지 말 것을 경고했다. 그는 "우리의 이데올로기적 입장을 공유하는 정치인 혹은 정당이 선거에서 거둔 일시적인 승리에 도취되지 말아야 한다"라고 이야기했는데, 그로 인해 "정부를 제한하는 새로운 규칙들을 세워야 한다는 근본 문제를 소홀히 할 수 있기 때문"[45]이다. 칠레 군사정권의 민영화 조치가 상당히 진전된 1980년 5월, 카를로스 프란시스코 카세레스(그에 대해서는 제2장에서 이미 다뤘다)와 세르히오 데 카스트로 재무부 장관은 군사정권 고위직들이 새로운 헌법을 작성하는 데 도움이 되도록 뷰캐넌을 초청해 일주일간 다섯 번의 강연을 열도록 했다. 뷰캐넌은 정부의 과감한 축소, 특히 과도한 지출을 방지하기 위한 긴축재정을 권고했다. 그는 칠레 체류 중이던 1980년 5월 9일, 《엘 메르쿠리오》와 한 인터뷰에서 다음과 같이 선언했다. "우리는 지금 경제에 대한 정부의 개입을 제한함으로써 생산적인 납세자들의 호주머니에 손을 대지 못하도록 하는 헌법의 윤곽을 잡고 있습니다."[46]

이러한 그의 발언을 통해 우리는 다음과 같은 사실을 이해할 수 있다. 신자유주의자들은 하이에크의 주장처럼 시장 질서가 위협받을 때 그것을 구하기 위해서뿐만 아니라, 그 질서를 헌법화하기 위해, 나아가 헌법화를 통해 그러한 질서를 창조하기 위해 강한 수단에 호소하는 걸 주저하지 않는다. 그들 모두 각자 다른 길을 통할지언정 국가 독재를 포함한 모든 수단을 강구하여 시장 입헌주의를 세우고자 했다.

5장

신자유주의와
그 적들

단수 명사로서의 신자유주의는 명확하게 규정된 적들을 겨냥하는 정치 전략이라고 할 수 있다. 신자유주의의 적은 바로 사회주의, 노동조합, 복지국가다. 즉, 계획경제와 집산주의를 닮은 모든 것이 적으로 상정된다. 신자유주의자들이 선택한 정치적 입장, 정부에 제공한 자문, 대중을 겨냥한 글과 팸플릿 등이 '순수한' 이론적 핵심에서 나온다고 믿어서는 안 된다. 그들은 전통적인 신고전파 경제학자들과 달리 위기에 빠진 서구의 문명을 구하고자 했다. 과학은 그들의 펜 끝에서 자유 시장을 옹호하는 정치적 입장을 정당화하는 수단이자 이데올로기 전쟁의 무기가 된다. 무엇보다 과학은 위기와 그 원인에 대한 진단을 가능하게 해준다. 그들을 움직이게 하는 건 마르크스가 선언한 것이든 슘페터가 우려한 것이든 자본주의의 붕괴가 아니라 사회주의에 경도된 의식, 노동조합 독점, 사회 개량주의 등으로 인한 자유경제의 침식이다. 1947년 4월 8일 몽펠르랭 협회가 내건 목표는 이런 관점을 너무도 여실히 보여준다. 다음의 글을 살펴보자. "새로운 사회를 세우는 우리 지식인들은 '서구인이 소유한 가장 고귀한' 이상들을 수호하고자 한다. 이런 이상에는 학문의 자유와 사적 소유, 경쟁 시장과 '법의 우위' 등을 들 수 있는데, 이 모두가 '자유 사회'를 정의하는 것들이다."[1] 신자유주의자들이 내세운 이러한 선언과 하이에크가 『노예의 길』(1944)에서 행한 사회주의 비판 사이의 연속성은 아무리 강조해도 지나치지 않다. 하이에크는 이 책에서 나치즘과 파시즘이 사회주의적 의식에서 비롯된 것이라는 주장을 서슴지 않는다.

문명에 닥친 위험에 맞서 싸우기 위해서는 이데올로기 투쟁이 요구된다. 신자유주의의 다양한 분파는 자유경제에 대한 위협에 맞서 싸우기 위해 정치 영역에 개입하는 것을 주저하지 않았다. 그러나 신자유주의가 단순히 자신의 앙숙인 사회주의에 반대한다고 말하는 것만으로는 부족하다. 신자유주의의 다양한 분파들은 이데올로기와 문화 영역에서 사회주의와 맞서 싸우는 것에 만족하지 않고 법과 조치, 제도의 확립을 통해 향후 어떤 사회주의적 정책들도 도입할 수 없게끔 방벽을 세우고자 한다. 신자유주의자들의 중심 목표는 처음부터 사회주의를 패퇴시키는 것이며, 더 나아가 노동조합을 약화하고, 국가의 사회복지를 후퇴시키는 것이다.

경쟁의 계획을 통한 사회주의 철폐

루트비히 폰 미제스는 "모든 문명은 언제나 재분배자들의 공격을 물리치는 데 성공했다는 사실에 기초해 있다"[2]라고 이야기했다. 1920년대 초입에 이 이론가는 사회주의에 대항한 이데올로기 전쟁을 선포한다. 그에 따르면 사회주의는 자본주의와 사적 소유권으로 정의되는 서구 문명을 위협한다.[3] "사회주의적 방식으로 세계를 개혁하려는 시도는 문명을 파괴할 수도 있다."[4] 그에게 사회주의는 근본적인 적으로, 제거되어야 할 대상이었다. "야만으로부터 세계를 구하고자 한다면 사회주의를 극복해야 한다. 그리고 우리가 그 일에 직접 나서야 한다."[5] 미제스는 1919년 『민족, 국가, 경제(Nation, State, and Economy)』에서 사회주의를 집산주의와 동일시하면서 "개인이 소유한 생산수단을 사회의 소유로 이전하는 것"[6]으로 정의한다. 그는 사회주의적 중앙집권제, 마르크스주의, 노동조합 등을 마구잡이로 비난하면서 '전시 사회주의' 시기에 실시된 중앙 집중식 경제계획이 전체주의적 사회주의로 이어졌다고 비판한다. 미제스는 역사적 비판에 만족하지 않고, 1920년에 발표한 「사회주의 공동체의 경제적 계산(Economic Calculation in the Socialist Commonwealth)」이라는 글에서 사회주의를 결정적으로 무력하게 만들 만한 주장을 펼친다. "사회주의 경제에서 경제적 계산이 불가능하다는 걸 증명하는 건 사회주의가 실현 불가능함을 증명하는 것과 같다."[7] 미제스는 '붉은 빈'을 비판하며 오스트리아 마르크스주의자들, 특히 화폐를 사용하지 않는 계획경제를 구상한 오토 바우어와 오토 노이라트[8]에 반대하며 생산수단의 집단 소유에 기초한 사회주의 경제의 계산 불가능성에 대한 논의에 집중했다. 시장에서 화폐 가격 형성을 통해 재화의 가치를 공통의 기준으로 평가할 수 있게 해주는 두 사적 소유자 간 교환 메커니즘이 부재한 경우 경제적 계산은 불가능해진다. 따라서 사회주의적 계획은 실현 불가능하다는 것이 그의 주장이었다. "경제적 계산 없는 경제란 존재하지 않는다. 따라서 경제적 계산이 불가능한 사회주의 국가에 (…) 어떤 식으로든 경제란 존재할 수 없다."[9] 이로부터 미제스는 사회주의가 합리성을 완전히 결여하고 있다고 결론 내리면서, 시장 메커니즘만이 현대 사회에서 경제적 합리성을 보장할 수 있다고 주장했다.

1922년, 미제스는 500쪽이 넘는 저서『사회주의』를 출간했다. 사회주의와 모든 사회주의적 관점에 대한 비판을 집대성한 책이다. 그는 이 책에서 중앙이 지도하는 생산에 기초한 사회주의 경제는 이론적, 실천적으로 불가능하다고 주장했으며, 사회 진화가 사회주의로 귀결될 것이라는 생각에 반대했다. 또한 사회주의에 대한 윤리적 정당화는 어떤 합리성의 시험도 통과하지 못할 것이라고 하면서, 사회주의는 서구 자본주의 문명을 파괴하는 '파괴주의'라고 결론지었다. "사실 사회주의는 그것이 주장하는 것과는 전혀 다르다. 사회주의는 더 훌륭하고 세련된 세상의 선구자가 아니다. 사회주의는 수천 년간 문명이 창조한 것을 타락시키며, 건설하지 않고 파괴한다. 파괴가 그것의 본질이기 때문이다. 또한 사회주의는 아무것도 생산하지 않는다. 생산수단의 사적 소유에 기초한 사회질서가 창조한 것들을 소비할 뿐이다."[10] 미제스의 저서『사회주의』는 "젊은 지식인 세대 전체를 마르크스에 등 돌리게 하고 고전적 자유주의로 향하게 했다."[11] 그중에서도 특히 라이오넬 로빈스, 프리드리히 하이에크, 빌헬름 뢰프케, 에리히 푀겔린 등은 학창 시절에 이 책으로부터 결정적인 영향을 받았음을 고백했다.

미제스의 세미나를 들었으며 오스트리아 경제학파의 이념을 영국의 논쟁장에 도입하기를 원했던 라이오넬 로빈스의 부탁으로 하이에크는 1933년 런던정경대학(LSE)에서 교편을 잡게 된다. 1935년 하이에크는 미제스 등과 공저로 『집산주의 경제계획(Collectivist Economic Planning)』을 펴내는데, 사회주의 경제의 계산 불가능성에 대한 미제스의 세미나 강의록도 그 안에 포함되었다. 하이에크는 이 책에서 "사회주의적 경제계획이 소비자 주권을 폐기할 것"[12]이라는 새로운 주장을 펼친다. 이는 윌리엄 허트가 고안한 개념[13]을 전용한 것이다. 하이에크는 오스트리아 경제학파와 달리, 경제 주기의 자기 조절 기능과 정부의 개입주의를 대비하는 대신 사회주의 계획과 경쟁의 양립 불가능성을 강조했다. 그에 따르면 사회주의적 계획경제를 실시하는 정부는 어려움에 봉착하여 항상 '경쟁이라는 해결책'에 호소하지만 "계획과 경쟁은 합리적으로 조합될 수 없으며"[14], 결국 정부는 둘 중 하나를 선택해야 하는 처지가 된다. 이런 식으로 그는 이성의 힘에 의해 경쟁을 선택할 수밖에 없다는 결론을 유도한다.

하이에크는 사회주의와 개입주의를 닮은 것이라면 무엇이든 맹렬한 공격을 퍼붓던 미제스와 전혀 달랐다. 1935년 영국의 상황은 1920년대 초 빈과 달랐기 때문이다. 1933년 런던정경대학에서 한 강연에서 하이에크는 "오늘날 영국에 사회주의자가 아닌 사람은 얼마 남지 않았다"[15]라고 지적했다. 논쟁을 주도한 것은 케인스였다. 케인스는 1926년 『자유방임주의의 종언(The End of Laissez-faire)』을 통해 국가의 비개입주의를 과거의 유물로 만들어버렸다. 하이에크는 사회주의 설계자들이 점점 더 많은 경쟁을 도입하는 것을 목격하면서, 그 속에서 새로운 종류의 계획경제를 엿보게 된다. "경제활동이 온전히 경쟁에 맡겨지는 순수한 형태로 이루어질 수 있다면, 계획의 역할은 구체적인 행동들을 개인의 주도에 맡기는 영구적인 틀을 제공하는 것에 한정될 것이다."[16]

미제스와 하이에크에 대한 '사회주의적' 답변은 폴란드 경제학자 오스카르 랑게와 훗날 '시장 사회주의자'라고 불리게 될 이들에게서 나왔다. 랑게는 신고전파 경제학의 원칙을 수용하면서 생산의 사회화가 시장 메커니즘과 양립 가능하며, 이 덕분에 중앙 당국이 계획에 필요한 계산을 할 수 있고 시장의 균형에 도달할 수 있다고 주장했다. 사회주의의 시장 메커니즘 파괴가 사회주의를 실현 불가능하게 만든다고 분석한 미제스에게는 도전적인 답변이 아닐 수 없었다. 랑게와 미제스의 논쟁은 하이에크에게 분산적이고 변동하는 지식의 특성에 대한 논점을 발전시키는 기회를 제공했다. 지식은 경쟁 프로세스에 참여하는 경제 주체들에 의해 발견되므로, 중앙 집중화한 정보에 의지하는 계획경제 당국은 필연적으로 시장의 균형을 찾는 데 실패할 수밖에 없다는 것이다. 당국은 시장에서 개별적인 경제 행위자들만이 통괄할 수 있는 정보들을 실시간으로 업데이트할 수 없기 때문이다.[17] 경쟁은 이처럼 악영향만을 끼치는 경제계획에 의지하지 않고, 시장이 소비자의 변화하는 수요를 만족시킬 수 있도록 하는 내인적(內因

的) 동학이 된다. 다시 말해 수요와 공급의 균형을 맞추는 역할을 넘어서는 새로운 시장의 개념이 탄생한 것이다. 시장은 이제 경쟁의 규범화된 조직을 통해 수백만 소비자들의 선택 주권을 만족시킬 능력을 지닌 진정한 기능적 사회질서가 된다. 1937년 뢰프케 역시 '소비자 민주주의'를 주장하며 "화폐가 투표용지가 된다. 소비자는 자신의 수요를 드러내며 매번 어떤 종류의 재화를 얼마나 생산해야 하는지를 정하는 연속적인 국민투표를 하고 있는 셈이다"[18]라고 이야기했다.

월터 리프먼은 파시즘, 나치즘, 소비에트 공산주의가 부상하던 시기인 1938년에 『좋은 사회』를 펴내며 사회주의에 대한 새로운 대항 논리를 발전시켰다. 집산주의로서의 사회주의는 필연적으로 전체주의가 될 수밖에 없다는 것이다. "집산주의 원칙 안에 전체주의 국가로 가는 여정을 막을 수 있는 것은 없기 때문이다."[19] 그는 시장 메커니즘을 방어하는 것을 전체주의를 피하는 수단으로 여겼다. 리프먼의 주장 중에서 새로운 것이 있다면 자유방임주의로 회귀해야 한다고 결론 내리지 않았다는 것이다. 오히려 그의 사회주의 비판은 사회주의의 자유경제 파괴에 대해 아무런 저항도 하지 못한 자유방임주의에 대한 비판을 내포하고 있다. 리프먼은 가격 결정 메커니즘을 보호하기 위해 국가가 개입해야 한다고 보았다. 하이에크와 로빈스는 1936년과 1937년에 《디 애틀랜틱 먼슬리(The Atlantic Monthly)》에 실린 리프먼의 책 첫 장을 읽은 후, 리프먼과 서신을 교환했다. 리프먼은 서신에서 자신이 미제스와 하이에크를 사숙했으며, 특히 『집산주의 경제계획』에서 큰 영감을 받았다고 고백했다. 1937년 서신에서 하이에크는 사회주의에 직면한 '고전적 자유주의가 범한 치명적 오류'를 바로잡기 위해 국가에 의한 기존 법적 틀의 변형이 필요하다는 것을 인정했다. "저는 국가가 사기업의 효율적인 작동에 유리한 반영구적인 틀을 제공해야 한다는 규칙을 해석할 때, 고전적 자유주의가 기존의 법적 틀을 변경 불가능한 것으로 간주하는 치명적인 실수를 저질렀다고 생각합니다."[20]

하이에크는 『노예의 길』에서 리프먼의 주장을 전용하여 사회주의와 파시즘 두 체제의 유사성을 자유주의 옹호 주장의 핵심으로 삼았다. '모든 당파의 사회주의자들'에게 '사회주의는 자유의 반대에 이르는 길'이라는 것을 말하고자 한 하이에크는 '파시즘과 나치즘의 부상은 이전 시대 사회주의적 경향에 대한 반발이 아니라 바로 그 경향에서 비롯된 결과였다'라고 역설했다. 리프먼과 마찬가지로 하이에크는 사회주의적 계획에 대한 반대를 '교조적인 자유방임주의 태도'와 혼동해서는 안 된다고 주장했다. 그에 따르면 사회주의와 맞서 싸우기 위해서는 두 가지 측면에서 자유주의의 근본적인 혁신이 필요하다. 사회 조직 원칙으로서 경쟁을 도입하는 것이 한 측면이라면, 그 과정에서 국가가 핵심적인 역할을 맡아야 한다는 게 다른 한 측면이다. "자유주의는 인간의 노력을 조직하는 수단으로서 경쟁의 힘을 최상의 방식으로 사용하기를 원한다. 자유주의는 현 상태 그대로 머무르기를 원하지 않는다." '사회 조직 원칙'으로서의 경쟁의 사용은 '특정한 형태의 정부 개입'[21]을 용인할 뿐 아니라, "경쟁을 보호하는 동시에 경쟁이 가장 유용한 방식으로 기능할 수 있도록 하는 적절한 법체계의 존재"를 필요로 한다. 그리고 이 체계는 항상적으로 조정이 가능해야 한다. 가장 효과적인 경쟁의 조건을 창조한다는 것은 "입법 활동에 막중한 임무를 부여"[22]함으로써 "국가의 활동 영역을 광범위하고 명확하게 정의"[23]하는 것이다. 하이에크는 더 이상 계획과 경쟁이 양립 불가능하다고 보지 않는다. 그는 '계획'이라는 개념이 '더 나은 운명을 가질 수 있었던 훌륭한 개념'이라면서 그것이 사회주의자 적들에게 넘어가버린 것을 한탄한다. 하이에크는 새로운 자유주의를, 사회주의를 무력화시킬 수 있는 '경쟁의 계획'으로 정의한다.[24]

두 개의 전선

리프먼과 하이에크와 마찬가지로 다수의 신자유주의 이론가들은 자유주의 재정립 운동의 시작부터 신자유주의가 벌이는 전투를 이중으로 묘사했다. 뢰프케의 표현을 빌리면, '두 전선'이 존재한다. 훨씬 중요한 첫 번째 전선은 모든 형태의 사회주의와 집산주의에 맞서는 전선이다. 두 번째 전선은 19세기 자연주의적 자유방임주의처럼 시효를 다한 위험한 형태의 자유주의에 대한 전선이다. 사회주의가 '맨체스터학파' 자유주의의 오류로부터 자양분을 얻었다고 본 리프먼이나 뢰프케 같은 이들에게 이 두 전선은 서로 연결되어 있었다. 뢰프케가 '제3의 길'이라고 명명한 프로그램은 1938년 월터 리프먼 학술대회의 결론으로 제출된 '자유주의 의제'를 명확히 보여주며, 학술대회의 토론 주제였던 리프먼의 『좋은 사회』로부터 많은 영감을 받았다. 리프먼은 이 프로그램을 "자유방임주의와 집산주의 가운데 무익한 양자택일을 극복하기 위한 것"[25]이라고 명확히 요약한다. 그는 이른바 '제3의 길'의 어려움을 알고 있었다. 그 어려움은 바로 전선의 이중성에서 비롯된 것이다. "물론, 두 전선에서 벌이는 이러한 싸움은 불굴의 의지와 정신적 힘을 요구할 것이다. 모든 이가 이런 힘을 지니지는 못할 것이고, 한쪽 전선에 모든 힘이 쏠린 사이 다른 쪽 전선에서의 저항력이 감소하는 시기도 분명 있을 것이다. 또한 아직 잉태 단계인 이 프로그램은 불가피하게 혼동과 안타까운 오해에 노출될 것이다. 여지없이 이 새로운 경제적, 정치적 길의 새로움과 특별함은 제대로 인정받지 못할 것이다."[26]

이 대목에서 흥미로운 점은 그가 '프로그램'을 전략적 관점에서 바라보고 있다는 것이다. 결국 구 자유주의의 '수정'을 강조하는 정도에 따라 신자유주의의 내적 분화가 이루어진다고 볼 수 있다. 뢰프케는 완전한 수정을 원했다. 그러나 미제스에서 이스라엘 커즈너 혹은 머레이 로스바드에 이르는 일련의 이론가들은 '자유방임적' 자유주의의 인류학적 기초를 재검토하는 편을 택했으며[27] 자유주의와 사회주의 사이에 난 '제3의 길'을 비판했다.[28] 그렇지만 1938년 리프먼 학술대회 때부터 등장하기 시작한 독창적인 정치 형태로서의 신자유주의가 전후 독일연방공화국이나 다른 유럽 국가에 실재한 혼합 자유주의와 다르며, 구 자유주의를 감염시킨 병증으로 여겨지는 '사회적 자유주의'나 '자유주의적 사회주의'를 일관되게 철저히 반대했다는 점에서 전략적 통일성이 존재했다고 볼 수 있다. 따라서 대부분의 신자유주의자가 일정 부분 국가의 개입에 우호적이라는 이유를 들어 자유주의와 사회주의 사이의 다양한 타협의 형태를 신자유주의의 깃발 아래 정렬시키는 우를 범해서는 안 된다. 전후 신자유주의자들의 목표가 된 자유주의는 진정한 자유주의였지만, 자연주의적이고 자발적인, 법과 국가를 초월하는 19세기 자유주의의 환상으로부터 벗어나 있었다.

일군의 사람들에게 이러한 자유주의의 재정립은 사회주의 및 집산주의는 물론 자유방임주의와의 타협(많은 이가 이러한 타협의 상징으로 오토 폰 비스마르크를 꼽는다)으로 배반당한 자유주의의 본질을 되찾는 것으로 여겨졌다. 따라서 질서자유주의 경향의 '온건한' 독일인 및 스위스인을 '급진적인' 오스트리아계 미국인에 대립시킨다거나, '유토피아적' 자유주의자와 '현실주의적' 자유주의자를 대립시켜서는 안 된다.[29] 뢰프케의 입장은 이 점에 있어서 매우 분명했다. "우리 프로그램의 옹호자들이 집산주의에 대항하는 데 쏟는 노력은 그들이 원칙적으로 자유주의 입장을 견지하고 있음을 증명한다. 그들은 19세기 특정 형태의 자유주의나, 자유주의에 대한 신뢰를 치명적으로 훼손한 이론과 실천에 매몰되지 않는다. 그들에게 중요한 것은 무엇보다 훨씬 일반적이고, 왜곡되지 않은, 수천 년에 걸쳐 거듭 재생되는 자유주의다."[30]

'집산주의'와 '사회주의'는 신자유주의의 주요 표적이다. 집산주의와 사회주의는 자유로운 시장 가격 결정, 소유, 사기업, 경쟁 등에 기초한 건전한 경제를 변경하여 통제하고 대체하고자 하는 모든 형태의 국가 주도 계획경제를 가리키며, 그 정점에 공산주의 계획경제가 있다. 여기서 논점이 확대된다. 신자유주의자들은 사회주의의 불가능성만을 비판할 것이 아니라, 경제에 대한 사회주의의 폭정, 더 나아가 모든 인간 활동의 정치화를 통해 갈수록 심화하는 사회 전체에 대한 폭정을 비판해야 하는 것이다. 하이에크는 전후, 사회주의가 삶의 기반 자체를 파괴하면서 자유와 서구의 삶의 양식에 치명적인 과오를 범하고 있다고 보았다. "시장 질서와 사회주의의 싸움은 생존이 걸린 문제다. 사회주의적 도덕성을 추구하는 것은 현 인류를 구성하는 가장 뛰어난 일부를 파멸시키는 것이며, 살아남은 대다수를 가난에 빠트리는 일이 될 것이다."[31]

그는 이러한 오류는 '구성주의적 합리주의'의 과잉에서 비롯된다고 보았다. 이는 전능한 이성이 사회 진화를 통째로 만들어 낼 수 있으며 심지어 고유의 논리와 역사를 지닌 '자연적, 자발적, 자기 결정적 과정'에 개입할 수 있다는 믿음이다. 경제를 통제하고 지도하기를 원하는 것은 현존하는 시장의 자발적 질서에 내재하는 도덕성에 반하여 외부의 도덕적, 정치적 기준을 그 질서에 적용하는 것과 같다. 경제 행위는 인간 집단의 항상적인 '실험'에서 도출된 의도하지 않은 결과이자 예상하지 못한 결과다. 그런데 사회주의는 그 외부로부터 규칙을 부과할 수 있다고 믿는다는 점에서 오만한 사상이다. 이는 실재하는 질서의 원칙을 무시하는 것과 같다. "우리는 경제적, 법적, 도덕적 제도와 전통의 거대한 틀 안에 있다. 우리는 우리가 고안하지 않은 품행 규칙들을 마치 우리가 제작한 제품의 작동 방식을 알듯이 이해할 수는 없으며, 다만 그 규칙들을 따름으로써 그 안에 속할 수 있을 뿐이다."[32]

사회주의 타도는 신자유주의자들이 마지막까지 추구하던 주제였다. 특히 하이에크는 1979년 『법, 입법 그리고 자유』에서 '사회주의에 맞선 싸움'을 '자의적인 권력과의 싸움' 즉 "개인에 지도를 내리고 그들 노력의 결실을 인위적으로 분배할 수 있다고 주장하는 강제적 권력에 대항한 최후의 결전"[33]이라고 묘사했다. 그는 '정부가 물질적 이득을 재분배하기 위해 힘을 동원하는 것'이 '사회주의의 핵심'이라고 보았으며, 정부에게 그러한 힘을 부여하는 무제한적 민주주의를 사회주의와 연관 짓고는 다음과 같은 결론을 내린다. "민주주의를 그 자체로부터 보호하기 위해 (정부의) 힘을 제한하는 것이 필요하다."[34] 그리고 덧붙이기를 "사회주의의 전통적인 환상이 무익하다는 것이 밝혀진 후, 이러한 미신에 다시 빠질 만성적인 위험에 만반의 대비를 해야 한다. 이 미신은 주기적으로 집산주의로의 비자발적인 일탈을 야기하기 때문이다."[35] 바로 이런 이유로 하이에크는 1960년 『자유헌정론』에 "본래 의미의 과거 사회주의는 서구 사회에서 자취를 감추었다"[36]라고 썼음에도 불구하고 복지국가와 '사회정의라는 신기루'에 대한 공격에 집중한다. 사회주의는 이제 천의 얼굴을 하고 있고, 노동조합과 복지국가 뒤에 숨어 있기 때문이다.

노동조합 길들이기

사회주의의 부활에 대항한 싸움은 사회주의적 사회 개조의 전조가 될 수 있는 노동조합운동(syndicalisme)를 약화하고 저지하는 것을 통해 이루어진다. 미제스는 '소비자 주권'만이 지배해야 하는 시장경제에 노동조합이 끼치는 해악을 매우 강경한 어조로 고발했다. 그가 보기에 노동조합운동은 '생산자 민주주의'라는 또 다른 목표를 추구하는데, 이로 인한 고용자와 피고용자 사이의 대립은 사실상 구매자와 임금노동 생산자 사이의 암투와 다름없다. 다시 말해 노동조합의 투쟁은 소비자들에 **반하여** 전개된다는 것이다. 또한 미제스가 보기에 노동조합운동가들은 그들이 대변하는 특수 이익 외에는 아무것도 모른다. 이들은 기업가의 기능, 특히 경제적, 기술적 변화에 항시적으로 적응할 필요성을 전혀 이해하지 못하며, 인습에 젖은 근시안적인 이들로 기술 적응의 필요성에 반대한다. "노동조합운동을 모든 혁신에 반대하는 편협한 사람들의 철학, 더 좋고 값싼 재화들을 더 풍부하게 제공하는 이들에게 저주를 퍼붓는 욕망에 눈먼 고집 센 보수주의자들의 철학이라고 불러도 무방할 것이다. 이들은 자신의 병을 고쳐준 의사를 원망하는 환자들과도 같다."[37]

미제스의 이런 과도한 비난은 노동조합운동이 교조적 신자유주의의 주요 고민거리였음을 보여준다. 1930년대부터 신자유주의 주요 이론가들에게 노동조합은 가장 중요한 문제로 인식됐다. 이와 관련하여 몽펠르랭 협회 내부 토론에서 풍부한 논의가 이루어졌는데, 그 과정에서 상반되는 두 가지 정치적 경향이 등장했다. 첫 번째 경향은 독일 이론가들이 '사회적 시장경제'라고 명명한 것 속에 노동조합운동을 통합하고자 했다. 두 번째 경향은 노동조합의 '강제' 수단[◆]을 박탈하여 노동조합을 약화하고자 한 것으로, 시카고 경제학파와 오스트리아계 미국 학자들, 미제스, 하이에크, 그들의 제자들에게 지지를 받았다. 이 경향은 노동조합의 행동 능력과 개입 범위를 점차 제한하여 마침내는 협상 능력을 떨어뜨림으로써 노동조합을 약화하고자 했다.[38] 이 두 경향은 노동조합의 압력을 받은 정부가 임금 결정 과정에 개입하지 못하도록 해야 한다는 공동의 고민을 공유했다.

전후 독일뿐 아니라 다른 국가에서도 국가의 감독하에 노동조합이 임금 협상 과정에 참여했고, 이 같은 자본과 노동의 타협에 직면한 신자유주의자들은 몽펠르랭 협회 회합에서 우려의 목소리를 냈다. 1947년 4월, 첫 회합에서 하이에크는 「자유기업과 경쟁 질서(Free Enterprise and Competitive Order)」라는 제목의 글을 발표하며 다음과 같이 역설했다. "우리가 자유경제로 회귀하기를 희망한다면 관심을 기울여야 할 가장 중요한 문제 중 하나는, 어떻게 현실에서뿐 아니라 법적으로도 노동조합의 권력을 제한할 것인가이다."[39] 1950년대 몽펠르랭 협회는 서로 다른 경향의 신자유주의자들이 모여 밀도 있는 토론을 나누는 장이 되었다. 이

◆ 기업에 입사한 자는 반드시 노조에 가입해야 하고, 노조 탈퇴 시 해고되는 유니온숍(union shop) 제도를 예로 들 수 있다.

들의 토론은 이론에 국한되지 않았고, 하이에크의 표현을 빌리면 '노동과 노동조합에 대한 정책', 즉 전후 자본과 노동의 타협과 결별하는 독자적인 노선을 설정하는 기획의 일환이었다. 하이에크가 내세운 이러한 결별 노선은 1960년대 시장경제와 자유경쟁을 포괄하는 단체협약의 틀 속에 노동조합을 통합하고자 했던 노선에 대항해 승리를 거두게 된다.

두 노선 가운데 통합을 내세운 질서자유주의자들은 이러한 목표에 임금노동자를 동참시키기 위해 그들에게 경제 교육을 제공하고 심지어 경영에 참여시켜야 한다고까지 주장했다. 그러나 교육받은 노동자가 경제활동을 이끌고자 한다면, 교육이 경제활동을 이끌고자 하는 그들의 욕구를 불러일으킨다면, 한마디로 치욕스러운 사회주의로 가는 길을 열어준다면 어떻게 할 것인가? 신자유주의자들에게 이는 실재하는 위험이었다. 질서자유주의자들은 이러한 노동자의 참여를 독일 사민주의자들이 주장한 노동자 경영 참여(Mitbestimmung)와 구별해야 한다고 주장했다. 노동자의 참여는 국가의 어떤 개입도 없이 기업과 산업 부문 차원에서 이루어져야 하며, 노동과 자본 공동의 이익을 추구하는 데 그쳐야 한다는 것이다. 질서자유주의자들에 따르면 이러한 참여를 통해 노동조합은 기업의 테크노스트럭처(technostructure)◆에 통합되어 사회적·개인적 문제를 해결할 수는 있지만, 투자 선택에 참여할 수는 없다. 어떤 경우에도 자본의 소유자와 관리자의 특권

◆　전문 지식을 가진 사람들로 구성된 의사 결정 구조.

이어야 할 자원 배분에 지장을 주어서는 안 되기 때문이다.

이 같은 노동조합에 대한 질서자유주의자들의 상대적으로 '호의'적인 태도는 기업 경영과 부의 분배 문제에 국가가 개입하는 것을 막기 위해 노동조합과 기업주 사이에 합의를 구축하려는 의지의 발로다. 독일 질서자유주의자들은 용어를 정립하기 위해 많은 노력을 기울였다. '사회적 파트너'라는 표현도 이들이 처음 사용했고, 노동조합이 '자유 사회'의 기둥이며 '안정화된 기관이자 동시에 (기존 질서를) 안정시키는 기관'이라는 생각도 이들에게서 나왔다. 기업 내 협상과 산업 부문별 협상은 사회적 평화, 경제 교육 및 임금노동자들을 자본주의 질서로 통합하기 위한 수단으로 간주되었다. 유럽은 로마 조약 때부터 '유럽의 사회적 대화'라고 불리게 될 이 노선을 따랐다.

몽펠르랭 협회의 또 다른 경향은 프리드리히 하이에크, 프리츠 매클럽 등 오스트리아계 미국인 이론가들이 주도했다. 그들에 따르면 노동조합은 노동시장을 왜곡하는 독점 권력으로서, 단체협약을 통제하여 생산력 저하와 실업의 직접적인 주범이 된다. 따라서 노동조합 권력은 본성적으로 소비자 주권과 고용을 희생시키면서 작동한다. 예를 들어 특정 부문에서 강제 노조 가입 제도로 인해 임금이 상승하면 더 낮은 임금에 고용될 수도 있었을 모든 이들을 실업으로 내몰게 된다. 이는 결국 공급을 제한하여 소비자들에게 피해를 입히는 것으로 귀결된다. 기업 경영에 노동조합을 참여시키는 것 역시 경제적인 오류를 초래할 것이다. "소비자들의 요구에 부응해야 하는 기업은 상설 노동자 집단의 이해에 따라 경영될 수 없다."[40]

이들은 질서자유주의자들과 달리 노사 간 통합 교육의 효과로 노동조합들을 좀 더 합리화할 수 있을 것이라고 믿지 않는다. 이들은 반대로 사용자와 국가가 양보를 하면 할수록 노동조합은 더 많은 요구를 들고나올 것이라고 생각했다. 그들은 노동 공급의 독점적 통제에 기반을 둔 노동조합의 유해한 권력을 제한하는 것만이 유일하게 현실적인 정책이라고 보고, 노동조합에 대한 모든 공적 지원 금지, 클로즈드숍(closed shop)♦ 규칙 폐지, 그리고 무엇보다 사업장 단위 이하로 노동조합 규모를 축소할 것을 주장했다. 또한 노동조합이 기업의 경제적, 재무적 영역에 개입하지 못하게 해야 한다고 주장했다. 이들은 동일 산업 부문 혹은 그룹 내 노동조합들 사이에 협약이나 동맹을 금지하고, 연대 파업과 공동 행동을 저지하고자 했다.

이 입장은 미국의 대기업 경영자 중 가장 강경한 이들에게 지지를 받았다. 이들은 1940년대부터 뉴딜에 반대하고, 노동조합과 타협하던 정부와 재계 인사들에 대항하기 위해 결집하기 시작했다.[41] 매카시즘의 시기인 1950년대에는 이러한 경향이 더욱 강화되어, 경영자와 이론가 사이에 극렬한 반노동조합 정서가 증대했다. 노동조합의 활동을 소비자와 기업주, 다른 노동자들의 자유에 가해진 '합법화된 폭력'으로 보는 시각은 갈수록 더 지지를 받

♦ 노동조합 가입을 고용의 조건으로 삼는 노사 간의 협정. 따라서 조합에서 제명되거나 탈퇴한 노동자는 해고된다.

게 된다.[42] 하이에크는 1960년 『자유헌정론』에서 반노동조합적 분석과 고민에 상당한 분량을 할애했으며, 마거릿 대처도 권력을 잡은 후 같은 견해를 취했다.[43] 하이에크의 결론은 단호했다. "자유 사회를 지키는 원칙은 하나뿐이다. 모든 이들에게 동등하게 적용할 수 있는 추상적인 규칙을 제정하라는 명령 이외의 모든 강제력을 금지하는 것이다."[44] 만약 이 문장을 제대로 이해했다면 이렇게 바꿔 말할 수도 있을 것이다. 유일하게 허용 가능한 강제력은 특혜를 옹호하다가 고발된 노동조합에 가해지는 강제력뿐이다.[45]

복지국가에 대항하여

신자유주의의 전략은 사회적 정책의 발전을 무력화하는 제도적 질서를 구축하는 것을 목표로 한다. 이는 노동자 조직의 힘을 약화하고, 사회보험과 관련된 국가의 독점을 최대한 축소하는 것을 의미한다. 앞에서 이미 말했듯이 신자유주의는 집산주의의 위협에 대한 반작용이다. 신자유주의자들에 따르면 집산주의는 19세기 말 사회 개혁이 막 발걸음을 뗐을 때 이미 등장했다. 신자유주의를 이해하려면, 산업혁명이 낳은 엄청난 불평등과 그로 인한 여러 형태의 빈곤을 해결하기 위해 사회보험을 비롯한 재분배 메커니즘이 도입되던 시기를 살펴야 한다. 당시 자본주의의 주요 변화 맥락을 살펴야 한다는 것이다. 신자유주의는 정치 무대에 등장했을 때부터 먼 미래에 도래할 위협이나 외부의 체제를 비판하는 데 머무르지 않고 사회 내에서 사회주의의 지배력을 확장할 여지가 있는 모든 것과 맞서 싸우려고 했다. 신자유주의자들이 보기에는, 사소한 것에서 시작하여 조금씩 자리 잡아나가다가 종국에는 사회 전체를 장악하는 사회주의야말로 최악이었다. 사회 복지가 점차 제도화되고 대중이 그것에 호의적인 태도를 보인다고 해서 신자유주의자들의 입장이 더 온건해진 것은 아니다.

하이에크는 이와 관련하여 가장 급진적 인물은 아니지만, 1944년 펴낸 『노예의 길』부터 1960년 펴낸 『자유헌정론』까지 꾸준히 이 문제를 논한다. 하이에크는 첫 저서에서부터 번영된 사회는 구성원의 최소한의 안전을 보장할 수 있고 또 보장해야 한다고 주장했으며, '삶의 우발적 사건들'로부터 보호를 제공하는 체제와 경쟁 체제 사이에 어떤 모순도 없다고 보았다.[46] 그러나 안전의 보장이 모두에게 안정적인 소득을 보장해주는 데까지 확대되어서는 안 된다. 그렇게 될 경우 시장경제와 개인의 자유는 더 이상 유지될 수 없을 것이기 때문이다. "문제는 안전에 대한 대중의 요구가 점점 일반화되고 당연한 것이 될 경우다. 그들은 자유를 포기하면서까지 안전을 요구하는 시경에 이르게 될 것이다."[47] 그리하여 신자유주의자들은 보수에 따라 각자 다른 직장을 선택할 자유야말로 모든 이들의 안전을 가장 잘 보장할 수 있다고 주장한다. 일부의 소득을 안정적으로 보장해주려다가 나머지 사람들의 경제적 불안을 초래하고, 다른 이들의 자유를 박탈하게 될 것이기 때문이다. 이처럼 인사이더와 아웃사이더를 대립시키는 논점은 오늘날에도 사용된다. 보호받는 노동자들 때문에 나머지 사람들이 실업과 고용 불안에 시달린다는 논리 말이다. 하이에크는 『자유헌정론』에서 이 논리를 더 발전시키면서 살짝 방향을 튼다. 하이에크는 사회주의 정당의 지도자들이 자본가들의 소유권을 박탈하려는 혁명적 목표를 포기한 후, 그보다는 덜 야심차지만 자유경제에 여전히 위험한 새로운 목표를 추구하기 시작했다고 주장한다. 소득의 평등을 목적으로 한 '소득 재분배'가 그것이다. 초기 사회보험의 목적은 극빈층 혹은 '불의의 사고를 당한 이들'의 소득을 보장하는 것이었지만, 최초의 의도가 점차 변질되어 사회주의의 영향을 받은 평등 정책을 은폐하는 도구가 되고 말았다는 것이다.

> '복지국가'는 소득을 사회화하고 최적의 수혜자들에게 금전적, 자연적 복지를 분배하는 일종의 아버지 국가를 창조하는 수단으로, 많은 이들에게 유행이 지난 사회주의의 대체물이 되었다. 신뢰를 잃은 계획경제의 방법론을 대체할 해결책으로 고안된 복지국가는 일정 비율과 특정 형태에 따라 소득을 분배하는, 이른바 '공정한 분배' 방식을 창조하고자 함으로써 사실상 사회주의의 오래된 목표를 추구하는 새로운 방식에 불과하다.[48]

하이에크에 따르면, 국가가 독점하는 보험 기관들은 '강제적이면서 근본적으로 자의적인 방법'을 이용해 부자들의 호주머니를 털어, 그 돈을 필요로 하지도 않고 받을 자격도 없으면서 그럴 '권리'가 있다고 믿는 이들에게 준다.[49] 그는 시장이 서비스를 제공하지 못하는 경우 국가가 그 서비스 제공자의 역할을 수행하는 것에 문제를 제기하지는 않는다. 그러나 국가가 서비스를 제공한다는 핑계로 실제로는 개인들에게 강제력을 행사하고 막대한 권력을 자신에게 집중하는 것을 비판한다.

> 만약 사람들이 생존을 위해 중요한 여러 분야, 가령 건강, 고용, 주거, 퇴직연금 등과 관련하여 원하는 대로 선택하지 못하고 특정 기관이 필요를 판단하여 내린 결정을 따라야 한다면, 일부 서비스가 국가의 독점적인 통제하에서만 제공된다면, 의료, 교육, 보험 등 몇몇 직업 분야 전부가 독점적 관료제의 위계가 되어버린다면, 각자가 받아야 할 것이 무엇인지는 경쟁이 아닌 권력의 명령에 따라 정해질 것이다.[50]

그에 따르면, 복지국가는 모든 이들, 특히 의무적 공제와 인플레이션 때문에 개인 저축을 마련할 의지를 상실한 퇴직자들이 국가의 '자선'에 점점 더 의존하게 만든다. 의료가 국영화된다면 역시 모든 이들, 심지어 더 이상 타인의 복지에 기여하지 못하는 임종 직전의 환자들에게까지 아낌없이 의료 서비스를 제공할 것이고, 이로 인해 의료 서비스는 점점 더 비싸지고 점점 더 효율성이 떨어질 것이다.[51] 하이에크는 이런 제도들의 도입이 생각보다 심각한 재앙을 몰고 온다고 보았다. 단기적으로는 비참을 줄일 수 있을지 몰라도 장기적으로는 경제와 모든 사회적 진보를 마비시킬 것이기 때문이다. 하이에크가 1960년에 펼친 이러한 주장은 수없이 반박되었음에도 불구하고 여전히 신자유주의자들의 변함없는 노선이 되어주고 있다. 물론 복지국가에 대한 신자유주의적 비판에 영향을 받은 정치 지도자들이 권력을 잡더라도 사회보험제도를 모두 제거하지는 못했다. 하이에크 역시 그것이 쉬운 일이 아닐 거라고 경고한 바 있다. 그러나 이들은 오랜 기간에 걸쳐 보험의 재원을 최대한 축소하고, 피보험자들에게 제공하던 보장을 줄이거나 제한하는 방식으로 사회보험 제도를 약화시켜왔다. 그 결과 개인들이 자신의 건강이나 노년의 삶을 위해 더 이상 사회보장제도에 의지할 수 없다는 의식이 자리 잡았다. 이러한 사회보장제도에 관한 불신, 문제를 점점 더 순전히 개인적 차원의 고민으로 여기게 만든 것이야말로 신자유주의가 거둔 가장 큰 승리 중 하나다. 이는 복지국가를 해체하고, "경쟁적 기업들이 제안하는 서비스를 개인이 구입하는 보험 시스템"[52]으로 대체하게 할 주관적 조건을 만들어낸다.

이런 식으로 신자유주의는 하이에크가 '사회정의라는 신기루'[53]라고 부른, 서구 사회를 갉아먹는 악의 근원을 뿌리 뽑기 위한 전투를 벌이고자 했다. 신자유주의자들에 따르면 소득 재분배, 누진세, 모든 형태의 평등주의가 모두 이 사회정의라는 궁극적 미신에 의해 정당화된다. 신자유주의가 벌이는 이 싸움의 목표는 생물학적인 인종주의, 민족주의적 쇼비니즘이 아닌 오로지 경쟁에 의해 발생하는 개인 간 불평등을 용인하는 현대적 개념을 정초하는 것이었다. 이에 따르면 불평등은 전혀 계획된 것이 아니며, 과정에서 발생한 것이다. 자원은 익명의 비인격적 시장 메커니즘에 의해서만 분배된다. 이는 각자 입수한 정보를 사용하는 수십억 개인 간 상호작용의 결과다.

그렇지만, 과연 누가 '정보', 즉 경제적으로 유용한 지식을 얻게 되는가? 이러한 정보들은 운명과 상황에 따라 우연적으로 분산되는 것이 아니라 가장 부유한 계급의 손에 집중된다. 막스 베버와 앨버트 허시먼은 자본주의가 민중의 도덕성 기준으로부터 비난받을 만한 부분을 정당화할 필요가 있음을 환기했다. 따라서 숙명론적 불평등 개념은 어려움에 직면할 수밖에 없다. 부를 향한 경주에서 낙오된 모든 이들 앞에서 '자본주의를 정당화'하기엔 너무도 허약하기 때문이다. 사람들이 경쟁 질서를 수용하게 만들기 위해서는 시장 논리에 대한 맹목적 집착 외에 다른 수단이 필요했다.

6장

사회 진화의 신자유주의적 전략

신자유주의를 실현하기 위한 정치적 길은 단 한 가지만 존재하지 않는다. 이것이 지난 수십 년간 우리가 배운 교훈이다. 우리는 좌파와 우파가 여러 가치와 내셔널리즘에 대해 서로 다른 입장을 내세우기 위해 동일한 근본 노선을 취하는 것을 목격했다. 실질적인 합의에 기초한 이러한 좌파와 우파의 문화적 대립은 새로운 것이 아니다. 1930년대부터 두 갈래 길이 대립했다. 하나는 현대화와 적응의 길이고, 다른 하나는 보수와 보정의 길이다. 이런 정치적 편재가 어떻게 가능했던 것일까? 현대성과 전통에 대한 서로 다른 관계를 더 잘 이해하기 위해서는 신자유주의 독트린들을 다시 살펴봐야 한다.

각각의 신자유주의 이론가들 사이에는 무한에 가까운 차이점과 공통점이 있지만, 이를 단순화하기 위해 그들의 전략적 입장을 다음과 같이 크게 셋으로 나누고 각 입장을 대표하는 인물을 꼽아보았다. 우선 리프먼의 이론으로, 국내외적 경쟁에 의해 촉발된 변화에 적응하기 위한 현대화 전략이 있다. 다음으로 뢰프케가 주장한 유기적이고 위계적인 공동체를 수호하고자 하는 보수주의가 있다. 마지막으로 하이에크의 이론인 사회적 실험의 느린 과정 속에 전통과 변화를 조화시키고자 한 진화주의가 있다. 실천 속에서 서로 조화할 수 있는 이 전략적 선택지들은 각 선택지를 구현하는 정치 조직이나 이념 운동에 매우 다른 색깔을 부여한다. 오늘날 유권자들은 이들 중 하나를 선택하고 동일시 대상으로 삼을지 결정한다. 변하지 않는 것이 있다면, 반집산주의와 경쟁적 자본주의 수호라는 단단한 핵이다. 반면, 이것을 전파하고 실현하기 위한 이념적 벡터는 달라질 수 있다. 가령 정치적 장이 당대에 어떻게 구조화되는지에 따라 신자유주의자들이 외형상 서로 대립하는 모습을 보이기도 한다. 그러나 양쪽 모두 기업 친화적인 경제정책을 추진한다는 점에서 그들의 입장은 별반 다르지 않다. 미국의 민주당 대 공화당, 영국의 노동당 대 보수당, 프랑스의 우파 대 좌파의 대립이 그 예다. 눈속임에 불과한 이러한 대립이 명을 다하면서 '정치 혐오'를 불러일으키고 독일의 대연정이나 입버릇처럼 '동시에'*를 외치는 프랑스의 마크롱 같은 기묘한 조합이 등장하고 있다.

웬디 브라운이 『신자유주의의 폐허에서(In the Ruins of Neoliberalism)』[1]에서 정확히 지적했듯이, 트럼프주의가 구현한 신자유주의와 신보수주의의 융합은 이질적인 두 개의 논리를 상호적으로 도구화하는 전략으로 이해될 수 있다. 그렇지만 신자유주의기 그 탄생부터 보수주의 사상의 고유한 몇 가지 주제들에 대해 보여준 **선택적 친화력**에 대해서는 분석이 필요하다. 본래 진보적이고 개방적인 신자유주의와 모든 사회적 변화에 적대적인

◆ 에마뉘엘 마크롱이 대선 유세 과정과 대통령 임기 중 입버릇처럼 '그와 동시에(et en même temps)'를 되뇌는 모순어법적인 습관을 비꼰 것이다.

신보수주의가 맺은 동맹의 역설적인 형태뿐 아니라 전통, 가족, 종교의 가치가 신자유주의 사상 속에서 차지하는 자리에 대해 질문하는 것이 필요하다. 따라서 이러한 동맹을 자연적인 것에 반하는 인위적인 현상으로 이해할 것이 아니라 신자유주의 자체에 내재된 경향에 따른 연결로서 이해해야 한다. 신자유주의 이론가들이 일찍이 전통적 가족 구조와 그것이 구현하고 전파하는 위계적 가치들에 부여한 결정적 중요성을 인식해야 한다는 것이다.

리프먼의 현대화

바르바라 스티글러는 1937년 신자유주의 역사상 기념비적인 저서 『좋은 사회』를 집필한 미국의 칼럼니스트 월터 리프먼을 신자유주의 이념의 모태로 본다. 허버트 스펜서를 계승한 자유방임주의를 표방하는 극단적 자유주의자들은 경제적, 사회적 변화는 '생존을 위한 투쟁' 속에서 저절로 조화를 이루게 된다고 보았지만, 스티글러가 환기한 바에 따르면 리프먼은 산업혁명이 '인류 역사상 전례를 찾아볼 수 없는 부적응의 상황'을 창조했으며, '이 상황이 자유방임에 의해 더 악화된 우리 시대의 모든 사회적, 정치적 병증을 설명한다'고 주장했다. "따라서 이제 환경의 요구에 인간 종을 재적응시키기 위한 인위적이고 지속적인, 침습적 개입으로서 정치적 행동을 다시 사고해야 한다."[2]

이처럼 리프먼의 진화주의는 자유로운 경쟁에서 자발하는 과정이 아닌 새로운 형태의 법적, 정치적 개입주의를 채택한다. 고도의 전문성을 띤 이 개입주의는 거대 사회에 의해 도입된 일국적, 국제적 분업이라는 급작스러운 역사적 변화 속에서 새로운 경제적, 기술적 진화에 적응할 수 있도록 제도와 주체성을 현대화하는 것을 목적으로 한다. 서구 사회가 빠져든 위기 가운데 가장 시급한 문제는 근본직으로 달라진 환경에 어떻게 개인들을 적응시키는가 하는 것이었다. 여기서 환경은 도시를 넘어 국가와 세계 전체까지 포괄한다. 이러한 환경의 변화는 개인에게 완전히 다른 삶의 형태를 강제하는 '모든 시대를 통틀어 가장 혁명적인 사건'이었다. 제도, 관습, 조상으로부터 물려받은 신앙이 지배하는 지역 공동체 속에서 일상의 삶을 규정하던 모든 것이 돌이킬 수 없을 만큼 급변하였다. 18세기 산업혁명과 분업과 기계의 도입으로 획득한 엄청난 생산력 향상은 그때까지 대다수 주민이 영위해온 상대적으로 자급자족적인 삶의 경제적 기초를 파괴하는 효과를 가져왔다. 리프먼은 이 점을 강조하며 다음과 같이 주장한다. 진정한 혁명은 이미 시작되었다. 이 혁명은 총체적이고 영속적이며 가속적이다. 위기는 경제가 아니라 사회에 도래했다. 위기는 고도의 생산력을 갖춘 세계화한 새로운 경제와, 과거 생산 방식에 어울리는 생활 및 정신적 습관 사이의 괴리에서 비롯되었다. 사람들은 수천 년간 상대적으로 폐쇄적인 지역 공동체에 완벽히 들어맞는 정신세계를 창조해왔다. 그러나 이 모든 장치는 새로운 세계의 현실에 적응하는데 불필요하거나 심지어 해로운 것이 되어버렸다. 리프먼은 이러한 경향에 제동을 걸거나 역행하는 것은 무의미하다고 보았다. 우리는 더 이상 수공업과 농경이 지배하는 사회로 되돌아가지 못한다. 다른 대안을 상상하는 것은 불가능하며, 모든 '문화적 지체'는 시장에 의해 퇴출될 것이다. 이러한 변화에 저항하는 국가는 더 강한 국가에 침범당하거나 지배당할 것이다. 마찬가지로 '지체된' 개인은 점점 가속화하는 이 과정의 가장 큰 희생자가 될 것이다. 그가 보기에 '문화적 지체'는 정신 구조나 사고방식이 기술과 생산 조직에 비해 훨씬 느리게 변화하기 때문에 발생한다. 새로움 앞에서 개인은 과거의 사고방식에 따라 반응한다. 이로 인해 폐쇄적인 공동체가 새롭게 만들어지기도 하는데, 다양한 형태의 집산주의가 바로 그 결과다. 그렇다면 인구의 상당수가 겪는 이 부적응을 어떻게 할 것이며, 새로운 틀에 어떻게 인류를 재적응시킬 것인가? 이것이 현대의 정부들에 제기된 가장 중요한 정치적 과제이다. 특히 사회를 개혁하고 개인을 근본에서부터 바꾸기 위해서는 공적이고 법적인 행동이 우선적으로 필요하다. 그에 따르면 대혁명에 걸맞게 사회질서를 재구축하기 위해서는 재적응을 위한 매우 폭넓은 차원의 개입이 요구되는데, 그것을 정의하고 실현하는 것은 전문가의 몫이다. 대중에겐 이를 수행할 지적 수단이 없기 때문이다.

　오늘날 리프먼을 신자유주의 전략의 관점에서 다시 읽는 것은 낯선 재인식의 효과를 불러일으킨다. 우리는 이미 매우 공들인 형태의 '구조의 현대화'에 대한 명령, 더 정확히 말해 정신 구조를 '경제적 현실'에 적응시키라는 요청을 들어왔다. 전후부터 오늘날까지 정치와 행정 분야의 방대한 저서들이 다양한 어조로 모든 분야를 망라하여 만회해야 할 지체, 극복해야 할 장애물, 분쇄해야 할 저항에 대해 열거해왔다. '정체된 사회를 타개하기'는 지난 수십 년간 역동적 우파와 현대적 좌파 공동의 슬로건이 되었다. 성장과 진보를 가로막는 사회의 수구주의, 규제, 무기력증이 그들의 적이었다. 자본주의의 세계화와 그에 따른 경쟁 압력에 의해 명령의 강도는 더욱 강해졌다. 실제로 신자유주의는 이제 경쟁 표준에 의해 구축된 세계화한 경제에 반대하는 모든 것을 분쇄하는 기계가 되었다.

이런 상황에서 스티글러처럼 '적응'이라는 신자유주의의 전략적 명령을 더 잘 이해하기 위해 리프먼의 사상에 큰 중요성을 부여할 수도 있겠지만, 신자유주의를 '현대화'라는 하나의 말로 해석하고자 한다면 잘못된 길로 빠져들 우려가 있다. 몽펠르랭 협회 같은 '실험실'의 지배적인 주장과 우파 정당, 심지어 좌파 정당의 주요 정치 노선을 살펴보면, 위에 언급한 것과는 여러 부분에서 반대되는, 매우 다른 전략적 노선이 관찰되기 때문이다. 이 노선은 산업혁명에 개인을 적응시키기 위해 힘쓰기보다는, 오히려 가장 전통적인 가치들을 수호하고, 지역 공동체와 수공업과 가족 생산 단위를 보호하고자 하며, 심지어 필요하다면 복원하고자 한다.

뢰프케의 사회학적
초보수주의

바이마르 독일에서 '보수적인 것(조상 및 게르만 민족에 대한 숭배 등)'으로 분류되었던 것이 1970년대 등장한 신자유주의와 얼마나 연관이 적은지 안다면, 피에르 부르디외처럼 신자유주의를 '보수주의 혁명(révolution conservatrice)'[3]이라고 정의하는 것은 이상해 보일 수도 있다. 피와 땅(Blut und Boden) 이론가들과 경제적 국민주의에 단호히 반대한 독일 신자유주의자들은 동류로 간주할 수 없다. 그럼에도 신자유주의는 리프먼이 주장한 사회적, 경제적 현대화에 대한 명령으로 요약될 수 없으며, 그것이 **복고주의적 유토피아**로 나타날 수도 있다는 것을 받아들여야 할 것이다. 리프먼만큼이나 신자유주의 사상에 중요한 족적을 남긴 몇몇 저자들은 이러한 사상을 열렬히 주장했다.

그 가운데 빌헬름 뢰프케가 내세운 전통적 가치의 복원은 질서자유주의에서 가장 중요한 위치를 차지했다. 그에 따르면 우리는 현재 '정신적, 종교적 위기'를 겪고 있으며, 이 위기는 사회 재통합이라는 분명한 의미를 지닌 '사회정책'과 병행되지 않는 한 어떤 '경제정책'으로도 해소가 불가능하다. 현재의 위기가 근본적으로 '사회학적'이기 때문에[4] 사회정책이 반드시 필요하다는 것이다. 그의 저서들을 관통하는 고민은 '자연적' 공동체(가족, 이웃, 마을)를 복구하고 개인들에게 안정적인 도덕적 기준을 보장해주는 정치를 통해 사회 해체의 영향을 치유하는 것이었다.[5] 그는 거기서 더 나아가 1958년 자신의 저서[6]에서 지금의 불안정은 반드시 수호해야 하는 기독교적 전통 가치에서 비롯한 훨씬 더 깊은 근원과 연결되어야 한다고 강조한다. 1930년대부터 뢰프케는 질서자유주의자 외에 다른 이들과도 자신의 반현대화주의적 입장을 공유했다. 1940년대 『우리 시대의 위기』와 『인간 사회(Civitas humana)』와 같은 그의 저서들은 나치즘 및 그와 유사한 체제들이 신뢰를 잃은 시기에 권위적 질서의 옹호자들이 선택한 새로운 이념이 되었고, 그 이념의 근거가 되어주었다. 나치즘과 타협하지 않았던 뢰프케는 자유주의와 '강한 국가'를 종합할 수 있는 최적의 위치에 있었으며, 매우 보수주의적인 레토릭으로 그러한 결합을 포장하였다. 그는 하이에크와 함께 제2차 세계대전 직후 급부상하던 좌파 이념에 저항하는 지적인 축이었다. 보수주의 사상가로서 그의 궤적은 하이에크보다 훨씬 더 급진적이었다. 남아프리카 공화국의 아파르트헤이트에 대해 그가 보낸 변함없는 지지가 한 예다.[7]

뢰프케는 서구 문명이 18세기 이후 자본주의 경제 혁명과 민주주의 정치 혁명이라는 이중의 혁명으로 형태적, 정신적 변형을 겪었고 그에 따른 '총체적 위기'를 겪고 있다고 보았다. 모든 공인된 규범과 가치가 붕괴되고, "한 세기 동안 모든 문화적 자산이 소진됨으로써 생긴 정신적, 도덕적 공백"[8]이 '병든 사회'를 낳았다는 것이다. 그러한 병든 사회의 증상인 사회 해체와 대중의 도덕적 타락 추세를 뒤집는 것이 뢰프케의 제3의 길이 추구하는 목표였다. 이 같은 뢰프케의 '반현대화주의적' 담론의 독창성은 경쟁 시장과 전통 가치 사이 밀접한 연결에 있다. 뢰프케는 개인에게 책임 의식을 불어넣는 시장경제를 확고히 수호하는 것과 절제, 노동, 정직함, 이타적 관계, 그리고 무엇보다 위계질서와 공동체의 의미를 개인에게 되찾게 해줄 사회·도덕적 틀을 장려하는 것, 두 가지를 연결하는 것이 곧 사회 정책의 목표라고 보았다. 그는 거대도시, 기계화, 프롤레타리아화에 반대되는 이미지로 생기 넘치는 이웃이 있는 마을, 가족, 교구 공동체, 코뮌, 농업과 수공업에 기초한 직업 등을 내세웠다. 그리고 이러한 일반적인 위기에 저항해온 국가 모델로 스위스를 제시했다. 뢰프케에게 신자유주의는, 자본주의 현대성과 세계적 경쟁에 대한 적응이라는 리프먼식 신자유주의와 반대로, 집산주의에 대한 효과적 방벽으로서 유기적 공동체에 개인을 재통합시키는 **전략적 대안**이었다.

그는 이런 의미에서 기독교라는 문명의 근원으로 회귀하는 진정한 '르네상스'를 호소했다.[9] 맞서 싸워야 할 적은 바로 사회악의 근원인 '사회학적 타락'이었다. 그는 오르테가 이 가세트로부터 대중화(Vermassung)로 인한 타락이라는 개념을 빌려와 이는 "각 구성원이 자신의 자리가 어디인지 아는 행복을 누리는"[10] 위계 구조의 복원을 통해 극복될 수 있다고 이야기했다. 개인이 한데 뭉쳐 있으면서 동시에 고립된, 더 나은 삶에 대한 헛된 희망을 집산주의 국가에서 찾는 '흰개미 사회', '모래 더미'로의 '가짜 통합'이 아닌, 구성원들이 합법적 권력을 떠받드는 진정한 공동체로의 통합이 관건이었다. 뢰프케는 '가족이 병적 상태에 빠지고 쇠퇴함으로써 건강한 인간 존재와 질서 잡힌 사회의 기본 조건이 엄청나게 변화하게 될 것'을 염려했다. '자연적인 여성의 영역이자 아동 교육의 장이며 공동체의 가장 자연적인 구성단위'인 가족이 단순한 '소비와 여가의 공동체'로 바뀌고 있다고 본 것이다. 마을의 인구가 빠져나가고 '너절한 변두리'가 되어버릴 때 가족은 더 불안정해진다.[11] 뢰프케의 보수주의적 한탄의 대상이 된 것들을 열거하자면 끝이 없을 것이다.

뢰프케의 전략에 따르면 집산주의의 위험을 피하기 위해서는 강한 국가와, 개인의 주변을 틀 짓는 자연적인 구조가 **동시에** 필요하다. 어느 한쪽만으로는 안 된다. 경쟁적인 경제와 자연적인 공동체 간 대립 따위는 없으며, '건전한 사회의 건전한 경제'를 가능케 할 둘 간의 접합이 요구될 뿐이다. 이것이 바로 뢰프케의 복고주의적 혹은 의고주의적 유토피아다. "인류는 구체적인 대안 목표, 다시 말해 그들을 열광시키는 집산주의에 대항할 수 있는 구체적인 프로그램을 눈앞에 가지고 있지 않는 한, 반드시 집산주의에 사로잡힐 수밖에 없다."[12]

리프먼의 현대화주의적, 적응주의적 선택과 뢰프케의 보수주의적 선택 사이의 커다란 간극은 노동 분업에 대한 그들의 평가를 기준으로 가늠할 수 있다. 뢰프케는 지나치게 발전한 노동 분업이 삶의 양식과 전통적인 노동을 산산조각냄으로써 압력 집단, 노동조합, 카르텔, 직업단체를 탄생시켰다고 보았다. 이들은 국가를 특수 이익들의 지배 아래 두고 '소비자 민주주의'를 파괴할 정도로 경쟁을 방해한다. 따라서 리프먼의 주장대로 노동 분업과 산업화에 적응할 것이 아니라, "아직 대중화와 프롤레타리아화가 미치지 않은 삶의 형식과 이익을 강화하고 옹호하는"[13] 것이 관건이다. 자본주의의 발전은 위험을 가중한다. 경제의 독점이 경쟁을 파괴하고, 소기업을 퇴출시키고, 시골과 마을의 삶의 틀을 망가뜨리기 때문이다. 그러나 이 보수주의는 어떤 경우에도 '반자본주의'가 아니다. 자연적 공동체의 보존, 더 나아가 재활성화, 소기업 보호를 통해 대중의 "반자본주의적 저항"[14]을 막을 수 있기 때문이다. 뢰프케는 방대한 토지 소유와 특권적 지위를 특징으로 하는 중세의 유산을 청산하지 못한 채 산업의 거대화와 재산과 소득의 집중, 프롤레타리아화로 귀결된 자본주의의 타락을 비판했으며, 거대 조직들을 거느린 자본주의 형태를 경쟁적 시장경제에서 탄생한 불행한 부산물로 보았다.[15] 이런 의미에서 자본주의에 대한 그의 비판은 독립 소기업 자본주의에 대한 보수주의적 이상화와 짝을 이루고 있다.[16] 인간의 자율을 보장하고 책임을 확장하는 소기업이 이상이 되고, 소규모 가족농장이야말로 추구할 만한 모델이라는 것이다.

그가 추구한 탈프롤레타리아화는 기업과 기업 정신에 배치되지 않으며, 독립 소기업의 '삶의 형식과 이익'을 광범위한 차원에서 확산시킨 결과로서 가능하다. 뢰프케는 개인의 능력이 더 잘 존중받는, 모든 프롤레타리아가 자신의 집과 땅, 기업의 주식을 소유하는, 그의 표현에 따르면 모두가 '소자본가'가 되는 인민자본주의의 환상을 만들어냈다.[17] 이 같은 '모두가 주인'이라는 생각을 프랑스 대통령을 역임한 발레리 지스카르 데스탱과 영국의 대처에게서 발견할 수 있다. 사회복지 정책과 세심하게 구별되어야 하는 이 모든 사회학적 조치는 결국 경쟁 시장을 강화하는 것을 목적으로 한다. '적절한 개입'의 틀에 따른 조치들의 '핵심'은 "사적 성공 및 경제적 성공이 항상 소비자에게 제공된 서비스와 재화에 비례하는 왜곡되지 않은 시장과 자유경쟁"[18]이다. 다시 말해, 놀라울 정도로 다양한 형식의 공공 개입은 경쟁 원칙을 강화하고 유지할 때만 정당성을 갖는다. 요컨대 뢰프케에 따르면 시장과 보수주의는 결코 상충하는 관계가 아니며, 오히려 양쪽 모두 자유 사회에 필수 불가결하다. 이러한 입장은 제2차 세계대전 이후의 보수주의 정당들의 이념적 재구성을 이해할 수 있게 해준다. 그들은 가장 경직된 종교와 도덕의 수호자를 자처하는가 하면, 기업과 시장에 가장 큰 자유를 부여해야 한다고 주장하기도 했다. 한편 이 보수주의 정당들은 역사적으로 드러난 자본주의의 현실적 형태와 순수한 시장경제라는 이상화된 본질을 분리하는 마술을 통해 자본주의의 사회적, 도덕적 결과에 눈을 감아버린다. 다른 한편으로 전통적 가치와 제도, 가부장제, 권위, 도덕적 순응주의에 대한 상당수 인민 계급의 애착을 통해 '대중의 반자본주의'를 무력화할 수 있다. 이처럼 보수주의는 노동자 계급을 포함한 대중의 정치적 지지를 획득하는 데 효과적임이 밝혀졌다.

하이에크의 진화주의와
보수주의

「나는 왜 보수주의자가 아닌가(Why I Am Not a Conservative)」라는 유명한 글에서 하이에크는 '자유주의'와 '보수주의'의 혼동을 피하려고 애쓴다.[19] '자유의 수호자'를 '진정한 보수주의자'와 구별하는 것은 우선 시간 및 변화와 관계 맺는 방식의 차이다. 보수주의는 과거에 내재적 중요성을 부여함으로써 일정 부분 수구주의의 모습을 띤다. 하지만 하이에크가 옹호한 '자유의 정치'는 변화에 적대적인 것[20] 이상으로 '과거를 그리워하거나 회고적'이지는 않다.[21] 그렇다면 하이에크처럼 보수주의적이지 **않으려고** 애쓰는, '자유주의적'인 사람이 어떻게 전통적 가치들을 옹호하게 된 것일까?[22]

진정한 자유주의 전략의 선언문으로 간주되는 이 유명한 글에서 하이에크는 '진보의 바퀴'를 늦추기 위해 제동을 거는 것에 결코 만족한 적이 없다며, 자신은 보수주의자가 아니라고 주장한다. 그에 따르면 진정한 자유주의자는 세상을 바꾸려 해야 하며 현 상태로 유지하려 해서는 안 된다. 또한 자유주의자는 '자유로운 성장'을 방해하는 모든 것을 제거하는 개혁가가 되어야 한다. 그는 개인적 상호작용에 따른 자발적 진화가 가져다준 변화의 효용을 믿는다. 하지만 시장과 사회의 자발적 힘을 신뢰하지 않는 보수주의자는 질서 유지를 위해 전통적인 권위에 기댈 수밖에 없다. 다시 말해, 진정한 자유주의자는 진화주의자이다. 하이에크는 인간 사회가 생물학적 진화와 분명히 구별되는 문화적 진보의 동학을 따른다는 사실을 받아들인다.

따라서 그는 '도덕적, 종교적 이상주의'와 관련된 국가의 강제력을 거부한다.[23] 정치적 차원에서 보수주의자들은 '시간을 고정시키기' 위해 강제력 행사를 마다하지 않으며, 권력에 대한 제한을 등한시하게 된다. 그럼으로써 타인에게 도덕적, 종교적 이상을 강요하는 것에 어떤 가책도 느끼지 않는 사회주의자들과 유사해진다. "나는 이따금 다음과 같이 생각한다. 사회주의뿐 아니라 보수주의와도 구별되는 자유주의의 놀라운 특성은, 타인의 보호된 영역을 직접적으로 침범하지 않는 한, 개인의 행동과 관련된 도덕적 신념에 대한 어떤 강제적 개입도 정당화될 수 없다는 것이다."

하이에크에 따르면 이와 관련해 보수주의자들은 두 가지 오류를 범한 셈이다. 우선, 그들은 강제적 정치의 나쁜 예가 되었고 본의 아니게 사회주의자들의 해결책을 택한 셈이 됐다. 다른 한편으로, 그들은 새로운 길을 찾지 못한 채 목표가 아닌 속도에만 집중함으로써 지배적인 길, 즉 사회주의자들의 길을 택했다. 그들은 운동의 속도를 늦추려고 하다가 자신도 모르게 그릇된 길로 빠져들게 된 것이다. 이와 반대로 다른 목표를 설정하는 자유주의자만이 유일하게 사회주의에 효과적으로 대응할 수 있다.

요컨대 집산주의에 대항한 이념 전쟁은 미래에 대한 계획 속에서 전개되어야 한다. 이것이 하이에크가 몽펠르랭 협회에 부여한 임무이다. 그는 반복해서 강조했다. 사회주의를 대체할 수 있는 유일한 방법은 대안적 유토피아를 제공하는 것뿐이라고. 그는 1949년 다음과 같이 썼다. "유토피아를 구상하는 용기는 사회주의자들이 가진 가장 큰 힘 중 하나다. 전통적 자유주의자들에게는 몹시도 결여된 부분이다."[24] 그리고 다음과 같이 새로운 이념 연구소에 대한 구상을 밝혔다. "우리는 다시금 자유 사회의 건설을 위한 지적 모험, 용기 있는 행동에 나서야 한다. 우리에게 지금 필요한 것은 자유주의적 유토피아다. 이것은 기존 질서의 단순한 유지도 아니고 희석된 사회주의의 일종도 아닌, 노동조합을 포함한 권력자들의 눈치를 보지 않는 진정한 자유주의적 급진주의다. 그렇다고 지나치게 무미건조한 실용성만 추구하거나 오늘날 정치적으로 가능한 것의 테두리 안에만 머물러서는 안 된다."[25] 그는 사회주의에 맞서는 자유주의자와 보수주의자의 동맹은 필요하지만, 그것이 양측 간의 근본적인 태도 차이를 가리는 것이 되어서는 안 된다고 주장했다. "완전한 자유에 대한 믿음이 미래를 준비하는 자세 속에 녹아들어야 하지, 이미 변혁되어버린 시대에 대한 회고적 집착이나 과거에 대한 로맨틱한 찬미에 머물러서는 안 된다. 집산주의의 파도에 대항한 공동의 저항이 이 같은 사실을 은폐해서는 안 된다."[26]

하이에크는 기층 엘리트의 보호 혹은 새로운 이념이나 지식에 대한 금지야말로 사회주의를 돕는 길이 될 것이라고 보았다. 또한 진정한 자유주의자는 국수주의자가 아니며, 자신의 나라가 타국보다 우월하다는 핑계로 민족주의나 제국주의를 맹목적으로 옹호하지 않는다. 진정한 자유주의자는 '삶을 위한 정당, 자유의 증진과 자발적 진화를 옹호하는 정당'에 속한다. 자신의 정치적 정체성을 정의하기 힘들다고 고백한 하이에크의 곤란함은 '자유주의적(liberal)'이라는 형용사가 특히 미국에서 혼동의 원인인 것에서 비롯되었다. 이 단어는 우선 급진주의자와 사회주의자 들에 의해 독점되어왔다. 다른 한편으로는 '자유'가 하나의 '전통'이 되어버려서 자유를 조건 짓는 모든 제도와 현존하는 것들을 수호하는 것과 동의어처럼 보이게 되었다. 이 문제를 피하기 위해, 무엇보다 권력에 대한 제한을 고민했던 하이에크는 자신이 18세기 구휘그(old whig)◆처럼 보이길 원했다. 그러나 하이에크가 글의 행간을 통해 전달하고자 했던 것은 '전통'과 '자발적인 순응주의'에 기초하는 종교와 가족 등 인습적인 가치들이 시장 질서의 작동을 위해서도 근본적인 중요성을 지닌다는 것이다. 그는 『자유헌정론』에서 '전통에 대한 존경은 자유 사회의 기능을 위해 필수적'이라고 주장하는 데까지 나아간다.[27]

이 부분에서 우리는 강제력에 반대하는 편에 서 있던 하이에크의 흥미로운 예외를 발견하게 된다. 그는 위험에 처한 '자유 사회'를 구하기 위해서는 강제력을 수용할 수 있으며, 심지어 그것

◆ 영국 보수주의의 아버지, 에드먼드 버크(Edmund Burke, 1729~1797)는 18세기 프랑스혁명 지지자들(토머스 페인 등)과 논쟁을 벌인다. 버크는 휘그당(구 휘그)의 주도하에 유혈 없이 전제군주제에서 입헌군주제로의 이양에 성공한 명예혁명이 군주제와 귀족제, 종교를 보존한 반면, 인간의 평등한 권리를 주창한 프랑스혁명은 전통과 관습을 파괴하였다고 비판한다.

이 필수적이라고 보았다. "규범이 지켜지지 않을 때 경우에 따라서는, 사회의 정상적인 기능을 보장하기 위해 강제력을 동원하여 그 규범에 준하는 일률성을 강제해야만 한다. 상당한 수준의 자발적 순응주의가 존재할 때만 강제력을 피할 수 있다. 이는 결국 자발적 순응주의야말로 자유의 유익한 사용을 조건 짓는 요소라는 것을 의미한다."[28] 그렇다면 어떤 경우에 자발적 순응주의에 준하는 '일률성'을 복원하는 강제력이 필요한 것일까? 그리고 그 강제력은 누가 행사하는가?

강제에 반대한다는 그의 원칙에 예외로 보이는 위 내용을 이해하기 위해서는 하이에크가 첫 번째로 제시한 대립 쌍이 '자의적 강제'와 '자발적 진화'였다는 것을 환기할 필요가 있다. 그리고 이 대립은 그의 사상 체계를 구성하는 일련의 다른 대립들로 이어졌다. 탁시스(taxis, 의도적인 목적에 따라 만들어진 조직적인 질서)와 코스모스(kosmos, 실천에서 나온 자발적 질서)의 대립, 테시스(thesis, 입법자에 의해 제정된 법률, loi)와 노모스(nomos, 상호관계에서 탄생한, 판례에 따라 약호화된 법, droit)의 대립, 그리고 이성과 전통의 대립이 그것이다. 그에 따르면 도덕적 가치와 마찬가지로 사회와 경제의 기초를 이루는 시장의 규칙들은 자의적인 결정에 따른 결과가 아니다. 이 규칙들은 '전통'을 탄생시킨 자발적인 진화에서 나온 것이다. 제도, 도덕적 규범, 경제적 품행 규칙은 한 집단이 생존해나가고 다른 집단들보다 더 우월해지는 데 더 유용하다는 이유로 이전 세대에 의해 차근차근 선택되고 보존되고 변형되고 전달된 과거의 유산이다. "문명의 가장 근본적인 수단들, 가령 언어, 도덕, 법, 화폐는 모두 자발적인 성장의 결과이지 의도에서 비롯된 것이 아니다."[29] 다시 말해 현존하는 규칙, 가치, 제도는 마치 최선의 해결책을 선택할 줄 아는 '보이지 않는 손'이 모든 의식적인 의지의 바깥에서 작용한 것처럼 우리의 사용, 실천, 환경과의 관계 등에 적합하기 때문에 점차적으로 채택된 것이다. 어떤 경우에도 이것들은 사전에 고안된, 합리적이라고 주장된 계획에 따라 의도적으로 만들어진 게 아니다. 시장 규칙과 도덕 규칙은 동일한 자발적 역학을 따르며, 교환에 필요한 공동의 규범적 기준으로만 기능한다. 웬디 브라운은 시장 가치와 도덕 가치 간의 '존재론적 대칭'이라는 정확한 표현을 사용했다.[30] 이 규칙들이 없다면 사회는 무질서해지고 전복적인 시도에 노출되어 급기야 '자유 사회'의 철폐에 이르게 될 것이다. 서구 문명의 규범 체계만이 시장 규칙과 도덕 규칙을 일치시킬 수 있다. 하이에크의 설명에 따르면 시장은 '점차적으로 생성되어 서구 세계 대다수 사람들의 지지를 받게 된 특정한 도덕적 태도의 확산에 의해서만' 구축될 수 있다. 이러한 태도는 농부, 수공업자, 상인 들에 의해 발전했다. "이들의 도덕적 이상에 따르면, 존경을 받아야 할 이들은 자본을 축적함으로써 가족과 사업의 미래를 살피는 신중한 사람, 좋은 가장과 공급자이다. 이들은 많이 소비하고자 하는 욕망보다는 비슷한 목표를 추구하는 동료들로부터 사려 깊고 능력 있다고 인정받고 싶은 욕구에 의해 움직인다."[31] 하이에크에게 이 도덕적 가치는 시장을 '보완'하는 것이 아니라 시장의 조건이다. "인간관계 속에서 사용되는 계약과 관습 중에서 도덕 규칙은 유일하게 중요한 것은 아닐지라도 가장 중요한 것에 속한다."[32]

　따라서 그는 도덕적, 경제적 질서는 언어와 지성처럼 자발적인 진화의 결과이기 때문에 서구의 진보주의를 추동한 합리주의적, 구성주의적 오만으로부터 이 질서들을 보호해야 한다고 보았다. 자발적 질서는 비의도적이며 예측 불가능하다는 두 가지 속성을 지닌다.[33] 개인은 자신들이 따르는 규칙의 이유를 모른다. 그 규칙들이 의식적인 의도가 아닌 그들 간의 관계에서 나온 것이기 때문이다. 그들은 그들의 이성이 아닌 전통에 복종할 수밖에 없다. "인간을 선하게 만드는 것은 자연도, 이성도 아닌 전통이다."[34] 여기서 전통은 우리의 생물학적 본성에 따른 원초적 본능을 억제하고 한 집단의 생존과 타 집단에 대한 우월성을 보장하는, 공유된 모든 품행 규칙으로 이해될 수 있다. 이 규칙들은 사회가 확대되고 노동 분업이 심화하면서 점점 더 추상적이고 비인격화되었으며, 개인이 인지하지 못하는 방식으로 부과되었다. 하이에크는 이 지점에서 뢰프케와 재회하는 것처럼 보인다. 하지만 뢰프케와 달리, 하이에크에게 과거의 작은 공동체들로 회귀하는 것은 있을 수 없는 일이다. 그는 '전통의 기초 위에서' 규범 체계가 진화하도록 해야 한다고 주장한다. 다른 모든 활동과 마찬가지로 전체 질서 형성에 기여할 때, 즉 규범 체계를 강화할 때만 혁신은 허락된다는 것이다.[35] 도덕 규칙과 경제 규칙이 시스템을 구성한다고 할 때, 유일하게 허락되는 변화는 제대로 기능하지 않거나 모순적인 규범을 '보수'함으로써 시스템을 강화하는 경우뿐이다. 시장 사회는 문화적 진화 속에서 스스로 수정되고 개선될 수 있다. 다만 느리고 부분적일 뿐이다. 어떤 경우에도 '혁명'이 하고자 하는 것처럼 '모든 것을 영점에서부터 다시 만들어 낼' 수는 없다. 혁신은 '사회 전체의 승인'을 받을 때만 정당성을 지닌다. 여기서 커다란 역설이 발생한다. 한 집단의 순응주의만이 주변의 혁신을 합법적으로 승인할 수 있다. 탈선한 소수자들은 더 이상 발 디딜 곳이 없게 되고 가치와 관습의 다원주의는 배제된다. 자유는 모든 이들의 순응주의 속에서만 행사될 수 있다. 이는 사실 별로 독창적인 생각도 아니다. 정념과 충동에 휘둘리면 자유로울 수 없다고 주장하는 반동적인 사유의 오래된 **토포스** (topos)다.

그러나 도덕적 가치를 더 이상 필요로 하지 않는 거대 조직 속에서 생활하고 노동하면서 욕구, 소비, 평등에 대한 원초적 충동이 깨어남에 따라 시장에 필요한 도덕적 이상은 점점 와해되었다. 하이에크가 보기에 이러한 삶과 노동 양식의 변화로 깨어난 사회주의는 원시 시대의 폐쇄적인 소집단으로 회귀하고자 하는 보수주의와 마찬가지로 '원초적 감정에 따른 회귀본능'에 불과하다.[36] 사회적이고 '반문화적인' 요구가 부상하며 문명 과정 전체가 위태로워지는 것이다. 이에 따라 하이에크는 개인에 대한 집단의 도덕적 통제가 충분히 효과적이지 못한 경우, 본능의 억제를 위해 외부의 힘의 개입이 필요하게 된다고 주장한다.

이제 우리는 원래의 문제로 돌아오게 되었다. 하이에크에 따르면 전통의 가치를 수호하기 위한 강제력은 혁신이 자유 사회의 규범 체계를 위협하는 경우에만 필요성과 정당성이 인정된다. 여기서 위협은 질투나 욕구와 같은 원초적 본능, 그리고 평등과 분배 정의라는 '회고적 이념'의 야만적 회귀를 가리킨다. 따라서 그는 무엇보다 두 가지 미신을 극복해야 한다고 보았다. 우선 노력과 능력을 물거품으로 만들고 개인을 무책임하게 만드는 사회주의자들의 평등주의다. 다음으로 자연적 충동에 대한 억제를 해방함으로써 문화를 파괴하는 정신분석학이다. 정신분석학은 자유방임 교육과 반문화◆를 낳음으로써 '테러리즘'을 부추겼다.[37] 그러니 '가장 심각한 문화 파괴자'인 마르크스와 프로이트는 맞서 싸워야 할 이 거대한 위협의 다른 이름이라 할 수 있다. 하이에크의 자유주의는 순수한 본능에서 비롯된, 다수의 눈에 외설적인 것으로 보이는 것에 대한 집단적 억압을 중요하게 여긴다. 이러한 입장은 하이에크의 주장과 다르게 단순히 문화적 선택을 '내버려 두는 것'도 아니고, '자발적인 순응주의'에만 기초하지도 않는다. 자유 사회의 '적'에 맞서기 위해, 평등주의와 방임의 일탈로부터 위계와 전통의 가치를 지키기 위해 항상적인 억압적 감시를 요청하게 된다. '시스템' 전체가 달린 문제이기 때문이다. 이 억압은 통상 국가의 몫이 아니다. 한편으로는 종교성에 침윤된 여론에 의해서, 다른 한편으로는 사회의 노모스(nomos)를 표현하고 사회적 상호관계가 요구하는 법 해석을 담당하는 판사에 의해서

◆ 1960년대 기존의 주류 이념, 제도, 생활방식 등에 도전한 대항문화(counter culutre)를 말한다. 당시 반문화는 부르주아의 허위의식(이데올로기)을 비판한 마르크스와 인간 본능의 억압 메커니즘을 밝힌 프로이트의 사상으로부터 큰 영향을 받았다.

이루어진다. 전통이 다수의 순응주의적 압력과 사회적 관계의 사법화에 의해 필요에 따라 서서히 변형되는 것이다. 그러나 절대적 필요성이 제기될 때는 국가가 제도와 가치의 수호를 위해 예외적으로 강제력을 행사할 수 있다. 하이에크는 친애하는 에드먼드 버크의 생각을 받아들인다. "사회는 개인의 의지와 정념을 제한하는 힘이 어딘가 존재해야만 존속할 수 있다. 그러한 제어가 내부에서 이루어지지 못한다면 외부에서 주어져야 한다."[38] 이런 의미에서 하이에크는 확실히 다른 보수주의자들보다 더 섬세한 보수주의자이다. 그는 주권의 문제에 부딪히지만, 그것을 회피하고자 했다.

따라서 도덕적, 종교적 전통 수호를 내세우며 오늘날 복음주의 교회와 극우파 운동 등이 취하는 공격적인 모습이 하이에크의 주장과는 매우 다르다고 본 웬디 브라운의 생각에 완전히 동의할 수 없다. 브라운은 '가족화를 통한 사유화' 과정이 '보호받는 개인적 영역'의 확장이라는 하이에크의 생각과 일치한다고 보았지만, 도덕적 전통의 정치화 및 복음주의 종파에 의한 신앙의 도구화가 하이에크의 사상과 동떨어져 있으며 심지어 그것을 왜곡한다고 보았다. 아마도 브라운은 하이에크가 진화를 방임한다고 한 것이, 필요하다면 힘을 동원해서라도 그 진화의 근본 조건을 보장하고 보호한다는 것을 전제한다는 사실을 충분히 고려하지 않은 듯하다. 하이에크에게 전통과 종교를 위해 정치적으로 싸우는 것은 자유주의에 대한 배신이 아니며, 사회의 조용한 진화를 보호하는 일이다. 그가 보기에 복지국가의 필연적 결과인 사회적 평등주의와 도덕적 방임을 도입하고자 하는 합리주의적, 구성주의적 위협을 가장 효과적으로 막을 수 있는 방패는 종교다. 하이에크가 이념 전쟁을 벌이고 있었다는 사실을 잊지 말자. 그리고 그는 그 전쟁에서 이기려면 문명의 진화를 찬양하는 것만으로는 충분하지 않으며, 유토피아를 제시해야 한다고 생각했다. 사람들의 영혼에서 사회주의라는 악마를 몰아낼 만큼 충분히 강력하기만 하다면, 그 유토피아의 본질이 종교적인지는 중요하지 않다. 이와 같이 하이에크는 '전통'의 수호를 주장할 때는 실로 반동적인 저자의 반열에 들어가지만, 다른 한편으로는 최대한 많은 개인을 싸움에 동원할 수 있는 유토피아를 선전하기도 했다. 이 유토피아는 다수의 도덕에 순응한다는 조건 아래 국가의 모든 간섭에서 벗어나 개인이 원하는 대로 행동할 수 있는 광범위한 자유를 향유하는 사회로, 건강, 교육, 문화, 연금까지, 자유의 영역이 엄청나게 확대된 곳이다. 다만 일반적인 합의가 이루어지지 않을 경우 강제권을 행사할 수밖에 없는, 국가가 강력하게 개입하고 있는 사회다.

서구 문명의
무월성에 대하여

결국 신자유주의의 창시자들은 모두, 그들이 시장 및 사적 소유와 함께 서구 문명의 핵심이라고 본 전통적 도덕의 수호자였다고 말할 수 있을 것 같다. 리프먼은 자신의 적응주의 이론에도 불구하고 '자유의 운명'을 '서구 세계의 전통, 종교, 과학, 법, 국가, 재산, 가족, 도덕, 인간 개념'의 수호와 연결 지있다.[40] 중요한 건 리프먼과 하이에크는 단순히 수구주의자로서 전통적 도덕을 지키고자 한 것이 아니라 새로운 경제 질서 혹은 자발적 진화의 결과에 적응하기 위한 조건으로서 전통적 도덕을 바라보았다는 점이다. 전통적 도덕을 근본주의적인 원칙으로 성당화하기보다는 그것에 규범적 기능을 부여하려 한 것이다. 교조적 신자유주의 역시 더 일반적인 관점에서 보면 서구 문명을 도착점으로 삼는 진화주의라 할 수 있다. 그러므로 신자유주의자들은 도덕적 전통, 사회학적 틀, 시장 규칙, 법치국가 등을 수정하기 위해서는 매우 신중해야 한다고 주장한다. 그들에게 문명은 가치와 속성의 고정된 총체로 이해되기보다는 전통에 기초한 행동 발달의 객관적인 운동으로 이해된다. 이러한 논리는 문명화된 진화와 **야만적인 퇴보**를 대립시키며, 전통과 단절한 문화적 실천을 발명해낸 이들에 대해 강제적 수단을 사용하는 것을 정당화한다. 우리는 신자유주의적 진화주의의 관점에서는 모든 종류의 집산주의와 평등주의를 야만적이고 부족적인 사회로의 퇴행으로 바라본다는 사실을 잊지 말아야 한다. 하이에크가 1960~1970년대 반문화 운동가들을 가리켜 문명을 위험에 빠뜨리는 '길들여지지 않은 야만인'[41]이라고 부른 것도 이런 의미에서다.

이처럼 서구 문명을 위험에 빠뜨리는 모든 것으로부터 서구 문명을 수호함을 목적으로 자유주의를 재정립해야 한다는 생각은 신자유주의 사상의 지도적 원리였다. 이 원리는 1938년 리프먼 학술대회 개회식과 1947년 몽펠르랭 협회의 '목표'를 소개하는 문서에도 언급되었다. '서구 문명'에 대한 이 찬양의 표현은 정확히 무엇을 의미하는 것일까? 하이에크식으로 말하자면, 연대나 이타심 등 원초적 본능으로 다스려지는 부족사회인 '닫힌 사회'보다 '자발적 진화'에서 비롯된 '확장된 질서'를 따르는 '열린 사회'가 더 우월하다는 것이다. 하이에크는 열린 사회를 만드는 '확장된 질서'가 개념상 얼마간 혼동의 여지는 있지만, '자본주의'라는 이름으로 널리 알려져 있다고 이야기한다. 따라서 모든 신자유주의 이론가들이 '서구 문명'이라고 총칭하는 것은 서구의 단일하거나 연속적이지 않은 계통 속 일부 지역에 자리 잡은 특정한 형태의 문화이다. 이 계통의 위대한 선조는 그리스-로마 사회와 르네상스 시대의 이탈리아 도시들에서 찾을 수 있으며, 자유주의와 산업 발전 속에서 최상의 표현에 도달하게 되었다. 이런 의미에서 서구 문명을 수호한다는 것은 중국, 아프리카, 라틴 아메리카 등 하이에크가 생활양식이나 행동 방식이 '열등'하고 '원시적'이고 '야만적'이라고 평가한 다른 문명보다 우월하다고 간주된 서구 문명을 지키는 것을 의미한다. 서구 문명의 우월함에 대한 주장은 비서구 문명의 가치, 더 정확히는 비서구 문명의 가치 부재에 대한 경멸적인 평가와 불가분 연결되어 있다.

이러한 주장의 아마도 가장 노골적인 '인종적' 버전은 미제스의 마지막 저서 『과학이론과 역사학』에 담겨 있다. 예전 시대에는 한 인종의 업적이 다른 인종의 업적보다 우월한지를 판별하는 것이 불가능했지만, "우리 시대에는 그것이 가능해졌다. 비코카서스인(비백인)들은 백인을 싫어하고 경멸할 수 있고, 백인을 없애려고 음모를 꾸밀 수도 있다. 그들은 또한 괴상한 방식으로 자신들의 문명에 대한 찬가를 부를 수도 있다. 그러나 그들은 서구가 실현한 것들, 서구의 과학, 기술, 의학, 행정, 산업 경영 등을 동경한다. (…) 서구 문명에 대해 사람들이 뭐라 하든, 모든 민족은 서구가 실현한 것을 부러운 눈길로 바라보며, 그것을 재현하고 싶어 함으로써 암암리에 서구의 우월함을 인정한다."[42] 미제스는 이러한 '역사에 대한 인종적 해석'을 전개하면서도, 자신은 모든 종류의 '인종주의'와 거리가 멀다고 주장한다. 그는 '코카서스 인종'이 '비코카서스 인종'에 비해 우월하다는 생명과학적 증거는 '아직까지' 없으며, '근대 문명은 백인이 실현한 것이라는 주장'은 '역사적 경험에 의한 것'이라고 이야기한다. 그러면서도 이것이 "백인의 인종적 자만심이나 인종주의의 정치적 독트린을 정당화하지는 못한다"[43]라고 이야기한다. 상당히 애매한 그의 입장은 '근대 문명'이 실현한 결과물의 우월성을 주장한다는 점에서 **사실상**(법적으로는 아닌) 인종주의로 정의할 수 있을 것이다. 이처럼 미제스는 1927년 자신의 저서 『자유주의』에서 이미 펼친 주장을 재확인한다. 그는 노예제와 자유주의 원칙이 대립하는 근본적인 이유가 자유로운 노동이 노예 노동보다 비교할 수 없을 만큼 더 생산적이기 때문이라는 단순화된 설명을 제시하는 과정에서, 사실상 노예제도의 폭력성을 부정했다. 심지어 "일반적으로 (…) 주인들이 노예를 다루는 방식은 인간적이고 부드러웠다"[44]라고 주장하기까지 했다. 마찬가지로 식민주의의 잔혹함을 비판하면서도

자유주의 정치가 식민지에서 취해야 할 정책의 형태에 대해서는 신식민주의자로 볼 수밖에 없는 답변을 내놓는다.

> 식민지 영토들의 국제 무역 참여를 보장하는 법적, 정치적 조건을 유지하기 위해 유럽의 공무원, 군대, 경찰이 그 지역에 머물러야 한다. 식민지 내에서 상업, 산업, 농업 활동을 할 수 있어야 하고 광산을 개발하고, 현지 산물을 철도나 뱃길을 통해 항구까지 운송한 후 유럽과 미국으로 보낼 수 있어야 한다. 이 모든 것이 가능할 경우 유럽, 미국, 오스트레일리아 주민만 이득을 보는 것이 아니라 아시아와 아프리카 원주민도 이득을 보게 된다. 식민지 강국이 식민지를 대우하는 방식이 너무 멀리까지 가지 않는 한 우리는 자유주의적 시각에서도 그들의 활동에 반대할 수 없다.[45]

다른 신자유주의 이론가들 역시 식민주의를 지지하는 데 전혀 주저함이 없었으며, 1950~1960년대의 민족 해방을 공산주의와 마찬가지로 서구 지배에 대한 커다란 위협으로 간주했다. 모든 신자유주의자가 식민주의 지지자는 아니었지만, 뢰스토프 같은 반식민주의자는 오랫동안 고립되었다. 한편 식민지 은행의 관리자 출신이자 몽펠르랭 협회의 주요 회원이었던 에드몽 지스카르 데스탱은 이러한 서구의 지배를 열렬히 외친 이 중 하나였다. 그는 "식민 지배를 통해 문명이 발전한 것은 명백하므로 부인할 수 없다"[46]라고 역설했다. 어떤 이들은 미개발을 원주민의 게으름

탓으로 돌리는 진부한 인종차별적 표현을 사용하기도 한다. 가령 루지에는 아랍의 숙명론, 아시아의 해탈, 전논리적인 마법적 사고방식 등 모든 종류의 고정관념을 동원한다.[47] 뢰프케는 남아프리카 공화국의 아파르트헤이트 지지 활동에 매우 열성적으로 참여했으며, 한 콘퍼런스에서 '남아공 백인들의 놀라운 자질'을 찬양하기도 했다.[48] 또한 사회복지의 병적인 논리를 전 세계로 확대하는 것에 불과한 '공공 개발 원조'보다 식민화, 직접 투자, 시장 개방이 훨씬 낫다고 주장했다. 그는 백인 패권주의에 대한 죄책감 속에서 '식인종에 대한 서구의 마조히즘'을 퍼뜨리는 모든 서구인, 특히 미국인들을 신랄하게 공격한다.[49] 이를 통해 우리는 교조적 신자유주의의 진화주의가 얼마나 극단적인 인종주의로 빠질 수 있는지 알 수 있다.

7장

글로벌리즘과 내셔널리즘의 가짜 대안

우리는 신자유주의 정부의 시작을 피노체트의 칠레, 대처의 영국, 레이건의 미국과 자주 연결시킨다. 그런데 신자유주의자들이 사회주의자라는 적을 무력화시키기 위해 국민국가에서의 권력 쟁취라는 방식만을 추구한 것은 아니다. 새로운 세계 경제 질서를 조직하는 건 1930~1940년대 신자유주의의 주요 의제 중 하나였다. 목표는 언제나 사회주의적 계획경제와 부상 중인 사회 국가를 저지하는 것이었다. 더 정확히 말해 '경제적 국민주의', 즉 사회적 연대, 그리고 산업 발전과 농업에서의 자립을 요구함에 따라 자국 경제를 보호하는 국가적 경향이 적으로 지목되었다. 이처럼 자립을 추구하는 국민주의는 세계 경제의 '해체'[1]를 불러올 위험이 있기 때문이다. 신자유주의자들에게 세계 경제란 초국적으로 제도화된, 조절에 기초한 상호의존적 총체였다. 그들은 제1차 세계대전 이후에 시작되었고 제2차 세계대전 후 탈식민화로 지속된 20세기의 국민국가 증가 경향에 적응할 필요가 있었다. 그러나 국가의 정치적 현실을 인정하는 것이 국가의 완전한 경제적 자립을 용인하는 걸 의미하는 것은 아니었다. 이러한 세계 경제에 대한 해석 방식은 '이중의 세계 통치'[2]라는 개념에 기초한다. 이중의 세계 통치란 한편에 인간에 대한 통치로서의 정치(imperium)와 다른 한편에 사물과 재산에 대한 관리로서의 경제

(dominium)로 구분하는 것을 말한다. 이 구분에 따르면 국민국가는 인간에 대한 통치, 즉 정치에 대해서는 책임을 지지만, 경제는 국제 분업과 자유경쟁으로 규범화된 세계 경제 질서에 맡겨야 한다.[3]

그런데 무역 또는 금융의 규칙, 기술, 보건, 사회 규범이 경쟁의 자유를 제한하거나 산업을 제약하거나 경쟁력을 약화시킬 때 국민주의(내셔널리즘)에 부여된 가치는 달라진다. 국민주의는 국내 기업들에 피해를 입히는 탈선한 세계 질서 규범에 대항하는 역할을 부여받는다. 이러한 국민주의는 라틴 아메리카의 개발주의나, 다수의 신흥독립국을 일정 부분 사회주의화한 제3세계주의와는 전혀 관계가 없다. 공동의 규칙이 자유의 도그마를 침해할 때 그것을 넘어서고자 하는 강대국들의 국민주의다. 여기에 신자유주의 역사 전체를 관통하는 근본적인 정치적 딜레마가 발생한다. '자유경쟁 사회'는 각 역사적 순간 국가의 이해와 힘에 따라서 글로벌리즘의 방식으로 추구될 수도 있고 내셔널리즘의 방식으로 추구될 수도 있다는 것이다. 이런 관점에서 보면, 트럼프의 보호무역주의와 영국의 브렉시트는 일부 사람들이 생각하는 것과 달리 완전히 새로운 것은 아니다.

경제적 연대에 대항한 글로벌 경제의 무기

1935년부터 제네바대학 국제고등연구소에서 윌리엄 래퍼드의 초대로 교류한 로빈스, 하이에크, 미제스, 하벌러, 마이클 헤일페린, 뢰프케는 상호의존적인 글로벌 경제의 공동의 틀 구축을 초국적 정부가 맡는 국제 연맹을 구상했다. 이를 통해 각국이 국내의 경제적 이익을 결속하는 수단을 박탈하고자 한 것이다. 1937년, 로빈스는 자유경쟁과 자본의 완전한 이동성에 기초한 '세계 자유주의 연맹'을 구상했고, 산업과 농업 분야에서 계획경제와 보호주의 정책 실행을 막는 게 목적이었다.[4] 하이에크는 1939년 각 국가가 일국 차원에서 '이익의 연대'를 도모하는 것을 막는 수단으로 '국가 간 연방제'를 구상했고, 미제스는 세계 경제를 관리하는 초국적 정부가 '각국의 주권적 권리'를 제한하기 위해 그 규모에 맞는 경찰력을 보유해야 한다고 주장했다. "부채, 통화 시스템, 조세 등을 비롯한 중요한 문제들은 국제재판소에서 관리되어야 한다. 국제 경찰력 없이 이러한 계획은 실현될 수 없다. 채무자가 빚을 변제하도록 하기 위해서는 경찰력이 동원되어야 한다."[5]

이 모든 제안은 '경쟁적 연방제' 시스템으로 귀결된다. 제임스 뷰캐넌이 훗날 그의 '포스트 사회주의 정치경제학'의 핵심 요소로 삼은 것이기도 하다.[6] 이 경제학은 자본 투자 '유치'를 위한 최상의 조건을 제공하기 위해 복지 시스템을 경쟁적으로 축소해야 한다는 주장을 담고 있다. 뢰프케는 1942년, 새로운 '국제 경제 질서'가 공격해야 할 대상을 전략적으로 지칭하기 위해 전쟁 용어를 사용한다. "뉴딜이라는 요새를 먼저 함락하고, '적자 예산'과 '완전고용'을 주장하는 '낡은 경제학'을 몰아내고, 거대 이익집단들, 특히 농민과 노동자 조합의 엄청난 권력 남용을 저지한 후에만 미국 보호주의 정치의 요새를 함락할 수 있을 것이다."[7]

신자유주의자들이 세우고자 한 국제 경제 질서는 특수 이익을 추구하는 다양한 사회 집단들이 마치 '전리품'처럼 약탈을 자행하는, '총체적 국가'에 의한 경제의 정치화를 종식하는 것이었다. 뢰프케는 '경제적 국민주의'가 정치적 지배(imperium)와 경제적 경영(dominium)을 혼동한다고 비판하면서 이상적인 '자유주의 세계'에서는 이 두 영역, 즉 국경으로 둘러싸인 국가와 국경 없는 경제가 엄격히 분리되어야 한다고 주장했다. 한편 카를 슈미트는 1950년 출판한 『대지의 노모스』에서 19세기에 세계가 도미니움(dominium)의 영역과 일치하는 국경 없는 글로벌 경제와, 임페리움(imperium)의 영역에 한정된 국민국가의 주권, 둘로 분리되었다고 분석한다.[8] 그러면서 강대국에 의해 지배되는 여러 지역에서 주권의 '실체가 비워졌다'는 사실을 지적했다. 슈미트의 열광적인 독자 뢰프케는 이러한 공공 영역과 사적 영역의 엄격한 분리야말로 세계 자유주의 경제 질서 실현의 목표라고 설명한다. 또한 이제 글로벌 경제를 조직하는 건 더 이상 초국적 연방 정부의 몫이 아니며, 각 국민국가가 국제 경제 질서의 공적 권리와 사적 소유의 유익한 분리를 '경제 헌법'을 통해 제도화해야 한다고 주장했다.[9] 이처럼 신자유주의자들은 1930년대부터 국제 경제 질서의 실현이 자본주의의 자연스러운 발전의 결과가 아니며, 국가 경제가 경쟁적 세계 경제에 완전히 통합되는 것을 막는 케인스주의적 수단을 해체하는, 고도로 정치적인 임무라고 보았다. 1939년, 마이클 헤일페린은 정치적 경계선이 경계 양편에 위치한 지역 간의 경제적 관계를 방해하지 못하도록 하는 정치적 행동으로서 '경제적 국제주의'를 구상했다.[10] 국제상공회의소(ICC)를 중심으로 국제 사업가들과 긴밀한 관계를 유지했던 신자유주의자들은 이후로도 여러 국제기구 내에서 세계화에 대한 그들의 관점을 관철하기 위해 끊임없는 활동을 전개했다.

국제사법(國際私法)을 위한
자본의 투쟁

1944년 브레턴우즈 협정에 따라 국제통화기금(IMF)과 세계은행이 설립되고 1947년 관세 및 무역에 관한 일반 협정(GATT)이 체결되던 때까지, 국제 경제 질서는 신자유주의적 관점의 일부만을 반영하고 있었다. 브레턴우즈 체제는 여전히 국가가 복지국가 구축과 완전고용을 목표로 경제정책을 수립하는 것을 허용했다. 하이에크가 '신자유주의 운동'의 시발점이라고 부른 1947년 몽펠르랭 협회가 내세운 목표는 "평화와 자유를 수호하는 국제 질서를 창조함으로써 조화로운 국제 경제 관계를 수립하자"[11]라는 다짐으로 끝을 맺는다. 국제 화합과 평화를 얻기 위해서는 뢰프케가 당시 '미치광이 민주주의(rabies democratica)'라고 부른 것에 대항하여 여러 전선에서 싸움을 벌여나갈 필요가 있었다. 가령 인권과 제3세계 발전과 관련하여 새로운 국제연합(UN)이 채택한 규정(특히 1국 1표 원칙)은 경제적 자유에 심각한 위협이 되었다. 위험을 감지한 몽펠르랭 협회 회원이자 당시 국제연합 경제사회이사회(ECOSOC)의 일원이었던 마이클 헤일페린은 브레턴우즈 체제의 보완 장치로 추진 중이던 국제무역기구(ITO)의 설립 계획을 철회시키기 위해 국제상공회의소를 중심으로 활발한 활동을 펼쳤다. 각국에 한 표씩의 권리를 부여하는 ITO가 설립될 경우 제3세계 국가들은 자국의 신흥 산업을 보호하고 국가 발전과 완전고용 목표를 추구하기 위해 자유무역의 교리를 거부하고 외국과의 경쟁을 기피하게 될 터였기 때문이다.

또 다른 몽펠르랭 협회 회원 필립 코트니 역시 브레턴우즈 체제 속 자본 통제에 반대하는 데 중요한 역할을 수행했다. 그는 국제연합의 세계인권선언에 완전고용 목표를 구체적으로 명시하는 것에 반대하면서 자본의 이동성을 인권의 하나로 보아야 한다고까지 주장했다. 인권과 국제법 내 사회민주주의적 관점은 이런 식으로 자본 보호를 위한 국제법에 의해 침식당했다.[12]

신자유주의자들은 신흥국에서 진행되던 외국인 소유의 산업과 토지의 수용 과정에도 우려를 표했다. 1952년 유엔 총회는 "국민이 자신들의 자원과 자연적 부를 자유롭게 사용하고 개발할 권리는 그들의 주권에 내재한다"라고 선언했다. 역시 몽펠르랭 협회 회원이자 독일 총리를 지낸 루트비히 에르하르트는 해외 자산에 대한 사유재산권 침해 문제를 매우 염려했다. 독일 해외투자 권리 보호 협회는 '외국인 투자자에 대한 공정한 대우 규정(Code of Fair Treatment for foreign Investors)'을 발표했다. 이 문서의 첫 번째 버전은 헤일페린이 1947년 국제상공회의소를 위해 작성한 것으로서, 자산에 대한 해외 투자자의 권리가 해당 국가 국민의 집단 소유권에 앞선다는 원칙을 담고 있었다.[13] 협회는 또한 '해외 사유재산권 상호 보호를 위한 국제 협약(International Convention for the Mutual Protection of Private Property Rights in Foreign Countries)'을 내놓았다. 협회 의장 헤르만 요제프 압스는 제2차 세계대전 당시 유대인 재산 압류 과정에서 중요한 역할을 수행한 인물로, 국제법 관련 기관을 찾아가 자신의 '자본주의 대헌장'을 제안하고 투자자 권리 침해를 다루는 독립된 국제 중재 법원 설립을 주장하는 등, '자본의 안전' 문제에 관해 대화를 나누곤 했다.[14] 압스가 제안한 국제 협약은 실현되지 못했지만, 1959년 독일과 파키스탄 간 최초의 양자 투자 조약(투자 촉진과 보호를 위한 독일-파키스탄 간 조약)에 그 내용이 반영되었다. 이 조약은 1961년 루트비히 에르하르트에 의해 비준되었다. 오늘날 이와 비슷한 종류의 협약이 2천여 개에 달하며, 자유무역 협정에도 자주 반영된다.

이처럼 신자유주의자들은 국제 경제 관련 조직에 민주주의적 원칙을 도입하려는 시도를 저지하면서 "국가의 공적 세계와 소유의 사적 세계를 분리하는 경제 헌법"[15]으로서 자본 소유를 보호하는 '국제사법(國際私法)'을 만들어내는 데 성공했다.

유럽 경제 헌법
혹은 명령권

신자유주의적 국제 경제 질서를 구축하기 위한 싸움에서 유럽 문제는 결정적인 역할을 했다. 1947년 몽펠르랭 협회의 첫 회합에서는 '유럽 연방의 문제와 기회'라는 주제에 하루 전체가 할애되었다. 그러나 이 주제를 둘러싸고 신자유주의자들은 금세 의견이 갈렸으며, 두 편으로 나뉘었다. '보편주의적 신자유주의자'들은 유럽 통합에 반대했으며, '입헌주의적 신자유주의자'[16]들은 반대로 유럽 통합을 '경제 헌법'[17]을 제정할 기회로 보았다. 뢰프케와 같은 보편주의자들은 영미 관계를 세계 경제의 중심축으로 여겼으며, 1952년 유럽석탄철강공동체(ECSC) 설립 등 1950년대 초 추진된 유럽 통합 계획이 GATT 등의 협정이 보장하는 자유주의적 국제 경제 질서를 분열시키는 보호주의 블록을 형성하는 것으로 보았다. 1957년 유럽 강대국들이 비유럽 국가들과는 차별을 두어 자신들의 식민지에 대한 무역 장벽을 제거하는 로마 조약을 체결하고, 1962년 상당히 보호무역주의적인 공동농업정책(CAP)을 채택하자 프랑스의 국가 주도 경제에 종속된 '유럽의 요새'가 글로벌 경제를 해체할 것이라는 우려가 더욱 커졌다.

한편 로마 조약 협상과 적용의 과정에서 중요한 역할을 한 독일 질서자유주의자들은 경쟁 개방 시장을 틀 짓는 경제 헌법의 대안적 형태를 유럽 통합에 제안했다. 에르하르트는 뮐러-아르막과 함께 자신이 이끌던 경제부에서 '왜곡되지 않은 경쟁'에 기초한 경제 통합 모델을 고안했다. 같은 곳에서 법학자 한스 폰 데어 그뢰벤은 '경쟁적 공동 시장' 개념을 정초했다. 폰 데어 그뢰벤은 로마 조약 협상의 기초가 된 1956년 스팍 보고서(Spaak Report)의 저자 중 한 명이었으며, 뮐러-아르막 역시 공동시장 협상 위원회 의장을 역임한다. 1957년, 조약의 적용을 위한 협정이나 세부 규칙이 마련되지 않은 채 로마 조약이 조인되었다. 이후 폰 데어 그뢰벤은 경쟁 정책 실무 책임자로서 조약의 실현 과정을 감독하는 책임을 맡았고, 1961~1967년 경쟁 위원회 의장을 역임한다. 그는 프란츠 뵘의 제자 에른스트-요아킴 메스트매커 등이 포함된 팀을 구성했고, 그들은 1960년대 하이에크의 이론과 독일 질서자유주의 이론을 종합하는 작업을 진행했다.

1963년 하이에크는 도르트문트 상공회의소에서 한 연설에서 처음으로 일반 입법을 담당하는 의회(télothètes)와 사법의 공동 규칙을 담당하는 의회(nomothètes)로 구성된 양원제 구상을 제안한다.[18] 그는 "각국의 정부가 현실적인 목표를 추구하는 동시에 지도자의 독단으로부터 시민을 보호하는 공통 규칙을 따르는 초국적 질서의 점진적인 형성"[19]을 추구하는 이 계획이 일국을 넘어 전 세계를 대상으로 한다고 밝혔다. 이 계획에서 영감을 받은 폰 데어 그뢰벤은 유럽 조약이 개인의 경제적 자유를 보장하고 각국 정부의 보호주의적 혹은 분배주의적 정책을 금지하는 초국적 헌법이 될 수 있음을 이해했다. 유럽경제공동체 규정 제17조는 유럽공동체재판소(CJEC)에 경쟁에 대한 권리를 침해할 경우 벌금과 제재를 가할 수 있는 무제한의 권한을 부여한다.[20]

메스트매커에게는 폰 데어 그뢰벤이 이끈 실무 그룹의 목표가 너무도 분명해 보였다. 그것은 바로 "유럽경제공동체의 유럽 헌법에 생명을 부여하는 일"[21]이라는 목표였다. 메스트메커는 정치적 결정의 결과로서 경제 질서가 성립한다고 보았다. 이는 하이에크보다 뵘의 생각을 따른 것이다. 뵘은 '질서의 이념은 가장 작은 세부 사항까지 전체를 조명하는 통일성'이라고 주장하며, 군사 용어까지 동원한다. "이 이념은 다음과 같은 문장에 기초한다. 모든 것은 나의 명령권 아래 있다!"[22] 메스트매커는 유럽경제공동체 내에서 조약에 명시된 대로 관습법이 정치적 결정을 대체할 수 있다는 것을 이해했다. 유럽은 각국의 다양한 법보다 우위에 있는 공통의 사법 규칙 적용을 보장하는 사법재판소와 함께 초국적인 법적 질서가 되어가고 있었다. 민주주의 정부의 행위와 국가의 공법(公法)을 헌법에 의해 보장되는 사법(私法)이라는 일반 규칙에 종속시키기를 꿈꿨던 하이에크의 '법치주의'는 '유럽의 조약들' 속에서 실현되었다. 그 후 1970~1980년대 GATT 개혁과 1995년 세계무역기구(WTO) 창설로 글로벌 경제 차원에서 다층적인 경제적 거버넌스가 가능하게 되었다. 이상의 과정을 통해 우리는 신자유주의적 세계화가 자본주의의 자연적 진화에 의한 것이 아니라 초국적 법을 무기로 시장경제에 대립하는 모든 국가 정책을 저지하려는 결연한 의지의 결과였다는 사실을 알 수 있다.

좌파의 신자유주의적
글로벌리즘

이른바 '집권' 좌파는 유럽과 세계의 새로운 질서에 반대하지 않았고, 1980년대에는 적극적으로 그것을 수용한다. 1981~1984년 프랑스 재무부 장관 자크 들로르는 케인스주의에 바탕을 둔 부양 정책을 포기하고, 자신이 속한 사회당이 통화 및 재정 분야에서 긴축 정책 쪽으로 돌아서도록 하는 데 앞장섰다. 들로르의 입장에서 이는 비통한 심정으로 어쩔 수 없이 전자를 버리고 후자를 택한 것이 아니라 좌파 내부에서 오랫동안 힘겨운 싸움을 벌인 끝에 승리를 쟁취한 것이라고 볼 수 있다.[23] 1985~1995년 유럽 집행위원회 위원장으로서 들로르는 그때까지 프랑스의 국가 주도 경제와 대립적인 관계였던 독일 질서자유주의의 입장을 채택하는 데 중심적인 역할을 했다. 들로르의 유럽 집행위원회는 1985년 6월 펴낸 「내부 시장의 완성(L'achèvement du marché intérieur)」이라는 백서에서 "보호주의 국가의 지원 혹은 기업의 불공정 행위로 인해 내부 시장이 분할되는" 것을 막기 위해 "기업과 회원국이 경쟁 규칙을 준수하도록 집행위원회의 통제를 강화해야 한다"라고 권고한다.[24] 프랑스 정부의 지지를 받던 들로르의 집행위원회는 당시까지 공동시장 내에서 매우 제한적이었던 자본의 이동성을 극대화하기 위해 노력했다. 그 결과로 1988년 모든 회원국 사이에 자본 이동의 완전한 자유를 의무화한 지침이 발표되었다. 독일 지도자들이 오래전부터 지지했던 이 방침은 유

럽경제통화동맹(EMU)을 향한 결정적 한 걸음이었다.[25]

들로르의 '유럽 사회 모델'은 뮐러-아르막이 창안하고 질서자유주의자들이 선전하는, 사회복지를 경쟁적 경제 질서의 파생 효과로 보는 '사회적 시장경제' 개념과 완벽하게 일치했다. 1995년 들로르는 전형적인 신자유주의 개념을 사용하여 통합 유럽 모델을 정의한다. "유럽 모델은 우선 시장의 역할에 기초한 사회 경제 시스템이다. 세계의 어떤 컴퓨터도 시장보다 더 정보를 잘 처리할 수 없기 때문이다."[26] '사회적 시장경제'라는 표현은 유럽연합 조약에 명시되었고, 2세대 좌파 미셸 로카르와 프랑스 민주노동연맹(CFDT), 리오넬 조스팽을 거쳐 프랑수아 올랑드에 이르기까지, 사회당 지도자들이 되뇌는 주문이 되었다. 2008년부터는 사회당 강령 선언문에 '사회적, 생태적 시장경제'[27]라는 표현으로 삽입되었다. 프랑수아 미테랑 정부에서 고위직을 지낸 앙리 샤브랑스키(1982~1994년 경제협력개발기구(OECD) 자본 이동 및 경상 무역 외거래 위원회(CMIT) 위원장), 미셸 캉드쉬(1987~2000년 IMF 총재)[28], 파스칼 라미(2005~2013년 WTO 사무총장) 등은 자본 흐름의 완전한 자유화 개념을 실현하는 데 결정적 역할을 수행했다.[29]

1980년대 전반부터 이러한 '좌파 자유주의'[30]에 대한 선호는 '낡은 좌파'와 '후진적 노동조합'[31]을 극복할 사회민주주의적 현대성의 도래인 것처럼 소개되었다. 좌파 세력의 신자유주의 수용은 1980년대 초부터 여러 나라에서 진행되었다. 미국 민주당, 독일 사민당, 영국 노동당, 스웨덴 민주당과 같은 기성 사민주의 정당들은 케인스주의에 대한 비판이 고조되자 '시장'을 더 이상 규제

해야 할 적대적 힘이 아닌, 성장을 촉진하기 위해 조직해야 할 힘으로 바라보는 새로운 경제 전문가에게로 시선을 돌렸다.[32] 그 결과 사회적 재분배 프로그램과 조직된 노동계의 이익에 부합하는 모든 경제적 행위가 중단되었다. 좌파의 선거 마케팅과 '문화적 가치'의 강조는 사회적 권리의 진보를 위한 모든 실질적인 정치를 망각의 어둠 속으로 밀어 넣어버렸다.[33] 빌 클린턴, 토니 블레어, 게르하르트 슈뢰더로 대표되고 이후 10년간 호세 루이스 자파테로, 프랑수아 올랑드 등으로 이어진 '제3의 길'은 1990년대 좌파의 독특한 신자유주의적 글로벌리즘의 정치적 표현이었다.

1994년 영국 노동당 당수가 된 토니 블레어는 1917년 비어트리스 웹과 시드니 웹이 작성한 당 강령 4조, 즉 '생산, 분배, 교환 수단의 공동 소유' 목표를 명시한 내용을 수정한다. 블레어는 이를 '국가가 필요로 하는 부를 생산하기 위해 시장의 기업 정신과 엄격한 경쟁이 파트너십과 협력의 힘에 연결됨으로써 공공 이익에 기여하는 역동적인 경제'라는 목표로 대체했다. 이러한 경제정책의 일환으로 블레어는 자유무역협정과 신자유주의적 세계화를 위해 투신한다.[34] 앤서니 기든스의 표현을 빌리자면, 세계를 향해 경제적·문화적으로 열린 '코스모폴리탄 국가'[35]를 만드는 것이 목적이었다. 마스트리히트 조약의 규준들을 적용한 유럽연합은 물론 제3의 길을 추구한 정부들 역시 신자유주의적 세계화라는 개념을 임금 억제 정책, 긴축재정, 사회적 권리 축소를 위해 사용했으며 그들의 행보는 때때로 우파 정부보다 거침없었다. 미국의 클린턴은 금융 시스템 규제 완화를 추진하고 북미자유무역협정(NAFTA)을 체결했다. 이로 인해 탈산업화가 진행되었고 미국 노동자들, 특히 제조업 분야 노동자들의 여건이 악화되었다.[36] 이러한 노선으로 인해 집권 좌파는 기층 민중으로부터 전통적으로 받아온 지지를 잃는, 중대한 정치적 결과를 마주한다. 이와 대칭적으로 갈수록 더 우경화하는 신자유주의 우파들에게 힘을 실어주게 되었다.

경쟁주의적 국민주의

2010년대 초반부터, 2016년에는 특히 두드러지게 권위주의적이면서 도덕 측면에서는 자유지상주의적인, 국가주의적이면서 때로는 인종주의적인 신자유주의가 전면에 부상하기 시작했다. 2020년 11월 트럼프가 낙선하기 전까지 유럽과 북미, 남미 등지에서 그들은 승승장구했다. 1980년대 등장하여 1990년대 발전한 글로벌리즘 신자유주의라는 선례를 통해 현상을 설명해 볼 수 있을 것이다. 좌파는 글로벌리즘에 동조하고, 세계화한 '엘리트'로 편입하며 인민 계급의 분노를 키웠다. 우리는 다음 장에서 어떻게 정치적 싸움이 가치의 영역으로 옮겨갔는지를 살펴볼 것이다. 그전에 유럽을 포함한 세계의 우파 중 상당수가 어떻게 신자유주의를 고수하면서도 민족주의자가 되었는지에 대해 설명할 필요가 있다.

신자유주의자들을 구분하는 다양한 전략을 검토하기 위해서는 정당들 간 차별화를 추동하는 정치적 대립의 전술적 게임을 고려해야 한다. 브렉시트나 트럼프의 집권은 보수주의 우파의 일부 분파가 포기하지 않고 견지한 신자유주의적 길 중 하나가 구현된 것이다. 신자유주의적 국민주의를 명확히 드러내는 그들은 이번에도 대처에게 빚지고 있다.

1988년 9월 20일 브뤼헤에서 열린 유럽이사회에서 대처는 반유럽적 신자유주의를 본격화하는 중요한 연설을 하며 다음과 같은 유명한 말을 남겼다. "새로운 지배권을 행사하는 브뤼셀의 슈퍼 국가는 유럽에서 영국의 국경을 뒤로 밀어내는 데 아직 성공하지 못했다."[37] 대처는 암묵적으로 유럽 집행위원회를 이끄는 프랑스 사회주의자 들로르를 겨냥하면서, '자유무역', '자유기업', '개방 시장'의 이름으로 브뤼셀 엘리트들의 '보호무역주의'와 '관료주의'를 비난했다. 몇 주 후 영국 보수당에서 진행한 강연에서 대처는 브뤼셀에서 한 연설은 결정적인 선택을 내려야 함을 분명히 밝힌 것이라고 설명했다. "기업에 최대한의 자유를 부여하는 유럽과 중앙 집중화된 통제와 사회주의적 규제에 기초한 유럽 중 하나를 선택해야 한다."[38] 자서전에서도 술회했듯이 대처는 무엇보다 '국가'의 이름으로 '기업을 위한 유럽'과 '최소한의 규제만 적용되는 유럽 시장'을 옹호했다. 그는 "국가 주권과 무역의 자유, 자유 기업의 깃발을 흔들며 싸워나가는 것 외엔 (…) 다른 선택의 여지가 없었다"[39]라고 회고한다. 대처의 연설 후 몇 개월이 지난 뒤 앨런 스케드, 나이절 패라지 등 보수당 내 유럽 회의주의자들이 모여 브뤼헤 그룹을 결성했다. 이것이 바로 브렉시트의 시초다.[40]

대처는 자유무역 보편주의를 유럽의 약탈적 관료주의가 이끄는 '인공적인 거대 국가'에 대립시킴으로써 전략적 차원에서 급진적 단절을 시도하였다. 그가 원한 건 대대적인 전환이었다. 그에 따르면 국가는 민주주의적 논리에 의해 언제라도 위험에 빠질 수 있으며, 더 이상 관세장벽, 경제계획, 조세를 통한 재분배를 이뤄내는 곳이 아니다. 국가는 새로운 규제 위주의 글로벌리즘과 사회주의화하는 관료주의적 유럽에 대항하는 방벽이 되어야 한다. 또한, 국가는 경제적 경쟁력을 확보하기 위한 전쟁을 수행하는 전투부대로, 다자간 의무나 '브뤼셀'이 강요하는 유사 국가적 규칙에 시달릴 필요가 없다고 주장한다. 대처의 표현 속에서 신자유주의적 국민주의는 수많은 국제기구와 조약들을 따르는 모든 규범에 대항하는 급진적인 신자유주의적 보편주의를 역설적인 방식으로 재정의한다. 이런 식으로 대처는 새로운 **경쟁주의적 국민주의**의 길을 열었으며, 오늘날 많은 정부가 이를 계승하여 유럽연합을 '뒤흔들었고', 1990년대식 글로벌리즘을 불안하게 만들고 있다.

이 신자유주의적 국민주의의 근본 요소들은 1980년대부터 이미 맹아 형태로 존재했다. 국가의 경제적 이익을 사취하는 글로벌 엘리트에 대항한 인민의 보호, 초국적 관료주의에 대항한 국민 주권, 문화적 지구화에 의한 융해에 대항한 국가 정체성 등이 그것이다. 브렉시트 지지자들이 글로벌 브리튼을 세우고 '템즈강변의 싱가포르'를 건설하고자 할 때, 스티브 배넌과 트럼프가 다자주의와 국제사회에서의 미국의 약속을 저버리고 '경제적 국민주의'를 실현하고자 할 때, 그들은 이미 오래된 전략적 논리를 따르고 있는 것이다.

국민주의적 신우파의 의제와
이론적 뿌리

최근 세계 정치계는 우파 극단주의의 전례 없는 부상을 목도하고 있다. 이런 상황은 물론 극우파 정당에 의해 구현되고 있지만, 점점 우파 전체와 집권 좌파 일부까지 정체성, 인종주의, 국민주의 같은 주제에 지배당하고 있다. 이 주제들은 오늘날 '전통적' 파시즘의 배경에서 출현한 것이 아니라 앞서 살핀 경쟁주의적 국민주의에서 나온 것이다. 유럽에 대한 대처식 비전의 원칙들은 '국가와 자유의 유럽(Europe of Nations and Freedom)'을 전신으로 한 '정체성과 민주주의(Identity and Democracy)' 그룹에 의해 고스란히 계승됐다. 이 그룹은 프랑스 국민연합(RN), 이탈리아 북부동맹(Lega Nord), 벨기에 플랑드르의 이익(Vlaams Belang), 독일을 위한 대안(AfD), 오스트리아 자유당(FPÖ) 소속 의원들이 유럽의회에서 결성한 정치 그룹이다. '자유', '주권', '자국 우선주의', '유럽 민족과 국가의 정체성' 등을 중심으로 자신들의 정체성을 정의하는 이들은 "유럽의 주권 국가들 사이의 자발적인 협력을 지지하고, 국가를 초월한 단일한 유럽으로의 어떤 새로운 발전도 거부하며, 유럽에 양도한 주권을 되돌려 받을 권리"[41]를 주장한다.

이러한 극우파 노선은 특히 미국 공화당 우파의 고전적 자유지상주의(paleolibertarian) 경향을 지지하는 이론가들에 의해서 표명되었다. 특히 머레이 로스바드는 '윌슨과 루스벨트의 글로벌리즘'이 회귀하고 있다고 주장하면서, '새로운 세계 질서'가 세계적 슈퍼 복지국가로 가는 발판으로 이용되고 있다는 생각을 바탕으로 반세계화를 내세우는 비판을 전개했다. 로스바드가 가장 싫어한 것은 북미자유무역협정(NAFTA)이었다. 그는 NAFTA가 '레오니트 브레즈네프'식 '규제 무역'이며, 미국 내 기업이 '사회주의와 환경주의, 노동조합이 지배하는' 멕시코와 캐나다의 법을 따르게 하는 협정이라 비판했다. 나아가 이는 국내 기업에 처벌의 메커니즘으로 작동할 것이며, 산업 시설의 해외 이전을 유발하게 될 것이라고 주장했다.[42] 그에 따르면 NAFTA는 '유럽 공동체의 초국가주의'에 비견되는 주권의 상실을 가져올 것이며, 미국인들의 손에서 결정권을 빼앗아가는 '국제주의적 초국가 기관'을 세우게 될 것이다. 그는 이러한 글로벌리즘 정치에 직면하여 '새로운 포퓰리스트 연합'과 '새로운 미국 국민주의'를 앞세워 초국적 엘리트들을 무너뜨리자고 호소한다.[43] 이를 위해서는 NAFTA 철폐, 모든 종류의 초국적 국제기구(UN, ILO, UNESCO 등) 탈퇴, 개발원조 중단, 복지국가 확대를 유발하는 이민자 유입 제한이 필요하다. 이 모든 것은 진정한 자유 시장 구현을 목적으로 한다. 로스바드는 대처와 일부 비슷한 방식으로 글로벌리즘을 비판하며 사적 소유와 민족-국가적 정체성 추구를 연결한다. 그에게 글로벌리즘은 세계의 사회주의화이자, 세금을 통해 경제적 자유를 박탈하고 글로벌 민주주의의 제국주의적 부과를 통해 국가의 자유를 빼앗는 '단일한 민주주의 세계정부'를 의미했다.[44]

로스바드는 여기서 더 나아가 국민국가의 소유권보다 시민의 소유권을 우선시하고, 자발적 동의에 기초하여 경계가 결정되는 '동의에 의한 국가' 개념을 제시했다.[45] 또한, 그는 벨기에의 플랑드르의 이익과 이탈리아의 북부동맹, 독일의 독일을 위한 대안 등 급진 우파의 분리주의에 영향[46]을 끼친 소유권주의적 민족-근본주의에 기초한 분리권을 옹호한다. 이는 사회적 상호의존관계 및 개인이 선택하지 않은 것을 감내하지 않아도 될 권리를 자유라고 보는 시각과 일치한다. 그들의 슬로건은 '탈사회주의화(désocialisation)'[47]다. '세계 민주주의'에 대한 이러한 비판은 국가에 맞서고, 납세자 대중을 착취하는 데 국가를 이용하는 엘리트들에 대항한 투쟁이라는 더 큰 기획의 일환이다.[48] 로스바드는 즉각 행동할 것을 촉구한다. "우리는 미디어에 등장하는 엘리트들을 제치고 대중과 직접 접촉하고 그들을 각성시킬 수 있는 능동적이고 카리스마 있는 지도자를 필요로 한다."[49] 로스바드는 로스페로와 패트릭 뷰캐넌과 같은 포퓰리스트 리더들을 예로 제시했으며, 실비오 베를루스코니와 이탈리아 북부동맹 당수인 움베르토 보시 등에게 찬사를 보냈다.[50] 트럼프도 이들 중 하나다. 일부 평자의 눈에 트럼프와 '고전적 자유지상주의'의 연관성은 의심의 여지가 없다.[51]

이와 관련한 좌파의 비판은 자주 핵심을 비껴간다. 신자유주의적 국민주의를 이해하기 위해서는 그것이 어떤 급진적 형태를 취하든 이는 집권 좌파 신자유주의에 대한 반작용이며, 좌파가 사회에서 야기한 처참한 결과에 힘입고 있다는 사실을 직시해야만 한다. 국민주의적 신자유주의의 급격한 부상을 좌파가 신자유주의적 글로벌리즘을 택하고 사회정의라는 지평을 포기한 것에 대한 반응으로 보지 않고 그저 도덕적 악으로 간주하며 위에 언급한 두 현상을 연결 짓지 못한다면, 우리는 좀 더 괜찮은 외양을 하고 있지만 똑같이 해로운 신자유주의로 반복해 회귀할 수밖에 없다. 조 바이든의 당선은 이에 대한 최근의 한 예시일 뿐이다. '포퓰리즘'을 저속하다고 보는 엘리트들의 비판은 언제나 민중의 욕망을 천박하다고 여기는 경멸을 담고 있다. 노란 조끼 운동을 바라보는 그들의 시각이 좋은 예다. '글로벌리즘'과 '내셔널리즘'의 양극적 대립의 한편에 서기를 거부하는 것이야말로 오늘날의 정치적 상황을 명철하게 분석하기 위한 필수 조건이다.

8장

가치 전쟁과
'인민'의 분열

신자유주의는 야누스의 얼굴을 하고 있다. 한쪽은 역동적이고 현대주의적인 얼굴을 하고 있고, 다른 한쪽은 전통, 가족, 심지어 기독교에 핵심적인 지위를 부여하는 보수주의의 얼굴을 하고 있다. 앞에서 살펴봤듯이 신자유주의 독트린은 시작부터 이 두 가지 측면을 접합해야 하는 어려움에 직면했다. 즉 시장 질서에 적응하기 위해 사회를 현대화하는 동시에, 인구에 대한 권위주의적이고 위계적인 관리 체계로서의 전통적 생활 형식을 지키고 '복원'하는 것이 신자유주의자들에게 주어진 과제였다.

오늘날 다양한 극우파 정부와 정당(트럼프, 보우소나루, 빅토르 오르반, 야로스와프 카친스키 등)이 가족, 종교, 국가라는 전통적 가치에 의존한다는 점은 신자유주의의 역사를 엄밀한 관점에서 살펴보더라도 전혀 독특하거나 비정상적이지 않다. 이러한 교조적 신자유주의의 도덕적, 종교적, 전통주의적, 가족주의적 가치는 피노체트, 대처, 레이건이 평등주의에 대항하여 역공을 펼치던 때에도 중요한 역할을 수행했다. 북미 기독교 우파가 내건 '신앙, 가족, 자유'라는 세 단어의 슬로건으로 완벽하게 요약되는 이 프로그램은 최근 몇 년간 더욱 강력한 힘을 얻게 되었다. 따라서 신자유주의가 자신과 완전히 동떨어진 이 이데올로기들을 이용했는지 그 여부를 아는 것보다 이러한 전통적 가치의 복원이 어떻게 신자유주의와 내재적으로 연결되어 있는지를 이해하는 것이 더 중요하다.

가장 보수적이고 권위주의적인 형태의 신자유주의 비판에만 매몰되는 것은 당대 현실을 매우 일면적 시각으로 바라보는 셈이다. 신자유주의가 집권하고, 사회를 변형시키는 저항할 수 없는 힘으로 자리 잡는 데 성공한 것은 우파의 반동적 버전과 좌파의 현대주의적 버전으로 이중화된 덕분에 가능했다. 좌파 버전으로 선택된 신자유주의적 통치성은 문화적, 도덕적 대의를 추구하기 위해서 사회 평등을 쟁취하기 위한 역사적 투쟁을 외면해왔다. 그러나 그 대의가 정당할지언정 계급 간 사회적, 경제적 불평등이라는 핵심 문제를 대체할 수는 없다. 경제 분야에서의 신자유주의 노선에 대한 근본적인 합의가 은폐되고, 정치적 대립이 가치의 영역으로 이동한 것은 지난 수십 년간 가장 중요한 정치적 현상 중 하나였다. 이로써 신자유주의가 어떻게 정치적 가능성의 공간을 점령했는지, 어떻게 신자유주의의 가장 권위주의적이고 보수주의적인 버전이 일부 국가에서 승리를 거둘 수 있었는지를 설명할 수 있다.

신자유주의의 이러한 구분은 발전된 자본주의 국가들에서 정치적 공간 전체를 양극화하고 포화시키는 결과를 가져왔다. 낸시 프레이저는 이러한 정치적 포화를 그람시의 헤게모니 개념을 통해 바라볼 것을 제안한다. 그는 '반동적 신자유주의'와 '진보적 신자유주의'를 구분하고, 두 세력을 **정치적-이념적 복점**(複占)[*]을 형성하는 사회 내 '헤게모니 블록'으로 보았다.[1] 이러한 구분은 흥미롭긴 하지만 이 구분이 역사적으로 어떻게 형성되었고 어떻게 작동하는지에 대해서는 설명하지 못한다. 이는 두 정치적 전략의 대립이 빚어낸 역동적인 과정을 검토함으로써만 설명이 가능할 것이다.

그러므로 **가치 전쟁**[2]은 자본주의 옹호자와 사회주의 옹호자 사이의 이데올로기 투쟁처럼 계급투쟁을 보완하는 것이 아니라 사회적 대립을 대체하는 것이며, 동시에 신자유주의 시스템의 희생자들이 분노를 표출하는 배출구 역할을 한다. 이러한 가치 전쟁은 최고 부유층에게 막대한 특혜를 주는 조세 정책 등을 지지하도록 인구의 일부를 결집하는 데 성공함으로써 신자유주의의 영속화를 위해 중요한 역할을 수행해왔고, 지금도 여전히 수행하고 있다.

반-문화혁명

피임과 임신중절에 대한 여성의 권리 확대에 우호적인 분위기, 이혼할 권리의 괄목할 만한 증진, 동성애와 성전환에 대한 비범죄화, 소수 민족과 소수 인종의 시민권과 참정권 인정, 청년들의 새로운 라이프스타일 추구, 모든 질서 위반에 대한 미학적 가치화 등, 1960~1970년대 많은 변화가 서구 사회의 가부장적 가

◆　동일 상품을 공급하는 기업이 2개사밖에 없어 시장을 독점한 상태.

치와 가족적 가치, 나아가 관습 전체를 뒤흔들었고 대중의 세속화가 가속화되었다. 역사가 앤드류 하트만이 미국을 두고 이야기했듯 '1950년대의 규범적인 미국'에 대항해 일어난 반문화는 1980~1990년대까지 미국뿐 아니라 다른 서구 나라들에서, 특히 대도시의 교육 받은 중산층 사이에서 엄청난 성공을 거두었다.[3]

전 세세 보수주의 우파들은 그에 대한 반격으로 **'60년대 (sixties)'**의 유물을 제거하고 1968년 5월 혁명(68혁명)의 유산을 쓸어버리기 위해 반-문화혁명을 전개했다. 멜린다 쿠퍼가 언급한 '신자유주의-사회적 신보수주의 동맹'[4]이 등장한 것도 이 시기다. 신자유주의자들은 이 동맹을 통해 미국 신보수주의의 중심인물(특히 어빙 크리스톨, 다니엘 벨)과 연대했다. 또한 앞에서 살펴보았듯이 신자유주의 사상이 태동할 때부터 영향을 끼친 보수주의에 전례 없는 전략적 힘이 부여됐다. 이러한 동맹은 "가족을 사회 및 경제적 질서, 더 정확히는 자유 시장 질서의 기초로 다시 세울 필요성"[5] 위에 구축되었다. 대처는 일찍이 가부장적 가족에서부터 국가에 이르는, 전통과 관련한 모든 보수주의적 주제들을 시장의 회귀와 정치적으로 결합함으로써 역사적으로 독특한 위치를 점했다.[6] 이후 대처의 이 위대한 기술은 전 세계 우파의 귀감이 되었고, 우파들은 가부장적 위계, 종교적 가치, 권위에 대한 존중을 대중에게 장려하는 동시에 그것을 활용할 줄 알았다. 사실 우파의 모든 분파가 대처와 한목소리였던 것은 아니다. 가령 프랑스와 이탈리아의 경우, 한쪽에는 슘페터식의 '창조적 파괴'[7]를 신봉하는 '혁신적' 경제인과 가까운, 개인의 자유와 경제적 자유를 결합하고자 한 현대화주의자가 있었다. 다른 한편에는 경제적 자유, 사회적 순응주의, 도덕적 엄격주의를 동시에 추구하는 보수주의자들이 있었다. 이들은 하이에크, 나아가 뢰프케의 노선을 충실히 따랐다.

전통주의적이고 국민주의적이고, 자주 완고한 모습을 보이며, 암묵적으로 인종주의적인, 문자 그대로 '반동적인' 이 우파 세력은 미국과 유럽, 기타 지역에서 1960~1970년대 민주적 운동으로 쟁취한 시민의 권리와 문화적·사회적 권리 전체를 겨냥하는 반-문화혁명을 전개했다. 이를 가장 명료한 형태로 구현한 것은 '대안 우파(alt-right)'였다. 이들은 차별에 대항하는 담론을 전유하여 뒤집음으로써 무슬림, 흑인, 페미니스트 등 '침입자들'이 다수의 사람들과 전통적 정체성에 가하는 '억압'을 고발한다. '자연에 대한 반항'[8]과 다름없는 평등 이념에 의해 백인 문명이 사라질 위험에 처해 있다는 식의 종말론적 서사가 그 배경을 이룬다.[9] 젠더와 인종의 사회적 구성 이론에 대항하여 이 우파 자유지상주의자들은 성별 및 인종 간 생물학적 차이를 인정하는 것에 기초한 '성 현실주의'와 '인종 현실주의'를 옹호하며 '새로운 반문화'[10]를 주장한다.[11] 웬디 브라운이 말했듯이 "이러한 분노는 인종차별 및 성차별과 동성애 혐오 및 이슬람 혐오를 할 '자유', 그것을 금지하려고 하는 좌파의 '독재'를 거부할 '자유'의 형태를 취한다."[12] '자유'와 '권리'로 재정의된 그들의 혐오적 정체성은 권위주의적 국가의 합법적 폭력 혹은 정당방위에 호소한다.[13]

이 반동적 저항은 또한 '도덕적 십자군'의 형태를 취하기도 했으며, 특히 여성의 권리를 문제 삼고, 동성 결혼을 반대하도록 대중을 선동했다. 낙태와 피임, 성적 자유를 위한 권리에 대한 공격은 오늘날까지 자행되는 전 세계적 현상이 되어버렸다. 집권 기독교 우파와 극우파는 낙태를 허용하는 법을 문제 삼았고, 폴란드 헌법재판소가 2020년 10월, 기형 태아에 대한 임신중절조차 금지하는 등 일부 국가에서 성공을 거두었다.[14] 남녀평등을 지지하고, 여성에 대한 폭력에 반대하는 투쟁도 가부장적 질서를 해친다고 비판받았다. 2018년 동맹(Lega) 집권 시기 이탈리아의 예[15]처럼 이혼권을 문제 삼는 우파도 있었다. 보우소나루 집권 훨씬 전부터 브라질 우파는 여성, 동성애자, 가사노동자, 흑인, 혼혈인(메스티소)의 권리 향상에 대해 끊임없이 이의를 제기했다.[16] 각국에서 벌어지고 있는 문화적 자유 전반에 대한 공격은 각 나라의 문화적, 역사적 맥락에 따라 저마다 강도와 리듬은 다르지만, 우리는 동일한 목표를 향한 동일한 전투 레토릭을 발견할 수 있다. 그 목표란 서구 문명 최상의 가치이자 기초로 규정한 전통과 이성애 중심 가족이라는 자연적, 도덕적 '질서'를 복구하는 것이다. 이러한 복구는 공론장에서 유일하게 기독교 가치를 방어할 수 있게 해주는 종교의 '자유'라는 이름으로 옹호되었다. 2019년 베로나에서 열린 세계가족회의(World Congress of Families)에는 이탈리아 북부동맹 대표 살비니와 이탈리아 가족부 장관 마우리치오 폰타나를 비롯하여 헝가리의 오르반 총리 등 각국의 극우파 지도자가 대거 참석했다.[17] 임신중절, 이민, 동성 결혼, 'LGBTQ+ 라이프스타일', 젠더 이론 등이 이 국제적 반동 세력의 주된 표적이

었다.[18]

이처럼 가족을 중시하는 모습은 평등에 대한 요구에 그들이 보인 일반적인 반응의 한 측면에 불과하다. 1960년대 시카고학파의 게리 베커가 발전시킨 인적 자본 이론에서는 훨씬 세속적인 경향을 띠었다. 이미 미셸 푸코가 지적했듯이 이 이론은 아이의 교육에 대한 사적이고 가족 중심적인 투자를 공공투자에 대한 대안으로 간주한다. 결과적으로 은행 대출이 세금과 공공서비스를 통한 소득 재분배 논리의 대체물로서 나타나게 된다.[19] 1981년 베커가 자신의 가족론을 정리한 『가족경제학』에서 전개한 가족에 대한 인적 자본 이론의 적용은 복지국가 해체를 정당화할 뿐 아니라 반문화 좌파의 고유한 성 해방 요구를 비롯한 여러 요구를 무력화하는 도구로 사용되었다. 이제 가족은 소외와 억압의 장소로 묘사되기는커녕 합리적인 부모가 높은 수익을 낼 수 있는 인적 자본 축적에 모든 관심을 집중하는 하나의 '기업'으로 간주된다. 따라서 신자유주의자들이 가족의 전통적 가치를 내세우는 것은 단지 신학적-도덕적 개념에 의한 것이 아니며, 빈약한 공리주의적 관점이나 냉소적 관점에서 바라볼 일도 아니다. 이는 재분배 메커니즘과 공적 삶에 대한 참여를 순전히 사적인 논리로 대체하려는 모든 전략과 관련되어 있다. 특히 자본축적의 논리에 따른 여성의 무상 재생산 노동이 이 논리의 핵심을 이룬다.[20]

실질적 자유에 반하는
'자유'의 전통

새로운 신자유주의 정부들은 전통과 국가의 수호자이자 '개인의 자유'의 옹호자를 자처했다. '개인의 자유'라는 표현은 현대에 들어서며 침범할 수 없는 보편적 도덕 가치를 지니게 되었고, 신자유주의에 매우 중요한 잠재적 정통성을 부여한다. 상당히 하이에크적인 논리에 따르면 신자유주의자들이 이해하는 '자유'는 그 자체로 '전통'[21]의 일부이며, 모든 '해방' 운동에 반한다.[22] 주권국가를 찬미하고, 독립된 가족을 신성시하며, 종교에 규범을 정할 권리가 있다는 우파의 **자유-전통**은 계몽사상과 전통적인 정치적 자유주의가 이야기한 **자유-해방**과 완전히 대척점에 있다. 본래 '자유'라는 개념은 시민의 권리를 구성하는 언론의 자유, 사상의 자유로운 소통, 보통교육과 보통선거 등 그를 구현하는 수단들에 대한 고찰이 동반되어야 한다. 어쩌면 우리는 1938년 월터 리프먼 학술대회 개회사에서 리프먼이 "19세기 자유주의의 교조주의적 형식을 극복하자"라며 '자유주의의 혁신'을 말하면서 제안한 '자유'의 새로운 정의에 대해 충분한 주의를 기울이지 못한 것 같다. 리프먼은 "자유의 대의를 자연법, 인민주권, 인권, 의회정치, 인민의 자결권, 자유방임과 자유무역 등의 독트린과 혼동하지 말아야 한다"[23]라고 힘주어 이야기했다. 그는 개인의 권리, 시민의 자유, 정치·경제적 자유를 연결함으로써 억압에 대항한 18세기 자유 개념의 핵심과 근본적으로 결별해야 한다고 주장했다.

그리하여 완전한 결별이 이루어졌다. 자유의 개념은 더 이상 개인적, 집단적 억압에 대항하는 모든 형태를 가리키지 않게 되었다. 그 대신 '문명'에 준하는 것으로 주장된 일련의 전통적 가치를 긍정할 권리가 되었다. 서구의 우월함에 대한 믿음과 위협에 처한 정체성에 대한 편집증적 방어를 결합한 이 새로운 '자유' 정신은 오늘날 신자유주의적 우파와 반동적 우파가 공공의 자유와 개인의 자유에 대한 침해 행위를 정당화하는 자양분이 되어주고 있다. 이처럼 전통적 자유주의의 대척점에 서서 자유주의를 말살하는 사례는 너무도 많다. 그중에서 학문의 자유에 대한 공격, 과학과 예술에 대한 경멸을 꼽을 수 있다. 브라질의 사례는 정부에 의한 사상, 문화, 교육의 자유의 침해를 보여주는 '종합 선물 세트'라할 수 있다. 정부가 대학총장을 임명하고 시네마테크를 폐쇄했으며, 예술이 '국가주의적'이고 '영웅적'이고 '정언적'이어야 한다는 요제프 괴벨스의 연설을 그대로 흉내낸 호베르투 아우빙 문화부 장관의 2020년 1월 연설, 젊은 학생들에게 병영 규율을 강제하고 애국적 가치를 주입하는 '시민-군사 학교'의 설립 등이 그 예다.[24]

대학에 대한 공격은 비단 브라질만의 문제가 아니다.[25] 신자유주의의 가장 권위주의적인 면모는 대학, 연구, 정보를 직접 장악하고자 하는 의지를 통해 드러난다. 계몽주의 전통과 표현의 자유 수호에 앞장선다고 자찬하는 에마뉘엘 마크롱 정부가 들어선 프랑스에서는 대학 및 과학 분야 연구자들을 통제하고 언론 활동을 제한하려는, 비시 정부* 이후 볼 수 없었던 시도들이 이어졌다. 또한 2020년 가을, 테러 행위를 막겠다는 명목으로 1881년 제정된 언론 자유에 관한 법을 재정의하는 새로운 법안이 제출되었다.

적의 지목과
'진짜 인민'의 재정의

반동적 우파를 사로잡은 이 포퓰리즘 색채를 띤 민족주의적 열정은 기독교적 서구, 그것도 백인에 한정된 자유의 이상화와 연관 지어 이해해야 한다. 문명의 경계를 수호하고, 외국인의 침입에 대항하여 벽을 세우고, '본토 태생'의 요건을 강화하고, 국민 정체성을 재정의하는 작업이 모두 함께 진행된다. 이러한 작업은 보통 새롭게 적을 지목하고 낙인찍음으로써 이루어진다. 트럼프에게는 멕시코인이, 이탈리아와 헝가리에서는 이민자가, 그리고 대부분의 나라에서 무슬림이 적이 된다. 이 외부에서 온 적이 내부의 정치적·문화적 적에 추가된다. 브라질에서는 노동자당이, 영국 우파와 헝가리, 폴란드 지도자들에게는 유럽연합이, 마크롱 정부와 프랑스 우파에게는 '이슬람-좌파'가 내부의 적이다. 미국과 일부 라틴 아메리카 국가에서 보이는 인종주의적, 식민주의적 백인 우월주의는 '자유 사회'의 모든 야만적 적들에 대한 증오의

◆ 1940년 6월 나치와 정전협정을 맺은 친독일 성향의 프랑스 정부. '자유, 평등, 박애'라는 프랑스 혁명의 3대 구호 대신에, 집권기 4년 동안 '노동, 가족, 조국'이라는 구호를 외쳤다.

격앙된 형태일 뿐이다.

이러한 가치를 이용한 통치 형태는 집단의 상상적 단일성을 위해 '이방의 존재'를 악마화함으로써 작동한다. 이민자들이 쇄도하고, 엘리트들이 타락했으며, 세계화주의와 다문화주의로 인해 국가 정체성과 통일성이 해체될 위험에 빠져 있다고 믿게 함으로써 공포심을 불러일으키는 것이다. 이런 식으로 나쁜 엘리트들과의 대척점에서 '위로부터' 새롭게 정의된 인민은 신앙, 가족, 성적 지향, 애국심 등 모든 면에서 상상할 수 있는 모든 덕목을 지닌다. 국가는 이 '진짜 인민'의 이름으로 국가 밖 존재인 해로운 소수자들에게 모든 형태의 제한 조치를 취할 수 있게 된다. 이탈리아의 살비니는 이민자들에게 제공되던 인도주의적 보호 조치를 철폐하고 해상 구조 활동을 금지함으로써 악명을 떨쳤다.

이 신자유주의적이고 반동적인 우파는 원한에 기초한 민족 신화를 다시 썼다.[26] 오르반은 헝가리의 역사를 이웃 나라와 배은망덕한 유럽에 의한 끊임없는 희생의 역사로 묘사하며 '조국의 배신자'를 고발하는 데 열을 올렸다.[27] 이러한 담론들의 어조는 종교적 차원에서 국가를 재정의하는 것으로 귀결된다. 트럼프나 보우소나루를 지지하는 복음주의 교회뿐 아니라 기독교의 부흥을 꿈꾸는 보수적인 가톨릭 역시 조력자이다. 신자유주의 고유의 색깔은 이질적 주제들과 뒤섞여 새로운 변형을 낳는다. 가령 우리는 **종교의 신자유주의화**라는 낯선 형태를 목격하고 있다. 미국과 라틴 아메리카의 일부 보수주의적 복음주의의 '번영 신학' 만큼 좋은 예는 없을 것이다. 이 신학에 따르면 그리스도는 신앙생활

214

을 하는 이들에게 내세의 구원뿐 아니라 물질적 부, 신체적 건강, 사회생활과 연애 생활에서의 성공을 약속한다. 이 괴상한 복음주의자들이 신도들에게 교회에 봉헌한 돈의 100배를 돌려받을 것이라 약속하는 것을 보면 흡사 수익성이 매우 좋은 회사의 광고를 보는 것 같다.[28]

국가 역시 **기업 공동체**로 재정의된다. 트럼프는 미국이 경제 전쟁 중이며 살아남기 위해서는 자신을 중심으로 한 몸으로 뭉쳐야 한다는 말을 지겹도록 반복했다. 헝가리 총리 오르반은 이를 '약소국'의 전략으로 삼았다. 그는 2012년 자신의 전기 작가에게 다음과 같이 말했다. "헝가리를 유럽 국가뿐 아니라 중국이나 브라질 등 신흥국과도 경쟁하는 상황으로 이끌어야 한다고 믿습니다."[29]

진보적 가치에 의한 통치

가장 보수적인 신자유주의 우파가 벌인 가치 전쟁은 어떻게 인민 계층 일부에게서 '기능할' 수 있었을까? 심지어 어떻게 사회적 불만의 일부를 흡수하는 데 성공할 수 있었을까? 인민계급이 좌파를 버린 이유는 좌파가 그들을 버렸기 때문이다. 집권좌파는 1980년대부터 사실상 우파와 거의 동일한 경제적·사회적 정책을 택했다. 외부로는 지구화와 유럽연합에 우호적이었으며, 국내에서 정책을 실현하는 과정에서도 지구화에 따른 제약에 무릎을 꿇었다. '신공공관리(NPM)'라는 경전에 따라 국가 경쟁력 강화를 위한 현대화, 민영화, 금융시장 규제 완화를 추진할 때 좌파는 오히려 더 과감하고 단호했다. 이것이 역사적으로 사회 평등을 추구해온 좌파가 서서히 쇠퇴의 길을 걷게 된 이유다. 1960~1970년대 좌파는 청년과 여성의 해방에 대한 열망을 포착해냈다. 좌파는 이 열정들을, 완화된 형태이긴 하나, 기업 신화, 기술 혁신에 대한 숭배, 소비주의와 시장 금융 발전 추구 등에 통합시켰다.[30] 요컨대 좌파는 유럽과 전 세계의 새로운 신자유주의 질서에 별다른 조건 없이 항복했다. 경제적 불평등에 대항하는 싸움을 단념하고 중산층의 좀 더 '현대적인' 문화적 가치들을 선택한 것이다. 낸시 프레이저에 따르면 이 '진보주의적 신자유주의'는 시장과 첨단기술에 우호적인 세력과 여성 및 소수자의 권리를 주장하는 세력을 결합하는 데 성공했다. 이는 '능력주의' 개념과 개인주의적 해방 덕분에 가능했다.[31] 이러한 결합은 1990년대 후반과 21세기 초반에 신좌파에게 정치적 성공을 안겨주었으며, 클린턴의 '새로운 민주당', 블레어와 슈뢰더의 '제3의 길', 좀더 최근에는 오바마의 '글로벌 진보' 등 다양한 이름으로 불렸다.

좌파의 이런 변신이 지니는 상징적·정치적 효과를 과소평가해서는 안 된다. 좌파의 변신은 신자유주의의 지배를 제한하거나 분쇄할 수 있는 모든 정치적 대안을 향한 길을 장기적으로 봉쇄해버렸다. 그들의 노선은 인민계급의 삶뿐만 아니라 좌파 자신에게도 심각한 결과를 초래했다. 좌파는 인민계급 사이에 축적한 역사적 자산을 탕진해버렸고, 좌파의 '배신'이라는 말로 사회적 불만을 악용하는 극우파나 급진 우파에게 길을 열어주었다.

우리는 전략이라는 측면에서 이 신자유주의 좌파가 선택한 내용과 범위를 검토할 필요가 있다. 신자유주의 좌파는 반동적 신자유주의가 강요한 문화적 전장을 그대로 수용했다. 덕분에 반동적 신자유주의자들은 이 전장에서 매우 손쉽게 자신의 차이를 부각할 수 있었다. 좌파는 이렇게 정치 영역의 새로운 양극화에 편승함으로써 가치의 전쟁에 참전하게 된다. 신자유주의 우파가 '문명화된 것'과 '야만적인 것'의 대립을 선호한다면, 좌파는 '현대적인 것'과 '수구적인 것'의 대립을 선호했다. 좌파는 선거에서 평균보다 더 젊고, 학력이 높고, 도시적이고, 세계를 향해 개방적이고, 성적 다양성에 관대하고, 환경 문제에 관심이 많고, 인종주의적 성향을 덜 가진 이들, 다시 말해 반동적 우파가 수호하고자 하는 전통적이고 권위주의적 틀을 견디기 힘들어하는 중산층과 상위층 일부의 지지를 얻으려고 애썼다. 바로 그렇게 '인구의 일부'가 선거판에서 우파 권위주의에 대항해 현대적이고 자유주의적인 대안 세력을 구성했다.

처음에는 암묵적인 형태였던 이 전략은 미국 민주당원에서 시작해 전 세계 모든 좌파 정당에 유효한 전략 모델로 이론화되었다. 2000년대 초반 '새로운 진보주의'라고 명명된 이 전략은 좌파가 다시금 선거에서 승리를 거둘 수 있도록 대안 세력의 연합을 구성하고자 했다. 이 전략에는 두 측면이 존재했다. 한편으로 이 전략은 인구를 사회학적, 통계학적 기준에 따라 분리하며, 다른 한편으로는 정치적 싸움을 문화적 싸움으로 축소해버린다. 이제 중요한 것은 인구의 각 집단의 '미래 전망'이며, 그들의 차별화된 '진보적' 성향들이다. 좌파에게는 이제 모든 계급적(혹은 보편주의적) 전략 모델과의 단절이 명확해진다. 핵심 계급, 집단적이고 단일한 서사는 더 이상 존재하지 않는다. 각각의 이질적인 인구 '집단들'의 '미래 전망'이 있을 뿐이고, 그들 사이의 선거연합은 오직 '문화적 변화'에 대한 수용이라는 기초 위에서만 가능하다.

'새로운 다수파'에 대한 이러한 고찰은 특히 미국진보센터(Center for American Progress)[32]의 민주당 전략가들에 의해 이루어졌다. 이들은 2000년 대선에서 앨 고어가 조지 부시에게 아깝게 패한 후 민주당이 다시 집권할 방법에 대해 질문을 던졌다. 전문가들은 선거판의 현실이 민주당에 유리하게 변화하고 있으며, 이는 미국 인구의 형태적, 문화적 진화의 결과라고 답했다.[33] 뉴딜 이후 민주당의 견고한 지지 기반이던 노동자들은 탈산업화로 인해 이제 그 수가 줄어들었을 뿐 아니라 문화적으로도 우파 지지자로 돌아섰다. 따라서 민주당 전략가들은 대통령 선거에서 승리하고 의회 과반수를 차지하기 위해서는 새로운 다수파를 정치적으로, 그리고 무엇보다 문화적으로 구성해야 한다고 결론 내렸다. 이는 암묵적으로 민주당이 미국의 백인 노동자들과 완전히 결별함을 의미한다. 민주당이 재집권에 성공한다 해도 경제 및 사회 정책의 노선을 변경한다는 것은 불가능하기 때문이다.

그리하여 엄청난 수의 여론조사가 진행되었고, 국민의 어떤 범주가 가장 '진보적'이고 어떤 범주가 가장 '수구적'인지 알기 위해 각 유권자 집단에 대한 매우 상세한 분석이 진행되었다. 이러한 분석을 통해, 2009년 미국진보센터가 펴낸 중요한 보고서의 제목을 빌리자면, '새로운 진보적 미국'[34]을 그려볼 수 있게 되었다. 그들이 그리는 새로운 진보적 미국에는 고학력자, 도시 거주 청년, 히스패닉 이민자, 흑인, 성 소수자, 여성(특히 독신), 관리자급 회사원, 무종교인 등이 뒤죽박죽 섞여 있었다. '진보성'을 나타내는 결정적 조건은 학력과 나이였다. 새로운 진보적 미국은 뉴딜로부터 이어져온 저학력 노동자들의 것이 아닌 이른바 '밀레니얼' 세대라고 불리는 이들의 것이라는 예측이었다. 낙관적인 전망이었다. 공화당을 지지하는 교회를 다니고 농촌에 거주하는 고령 백인 인구는 사회학적으로 축소되고 지리적으로 주변화되는 반면, 민주당의 지지 기반인 젊은이들은 더 증가하는 추세였다. 특히 이들은 세계를 향해 열린 국제적이고 다문화적인 도시에 거주하고 있었다. 이러한 인구학적·문화적 고찰은 심지어 '문화 전쟁의 종언'을 전망하는 데까지 나아갔다. 밀레니얼 세대와 소수자의 비중이 갈수록 늘어날 것이고 결국에는 늙어가는 노동자들이 보수주의자들에게 던지는 표를 모두 쓸어버릴 것이기 때문이다.[35]

2008년 오바마의 승리는 이 '문화적 진보주의'의 명백한 실현으로 여겨졌다. 이로써 전 세계 집권 좌파의 상당수는 이 '대안 선거 전략'의 노선을 일부 채택했다. 2010년 봄, 미국진보센터는 전 세계, 특히 유럽의 사회민주당 대표들을 불러 모아 실무 그룹을 구성하고 대안적 다수파를 구성하는 방법에 대해 의논했다.[36] 이 '문화적 진보주의'는 프랑스에서도 잠시 모습을 드러냈다. 2011

년 프랑스 사회당과 가까운 싱크탱크 테라 노바(Terra Nova)가 발간한 보고서에는 미국진보센터 보고서와 상당히 비슷한 내용이 담겼다.[37] 그런데 이 보고서는 두 가지 새로운 논쟁거리를 제공했다. 노동자들이 우파와 극우파가 내세우는 가치에 동의하는 것은 신자유주의 정책의 결과가 아니라 '68년 5월의 가치'가 노동자들의 전통주의와 충돌했기 때문이라는 것이다. 다른 하나는 '신좌파'는 더 이상 '인사이더'를 보호하지 말고 '아웃사이더'의 해방을 도와야 한다는 것이다.[38] 보고서 저자들은 다음과 같이 결론을 내린다. "좌파가 노동자 계급, 더 넓게는 인민계급을 중심으로 계급적 전략을 실현하고자 한다면, 문화적 가치를 포기해야 한다. 다시 말해 사회민주주의와 결별해야 한다."[39] 하지만 '신좌파'는 '진보'에서 완전히 낙오되고 퇴보된 인민계급이 아니라 '내일의 프랑스' 지지자들을 만족시켜야 했다. 그렇게 문화적 가치와 사회적 평등이 대립한다. 2017년 마크롱의 대선 유세는 '신좌파'에 맞춤하게 고안된 전략을 자신에게 유리하게 적용한 것에 불과하다. 문화적 가치와 사회적 평등을 대립시키는 이 전략은 일관성을 지닌다. 그에 따르면 사회 문제란 더 이상 계급 간 불평등과 관련되지 않으며, 사회적 이동과 통합을 방해하는 모든 장애물을 가리키게 되었다. 이 장애물들은 '해방자로서의 국가'가 교육, 직업훈련, 재산 취득권 및 디지털 접근성 강화를 통해 제거해야 할 대상이 된다. 따라서 사회화의 전통적 형태들에서 벗어나고자 하는 개인들에게 관심을 기울여야 한다. 그들은 '이동'과 '변화'를 원하며, 도덕 규범, 신앙, 직업적 신분, 너무 판에 박힌 아비

투스(habitus)와 '기득권'으로부터 '해방되고' 싶어 한다. 유일하게 '합리적인' 정치적 길은 **전통적인 노동자들 없이**, 심지어는 그들에 반하여, 우파 신자유주의에 대항하는 대안적 신자유주의 블록을 구축하는 것이다. 현대적인 인구 집단을 구식의 인구 집단에 대립시키는 이러한 전략은 2016년 대선 당시 힐러리 클린턴도 채택했다. 우리는 오늘날 이 전략이 트럼프의 냉소적인 포퓰리즘 아래 결집한 공화당 지지자에 의해 저지당했다는 사실을 알고 있다. 힐러리 클린턴 후보는 유권자를 멸시했고, 이는 선거 결과에 적잖은 영향을 끼쳤다.[40] 여기서 우리는 반동적 우파와 진보주의적 신좌파의 문화 전쟁이 어떤 식으로 역사의 막다른 골목에 이르게 되었는지를 이해할 필요가 있다.

인민의 자기 적대화와 분할

진보주의적 신좌파가 인민계급을 저버리고, 우파가 인민계급의 가치(노동, 능력, 가족, 권위)를 회수함으로써 각 사회 계급이 정당들과 맺는 관계가 재정의되었다. 우리는 앞에서 신자유주의의 가장 반동적인 버전이 현재까지 인민계급에게 매력적으로 여겨지는 이유를 물었다. 이 성공은 신자유주의가 독(유대 관계 해체, 사회적 불평등, 경제적 불안정)과 해독제를 동시에 만들어냈기 때문에 가능했다. 우파가 제시하는 해독제는 단순하고 평범한 사람, 조용하고 성실한 이웃, 규범을 준수하고 국가의 권위를 존중하는

착한 시민으로 이루어진 '우리'라는 주문을 다시 외게 한다. 모든 계급, 특히 인민계급을 단일한 국가에 통합하는 이 통일 서사는 세 가지 역할을 수행한다. 즉, 사회를 다시금 상상의 공동체로 만들고, 주권 국가를 다시 이상화하며, 개인적 자유를 급진적으로 추구한다.

이 전략을 '우파 포퓰리즘'이라고 지칭할 경우 문제가 발생한다. 이 표현은 그 스타일과 레토릭을 강조해서 보여주지만, 우파 전략의 복잡한 효과를 충분히 반영하기에는 부족하다. 그들의 전략은 '포퓰리즘'이라는 말이 함의하는 대로 '하나의 인민을 구축하는 것'이 아니다. 반대로 그들을 분할하는 것이다. 더 정확히는 인민계급 일부가 노동자 운동의 모든 성과와 복지국가, 노동법, 노동조합에 **등 돌리게** 만드는 것이다. 우파는 전략적으로 외국인 혐오와 인종주의의 충동을 자극함으로써 인민계급이 지배계급에 저항하기 위해 단결하는 것을 불가능하게 만들어버렸다. 일부 인구 집단이 자신들의 상황이나 기대 이익을 위협한다고 믿는 다른 인구 집단에 대해 지니는 증오를 부추김으로써, 이 전략은 '인민'을 서로 대립하게 만들고, 분할하고, 화해 불가능한 정체성을 지니는 공동체들로 분해해버린다. 이제 강한 국가의 힘을 내세우는 레토릭만이, 특히 국가가 점점 더 자유를 구속하는 보안 관련 법으로 무장되어 있을 때에만 국가 공동체라는 불가분한 통일성에 대한 믿음을 지켜줄 수 있게 된다. 이 전략은 많은 모순을 내포하고 있다. 개인 간의 경쟁 규범, 금융자본주의, 폐쇄적 국가 공동체에 대한 애착을 하나로 결합하기란 결코 쉬운 일이 아니기 때문이다. 더욱이 엘리트와 대의정치의 정당성을 문제 삼는 포퓰리즘은 정치 시스템 자체를 파괴하는 효과를 야기할 수 있다. 반동적 우파는 이렇듯 반자유주의적인, 심지어는 파시스트에 가까운 탈선의 길을 갔다. 이것이 미국에서 4년간 벌어진 일이고, 2021년 1월 6일 트럼프 지지자들이 의사당 건물에 난입하는 사태로까지 이어졌다. 이러한 경향은 헝가리, 폴란드, 브라질 등 많은 국가에서 여전히 진행 중이다.

우리는 또한 지구화와 인간 행동의 개인주의화에 내포된 문화적 효과 및 해방적 효과에 기대어 지속적으로, 심지어 영속적으로 선거에서 과반수를 얻어낼 것이라고 믿은 좌파의 '진보주의적' 전략이 어떻게 막다른 길에 다다르게 되었는지 더 잘 이해할 수 있다. 그들은 인구학적·경제적 변화가 자신들에게 유리하기 때문에 문화적 투쟁에서 결정적인 우위를 점하고 있다고 믿었을 뿐 아니라, 시장경제의 거대한 풀 속에서 이동성과 소속감을 추구하는 개인들로 구성된 유권자 집단의 지지를 얻을 수 있을 것이라고 믿었다.

이러한 좌파의 '현대적'인 인구 집단에 의존하는 통치가, 신자유주의 정책으로 발생한 사회적 피해와 그것이 개인들에게 끼친 효과를 선거판에서 항상 상쇄해주는 것은 아니다. 반동적 우파의 성공이 이를 냉혹하게 증명한다. 이들은 신자유주의 정책, 특히 좌파 집권 시에 시행된 정책에 대한 피지배 집단의 강한 원망을 활용함으로써 성공을 거두었다. 사실상 신좌파는 그들의 주장과 달리 정치적 자율성을 결여하고 있다. 좌파가 우파와 극우파의 압력으로 결국 옹호하게 된 '가치'들은 국민주의와 국가안보주의의 최악의 버전과 혼동될 만큼 닮아 있다. 좌파는 권위가 없다거나 단호함이 없다고 질책받으면 우파와 극우파의 '언어'로 대응하려는 경향이 있다. 그렇게 좌파는 역사적으로 막다른 길에 다다랐다. 신자유주의 정책들은 통치자들이 어떤 색깔을 표방하든, 얼마나 멋진 '현대주의적인' 의도를 내세우든 사회의 과격화를 초래한다. 어쩌면 강한 국가에 대한 스스럼없는 옹호야말로 그들에게 남겨진 마지막 선택일 것이다.

9장

노동 일선에서

30년 전부터 노동 세계에 영향을 끼친 모든 변화는 '경제 전쟁'이라는 말로 정당화되었다. 가장 문제가 되는 것은 성과와 경쟁력이었다. 죽느냐 사느냐의 문제인 불가피한 현실로 표상되든 혁신과 기업의 자유를 위한 '도전'과 '기회'로 묘사되든, 이러한 '경쟁력 전쟁'은 오늘날 경제적·정치적 개혁 전반에 공리로서 제시되며, 노동의 신자유주의화를 위한 기초가 된다. 이 전쟁은 단순한 은유로 치부할 수는 없지만, 그렇다고 대처 집권기 영국에서 벌어진 광부 파업의 예처럼 군사력을 동원한 전쟁을 의미하는 것은 아니다. 물론 당시 대처는 망설임 없이 경찰력을 투입했으며 내전까지 벌일 각오가 되어 있었다. 훗날 공개된 자료에 따르면, 군대를 투입할 계획까지 세웠다고 한다. 대처는 1984년 7월 19일 다음과 같이 이야기했다. "우리는 포클랜드 제도에서 외부의 적과 싸워야 한다. 동시에 우리는 내부의 적에 대해서도 인지하고 있어야 한다. 그들은 훨씬 대적하기 어려울 뿐 아니라 자유에 훨씬 더 위협이 된다." 나중에 회고록에서 이때 거둔 승리를 언급하면서 대처는 다음과 같이 덧붙였다. "광부들은 국가의 법에 도전하고 **경제**의 법칙을 거스르려 했다. 그러나 **그들은 실패했다.**"[1]

경쟁력 전쟁은 군사적인 의미의 전쟁은 아니지만, 매우 효과적인 것으로 드러난 전략과 실천을 통해 전개된다. 여기에는 유럽공동체재판소(CJEC)의 표현을 빌리자면, 법적 무기를 동원하여 시행되는 '현대화', '유연화', '노동비용 절감'[2] 등이 포함된다. 그리하여 '경쟁'이라는 규범이 신성한 원칙으로 추켜세워진다. 그러나 이 경제적 경쟁력 전쟁의 논리는 법과 정치 개혁 차원에만 국한되지 않는다. 이 논리는 인간의 노동과 개인의 삶 차원으로까지 확장된다. 신경영과 기업 거버넌스가 모든 수단을 동원하여 기업의 경쟁력을 최대한 끌어올리려 할 때, 기업 간의 전쟁에 모든 직원을 '총동원'하는 동시에 노동의 공간에 일종의 '만인에 대한 만인의 전쟁'[3]을 도입하기 때문이다.

많은 영화와 책[4] 제목에서 엿볼 수 있듯, 노동 세계에서의 '전쟁'은 간단한 분석 대상이 아니다. 1999년부터 크리스토프 드주르는 신자유주의를 '노동의 지배'와 '노동이 생산한 부의 전유'를 강화하기 위한 '전쟁'으로 해석해야 한다고 지적했다.[5] 그 전쟁 속에서 포드주의적 타협과 노동의 민주주의적 잠재력에 대항한 자본가 계급의 조직적 공격이 전개된다.[6] 그런데 이 전쟁이, 이 전쟁으로 인해 고통받는 주체들에 의해 전개되며 그들이 때로는 적극적이고 열정적인 협력을 제공한다면, 우리는 이 주체들의 정체성을 어떻게 정의해야 할까? 달리 말해 단순히 경제 전쟁이라고 불리는 이 낯선 '전쟁'의 본질을 어떻게 봐야 할까? '계급투쟁' 모델을 버리고 개인으로 하여금 '자리 투쟁' 게임에 참여하도록 이끌면서, 카드를 뒤섞어버리고 현존하는 대립들과의 동일시를 금지하는 것이 이 전쟁의 독특함이자 효력이라면, 이 전쟁을 어떻게 바라봐야 할까?

어쩌면 '주체'와 '진영'을 식별하는 것보다 더 중요한 것은 이 전쟁의 여파가 미치는 영역들의 지도를 그리는 일인지도 모른다. 이 전쟁은 단순히 경제적 지구화에 그치는 것이 아니라 노동의 유연화와 불안정화에 따른 담론과 실천, 주체화의 형식 차원까지 아우른다. 바로 이 차원이 경제적, 정치적인 만큼이나 정신적이고 내밀하기도 한 신자유주의적 공격이 겨냥하는 지점이자 전선이다. 이러한 공격은 일반적으로 단지 법과 노동을 재조직해 새로운 노동 규범을 강요하는 것에 그치지 않고, 그것을 해방 혹은 자기실현이라는 매력적인 말로 포장하여 수용할 만한 것으로 만드는 데까지 나아간다. 또한 '계급의식'이 출현할 만한 조건들을 파괴함으로써 현재의 투쟁들을 개인적 투쟁으로 축소해버린다. 이제 개인은 타인을 잠재적인 적으로 여기며 두려워할 뿐 아니라, 극단적으로는 대다수가 패자가 되는 게임의 규칙을 따르기 위해 **자기 자신의 적**이 된다. 이러한 노동의 신자유주의화의 기원과 메커니즘을 이해하려면 상이한 이념들의 화해를 꾀하는 방식에서 벗어나야 한다. 가령 '자본주의의 새로운 정신'이 68년 5월 사상의 '예술적 비판'과 '선택적 친화력'에 의해 '새로운 이데올로기 지형'[7]으로 나타났다는 식의 설명 말이다.[8] 그보다는 완전히 전략적인 차원에 관심을 기울이는 편이 낫다. 그들의 전략은 노동조합과 노동법에 의해 보호받는 임금노동자에 그치지 않고 노동 조직과 개인, 그리고 그들의 정신적 삶까지 겨냥한다.

노동조합에 대항한
전쟁에서…

앞에서 살펴봤듯이 노동조합은 신자유주의 전쟁에서 주요한 표적이 된다.[9] 하이에크의 신자유주의로부터 직간접적으로 영향을 받은 정책들은 노동조합의 '협상력'을 약화하고 노동자 조직과 자본가 사용자 조직 간 '포드주의적 타협'과 결별하고자 했다. 이로 인해 약 40여 년 전부터 고용 형태와 노동 조건이 악화하고 있으며, 대다수 노동자의 임금이 동결되거나 하락하는 등 심각한 상황이 지속되고 있다. 조직된 임금노동자에 대항한 전쟁의 가장 결정적인 장면들을 영국과 미국의 예를 통해 살펴보자.

마거릿 대처는 영국에서 가장 강력한 노조인 전국광부노조(NUM)가 이끈 1984년 3월에서 1985년 3월까지의 파업을 계기로 이른바 노동조합의 '비민주적 사회주의'를 분쇄하기로 마음먹는다. 우리는 포클랜드 전쟁에서 승리한 대처가 이 노조와의 전쟁을 촉발했다는 것을 알고 있다. 대처는 석탄 재고를 확보하고 진압 경찰 부대를 훈련시키는 등 이 전쟁을 미리 준비했다. 또한 그녀는 광산을 폐쇄하고 수십만 명의 광부를 해고할 경우 영국 노동운동의 역사적 보루인 요크셔 등지에서 대규모의 저항이 발생할 것을 알았다. 무장한 경찰들을 투입하여 피켓 라인(picket line)◆을 공격하고 광부들의 시위를 폭력적으로 진압한 대처의 대응은 실제 내전을 방불케 했다.[10] 언론은 파업 지도자 아서 스카길을 비방하고, 파업을 불법적이고 반민주적인 폭동으로 묘사했다. 광부 노조는 말 그대로 정부에 의해서 해체되었다. 대처 정부의 재정부 장관이었던 나이젤 로슨은 1930년대 히틀러에 대항해 재무장하는 것만큼이나 광부 노조를 분쇄하는 게 중요하다고 주장하기도 했다! 노동당으로부터 버림받은 광부들의 패배는 노동자 전체의 패배로 귀결되었다. 임금노동자 조직의 활동 범위를 축소하는 법들 때문이었다. 클로즈드 숍(closed shop) 제도를 금지하고, 파업 찬반을 표결할 때 의무적으로 비밀 투표로 진행하도록 했으며, 불법 행위 시 노조에 형사책임을 묻는 조치 등이 시행됐다. 대처는 사회적 요구에 대해 법의 우위를 내세우라는 하이에크의 명령을 실행에 옮겼다. 그 결과는 노동조합 활동의 범죄화였다.

한편 미국에서 신자유주의자들이 거둔 첫 승리는 노동조합 권력에 대항하여 태프트-하틀리법이 제정된 1947년으로 거슬러 올라간다. 지금도 유효한 이 법은 파업권을 제한하고 회사 내 노조 설립에 대해 여러 법적 제약을 부과한다. 미국의 중부와 남부의 주들은 서둘러 이 '노동법'을 통해 노동조합의 권리를 제한했다. 의회 다수파인 공화당에 의해 통과된 이 법은 뉴딜의 진보적 조치들을 모두 원점으로 되돌려놓았다. 가령 노동조합 결성을 용이하게 하고 노동자 조직에 대한 사용자의 비열한 행위를 금지하여 사용자의 권력을 통제하고자 한 1935년의 전국노동관계법

◆ 노동 쟁의 때 사용자 측의 대체인력 투입을 저지하고 파업 참가자들의 이탈을 감시하는 역할을 한 이들을 말한다.

(NLRA) 등이 표적이 됐다. 전국노동관계법에 적대적인 사용자와 태프트-하틀리법을 통과시킨 의원들은 모두 1944년에 출간한 하이에크의 베스트셀러 『노예의 길』에 담긴 주장들에 영향을 받았다.[11]

두 번째 대규모 공격은 1980년대 초 경기 불황기에 진행됐다. 당시 실업에 대한 위협 속에서 사용자와 노동조합 간 협약 임금이 인하되었다. 릭 판타지아와 킴 보스[12]가 지적했듯이, 미국의 노동조합들은 사용자들이 레이건 정부의 도움으로 노동조합운동을 뿌리 뽑기 위해 적극적인 활동을 펼치고 있다는 사실을 10여 년 동안 외면했다. 1981년 8월, 이전 대선에서 레이건을 지지한 보수주의 성향의 항공관제사 노조 파업자들이 해고된 사건이 주는 신호는 명확했다. 사용자들은 이때부터 법률 자문과 준경찰 조직의 도움을 빌려 체계적으로 탈노동조합 활동을 전개했다. 그들은 파업을 유도하고, 파업 노동자의 자리에 '어용' 직원을 앉힌 후, 이들 비노조 직원들의 투표로 회사를 탈노조화하는 효과적인 전술을 구사했다. 노조 탄압, 노조 간부 대량 해고, 노조 설립을 어렵게 하는 온갖 제약으로 인해 노동조합운동은 뒷걸음질치게 되었다. 그 후 수십 년간 미국 노동자들의 실질 임금이 하락하고 사회복지가 후퇴한 것은 이와 무관하지 않다.[13] 2011년 위스콘신 주지사 스콧 워커가 주 정부 공무원 노조를 와해시키기 위한 활동을 벌인 것도 이러한 공격의 논리적 연장선에 있으며, 공화당이 집권한 다른 여러 주에서도 비슷한 일들이 벌어졌다. 이러한 탈노조화는 미국의 노동조합 조직이 원자화되어 있기에 더 수월하게 진행되었다. 미국에는 산업별 단체협약이 존재하지 않으며, 사회복지는 회사별로 결정된다. 이런 의미에서 미국은 노동법 관련 규제 완화, 점증하는 불평등, 임금노동자의 빈곤화를 모두 보여주는 적절한 '모델'인 셈이다.

노동조합을 약화시키는 게 노동 일선에서 신자유주의자들이 펼친 공격의 서막이었다고 한다면, 그 공격의 효과와 파장을 알기 위해서는 1990년대부터 중심적인 위치를 차지하기 시작한 또하나의 요소를 고려해야 한다. 경제적 성과와 개인 간 경쟁에 전적으로 의존하는 새로운 형태의 관리 방식을 도입한 것이다. 이는 마치 임금노동자 조직을 약화하는 것만으로는 부족하고, 노동의 집단적 조직성을 해체하는 데까지 나아가겠다는 듯하다.

…'만인에 대한 만인의 전쟁'을 부추기는 신경영까지

2019년 파리 형사합의법원에서 열린 프랑스 텔레콤 소송 재판은 노동의 신자유주의화 전략을 회사 차원과 임금노동자 차원에서 이해할 수 있는 패러다임을 제시하는 사건이다. 일부 평자들은 이 재판을 신자유주의가 어떻게 실행되는지 보여주며, 신자유주의의 언어를 드러내는 재판이라고 정확히 분석했다.[14] 우선법원은 2004년까지 공기업이었던 프랑스 텔레콤을 민영화한 방식을 문제 삼아 전 CEO와 임원들에게 유죄를 선고했다. 이 재판은 '정신적 학대'의 **제도적** 측면을 사상 처음으로 인정했으며, 자살에까지 이르는 우울증 및 통제 능력 상실(자살 19명, 자살 시도 12명)이 경쟁을 강요하고 노동자 집단 및 개인의 불안정화를 유발하는 경영 방식으로 인한 것이라는 사실을 밝혀냈다. 또한 이 프랑스 텔레콤의 사례가 하나의 패러다임을 보여주는 이유는 2006년부터 '넥스트 플랜'을 도입해 신속한 경영 정책을 실행했기 때문이다. 프랑스 텔레콤 전 CEO의 말을 직접 인용하여 말하자면, 주주들의 수익성 요구에 부응하기 위해 3년간 2만 2000명의 직원들을 '문밖으로' 내쫓는 게 넥스트 플랜의 목표였다. 이 사례는 다른 곳에서는 덜 집중적이고 더 느린 속도로 진행되는 일들을 더 명료하게 관찰할 기회를 제공한다. 프랑스 텔레콤 경영진이 실행에 옮긴 경영 방식이 그 신속함이나 과격함 때문에 예외적인 것으로 보일 수도 있다. 그러나 그 방식의 합리성과 목표라는 관점에서 보면 지극히 평범한 사례일 뿐이다. 심지어 프랑스 텔레콤의 경영 사례는 전 CEO 디디에 롱바르의 수상 경력이 말해주듯이 경영계와 매니저들에게 '훌륭하다'는 평가를 받았다(그는 2007년 경영 혁신상, 2008년 경영자 그랑프리에서 BFM상을 수상했다).[15]

프랑스 텔레콤의 '사례'는 빙산의 일각일 뿐이다. 프랑스 텔레콤 재판은 **신경영**(New management)이라 불리는 새로운 형태의 관리 방식을 도입한 개인이나 그 해악을 겪은 개인보다는, 신경영 그 현상 자체에 질문과 비판을 제기한다는 점에서 중요하다. 이 새로운 관리 방식은 '목표와 자기통제에 의한 매니지먼트'를 통해 개인들에게 총체적인 참여를 강요함으로써 경제적 성과를 최대화하는 것을 유일한 목표로 삼는다. 이 관리 방식은 하이에 크와 미제스뿐 아니라 슘페터에게도 영향을 받은 이론가인 피터 드러커가 1954년 처음으로 제안한 것이다.[16] 노동을 과학적으로 조직하여 관리자가 정한 규칙을 노동자에게 최대한 세심히 적용하는 게 테일러 모델이라면, 신경영은 노동자의 지성, 창조성, 자율성, 책임감에 호소한다. 그러나 이를 문자 그대로 해석하여 '자기실현'에 대한 약속으로 오해해서는 안 된다. 이 방식의 유일한 목표는 이윤이기 때문이다.

신경영을 '포스트 테일러주의' 혹은 '포스트 포드주의'라고 평가할 수도 있다. 이 견해는 수치화된 성과에 대한 집착과 개인들 간 경쟁의 강화와 밀접하게 결합한 주체적 동원과 같은 그 특징들은 생산 프로세스 변형, 시장 세계화, 경제 금융화 등과 같은 훨씬 더 큰 경제적 변화와 관련되어 있다는 점에 주목한다. 국제적 차원의 '새로운 인지적 노동 분업'의 맥락에서 기술 혁신과 지적 재산권은 최고로 발달한 경제에서 수익을 창출하는 데 가장 중요한 영역이다.[17] 이와 동시에 주주들의 압력하에 주주들의 수익성 요구를 만족시키기 위해 기업의 경제적 능력을 평가하는 '수(數)에 의한 통치'[18]가 강요된다. 이로 인해 관리자의 새로운 역할이 도출되는데, 현장 노동자들이 회사의 이익을 온전히 자기 것으로 동일시하게 만듦으로써 '자본'의 명령이 실행될 수 있도록 살피는 것이다. 뱅상 드 골자크는 현대의 '관리자 권력'이 직원들을 역설적인 함정에 빠뜨리는 정신적 동원과 자기 투자를 통해 작동하는 권력이라고 말한다. "직원들은 자신을 지배하는 주인공

이 된다. 그들은 자신의 욕망이라는 함정에 빠진다. 이 과정을 통해 그들의 정신적 에너지의 상당 부분이 흡수되어 회사의 수익성을 올리는 노동력으로 변형된다."[19] 이 과정에서 개인별 역량 평가가 도입되었고, 노동조합 권력이 약화했으며, 조직 유연성이 강화되었다. 그 결과 개인 간 경쟁이 심화되고 노동 공동체가 와해되었다.[20] 노동조합에 대한 공격의 연장선에서, 이처럼 진화한 관리 방식의 목표는 연대의 시스템(협력, 신뢰 등)을 파괴하는 것이다. 또한 이 관리 방식은 개인이 서로를 싸워서 이겨야 할 상대로 간주하도록 하고, 이른바 '전사 되기'의 과정에 참여하도록 하여 불안정한 환경에 적응하도록 강제한다.

자기 경영의 장려와
임금제 파괴

신자유주의의 공격은 훨씬 더 급진적이고 야심 찬 목표를 가지고 있다. 임금노동자들에게 일정한 사회적·법적 보호를 제공하는 '포드주의적 타협'을 중심으로 구축된 임금제도를 해체하고, 사회적·법적 보호 없이 유연한 방식으로 노동하는 자기 경영자 개념으로 대체하는 것이다. 이는 우버화(uberization)♦, 긱 이코노

♦ 공유 경제의 대명사인 우버에서 파생한 신조어로, 새로운 기술을 토대로 중간 매개자 없이 소비자와 서비스 제공자 간 직접 접촉을 가능케 하는 경제 현상.

미(gig economy)*, 플랫폼 자본주의 등 다양한 이름으로 불린다. 물론 아직은 세계적으로 '전통적인' 임금제가 주류를 이루고 있기 때문에 이 새로운 모델이 현재 주도적인 위치를 점하고 있다고 보기는 어렵다. 그러나 대부분의 노동법 개혁은 전반적으로 임금제가 보장하던 복지를 약화하는 방향으로 진행되고 있다. '프레카리아트(précariat)'[21](근로 복지 제도[22]나 클릭 노동[23]처럼 무보수 혹은 적은 보수를 제공하는 모든 불안전 노동 형태)의 확대는 '노동'의 사회적 범주를 점점 불분명하게 만들고 있다.[24]

이처럼 '기업가 정신'에 가치를 부여하는 모습은 오늘날 우파뿐 아니라 '사민주의' 정당에서 추진하는 개혁과 정치 프로그램에서도 찾아볼 수 있다. 블레어와 슈뢰더의 '제3의 길' 선언 역시 1999년부터 이미 '새로운 정치는 사회 전 영역에서 진취적인 정신과 새로운 경영자 마인드를 고취해야 한다'고 강조했으며, '현대 사민주의자는 사회적 안전망을 개인의 책임감을 향한 도약대로 변형하고자 한다'고 분명히 했다. "개인들에게 노동 세계에 입문하기 위한 전문적인 자격과 능력을 제공하는 것만으로는 부족하다. 일을 하는 게 이익이 되는 조세 및 사회복지 시스템이 필요하다. 좀 더 가벼워지고 현대화된 조세 및 사회복지 시스템은 좌파가 관리하는 적극적인 노동시장 공급 정책에 핵심적인 요소이다."[25] 한편 정치의 기준으로서뿐 아니라 인간 행동의 기준으로

◆ 임시로 하는 일이라는 뜻의 긱(gig)과 경제를 뜻하는 이코노미(economy)의 합성어로, 단기 아르바이트, 비정규직 프리랜서 등에게 필요에 따라 일을 맡기는 경제 형태를 말한다.

서 기업가 정신을 장려하는 것은 신자유주의가 이론화되던 시기까지 거슬러 오르는 긴 역사를 지니고 있다. 그 뿌리는 부르주아-시민(Brüger)의 개념을 기업가, 소유주, 예금주로 재정의하는 뮐러-아르막, 뤼스토프, 뢰프케의 '사회적 시장경제' 계획과, '기업가 정신'이 인간을 정의한다는 생각에 기초한 미제스의 일반 행동 이론, 오스트리아계 미국인들의 신자유주의 이론에서 찾아볼 수 있다.[26]

미셸 푸코는 1978~1979년 콜레주 드 프랑스 강의에서 이미 그 혁명적 영향에 주목했으며, 그것의 '직접적인 정치적 영향'[27]을 강조한 바 있다. 이러한 변화는 시카고학파 이론가 게리 베커가 정식화한, '노동력'을 '인적 자본'으로 대체하는 이론[28]에 기반하며, 푸코는 이 변화를 명백한 것으로 여겼다. 게리 베커의 개념에 따르면 호모 에코노미쿠스는 더 이상 교환하는 존재가 아니며, 푸코의 표현을 빌려 말하자면, '자기 경영자'로 간주된다.[29] 시카고학파 경제학자들(게리 베커를 비롯해 시어도어 슐츠[30]와 제이콥 민서[31] 등)은 인적 자본 개념을 통해 모든 소득(화폐 소득과 비화폐 소득. 슐츠는 여기에 복지 등을 추가한다[32])을 각 개인이 보유한 역량과 그 역량 자본을 가치화하는 개인적인 능력에 따른 흐름으로 간주한다. 이제 우리는 일종의 자기 자신을 가치화하는 경제를 목격하고 있다. 이 경제 속에서는 개인이 무엇을 했는지보다 그가 약속할 수 있는 미래의 능력치가 더 중요하다. 이런 의미에서 자기 가치란 이런 잠재력에 대한 평가에 불과하다.

인적 자본 이론은 기업가 정신의 규범적 모델을 떠받치는, 오로지 경제적인 관점에서 인간 행동을 바라본 것이다. 투자하거나 투자하지 않는 것에 대한 책임이 각 개인에게 있다면, 즉 성공과 실패에 대한 책임이 개개인에게 있다면, 그 개인은 자기 스스로 구축한 '자본'으로 정의된다. 그에 따라 교육, 건강, 결혼 등도 투자의 일환이며, 개인은 좋은 투자를 위한 좋은 선택을 해야 하는 존재가 된다. 그러나 이 이론이 정립된 시점과 주요 국제기구(국제통화기금(IMF), 세계은행, 경제협력개발기구(OECD) 등)에 의해 이 이론이 적용된 현재 사이, 표적이 되는 대상은 눈에 띄게 달라진 것으로 보인다. 오늘날 주요 표적은 1960년대와 달리 교육과 보건 분야에서 기능하던 복지국가 일반에 한정되지 않는다.[33] 이제 임금제도와 그것을 둘러싼 사회적·법적 보호 체제가 표적이 된다. 더 넓게는 노동 자체가 지닌 '민주주의적 잠재력'이 위협받는다. 노동이 토론과 협력을 통해 민주주의를 경험하고 발명하는 중심 공간이라는 의미에서 그러하다.[34] 달리 말하면 노동이 대안적 합리성, 즉 공동선과 그것이 내포하는 민주주의의 급진적 개념을 학습하는 장이 될 가능성 자체가 표적이 되는 것이다. 경제적 성과와 경쟁이라는 신자유주의적 규범성이 파괴하고자 하는 것은 바로 노동을 통해 공동으로 규범을 구축할 수 있다는 가능성이다. 결국 우리는 수익성이라는 추상적 규범이 '좋은' 노동을 결정한다는 기준에 의문을 제기할 수 있을 때, 그리고 각 상황에서 진정으로 유용하고 가치가 있는 것이 무엇인지 질문을 제기할 때, 비로소 노동을 통해 새로운 규범을 구축할 수 있을 것이다.

자기 경영자에서
'자기의 적'으로

이러한 노동의 집단적 차원에 대한 체계적인 공격으로 노동자의 내면적 통일성이 위험에 처하게 된다. 오로지 개인적인 실패만이 존재하고 고통의 사회적 원인은 존재하지 않는다면, 성공에 이르기 위해서는 자기 자신을 구속해야만 할 것이다. 이런 의미에서 신자유주의적 통치성은 개인이 자기 자신에게 가하는 폭력과 불가분한 것으로 드러난다. 마치 경제 전쟁의 동기가 개인 내면의 차원으로 변화하지 않으면 작동하지 못하는 것처럼 말이다. 개인은 그 전쟁에서 전사의 역할을 수행할 뿐 아니라 자신의 적 노릇까지 해야 한다. 그리하여 **자기 경영자는 자신을 적으로 삼도록 강제된다.** 이는 정확히 무슨 의미일까? 우리는 서로 완전히 분리되지 않는 세 가지 지점을 지적하고자 한다. 노동법 퇴보 및 사회복지의 해체와 짝을 이루는 자기 경영 모델의 장려는 대다수 사람들의 이익에 배치된다. 따라서 첫째, 자기 경영자 역할을 수행한다는 것은 '자발적으로' '프레카리아트'의 조건을 수용한다는 것이며, 자신의 이익에 반하는 규범과 가치를 자기 것으로 만드는 것과 같다. 다음으로, 자율과 자기실현의 명령에 답하기 위해 기업가 모델에 복종하는 임금노동자는 성과에 대한 명령을 자신에게 돌려 내면화하게 된다. 마지막으로, 노동 현장에서의 고통과 자살 기도가 이러한 프로세스의 가장 비극적인 증후들이라고 할 때[35], 이 프로세스는 '플래너(planneurs)'[36]가 원거리에서 지시하는 사항들을 이행하기 위해 임금노동자 각 개인이 스스로 행동하고, 조직의 갈등과 딜레마와 역설(더 적은 수단으로 더 많이 잘할 것, 수단이 주어지지 않는 상황에서 더 창조적이고 순발력 있게 대응할 것, 경쟁하면서 동시에 협력적일 것 등)의 책임을 지도록 하는 신경영과 연결될 수밖에 없다는 것을 의미한다.

이와 같이 공격성과 사회적 지배를 자신에게로 돌리는 행위의 동기는 결국 순전히 정신적인 차원에서 작동한다. 주지하다시피, 지그문트 프로이트가 메타심리학에서 다룬 '초자아(Überich)'는 사회적 규범 내면화에 대한 사유를 제공해준다. 프로이트에 따르면, 개인은 **자기에 반하여** 스스로 사회적 권위를 행사하고, 그 결과로 '죄책감'이 탄생한다. 프로이트는 프리드리히 니체를 따라 이 죄책감의 특성과 병적 효과를 지적했다. 그 후 이 메커니즘은 프로이트-마르크스주의 관점에서 자본주의적 관계의 재생산을 보장하는 사회 지배의 형식을 포착하기 위해 활용됐다.[37] 그중에서 가장 중요한 이론은 1930년대 프랑크푸르트학파에 의해 제시된 것으로 아도르노의 '권위주의적 성격'[38] 개념과 연결되는 이론이다. 이 이론은 바이마르 독일의 대다수 노동자가 국가사회주의를 지지한 예[39]처럼, 정통 마르크스주의의 관점으로 설명하기 힘든 현상을 이해하는 것을 목적으로 한다. 프랑크푸르트학파의 이론 전체에 공통되는 핵심은 개인의 사회화가 더 이상 가족 영역 혹은 아버지와의 관계에서 이루어지지 않을뿐더러 사회 영역에서 이루어지지도 않는다는 것이다. 이제 사회적 권위에 대한 직접적 동일시 관계에서 초자아가 형성된다. 스테판 아베르가 지적

240

했듯이, 신자유주의의 특징인 '인간 정신 구조의 일부를 투자하고 기능화하는 능력'을 이해하는 데 이 '초자아의 주체화' 모델은 매우 정밀한 도구를 제공한다. 여기서 신자유주의는 "'시장'의 요구에 따라 사회적인 것을 합리화하는 의지주의적 프로젝트"로 이해된다.[40] 이 모델은 현대 노동 세계에서 증가 중인 '병증'을 발견하게 해줄 뿐 아니라, '언제나 더'[41]를 명령하는 신자유주의의 유혹하는 힘에 의해 역량과 경쟁 규범의 통합이 쾌락을 생산하는 방식을 보여주기도 한다. 따라서 신자유주의적 주체가 갖는 양면성은 능력 숭배를 통해 기능하는 초자아적 논리의 시각에서 검토되어야 한다.

이와 같은 경쟁력 전쟁의 정신적 동기들을 이해함으로써 우리는 그 전쟁의 첫 희생자가 때로 가장 열성적으로 그 전쟁에 참여하게 되는 이유를 부분적으로나마 설명할 수 있다. 물론 신자유주의에 대한 임금노동자들의 보편적 동의가 있다는 식으로 생각하는 오류를 범해서는 안 될 것이다. 경영계 혹은 관리자 집단이 가하는 제약은 노골적인 갈등, 저항, 반항을 초래하며, 도피와 정신적 에너지 소진 등을 초래한다. 그러나 경제 전쟁이 그것의 실천 규범과 그 규범을 이상화하는 가치의 차원에서 진행된다는 사실 역시 감안해야 한다. 따라서 사회적 투쟁은 신자유주의적 규범을 해체하고 위반하는 것에 그치지 않고 대안 가치를 생산하고 발명하는 것을 목표로 해야 한다. 니체의 표현을 빌리자면, 이른바 진정한 '가치의 전복'을 수행하는 것이 이 책의 목표이다.

10장

반민중적 통치

이 책 전체에 걸쳐 언급되는 '내전'은 과장된 수사가 아닌 현실이다. 사회질서를 어지럽히고 권력에 반대하는 모든 이들에게 가해지는 경찰력과 사법 당국의 탄압은 이 전쟁을 가장 적나라하게 드러낸다. 포퓰리스트 독재자가 다스리는 나라 혹은 중국과 같은 전체주의 국가만의 이야기가 아니다. 점점 더 자주 테러와 무장봉기를 진압하기 위해 고안된 사법, 경찰, 기술적 수단이 '공공질서'의 일상적 관리 도구로 사용되고 있다. 영어의 'law and order(법과 질서)'에 해당하는 이 도구들은 최근 수십 년간 완전히 군사적인 차원을 획득했다. 그렇다면 이러한 세계적인 억압 경향과 글로벌 신자유주의 질서 사이에 어떤 관계를 설정할 수 있을까? 신자유주의적 통치성을 분석하는 과정에서, 푸코의 노선을 따라 개인의 행동 방향을 결정하는 직업적 상황 혹은 계층에 따른 개인의 배치 형태가 강조되어온 반면, 신자유주의 발전 과정에서 끊임없이 확장되고 강화되어온 직접적인 억압 형태는 등한시됐다. 서론에서 강조했듯이 최근 40~50년간 벌어진 사건들을 해석할 때, 직접적인 신체 폭력이 드물고 주로 규범 장치에 의해 개인들이 통치된다는 이유를 들어 내전 모델을 배제해서는 안 된다. 왜냐하면 국가의 직접적인 폭력 사용 **역시** 이 시기의 특징이기 때문이다. 여기서 국가 폭력의 대상은 단지 '유죄' 판결을 받은 사람에 그치지 않는다. 시장 질서의 근본법을 위협하는 모든 사람이 '무정부주의자' 혹은 '테러리스트'로 규정되며, 적으로 간주되어 국가 폭력의 대상이 된다. 이처럼 반대파와 질서 교란자를 '적으로 만드는 것'이야말로 정치사 속 현재 시점의 고유한 표지이다. 2018~2019년 프랑스 '노란 조끼 운동'에 대한 탄압이 좋은 예다. 그들의 시위와 저항에 대한 폭력적인 진압은 더 큰 맥락 속에서 파악되어야 한다. 사회적 타협의 종말, 협상의 길의 점진적 소멸, 사회적으로 완전히 퇴보적인 법률의 '토의 없는' 강요 등이 새로운 정치적 지형을 만들어냈다. 그 속에서 행해지는 반대자들에 대한 '공권력'의 억압적 행위들을 보고 있자면 마치 노동자에 대한 폭력이 극에 달했던 19세기로 퇴보하고 있는 것 같은 느낌을 받는다.[1] 신자유주의 전쟁은 시장 질서와 그 질서를 보호하는 국가의 반대자들을 자극하며, 갈수록 신자유주의 국가가 그 질서에 잠재적으로 반대하는 자들에 대해 벌이는 투쟁이 되어간다. 종국에 이 전쟁은 국가가 그 구성원에 대항하여 벌이는 전쟁이 되어버린다.[2]

새로운 전략적 합리성

자유주의 국가가 전통적인 주권 관계와 그것에서 비롯된 법체계를 대신할 '안전 협약'을 사회와 맺었다는 생각은 미셸 푸코에게 빚지고 있다.[3] 국민에게 약속된 안전은 국가의 예외적 개입,

특히 법을 넘어선 개입을 정당화한다. '공공안전'을 국가 주권 체제의 상위에 둠으로써 사회를 보호하기 위한 예외성의 인플레이션이 초래된다. 이렇게 국가는 슈미트의 결단주의적 관점에 따라 보통의 사법 질서를 중단하는 것을 넘어 사회 혼란을 초래하는 사건들로부터 국민을 보호해야 한다는 논리를 내세우며 점점 더 합법성을 벗어나게 된다. 마리 구피는 푸코의 분석에 대해 다음과 같이 논평한다.

> 푸코가 해석한 바에 따르면 자유국가에서의 예외성은 법의 중단 혹은 주권 권력의 거친 표명과 전혀 상관이 없으며, 전혀 다른 권력 행사 방식을 보여준다. 이로써 우리는 이른바 '예외상태'라고 불리는 것이 오늘날 매우 다양한 현상을 포함한다는 것을 이해할 수 있다. '고전적인' 예외적 입법(긴급사태, 미국 애국자법 등), 예외적 입법이라고 정확히 규정하기 힘든 반테러리즘 입법, 정보부에 의한 반테러리즘 감시 기술 도입 등이 그 예다.[4]

복지국가의 사회보험 제도의 발전과 테러리즘의 억제가 '자유주의 국가'라는 이름 아래 맺는 관계는 논의될 가치가 있다. 그러나, 신자유주의 시대가 무르익는 동안 이 안전을 위한 전략적 합리성은 상당히 변화한 것이 사실이다. 신자유주의 국가는 여전히 사회보험, 때로는 대규모의 보상[5]을 제공하기도 하지만, 국가의 사회보장 메커니즘을 최대한 축소하고 복지를 각자의 책임으로 돌리는 식으로 개인을 통치하는 새로운 합리성을 추구한다. 푸코는 신자유주의 국가의 이러한 독특함을 사고할 시간이 부족했다. 신자유주의 국가는 최소한의 '안전 협약'의 관성에 따라 최소한의 보호를 제공하는 동시에, 과거 국가 발전 시기에 도입된 보호 메커니즘에 **대항한** 싸움을 전개한다. 사회적 지출 증가를 거부하는 신자유주의 국가는 자유주의 국가 및 사회국가가 제공하던 안전을 더 이상 보장하지 않으려 하며 보장하지도 못한다. 또한 사회 차원에서 불안정을 증가시키는 정책을 통해 자유주의 국가와 '안전 협약'에 맞선다. 지난 수십 년간, 사회보장제도에 대항하여 시장 논리를 내세움으로써 발생한 사회적 폐단에 대해서는 충분한 자료가 축적되어 있다. 복지를 강화하고 사회적 조건을 평등화하지 않는 한 신자유주의 국가는 자가당착에 빠질 수밖에 없으며, 경찰력과 형사 조치를 활용하는 대응이 일반화되는 상황을 맞이하게 된다. 이것이 신자유주의 국가가 처한 역설이다. 신자유주의 국가는 사회복지를 축소함으로써 국민을 불안정한 상태로 몰아넣는 동시에 국민을 계속해서 보호해야만 한다. 이 이중의 제약이 신자유주의 국가의 고유한 폭력의 발전을 낳았으며, 이것은 '합법적 폭력'의 일반성 바깥에서 분석되어야 한다. 따라서 오늘날의 상황을 이해하기 위해서는 '안전 협약'에 대한 푸코의 분석에만 의존할 수는 없다. 1972~1973년 콜레주 드 프랑스 강의(『처벌 사회』)[6]에서 국가의 전략들을 검토하며 전쟁에 특권적인 역할을 부여한 푸코의 분석법에 주목할 필요가 있다. 신자유주의 국가는 국가와 국민 사이에 맺어진 '안전 협약'에 따라 예외적인 사건에 맞서기만 하면 되는 것이 아니라, 이제 항상적이고 다형적인 적과 맞서게 되었다.

내부 전쟁의 기원과 형태

국가 주권 문제를 현대적으로 복원하는 건 절대주의로 회귀하는 것이 아니며 신자유주의를 거부하는 것도 아니다. 이러한 복원은 현재의 필요성에 부합한다. 이 새로운 형태의 주권은 국가가 신자유주의 반혁명에 비협조적이거나 완전히 적대적인 국민을 복종시키기 위해 전개하는 내부 전쟁과 관련이 있다. 내부 전쟁의 전략적 합리성과 경쟁을 통한 통치가 연결되는 것도 이 새로운 형태의 주권에 의해서다. 피통치자에 대한 국가의 폭력은 물론 새로운 일이 아니다. 국가를 찬양하는 이들에게는 미안한 말이지만, 국가 폭력은 국가의 역사 그 자체다. 그러나 국가 폭력은 매번 같은 논리를 따르지는 않는다. 신자유주의가 벌이는 내부 전쟁의 새로운 합리성은 역설적이다. 조직되지 않은 적, 무력투쟁 등을 통해 권력을 잡으려고 하지도 않는 적, 설사 원한다고 하더라도 임금노동자의 집단적 힘이 약화된 터라 그럴 능력도 없는 적을 상대로 벌이는 전쟁이라는 의미에서 그렇다.

19세기 이래로 사회적 질서를 변혁하려는 전망이 이토록 암울했던 적은 없으며, 경찰력이 이토록 발전한 적도 없다. 가령 거리에서 소요 등이 발생했을 때, 영국, 미국, 프랑스의 경찰이 북아일랜드 혹은 점령된 팔레스타인 영토에 있다 해도 이상하지 않을, 일종의 내부 무장 점령군이 되는 이 전례 없는 현상을 어떻게 설명해야 할까? 집단행동의 '범죄화'에 대해 말하는 것으로는 이 현상을 이해할 수 없다. 여기서 문제가 되는 것은 전쟁의 논리와, 반대자를 사회의 적으로 만들기 위한 논리가 점차 법으로 제정되고 있다는 점이다. 정치 공동체에 충성하지 않는다고 의심받는 구성원, 국가의 잠재력을 파괴하려고 하는 이들, 국가 경쟁력을 약화하는 이들 등 피통치자의 일부를 적으로 만들어버리는 이 내부 전쟁은 다분히 수행적이다. **행위가 적을 생산하기 때문이다.** 이들은 강화된 감시와 지속적인 통제의 대상이 되고, 갈수록 군사화하는 경찰의 표적이 됨으로써 점점 '적으로 간주'된다. 이러한 악순환이 반복되면 일부 반대자 집단이 경찰을 자신의 유일한 정치적 표적으로 간주하면서 스스로 적의 자리를 받아들이기도 한다.

내부의 적 생산은 신자유주의적 정책으로 큰 고통을 받은 인구 집단의 절망적인 저항을 지렛대로 활용한다. 이 과정을 이해하기 위해서는 매우 거친 방식으로 이러한 정치를 추구했던 영국의 대처 시대까지 거슬러 올라갈 필요가 있다. 당시 벌어진 일들이 그 과정을 여실히 보여준다. 대처주의는 집권 초반부터 두 사건을 맞닥뜨리게 되었다. 우선 1980년대 초반, 흑인과 아시아인 비율이 높은 도시 지역들에서 폭동이 발생했다. 연이어 영국 역사상 가장 큰 규모의 파업이 발생했다. 1984년 3월, 정부가 10만 명 규모의 인력 감축을 발표하자 광부들이 파업을 일으킨 것이다. 이 사건들을 계기로 새로운 경찰력 동원 방식과 사회운동을 사법적으로 처벌하는 관례가 정립됐다. 폭동을 이해하려는 노력보다 탄압이 앞섰다. 보수주의자들은 이 사건들이 지나친 도덕적 관용, 복지국가, 이민 때문에 벌어진 것이라고 주장했다. 예방적 체포, 대대적인 검문, 경찰견과 기마대의 동원, 시민에게 사용 금지되어온 새로운 무기(물대포, 최루탄, 고무탄) 사용 등 더욱 공격적인 경찰의 진압 방식과 진압 기술이 폭동뿐 아니라 노동자 파업을 진압하는 데 동원되었다. 경찰력 동원의 새로운 방식은 여기서 그치지 않고, '주동자'에 대한 전화 도청, 용의자 가택 수색, 자동화된 감시 기술 등으로 발전했다. 그리하여 '기술경찰(technopolice)'이 자리를 잡게 되었다.

1984~1985년 파업 진압의 결과는 참혹했다. 파업 참가자 16만 5000명 중 1만 1313명이 체포되고, 부상자 7000명, 유죄 판결 5653명, 해고 960명, 징역형 200명, 사망자 11명이 발생했다. 강화된 사법적 수단 역시 동원되었다. 당시 영국 법원은 경찰의 심각한 폭력 행위에 면죄부를 준 반면, 수백 명의 파업 광부들에게는 무거운 형량을 선고했다. 1926년 발생한 역사적인 대파업 때 노동자 누구도 처벌을 받지 않았다는 사실을 고려하면 변화의 정도를 가늠할 수 있다. 이 사건들 이후 파업과 시위의 권리를 제한하고 경찰에 더 큰 권한을 부여하는 법들이 제정되었다. 경찰력 지휘 권한을 지방정부(상당수가 노동당 정부)로부터 빼앗기 위해 대처는 서둘러 경찰 지휘권을 중앙화하고 중앙정부의 직접적인 통제하에 두었다. 그리하여 경찰은 이제 정치권력의 오른팔이 되었

다. 흑인과 아시아인 청년들은 파업 노동자와 마찬가지로 구 영국 식민지 등지에서 동원되었던 대테러 기술이 자신들에게 사용되는 것을 보게 되었다. 북아일랜드의 테러 행위를 진압하기 위해 고안된 조치가 대테러법 덕분에 가난한 지역의 젊은 폭도들에게도 신속하게 적용되기 시작했다.

영국의 예는 일반화가 가능하다. 유럽뿐 아니라 전 세계 경찰이 이런 변형된 모델을 따르고 있다. 경찰의 장비나 투입 방식이 점점 더 군사작전을 닮아간다. 2001년 7월 20~22일 제노바에서 열린 G8 정상회담 당시 대안세계화주의자들과 블랙 블록(black blocs)의 시위에 대한 이탈리아 경찰의 진압 역시 같은 수위의 폭력성을 보였다. 당시 경찰의 진압으로 시위자 1명이 사망하고 수백 명이 다쳤다. 무엇보다 오래 충격으로 남은 것은 당시 학교를 점거하여 운동 본부로 삼은 반세계화 운동가들에게 경찰이 테러와 고문 행위를 가했다는 것이다. 제노바의 예는 일탈적 사건이 아니다. 세기 전환기인 1999년 11월 시애틀 시위 이후 신자유주의 질서에 반대하는 이들을 탄압하기 위해 사용된 테러 기술들의 민낯이 드러난 것일 뿐이다. 또한 이러한 기술들은 대안적 삶과 대안적 생산의 모든 형태를 무너뜨리기 위해 사용되었다. 2018년 노트르담데랑드의 개발지연구역(ZAD)*에 대한 과도한 경찰력 동원이 그 예다. 기자들의 취재가 금지되고 오로지 경찰 측 카메라

◆ 환경운동가들이 신공항 건설에 반대하는 운동을 벌이면서 해당 지역을 지켜야 할 구역(zone à défendre)이라고 명명했다.

맨만 촬영이 허가된 당시 현장은 법이 무용지물인, 말 그대로 **전쟁터**였다. 2019년 10월 18일부터 칠레인들이 '각성'을 외치며 벌인 대규모 시위 역시 경찰의 폭력적 진압의 현장이 되었다. 2020년 1월, 국가기관인 칠레 국립인권연구소가 내놓은 조사 자료에 따르면 139명의 여성이 강간을 당했고, 그중 14명은 미성년자였다. 눈에 부상을 입은 사람이 300명에 달했고, 그중 7명은 완전히 실명했다. 두려움에 신고를 포기한 이들을 감안하면 실제 피해자 수는 이보다 많을 것이다. 실제로는 2만 명이 넘는 이들이 감금되고, 3500명 이상이 다쳤으며, 그중 400명이 눈에 부상을 입었다. 그리고 경찰의 직간접적인 진압에 의해 약 30여 명이 목숨을 잃었다.

1980년대부터 전 세계 상당수 국가의 거리에서 적용되기 시작한 전쟁 논리의 가장 중요한 측면 중 하나는 '경찰의 군사화'이다. 전문가들의 표현을 빌리자면, 군사적 모델에 따라 합리화된 군중 진압 기관으로서 새로운 경찰을 구성하는 것이다. 다시 말해 중앙의 명령 체계에 따라 반대자를 현장에서 굴복시키는 임무를 수행하는 내부 군대인 셈이다.[7] 이러한 경찰의 군사화 과정을 통해 경찰 폭력을 합법화하고, 경찰 폭력에 맞서는 법들을 무력화하는 시도들을 이해할 수 있다. 2020년 경찰의 폭력 행위 촬영을 금지하고 감시용 드론과 카메라 사용을 확대하는 내용을 골자로 하는 이른바 '포괄적 안전' 법안 표결은 프랑스에서 오랫동안 진행되어온 자유 말살 법률 제정의 마지막 수순일 뿐이다.

경찰 부대의 외양과 진압 방식 역시 예전과 다르다. 평화 시위가 벌어질 때도 경찰은 폭력 시위 진압용 복장('로보캅' 스타일)을 착용하며 군 차량이 투입된다. 이른바 '중간 무력' 급의 무기가 사용되는데, 공식적으로는 살상 무기가 아니지만 심각한 부상이나 사망을 초래할 수도 있다. 프랑스에서 시위대에게 무차별적으로 사용되는 고무탄 발사기와 고무 알갱이 수류탄(sting-ball grenade)이 그 예다. 경찰은 헬리콥터와 드론을 동원하여 마치 적군을 감시하듯 시위대를 감시한다.[8] 질서 유지 기술의 목적은 충돌 지역에서 시위자들을 분리하고 보호하는 것이 아니다. 이 기술은 시위자를 혐의자로 일반화하여 시위 대열에 출입하는 것을 막고, 나아가 기소가 따르지 않는 자의적인 예방적 체포를 통해 시위 참여 자체를 막거나 봉쇄 전술(kettling)[9] 등을 통해 시위 자체를 무산시켜버리기도 한다. 또한 시위 대열 한가운데서 '폭도'를 체포하는 과정에서 일반 시위자를 구타하여 부상을 입히기도 하고, 기자들의 장비를 압수하는 등 위협적이거나 모욕적인 행동을 일삼기도 한다. 이처럼 경찰의 전술은 헌법상 보장된 시위를 할 권리를 보호하는 데 목적이 있는 게 아니라, 반대로 일반적으로 평화 시위를 벌이는 시민들을 상대로 비대칭적 힘을 사용함으로써 가능한 한 시위를 억제하려는 목적을 지닌다. 2016년 노동법 개악 반대 밤샘시위(Nuit debout) 당시 경찰과 협상하여 시위대 이동 구간을 정하던 관행이 지켜지지 않고 시위대가 좁은 구역을 끊임없이 맴도는 경험을 하게 된 후로 프랑스의 시위 분위기는 완전히 바뀌었다. 시위에 참여하는 게 위험한 일이 되어버린 것이다. 이제 경찰의 목적은 시위대와 '동행'하는 것이 아니라 실제 혹은 잠재적 폭력 행위 주동자를 체포하는 것이다. 경찰의 존재 이유와 우선적 목표는 진압이다. 이는 인구의 상당수가 빈곤과 고용 불안에 시달리면서 발생한 서민 지역의 폭동에 경찰이 개입하는 과정에서 이미 관찰된 방식이다. 2005년 10월과 11월, 프랑스 파리 변두리 지역에서 발생한 폭동을 진압하기 위해 전개된 작전은 알제리 전쟁(1954~1962)에서 프랑스 군대와 경찰이 동원했던 난폭한 방법들을 연상시킨다. 밤새 동네 상공에서 조명등을 켠 헬리콥터가 시끄러운 굉음을 내며 날아다녔다. 이는 지역 주민들에게 겁을 주려는 경찰의 목적에 따른 것이었다. 정부는 이런 해묵은 식민지 시절의 방식을 다시금 가져와 신자유주의적 개혁에 반대하는 내부의 적들을 상대로 사용하게 된 것이다.[10]

경찰력의 군사화는 그들 사이에서 극우적인 정치적 급진화를 낳기도 하는데, 이와 관련한 문제 제기는 매우 드물다. 사회와의 절연, 그들끼리의 병영 생활, '적'에 대해 느끼는 좌절감 등이 폭력적이고 위험한 행동을 부추기지만, 대부분 상부에 의해 덮어진다. 더 나아가 경찰의 군사화는 테러리스트 혹은 아나키스트로 간주된 반대자를 상대하기 위한 '민병대화' 현상을 낳기도 한다. 미국에서 일어난 '흑인의 생명도 소중하다(Black lives matter)' 운동이나 안티파(Antifa) 운동에 대해 트럼프가 취한 태도가 좋은 예이다. 트럼프는 군대를 파견하고, 무장 극우파 민병대에게 민주당이 다수파인 도시들에서 '법과 질서'를 회복하기 위해 행동에 나설 것을 촉구했다. 프랑스 정부 역시 정치적 적으로 간주한 노란 조끼 운동을 분쇄하기 위해 폭력적인 방식을 사용하는 데 주저함이 없었다. 2019년 11월 16일 시위 당시 노란 조끼 운동 대표자에게 '우리는 같은 편이 아니다'라고 한 파리 경찰청장 디디에 랄망의 발언이 이를 증명한다.

노란 조끼 운동에 대한 탄압

노란 조끼 운동에 대한 진압은 특별히 더 폭력적이었다. 이 폭력은, 임금과 최저생계비 인상, 직접민주주의, 극빈층에게 불리한 간접세 인하 등 수개월 간 노란 조끼 운동이 요구한 평등에 대한 직접적인 응답이었다. 2019년 3월 프랑스 내무부 공식 발표에 따르면 고무탄 1만 2122발, 최루탄 1428발, 고무 알갱이 수류탄 4942발이 발사됐다.[11] 독립 언론인 다비드 뒤프레슨의 집계에 따르면, 경찰의 폭력 행위 신고 500건, 사망 1명, 머리 부상 206명, 한쪽 눈 실명 22명, 손 절단 5명◆이 발생했다.[12] 2019년 2월부터 시위 진압 과정에서 행해진 극심한 폭력 행위에 대한 비판이 잇따랐다. UN 산하 인권 전문가 그룹은 '최근의 노란 조끼 시위에서 프랑스의 시위할 권리는 비대칭적으로 제한되었다'며 우려를 표시했다.

◆ 프랑스 작가 소피 디브리(Sophie Divry)는 손 절단 피해자 5명을 인터뷰하고 책으로 펴냈다. Sophie Divry, *Cinq mains coupées*, Seuil, 2020.

반면, 사법 시스템은 경찰의 불법 행위를 보호했다. 더 나아가 체포된 시위자 일부에게 지나치게 무거운 형량을 부과하기도 했다. 검찰은 사법경찰 사무관이 급하게 작성한 조서만을 근거로 과도한 구형을 내렸다. 시위대의 기소와 구류는 '반범죄집단법'에 의해 이루어졌는데, 2010년 사르코지 집권 시기에 도입된 이 법은 '사람에 대한 고의적인 폭력 행위 혹은 기물 파손을 모의하는 집단에 가담'한 자를 처벌하는 것이 목적이었다. 당시 변두리 지역에 만연한 범죄를 근절하기 위해 도입된 법이었다. 이러한 탄압의 맥락 아래 우파 상원의원들이 제출한 '시위 폭력의 예방과 처벌법', 일명 '반폭도법'이 표결에 부쳐졌다. 이 법안은 시위 금지를 위한 행정기관의 권한 남용을 '합법화'하고 처벌 수위를 강화하는 것을 목적으로 한다.

이 같은 노란 조끼 운동에 대한 폭력적 탄압을 정당화하기 위해 이 운동에 대한 비방과 낙인찍기가 광범위하게 진행됐다. 방송사들도 지속적으로 사회적 괴물 만들기에 동참했다. 주류 언론사 간판 앵커와 기자 들은 노란 조끼 운동원 개개인의 이미지를 실추시키는 영상을 내보냈다. 운동원들은 분노와 원한에 사무친 이들, 반생태주의자, 반유대주의자, 외국인 혐오자, 파쇼, 극좌파의 모습으로 묘사됐다. 내무부 장관은 걸핏하면 수천 명의 폭도가 파리를 때려 부술 것이라는 소문을 퍼뜨렸고, 마크롱 대통령은 심지어 그들 배후에 외국 세력(특히 러시아나 살비니의 이탈리아)이 있다고 암시하는 등 가짜 뉴스를 퍼뜨리며 지극히 전통적인 방식으로 공포심을 조장했다. 경찰이 파괴 행위를 방조하고 폭력적인 진압을 반복하는 식의 관리 방식은 정치적 공포심을 조장하는 데 최적이었다.

노란 조끼 운동과 그에 대한 탄압은 신자유주의 정부들이 맞닥뜨린 문제, 즉 사회적 분노와 사회 정의에 대한 요구를 어떻게 관리할 것인지를 보여주는 좋은 예다. 경찰력에 의한 탄압은 '비자유주의' 체제에만 국한되지 않으며, 비자유주의 체제를 단호히 반대하는 국가에서도 이른바 '자유' 민주주의의 이름으로 벌어지고 있다. 노란 조끼 운동 말고도 비슷한 예가 있다. 가령 스페인 사법 당국은 카탈루냐 지도자에 대한 재판에서 과도한 형량을 선고했다. 우리는 지금 전통적인 파시즘이 다시 도래하는 장면이 아니라, 개인과 집단의 자유를 문제 삼는 '사회 전쟁의 합리성'이 자리 잡고 있는 모습을 목격하고 있다.

내전의 합리성

경찰의 권한과 수단 강화를 정당화하기 위해, 특히 시위의 가능성을 제한하기 위해 '테러 위협'이라는 구실이 단골 메뉴처럼 등장한다.[13] 더 나아가 신자유주의적 통치 방식에서 사회를 상대로 벌이는 전쟁의 합리성이 일반화된 것은 신자유주의 지배의 고유한 경제·사회적 요건들과 상대적으로 무관해 보이는 역사적 상황과 밀접한 관련이 있다. 1979년, 이란의 '이슬람 혁명'은 이슬람을 파괴하려는 서구와 대결하는 글로벌 지하디즘의 출발점과도 같은 사건이다. 이에 대한 서구의 답변은, 부시의 표현을 빌리자면, '범지구적 테러와의 전쟁(Global War on Terror)'이었다. 법과 경찰의 대응에 전쟁 패러다임이 도입되었고, 이러한 '대테러'라는 말로 정당화된 새로운 방식들이 반정부 세력에 대한 정부의 모든 대응에 적용되었다. 2001년 9월 11일 일어난 미국 국제무역센터에 대한 테러는 서구 국가들에게 본격적인 전환점이 되었다. 테러 발생 다음 날부터 미국 정부는 입법 원칙 및 단속 원칙을 변경했으며, 다른 국가들도 그 뒤를 따랐다. 이후 '테러와의 전쟁'은 2003년 이라크 침공 같은 타국에 대한 일련의 무력 개입을 정당화하는 데 그치지 않고, 국가 방위와 국민 보호를 명분으로 한 법의 변형 및 전쟁 방식의 변형을 정당화했다. 이에 따라 요인 암살, 납치, 실종, 죄수 고문, 재판 없는 구금, 전화와 디지털 기기에 대한 대대적인 감청 등이 행해졌다. 이러한 조치들은 미국을 선두로 여러 국가에서 점차 합법화되었다. 특히 2001년 조지 W. 부시 대통령의 주도로 제정된 애국자법은 이후 20년간 좋은 모델이 되었다.

이슬람주의 테러는 전쟁의 교리를 변화시켰을 뿐 아니라 전쟁이 재현되는 전통적 모습도 변화시켰다. 테러와의 전쟁은 더 이상 분쟁 중인 두 국가의 군대 사이에서 벌어지는 전쟁이 아니다. 이는 국민들 사이에 잠입한 위험한 소수를 적발하고 그들이 행동을 개시하기 전에 섬멸하기 위해 벌이는 전쟁이다. 테러와의 전쟁은 지하디스트가 국민에 대해 벌이는 국경 없는 전쟁 시도에 대한 전 지구적 답변으로 간주된다. 테러와의 전쟁은 자유의 제약과 일반화된 감시를 통해 모든 인구에 영향을 끼친다. 이는 마치 테러리스트의 목적이 그들의 도발에 대한 정부의 반응에 의해 완성되는 것과 같다. 테러 행위가 유발하는 공포심에 의해 인구에 대한 통치는 갈수록 '안전 보장'과 관련된다. 버나드 E. 하코트의 표현에 따르면, **인구 통치**의 새로운 양식이라 할 만하다.[14] 테러와의 전쟁은, 카를 폰 클라우제비츠의 유명한 정의처럼, 정치 이외의 수단에 의해 수행되는 정치의 연속이 아니라 그 자체로 온전한 의미에서 정치적이며, 그런 관점에서 고찰되어야 한다.

본래 테러를 막기 위해 탄생하고 발전한 이 정치적 전쟁의 모델이 어떻게 그리고 왜 모든 형태의 반대와 저항을 분쇄하는 데 사용되는지, 어떻게 인구 전체가 감시의 대상이 되었는지 이해하는 것이 중요하다. 하코트에 따르면 이 새로운 통치 방식은 그가 '혁명 없는 반혁명'이라고 명명한, 이른바 **대게릴라전 혹은 내란 진압**(counter-insurgency) 전쟁 모델을 따른다.[15] 이 전쟁은 다음 세 단계를 따라 진행된다. 첫째, 일반화된 인구 감시를 통해 위험한 소수를 가려내고 고립시킴으로써 내 편과 적을 구분한다. 둘째, 합법적인 혹은 합법화 단계의 모든 수단을 동원하여 위험한 소수를 분쇄한다. 셋째, 이념적, 법적 수단을 포함한 모든 수단을 동원하여 인구 일반이 전쟁의 목표를 따르도록 만든다.[16]

이 대게릴라전 모델은 여러 식민지 군대에서 처음으로 실험되고 이론화되었다. 특히 프랑스군은 인도차이나와 알제리 식민지 전쟁에서 이 모델을 광범위하게 적용했고, 냉전 시기 동안 프랑스 무관의 반게릴라 전투원 양성 과정을 통해 남미 지역을 포함한 전 세계 독재자들에게 수출됐다. 주민들 틈에서 암약하는 반란군 핵심 세력을 국내 곳곳에서 공격하는 이 '외과적' 전쟁 모델은 사회적, 정치적 질서를 위협한다고 간주된 좌파 조직원을 색출하려는 독재자들에게 안성맞춤이었다. 이러한 비재래식 전쟁 형태는 미군이 게릴라 및 마약 카르텔과 직간접적으로 전쟁을 벌이던 시기에 체계화되었다. 이 전쟁 형태에서 사용된 기술들은 미군을 주축으로 한 연합군이 이라크와 아프가니스탄에서 벌인 전쟁에서 더욱 확대 적용되었고, 이후 국내용으로 재수입되었다. 이 기술들은 2000년대 초 디지털 감시 수단과 드론 덕분에 엄청난 진보를 이루게 된다.

대게릴라전 모델은 이제 국내 차원에서 질서 유지를 위한 정치 형식 자체가 되었다. 질서 유지가 정치의 일인 것은 새로운 게 아니다. 근대 경찰은 출발부터 정치적이었다. 19세기부터 반란을 진압하는 일은 범죄를 처벌하는 일만큼이나 중요했다. 20세기 초부터 경찰은 군대 대신 사회적 저항을 억제하는 역할을 맡게 되었다. 질서 유지 방식이 갈수록 탈군사화하는 동시에 경찰 부대는 프랑스의 헌병 기동대와 공화국 보안 기동대(CRS)의 예처럼 점점 군사화되었다. 경찰력 재정비 측면에서 프랑스가 앞서기는 했으나, 영국 역시 앞서 살핀 1980년대 도시 폭동과 광부 파업에 대한 대처의 대응에서 보듯이 곧 프랑스의 뒤를 따랐다. 그리고 21세기 초 테러와의 전쟁은 인구에 대한 기술적 통제 강화를 통해 내란 진압 활동에 결정적이고 새로운 자극을 주었다. 하코트가 지적하듯이, 이제 각 개인이 스스로 생산한 정보 즉, 그들의 수동적 동의 아래 거대 '소셜 네트워크'를 관리하는 기업들이 활용하는 '총체적 정보'[17]에 의한 통치가 이루어진다. 이러한 디지털 기술 덕분에, 안면 인식, 예측 치안, 소셜 네트워크에 대한 항상적 감시 등 첨단 감시 기술을 활용하는 '기술경찰'이 등장한다. 이러한 전략적 지형 속에서 권력의 형태 자체가 변화한다. 사목, 규율, 경쟁을 기초로 한 신자유주의적 통치성을 모두 결합해도 이러한 권력 형태를 파악하기에는 충분하지 않다. 여기서 문제가 되는 것은 폭력적인 주권주의다. 이 폭력은 국가가 전쟁 상대인 정치적 적에게 부여한 실제적인 혹은 상상적인 폭력성에 비례한다. 그 적의 범위는 질서와 그 질서를 수호하기 위해 동원된 수단과 '한편'임을 선언하지 않은 모든 이들을 포괄할 정도로 탄력적이다. 활동가, 언론인, 대학교수, 노동조합원 혹은 좌파 정당 들을 적의 공모자로 만들어내는 글과 말이 넘쳐난다. 프랑스의 예에서 보듯이, 이민자 출신 인구에 적대적인 사회 전쟁을 조금만 비판하기라도 하면 '이슬람 좌파주의'라는 만능 딱지를 붙이는 식이다. 물론 테러리즘은 통째로 꾸며낸 핑곗거리가 아니며, 불행히도 실재한다. 하지만 모든 사회적, 정치적 관계에 테러리즘이 전쟁의 합리성을 강요하는 구실을 제공하고 있다.

11장

신자유주의 전쟁 기계로서의 법

법은 시장의 확대와 자본의 지배라는 좀 더 실제적인 현실을 가리는 '베일'로서만 작동하지 않는다. 법은 고유의 효력을 지니며, 단순한 이데올로기가 아닌 국가의 규범적 권력으로 작동함으로써 지배자의 이익에 복무한다. 국가가 국민에 행하는 지배가 항상 법의 형태를 취했다는 사실을 고려하지 않는다면 모든 근대 국가의 역사를 이해하는 건 불가능하다. 전체주의 혹은 권위주의 체제는, 주지하다시피 그들의 근본법 위반과 정치적 범죄를 법정에서 판사의 손을 빌려 영속적인 질서로 만들 방법을 고민한다.

신자유주의는 법을 경멸하지 않는다. 오히려 그 반대다. 신자유주의 주류는 그 출발부터 시장경제의 적절한 작동을 위한 법적 질서의 필요성을 강조하면서 자유방임적 자연주의와 선을 그었다. 앞서 살펴보았듯이[1] 그들은 개인의 행동은 헌법화된 근본 원칙의 틀 속에서 이루어져야 하며 개인 간 상호 관계와 법적 결정에 따라 발전하는 법에 의해 규제되어야 한다고 주장했다. 이러한 '법'에 대한 선호는 심각한 **탈정치화**를 초래한다. 또한 하이에크의 사상에서처럼, '경쟁'은 규범적이고 공정하며 왜곡되지 않은 시장경제 이념에 내재되어 있으며, 관습법(Common law)이라는 매우 이상화된 모델에 따라 부패와 정치적 당파성에서 자유로운, 엄격한 공평성을 보장하는 법 제도를 선험적으로 요구한다. 이는 세계은행과 국제통화기금(IMF)을 필두로 시장 친화적인 법질서 수립을 장려하는 거대 국제기구들이 추구하는 이상이기도 하다.

그런데, 민주주의를 표방하는 국가들이 추구하는 공평한 법질서라는 이 이상이 내부의 적에 대한 전쟁을 명분으로 하는 매우 정치적인 법적 개입이라는 사실이 명확해졌을 때, 그 이상을 어떻게 이해해야 할까? 답은 신자유주의 전쟁의 전략에 복무하는 법의 사용과 법적 수행에 있다. 사실 신자유주의가 벌이는 전쟁은 반드시 군사적인 것만은 아니며, 오직 군사적인 것도 아니다. 이 전쟁은 모든 영역, 모든 제도, 모든 담론을 가로지른다. 이 전쟁은 권력관계를 구성하며, 피지배자의 저항과 반란의 형태뿐 아니라 지배자의 탄압 형태에도 관계된다는 점에서 근본적으로 '사회적'이다. 따라서 법은 전쟁이 벌어지는 장소이자 전쟁의 수단이다.

이러한 신자유주의의 법적 전쟁의 전략은 서로 다른 지정학적 상황에 따른 두 가지 측면을 지닌다. 테러와의 전쟁과 관련된 위법적 조치들을 보통법으로 통합하는 것이 한 측면을 이루고, 신자유주의의 정치적 적들을 공격하기 위한 정치 영역에서의 법적 개입주의가 다른 한 측면을 이룬다. 프랑스가 첫 번째 측면의 예를 보여준다면, 브라질은 두 번째 측면을 완벽하게 재현한다.

긴급사태와 법치국가

2020년 10월 프랑스 니스의 성당에서 테러가 발생한 다음 날, 공화당 소속 알프마리팀 지역 의원 에릭 시오티는 '이슬람주의를 근절하기 위해 법적 틀을 바꿔야 한다'고 주장했다. 그는 "우리의 무능력을 정당화하는 데 이용되는 법적 틀은 더 이상 이 전쟁을 위해 적합하지 않다"라며, "사회를 보호하기 위한 예방의 원칙이 수립되어야 한다. 개인의 자유를 보호한답시고 테러리스트를 보호하고 사회를 위협하는 일을 멈추어야 한다"[2]라고 덧붙였다. 테러 공격이 발생할 때마다 이런 식의 담화가 뒤를 이었다. '예외적인' 조치를 취해야 한다는 호소는 이제 일반적인 것이 되었다. 이에 앞서 2015년 11월 발생한 지하디스트의 테러 이후 취해진 긴급사태 조치들은 법원의 심사를 생략하고 행정부와 경찰의 권한을 강화하는 것을 목표로 삼았다. 경찰이 혐의자라고 규정하면 차량 수색, 통행금지, 안전 구역 설정, 압수 수색, 가택 연금, 전자 팔찌 착용, 도청 등이 합법적으로 가능해졌다. 이는 유럽인권조약(ECHR)을 위배한 것으로, 이슬람주의 테러와의 전쟁과 무관한 목적을 위해서도 사용되었다. 2015년 11월 말 유엔기후변화회의(COP21) 기간 동안 시위를 벌인 생태주의자들이 표적이 되었던 걸 예로 들 수 있다. 당시 시위를 막기 위해 마련된 조치들은 그 후 약 2년 동안 유지되다가 2017년 12월, 표결을 통해 '국내 안보와 테러 방지 강화법(SILT)'이라는 이름 아래 보통법에 통합되었다. 이로써 사법부의 권한이 행정부로 이전되었다. 행정 당국 역시 SILT 주요 법 조항들을 테러 위협과 무관한 상황에서 표현과 집회의 자유를 제한하기 위해 사용했다. 앞 장에서 살펴보았듯이 노란 조끼 운동에 대한 탄압은 모든 사회운동이 일반화된 예외적 조치의 대상이 될 수 있다는 사실을 잘 보여주었다. 실제 행동으로 옮기기 전에 그럴 의도가 있다는 의심만으로 범죄자가 될 수 있다.

2017년 1월 국제 앰네스티가 유럽연합 소속 14개국에서 진행한 조사[3] 결과가 보여주듯이, 이러한 변화는 유럽에서 상당히 일반적이다. 조사 보고서는 다음과 같이 시작한다. "여러 국가에서 긴급사태 발령 및 기타 조치의 기간 연장 등이 이루어졌다. 예외적이고 임시적이어야 할 권한들이 점점 더 자주 보통 형법에 영구적으로 통합되었다." 보고서는 다음과 같이 결론을 내렸다. "(이 조치들은) 법치국가의 근간을 흔들었으며, 행정 권력을 강화하고 법에 의한 보호를 약화했다. 표현의 자유를 제약하고 모든 인구를 정부의 감시하에 두게 되었다. 외국인과 소수 민족, 종교적 소수자들이 특히 타격을 입었다." 세계적으로 대개 비슷한 내용의 이 법들은 기본권을 무시하고 시민을 항시적으로 감시하는 것을 임무로 삼는 경찰국가를 만들어낸다. 그런데 역사적으로 법치국가는 국가 행정부가 법을 오로지 도구적으로만 사용하는 경찰국가에 반대하여 성립된 것이다. 더 정확히 말해 법치국가는 행정부를 그보다 상위의 규범(그중에서도 헌법적 법률) 아래 두는 원칙 위에 세워졌다. 따라서 법치국가와 경찰국가를 구별 짓는 것은 정치적 체제의 차이라기보다 국가와 법 사이 관계의 차이이다. 다시 말해 국가가 그것의 권력, 특히 입법부와 행정부의 권력보다 상위의 법에 제한을 받느냐 받지 않느냐의 차이인 것이다. 이러한 법치국가의 구성 원칙에 반하여 입법자들이 헌법적 법률과의 양립 가능성을 고려하지 않고 제정한 현재의 법률들은 '위험'이 질서 관리의 첫째 기준이 되는 사회를 만들어낸다. 이런 사회를 미레유 델마-마르티는 '혐의의 사회'라고 부른다. "'혐의의 사회'는 형법과 행정법 사이 혼동을 초래한다. '형법'은 예방적, 예언적이 되고, 본래 예방적 성격의 행정법은 처벌과 탄압에 이용된다. 그리하여 행정권이 법에 의해 보장되어야 할 권리보다 우선시되는 권력의 혼동이 야기된다."[4]

오늘날 세계 곳곳에서 법치국가를 도착적으로 재정의함으로써 법치국가의 원칙을 문제 삼는 과정이 서서히 진행 중이다. 프랑스 총리를 지낸 마뉘엘 발스는 다음과 같이 선언했다. "긴급사태를 최고 규범으로 놓는 것은 그것의 적용을 법에 종속시키는 것이다. 이것이야말로 법치국가의 핵심이다."[5] 이렇게 이해된 법치국가는 더 이상 국가의 독단으로부터 시민의 권리인 안전(sûreté)을 보호하는 것으로 정의되지 않는다. 법치국가는 법의 내용과 상관없이 법의 형식에 의해 정의된다. 이는 법치국가에 대한 완전히 형식적인 정의로, 자유를 말살하는 조치를 합법화함으로써 그것을 정당화하는 결과를 초래한다. 익히 알려진 이 논리는 안전(sécurité)의 이름으로 자유를 후퇴시킨다. 법은 이제 안전(sécurité)이 자유의 조건이라는 구실로 자유를 제한한다. (sécurité와 sûreté의 혼동과 쌍을 이루는*) '안전 국가'와 혼동된 법치국가는 실정법이 근본법에 종속되어야 한다는 원칙을 저버린다. 이제 공공질서의 예방적 보호가 다른 모든 법의 내용보다 우선시 된다.

법치국가와 완전히 반대되는 '예외 상태'에 의해 법적 질서가 단순히 중단된다는 생각과 다르게, 우리는 지금 법적 질서의 근본 규범을 상당한 비중의 안전 관련법으로 대체하는 관리 및 치안 방식의 변형을 목격하고 있다. 마리 구피가 지적했듯이 조르조 아감벤이 모순어법으로 표현한 '영구적인 예외 상태'에 대해 논하는 것은 무의미하다.[6] 법적 질서는 중단되지 않는다. 긴급사태의 위법적 조치들이 영속화되고 보통법으로 통합되어 규범이 변형되었을 뿐이다. 마크롱이 집권하던 때의 프랑스는 이 점에서 독보적이다. 당시 프랑스의 입법과 행정명령에는 한계가 없어 보인다. 사건 사고가 발생하고 테러 공격이 벌어질 때마다 급조된 법률이 제정되었고, 전체적 일관성을 고려하지 않고 행정명령이 공표되었다. 이런 **광란의 입법**을 통해 대테러리즘은 사회적 저항을 탄압하는 도구를 국가에 제공한다. 신자유주의가 벌이는 내전은 이슬람주의 테러리스트에 국한되지 않는 매우 다양한 적을 출현시킨다. 푸코는 법과 형벌 제도가 오래전부터 그가 '사회적 적' 이라고 명명한 이들을 범죄자의 형상으로 생산해낸다는 사실을

◆ 프랑스어 'sécurité'가 자연재해, 산업재해 등 의도치 않은 사고에 대한 방지 수단을 의미한다면, 'sûreté'는 절도, 기물 파손, 방화 등 고의적인 행위에 대한 저지 수단을 의미한다. 우리말로는 통상적으로 두 단어 모두 구별 없이 '안전'으로 번역된다.

지적했다.[7] 오늘날 신자유주의는, 특히 이른바 '변방' 국가들에서, 그 자신이 만들어낸 정치적 적을 패퇴시키기 위해 법적 공간을 전략적으로 활용한다.

신자유주의의 적에 대한
법의 전쟁

신자유주의는 일부 저자들이 **법률전**(lawfare)이라고 부르는 논리에 기대어 발전한다. 오르드 키트리는 이 개념을 적을 약화하거나 섬멸하기 위해 벌이는 재래식 군사작전에서 전통적으로 얻고자 한 것과 비슷한 효과를 창출하는, 법의 전략적 사용이라고 정의한다.[8] 국내 정치 차원에서 법률전은 범죄 책동으로부터 국가를 지킨다는 공식적인 명분을 내세움으로써 외형적으로는 법치국가의 원칙에 부합하는 것처럼 보이지만, 실제로는 신자유주의 질서의 적으로 지목되거나 의심되는 이들을 무력화하거나 제거하는 정치적 목적을 지닌 법적 전략이다. 브라질의 루이스 이나시우 룰라 다 시우바의 변호사들, 특히 라파엘 발림이 이 법률전 개념을 재소환한 덕분에 신자유주의 지배를 공고히 하기 위한 법 영역에서의 정치적 투쟁 양상 중 하나로 조명될 수 있었다.[9]

가장 두드러지는 예인 브라질을 포함한 일부 몇몇 국가에서, 1960~1970년대 민주주의적 시민 정부를 전복하기 위해 동원되던 군사작전이 법적인 행동들로 대체되었다. 법적 형태로 원하는 정치-전략적 효과를 얻을 수 있다면 민주주의적 절차를 중단하거나 부정하는 군사적 개입은 경제적으로나 정치적으로 비용만 많이 드는 무용한 것이 된다. 법적인 방식으로 잠재적 후보자의 자격을 박탈하고, 정치 지도자를 자리에서 쫓아내고, 유권자의 다양한 의사 결정 과정을 막는 등 '자유주의'의 중요한 본보기라 할 만한 민주주의 선거 과정을 '망가뜨리는' 경우를 예로 들 수 있다. 또한 지배계급은 무엇보다 자신의 특수 이익이 위협받을 때 법적 소송을 통해 '인민주권'으로부터 제기되는 정치적 위험을 피할 수 있게 된다.

특히 라틴 아메리카 국가들에서 법률전이라는 정치적 전략이 자리 잡은 것을 확인할 수 있다. 그 이유를 찾으려면 우선 19세기부터 이 지역이 지리적으로 미국의 이익을 위한 전용 사냥터 역할을 했다는 역사적 사실에서 출발해야 한다. 또 다른 이유도 있다. 라틴 아메리카에서 공공연한 폭력을 통해 시작된 신자유주의가 발전을 구가하던 시기는 민주주의적 형식이 복원되고 헌법적 통제 기관이 설립된 시기와 일치한다. 따라서 노골적인 독재 형태로의 회귀는 위험하다. 신자유주의의 반민주주의적 민낯을 드러내는 것이기 때문이다. 따라서 사회운동에 대한 전쟁은 군사독재가 아닌 다른 수단을 통해 가능한 한 오랫동안 지속되어야 한다. 이미 살펴봤듯이 이 전쟁은 문화적이고 미디어와 디지털에 기반을 둔 형태로 대규모로 수행된다. 또한 이 전쟁은 수십 년간 강화된 권한과 합법성에 기대어, 자신이 '공공의 안전'을 지키는 절대적 사명을 지고 있다고 믿는 법관들을 통해 법적 형태로 전개되기도 한다. 브라질의 루이스 이나시우 룰라 다 시우바에 대해 벌어진 법적 음모들은 그중 한 예에 불과하다. 이에 대해서는 뒤에서 더 살펴볼 것이다.

전도된 법률전

법률전이라는 용어는 1975년 존 칼슨과 네빌 예어먼스의 글에서 "칼이 아닌 말로 이루어지는 전쟁"[10]인 서구 법 시스템을 지칭하기 위해 처음 등장했다. 2001년 9월 11일 테러 이후 이 개념은 신보수주의자에 의해 다시 언급되기 시작했고, 미국 군 관계자 사이에서도 사용되었다. 법률전은 본래 군사작전을 수행할 때 군인 행동을 통제하는 것과 관련이 있다. 무력 충돌 시 행동을 규제하는 '국제법', 특히 '무력분쟁법'을 예로 들 수 있으며, 이 법들에 따른 통제는 북미의 전쟁 활동에 강요된 지나친 법률지상주의라고 비판받았다.

법률전 개념의 전파자였던 미국 공군 소장 찰스 J. 던랩 주니어는 2001년 다음과 같은 질문을 던진다. "법이 전쟁을 불공평하게 만드는가?"[11] 미군과 국제법 전문가들의 대답은 '그렇다'였다. 그들은 군사적으로 열세인 적들이 국제 규범을 이용해 북미의 군사적 헤게모니를 제한함으로써 (특히 2001년 이후) 미국의 안보를 위협하고 있다고 보았다. 약자들의 전략은 미국이 지키고자 하는

'가치'(인권과 법치국가)가 미국의 안보에 대한 절대적 요청에 **반하여** 적용되도록 하는 데 있었다. 던랩에 따르면 미국의 군사적 힘은 순전히 전술적인 이유로 자신들과는 다른 가치를 내세우는 교전 상대국에 의해 제약된다.[12]

만약 법이 약자들의 무기라면, 왜 강자의 무기가 될 수 없을까? 왜 미국은 작전 목표를 달성하기 위해 법이라는 무기를 사용하지 않는가? 법률전 개념은 2000년대부터 완전히 다른 양상을 띠기 시작한다. 법률전 개념은 이제 전쟁터가 아닌 합법성의 영역에서 적을 제압하고 제거하기 위한 새로운 전략으로 통합되었다. 미국의 군사적 헤게모니의 장애물이었던 법률전은 그 헤게모니를 지키는 유용한 전략적 수단이 된 것이다.

신자유주의에 복무하는
새로운 입헌주의

라틴 아메리카에서의 '신자유주의 부흥'은 워싱턴 컨센서스의 기초 위에서 진행되었고, 세계은행 및 IMF와 같은 국제 금융기관들이 정의한 '좋은 거버넌스' 원칙 아래 이루어진 일련의 경제적·정치적 개혁으로 귀결되었다. 남반구 개발도상국들이 대출을 받기 위한 조건인 '구조 조정'에는 제도적, 법적 개혁이 포함되어 있었다. 독립 재판소 설치, 대의 민주주의 제도 정착, 특히 법치국가 구축과 '현대화된' 사법권 구축 등이 국제기구에서 요구하는

'개혁' 패키지였다. 이는 세계화의 경제 규칙이 자유주의적·민주주의적 정치체제 정착과 불가분 결부되어 있다는 생각을 한층 더 강화했다. 실제로 규범 및 제도와 관련된 국제 금융 조직들의 투자 계획은 상당한 금액에 달했다. 2006년 전체 대출액의 52%가 인력 개발과 법적, 제도적 개혁 관련 프로젝트에 투입되었다.[13] 이러한 개혁은 기본권 존중 및 법적 서비스에 대한 접근성 증대뿐만 아니라 전문가 양성, 국가권력에 대한 법적 통제 등과 관련되었다. 사법권의 합리화와 독립, 정치적 협의 과정에 대한 사법권 개입 능력의 증대, 법에 대한 접근 향상 등 다양한 전략적 목표가 추구되었다. 이 개혁 조치들은 공식적으로는 정치적 부패와 모든 형태의 경제 범죄를 척결하고, 경제적 교환 과정에 안정적인 틀과 안전을 담보하기 위해 도입되었다. 랜 허실이 분석한 바에 따르면, 양국 혹은 다국적 기구에 의해 채택된 이러한 일련의 전략은 "법률의 헌법화, 상대적으로 독립적인 법적 시스템과 상고 절차가 도입된 최고재판소의 설치"[14] 등으로 귀결되었다.

　이러한 사법권의 확대는 미국의 사법 모델을 신봉하고, 그 모델이 라틴 아메리카, 아시아, 아프리카로 수출되며 이루어졌다. 이는 안정적이고 견고한 헌법적 구조를 갖추지 못했다고 여겨지는 지역에서 '민주화' 과정의 정수로 소개되었다.[15] 이 모델은 두 얼굴을 하고 있다. 한편으로는 채권과 재산권의 보호를 보장하는 반면, 사회적 권리와 경제적 권리를 포함하는 더 넓은 개념의 인권에 대해서는 어떤 실질적인 자리도 마련해 놓지 않는다. 이 새로운 입헌주의는 사실상 대의제도를 무시한 채 노동자와 시민의 권리 향상을 가로막는 방벽으로 기능한다. 허실이 지적했듯이 이는 (최소한 형식적으로라도 올바름의 규칙을 따르기로 한) 정치, 경제 엘리트와 (행동반경, 합법성, 사회적 권력이 현저히 확대될) 법조인 간의 동맹이 이룬 결실이다. 따라서 '법률의 헌법화'를 권력을 분배하고 공유하는 민주주의 프로젝트의 심화와 성급하게 동일시하지 말아야 한다. 법의 확장은 분배 정의 개념이 진보하는 데 매우 제한된 영향만을 끼친 반면, 정치, 경제 엘리트의 지배에는 한층 더 합법적인 기초를 제공했다.[16] 외국 기업 혹은 다국적 기업은 국가 이익에 반하여 행동할 때조차 해당 지역의 판사와 정부 부처 관계자의 도움을 기대할 수 있게 되었다.

이러한 '신엘리트' 간의 동맹 덕분에 고위 법조인의 경제적, 사회적 위치가 격상되었다. 브라질에서 사법관의 보수는 1995~2016년 20년간 두 배(+112%)로 올랐다.[17] 라틴 아메리카의 법조계 종사자들은 정치인 대부분과 달리 자신들은 유능하고, 중립적이며, 부패에 물들지 않은 법 전문가임을 내세웠다. 그 덕분에 정계와 재계에서 벌어지는 청렴결백 경쟁의 승자가 될 수 있었다. 그들은 곳곳에서 선출직 정치인의 '대의(代議)'에 대한 신뢰가 위기에 봉착한 시기에 법을 구실로 정치적으로 행동할 수단을 확보하게 된 셈이다. 이를테면 사법 체제를 헌법 질서의 수호자이자 공공의 안녕을 보장하는 배타적 힘으로 만들어버리는 '대체주의'에 대해 논할 수 있을 것이다. 국가기관 공무원을 순수한 기술자로 표상하는 사법 영역의 자율성은 결국 정치의 탈정치화를 초래하고, 사회적 지위 상승으로 더욱 강화된 법조인들의 계급적

편견을 은폐한다.

라틴 아메리카, 그중에서도 브라질에서 가장 두드러진 이 사법권의 자율성은 시민사회의 상대적 수동성을 낳았다. '중립적'이고 '기술적'인 사법권 앞에서 피지배자 집단의 정치적 개입 능력은 현저히 축소되었다. 이들이 법적 영역에 개입하기 위한 자격을 얻기 위해서는 그 영역에서 요구되는 담론과 실천의 형식에 적응해야만 한다. 2003~2016년, 룰라와 지우마 호세프 집권 기간 중 사법계와 연방 경찰의 자율성은 그들이 독립적인 관료 집단으로 변모할 만큼 확대되어 단독으로 정치적 행동을 개시할 수 있을 정도가 되었다.

보통선거에 반대하는 법

사법 및 경찰 권력의 자율화는 정치 무대에 시민과 새로운 주체를 참여시키려는 노력과 정확히 반대의 길을 간다. 그렇게 정치 무대는 자기 표상과 자기 정당화 과정을 통해 존속하는 소수의 사회경제적 엘리트에 의해 광범위하게 지배된다. 법의 헌법화와 사회적 관계의 사법화가 지닌 보수주의적 기능이 정치 영역에서 가장 잘 발휘되는 순간은, 인민의 요구가 법적 규범과 헌법에 의해 저지당할 때, 더 정확히는 좌파 정당이나 사회운동의 지도자들이 법적 소송이나 처벌의 대상이 될 때이다. 보통선거에 의한 의사 표현을 부정하거나 제한하기 위해 헌법이나 법률을 동원하는 것은 결코 새로운 일이 아니며 남반구 국가에 국한된 것도 아니다. 2015년 장-클로드 융커 유럽연합 집행위원회 위원장은 유럽연합 헌법화의 효력을 강조했다. "유럽 조약에 반대하는 민주주의적 선택은 있을 수 없다." 그리고 그리스의 알렉시스 치프라스 집권과 관련하여 다음과 같이 덧붙였다. "아테네에 새 정부가 들어섰기 때문에 모든 것이 바뀔 것이라고 말하는 것은 바람을 현실로 착각하는 것과 같다."[18]

오늘날 벌어지고 있는 법의 전쟁은, 특히 라틴 아메리카에서, 모든 형태의 '인민주권'에 대한 법적 부정을 체계화한다. 1960~1970년대 라틴 아메리카에서 미국이 부추긴 쿠데타와 비교하여 새로워진 점은 이제 의회의 엘리트와 언론인의 대대적인 지지와 결합한 '법치'에 의해 좌파 정부의 전복이 정당화된다는 것이다. 이 경우 법의 전쟁은 외형상 모순어법으로 보이는 '합법적 쿠데타'라는 표현으로 명명될 수 있을 것이다. 2008년부터 라틴 아메리카에서 성공 여부를 떠나 이런 시도가 수도 없이 이어졌다. 이 전략이 최초로 거둔 성공은 2009년 온두라스의 민선 대통령 마누엘 셀라야에 대항한 것이었다. 그보다 1년 전에는 볼리비아의 에보 모랄레스 대통령에 대한 쿠데타 기도가 실패하기도 했다. 2010년 에콰도르 쿠데타 기도, 2021년 파라과이 쿠데타, 2014년과 2019년 베네수엘라의 니콜라스 마두로에 대한 쿠데타 시도 실패, 2017년 반정부 인사 오얀타 우말라에 대한 형사 소송, 2018년 에콰도르의 라파엘 코레아 망명, 2019년 볼리비아 선거 결과 불복에 따른 에보 모랄레스 강제 사임 등 성공하거나 실패한 공격의 예는 일일이 열거하기도 힘들다. 라틴 아메리카가 신자유주의로 급격하게 돌아선 것이 모두 합법 쿠데타 때문은 아니지만, 이 전략이 2015년 아르헨티나의 마우리시오 마크리, 2010년과 2018년 칠레의 세바스티안 피녜라, 2017년 에콰도르의 레닌 모레노, 2016년 페루의 페드로 파블로 쿠친스키와 마르틴 비스카라, 2010년 콜롬비아의 후안 마누엘 산토스와 이반 두케의 선거 승리 물결에 힘을 실어준 것은 사실이다.[19]

브라질: 법의 전쟁의 표본

2014년 당선된 지우마 호세프 대통령에 대하여 2016년 기도된 제도적 쿠데타는 이러한 경향을 인상적으로 보여준다. 대통령 탄핵 절차를 개시한 구실은 정부가 각종 지출에 공공은행을 이용한 후 회계를 조작했다는 혐의였다. 공공 지출을 심의하는 법원은 이를 예산 관련 법에서 금지한 정부의 공공은행 대출로 해석하여 정부의 회계 승인을 거부했다. 뒤이어 국회에서 진행된 탄핵 심의에서도 앞선 재판에서와 마찬가지로 정부의 예산법 위반 시도가 인정되었다. 이 탄핵의 실제 목적은 회계를 바로잡는다는 구실을 떠나 긴축재정법이 허용하는 한도 이상 지출하는 모든 정책을 범죄화하는 데 있었다. 타티아나 로케는 이를 두고 다음과 같이 이야기했다. "이는 경제정책의 헌법화 과정의 시작으로 볼 수 있다. 이 과정은 2016년 정부가 취한 첫 조치, 즉 공공 지출 한도를 강제하는 헌법 개정안에서 정점을 찍었다."[20] 브라질 역사에 유례없는 이 헌법 개정안은 연방 정부 차원에만 적용되었지만 교육과 보건 시스템에 심각한 타격을 입혔다. 법의 전쟁 전략이 직접적으로 신자유주의적 목적에 사용된 예라고 볼 수 있다.

그러나 이 전략은 여기서 멈추지 않았다. 탄핵안이 의결되자 반노동자당 연합의 다음 목표는 룰라의 2018년 대선 피선거권을 박탈하는 것이었다. 2014년 세르지우 모루 판사가 개시한 세차 작전(Lava Jato)[21]은 이 새로운 공격을 위한 틀을 제공해주었다. 이 작전의 주동자들은 판사들을 '민심의 대변인'이자 공동체 이익의 수호자로 지칭했다. '인민'의 이익과 '도덕'을 수호한다는 명분 아래 일련의 새로운 법적-정치적 관행이 등장했다. 신고자에 포상이 주어지고 예방적 체포가 이루어졌으며, 소송 관련 문서가 언론에 유출되고, 소송 지지자들의 '자발적' 시위가 미디어를 통해 전파되는 것 등이 그 예다. 언론과 사법기관의 공조 아래 룰라의 명예를 실추시키고 인기를 떨어뜨리기 위해 가능한 모든 전술이 동원되었다. 2016년 3월 룰라 전 대통령은 그의 헌법상 권리가 무색하게도 주요 방송사의 카메라 앞에서 체포되었다. 같은 해 9월에 세차 작전 태스크포스팀 소속 연방 검사들이 연 기자회견에서 룰라는 범죄 조직의 우두머리로 소개되었다. 룰라에 대한 탄압은 포르투 알레그리에 위치한 연방법원 제4지원(TRF-4)에 그가 제기한 항소심에서 더욱 강고해졌다. 제4지원은 1심 재판에서 이미 변호의 권리가 보장되었다는 이유로 모든 항소를 기각했다. 제4지원 판사들은 형량을 늘려 룰라에게 12년 1개월 징역형을 선고했으며, 이른바 '반부패 전쟁'을 법치국가의 규범과 브라질 형법의 원칙보다 우위에 둠으로써 세차 작전의 이데올로기를 지지하고 나섰다.

모루 판사와 그의 태스크포스팀의 개입이 보우소나루 집권으로 가는 길을 직접적으로 열었다는 것은 명백해 보인다. 경제적·정치적 과두 세력은 이른바 '부패와의 전쟁'이라는 말 아래 위협, 협박, 강요, 불법 체포 등 피고인과 변호인의 권리에 정면으로 배치되는 조치를 허용하며 권력을 되찾으려는 노골적인 속내를 드러냈다. 한편 룰라를 구속시킨 모루 판사는 보우소나루 정부의 법무부 장관을 몇 달간 역임했다.

'법치국가'의 기업가 버전

법의 전쟁에 동원되는 이 모든 조치는 오늘날 법치국가가 무엇이 되어가고 있는가 하는 질문을 제기한다. 사실상 법치국가 개념은 신자유주의에 의해 전유되었다. 하이에크 같은 신자유주의 이론가들은 일찍부터 '실질적' 법치국가와 '형식적' 법치국가를 구분했다. 전자에서는 합법성의 형식 속에서 질서가 주어질 것을 요구한다면, 후자에서는 법이 모든 이들에게 적용되는 품행 규칙으로 구성된다.[22] 요컨대, '형식적' 법치국가는 규칙의 속성과 무관하고 법의 원천과만 관계한다면, '실질적' 법치국가는 규칙의 보편성과 단일성을 개인 자유 보호의 조건으로 삼는다. 앞서 강조했듯이[23] '품행 규칙'이 오로지 사법(私法)과 형법의 규칙들로 귀결되고, 개인의 자유가 사적 개인의 특권인 기업 활동과 상거래 의 자유로 귀결되는 현실을 상기할 때 이러한 구별은 완전한 의미를 획득한다. 여기서 특기할 점은 입법적 권위를 법의 유일한 원천으로 세우려고 할 때는 그토록 '형식주의'를 비난하던 이들이, 법의 속성이 문제가 될 때는 반대로 이 '형식주의'에 매우 높은 가치를 부여한다는 점이다. 그리하여 이 형식주의에 의해 사회 정의에 대한 모든 요구가 '법'의 영역에서 선험적으로 배제되어 버린다. 이 독특한 법치국가는 그 자신 역시 사법(私法) 주권에 종속된다는 의미에서 **사법국가**(私法國家)라고 불려야 마땅할 것이다.

그러나 법치국가의 신자유주의적 변형태를 지배하는 논리를 이해하고자 한다면 그것의 형식적 기준들을 등한시해서는 안 된다. 사실상 어떤 필요에 대한 응답으로 이런 국가가 등장했는지를 살펴볼 필요가 있다. 푸코는 『생명관리정치의 탄생』에서 신자유주의적 통치 기술을 기업 형태의 증가와 일반화로 특징지었다. 그는 또한 이 일반화가 사법기관의 역할 증대를 가져온다고 보았다. 기업의 형태가 확산할수록 기업 간 마찰과 분쟁이 잦아질 것이고 법적 중재가 절대적으로 필요하게 되리라는 것이다. 그리하여 기업 사회와 사법(司法) 사회는 '동일한 현상의 두 얼굴'로 나타날 것이다.[24] 푸코의 지적을 통해 정당 간의 경쟁을 분석하면 이 논리가 어디까지 확장되는지 이해할 수 있다. 신자유주의 시대 정당들의 경합은 기업 형태로서의 정당 간 경쟁의 의미를 지니게 된다. 바로 이 '기업-정당' 간의 경쟁 논리가 법적 중재의 필요성을 높인다. 사법권의 정치적 도구화는 경쟁적 이해관계나 악의적 의도에 따른 정치적 전략에서만 비롯되는 것이 아니다. 이는 기업 형태가 확대된 사회에서 사법부의 전례 없는 우위가 초래한 결과일 뿐이다. 브라질의 예는 결코 예외적이지 않다. 대선 결과가 발표되기도 전부터 그것에 불복해 각 주에서 소송을 벌인 트럼프의 사례를 보라. 사법(私法)국가는 사회 전체의 사법화(司法化)를 요구한다.

12장

신자유주의와 권위주의

신자유주의의 현대적 형태에 대해 고찰하는 것으로 그 역사에 대한 일별이 막바지에 이른 지금, 이 책 전체를 통해 여러 각도로 제기한 하나의 질문을 정면으로 마주할 필요가 있다. 역사적으로 선행한 체제들에 견주어 신자유주의가 상대적으로 지니는 **새로움**은 무엇인가? 신자유주의를 그것이 부상하기 이전의 체제들과 동일시해버림으로써 그 독창성을 약화하는 경향이 강한 오늘날, 신자유주의의 환원 불가능한 고유성을 가려내는 일은 중요하다. 신자유주의가 등장하던 때부터 그것을 다른 체제와 구별하는 요소를 제대로 인지하지 못하게 만드는 두 가지 접근법이 있다. 첫째는 허위적인 역사적 유비에 의존하는 것으로, 가장 권위적인 형태인 현재의 신자유주의가 과거 역사 속 파시즘의 직접적인 재출현까지는 아니더라도 파시즘의 일부 특징을 공유하는 새로운 파시즘으로 보는 접근법이다. 두 번째 접근법은 신자유주의를 나치 집권 직전의 정치적 권위주의와 직접 연결하는 것이다. 이 경우 헤르만 헬러가 1933년 프란츠 폰 파펜 정부를 명명하기 위해 사용한 '권위주의적 자유주의'라는 표현을 받아들여야 한다.[1]

순전히 역사적인 것과는 거리가 먼 위의 질문은 신자유주의의 현대적 형태에 대한 분석들과 직접적으로 연결되어 있다. 그런 점에서 최근 몇 년간 신자유주의의 성격 규정을 위한 공론이

'권위주의' 개념에만 집중되어온 것은 상당히 증후적이다. 문제가 되는 것은 신자유주의와 '극우 포퓰리즘'이라고 불릴 만한 것 사이 관계의 성격이다. 일부 분석가들은 트럼프 당선과 브렉시트 국민투표가 진행된 2016년부터 신자유주의와 '극우 포퓰리즘'을 대립 관계로 전제하면서 망설임 없이 '신자유주의의 죽음'을 운운했다.[2] 이와 반대로 일부 평자들은 '권위주의적 신자유주의'라는 명명을 통해 두 현상의 결합을 고찰할 필요가 있다고 주장했다. 이들은 심지어 '권위주의' 개념 자체를 새로 발명하고자 했다.[3] 그러나 이 권위주의 개념을 정확히 어떻게 이해해야 할까? 곳곳에서 관찰되는 행정부의 권한 강화와 공공의 자유 제한 경향을 일컫는 것일까? 아니면, 웬디 브라운이 "반민주주의적이고 반사회적인 권위주의적 자유"[4]라고 부른, 국민주의적 신자유주의에 따른 새로운 형태의 자유를 정의하는 문제인가? 이런 종합적인 정의로 무엇을 해야 할까? 모든 종류의 권위주의와 무관한 것으로 봐야 할까? 우리는 자유를 재정의하는 문제를 넘어서, 파시즘 자체가 '반대 없는 통치'[5]를 위해 의식을 지배하고자 했던 특정한 권위 개념의 담지자로 인식되었다는 사실을 잊지 말아야 한다. 그렇다면 신자유주의를 권위주의의 단순한 변종으로 축소하는 것에 그칠 것인가?

신자유주의적 파시즘?

현재의 일부 신자유주의적 지배 형태가 네오파시스트적 통치 행위를 활용할 수 있다는 것은 명백하다. 가령, 대중을 열광시키는 지도자, 인종주의의 공식적 합법화, 무장 민병대의 행진, 반대파 제압을 위한 군대 혹은 경찰력 동원, 통치 방법으로서의 합법성 위반 등은 모두 새로운 통치성과 민주주의 해체 과정의 일부이다. 신자유주의가 사회적 절망과 인구 전체의 정치적 무기력을 낳고, 현재의 신자유주의 정부보다 더 권위주의적이고 폭력적이고 인종주의적인 정부를 '실험'하려는 유혹을 불러일으키는 이 시점에, 혁신된 파시즘의 등장 가능성을 더 이상 배제할 수는 없을 것이다.[6] 더욱이 신자유주의 국가는 예외적인 법적 무기들을 개발하고 폭력적인 억압의 형태들을 익숙한 것으로 만듦으로써 파시스트 형태의 독재 가능성을 위한 터전을 닦았다. 그러나 이러한 가능성을 두고 현존하는 가장 권위주의적인 신자유주의의 형태와 역사적 파시즘을 완전히 동일시해서는 안 된다. 미국의 트럼프와 브라질의 보우소나루 집권으로 이러한 명명이 최근 확산된 것이 사실이다. 실제로 미국과 브라질에서 '신자유주의 파시즘' 혹은 '파시스트 신자유주의' 개념에 의거한 분석들이 갈수록 많아지고 있다. 가령 헨리 지루는 '신자유주의 파시즘'을 경제적 교리, 군사주의, 제도와 법의 무시, 백인 우월주의, 남성 우월주의, 지식인에 대한 증오, 도덕의 부재 등이 결합된 '특정한 경제-정치 구성'으로 본다. 지루는 파시즘 역사 연구자 로버트 팩스턴의 '결집된 열정' 개념을 '신자유주의 파시즘'에도 적용할 수 있다고 보았다. 지도자에 대한 사랑, 하이퍼내셔널리즘, 인종주의적 환상, '약한' 것과 '열등한' 것과 '이방의' 것에 대한 경멸, 개인의 권리와 존엄성 무시, 반대파에 대한 폭력, 과학과 이성에 대한 적대감 등이 그 열정의 특징이다.[7] 하지만 트럼프주의, 특히 보우소나루주의에서 이 모든 특성이 발견된다고 해도, 신자유주의를 역사적 파시즘의 일부로 간주해버린다면, 현대 신자유주의가 취하는 일부 정치적 형태의 특수성을 놓치게 된다. 팩스턴은 '트럼프가 파시즘의 몇몇 전형적인 요소를 가져왔다'는 사실을 인정하면서도 그에게서 보이는 '금권 독재' 요소에 더욱 주목한다.[8] 그는 이어 트럼프주의가 파시즘과 큰 차이가 있음을 지적한다. 가령 트럼프 체제는 유일 정당 체제가 아니며, 반대파를 철저하게 금지하지도 않고, 대중을 위계 조직에 의무로 가입시키거나 그것을 위해 동원하지도 않는다. 직능별 동업조합도 없고, 세속 종교적 의식도, 총체적 국가에 헌신하는 '시민 전사'의 이상도 없다.[9] 다만, 팩스턴은 2021년 1월 6일 의사당 난입 사건이 벌어진 다음날, 주저 없이 트럼프를 '파시스트'라고 불렀고, 이 사건을 1934년 2월 6일 파리에서 극우파 동맹이 일으킨 봉기와 비교했다.[10] 그렇지만 설사 트럼프가 파시스트라고 해도 그를 지지하는 세력이나 공화당 분파 모두를 파시스트라고 할 수는 없다. 이처럼 트럼프주의와 파시즘의 관계는 전문가들에게도 까다로운 문제가 아닐 수 없다.

파시즘이라는 용어를 둘러싼 의미론적 과잉은 현재 요구되는 정치적 투쟁과 관련하여 비판적 효과를 불러올 수도 있지만, 복잡하면서 특수한 현상들을 부정확한 일반화 속에 '매몰'시켜버림으로써 정치적 무장해제를 초래할 수도 있다. 1932년 『파시즘의 교리(La Dottrina Del Fascismo)』에서 조반니 젠틸레와 베니토 무솔리니는 국가야말로 파시즘의 진정한 초석을 놓을 터전이라고 선언했다. "파시즘에서 국가는 '절대'다. 그 앞에서 개인과 집단들은 상대적인 자리만을 차지한다."[11] 이어서 그들은 파시스트 국가를 자유주의에 대립시킨다. "자유주의는 국가를 개인에 복무하게 만드는 반면, 파시스트 국가는 개인적 삶의 진정한 현실이 된다." 파시스트는 "모든 것은 국가에 있다"라고 생각하며, 정확히 이런 의미에서 "파시즘은 전체주의적"이라고 이야기된다.[12] 이로부터 경제적 자유주의에 대한 반대가 나온다. 다음 구절이 분명하게 보여준다. "파시즘은 잘 조직된 동시에 광범위한 인민적 기초 위에 세워진 강한 국가를 요구한다. 파시스트 국가는 **또한** 경제 분야를 포괄한다."[13]

무솔리니는 경제적 자유주의와 관련한 태도 변화 측면에서 하나의 본보기가 된다. 1921년 무솔리니는 자신이 '맨체스터학파적 국가로의 회귀'를 결심한 자유주의자라고 공언했으나, 1938년에는 '야경국가'를 비판하면서 파시스트 국가는 "자유주의가 추구했던 단순한 감시와 감독 기능만을 수행해서는 안 된다"라고 주장했다.[14] 따라서 모든 시민사회를 흡수하려고 한 파시즘의 '총체적 국가'와, 시장 및 기업 모델이 사회 전반에 일반화된 것을 동일시하는 건 피상적인 유비일 뿐이다. 트럼프주의와 보우소나루주의는 시장을 국가에 혹은 유사 국가 틀에 '재기입'하기는커녕, 국영기업과 공공서비스의 민영화, 금융 규제 완화, 최고 부유층 세금 인하, 사회복지 예산 및 교육 지원금 삭감 등을 추진했다. 다시 말해 자본주의 경제를 자유화하고, 공공서비스를 경쟁적 기업으로 변신시키기 위해 국가 폭력이 동원된 셈이다. 집배원의 지위를 박탈하고 공공서비스인 우체국을 아마존 같은 거대 유통 기업과 경쟁하도록 한 보우소나루의 조치가 좋은 예다. 우리는 지금 반민주주의적 권위주의, 경제적 국민주의, 일반화된 경쟁주의, 확장된 자본주의적 합리성 등이 결합된 전례 없는 정치적 형태가 신자유주의 내부에서 확장되고 있는 시대를 살고 있다. 이 독창적인 통치성은 역사적 파시즘과 닮지 않았으면서도 신자유주의의 절대주의적, 전체주의적 성격을, 필요한 경우 독재적 성격까지 충실히 구현한다.

여기서 역사적 파시즘이나 나치즘과 동일시할 수 없는 신자유주의만의 고유한 특징에 주목할 필요가 있다. 우선 경제적 이익과 관련하여 정치가 작동하는 위치의 문제다. 현대 역사가들은 파시스트와 나치를 공산주의 혁명 위협에 직면한 자본가 계급의 집행자로만 보는 마르크스주의적 해석과 거리를 두었다. 그들은 이 고도의 정치적 현상이 고유의 논리를 지니고 있으며 단순히 거대 산업과 은행의 이윤 최대화로 환원될 수 없다고 보았다. 역사가들은 경제적 동기를 부정하지 않으면서도 이데올로기적 동기, 민족주의적 가치, 공동체 및 정체성과 관련된 정동의 중요성을 강조했다. 그들은 사회를 '뒤흔들어놓고', '총체적 동원'을 조직하고, 보복적 민족주의를 촉발한 제1차 세계대전이라는 매우 특수한 맥락 속에서 파시즘과 나치즘을 고찰하고자 했다. 전후 파시스트 국가는 이 모든 일의 집행자 역할을 맡게 된다. 이런 맥락에서 보면, 모든 형태의 신자유주의 체제에서 그 체제의 특성 중 하나인 '국가의 개입'을 통해 경제가 지속적으로 명령을 내린다는 점을 간과해서는 안 된다. 정치는 경제적 지배계급의 이익에 봉사한다. 브라질의 예에서 이미 살펴봤듯이 지배계급은 노동조합, 독립 언론, 좌파 정당 들을 굴복시킬 세력의 집권을 주식시장에 내린 축복으로 본다. 그리고 무엇보다 정치는 경제적 합리성을 모방한다. 이 모방의 대상은 모든 자본주의 경제 영역을 망라하며, 심지어 그 안에서 통용되는 용어들까지 포함한다.

나치즘과 신자유주의는 일반적으로 '사회진화론'이라고 부르는 것을 공유한다. 다윈의 입장에서 보면 잘못된 용어지만 편의상 그대로 사용하기로 한다. 이 용어는 자연에서 생물 종들이 그러하듯이, 사회를 민족과 인종이 죽음을 무릅쓰고 일반적이고 영속적인 경쟁을 벌이는 곳으로 정의하는 이데올로기를 말한다. 자연의 종간의 싸움에서는 가장 강한 자가 이기고 가장 약한 자가 패배한다. 가장 약한 자를 제거하는 것이 항상 하나의 선택지가 되는 나치즘은 원칙적으로 '사회진화론'이다. 이에 따르면 우월한 인종은 생물학적 법칙에 따라 스스로 방어할 권리가 있으며, 심지어 열등한 인종을 지배하거나 제거할 의무가 있다. 요한 샤푸토가 썼듯이 이 사회진화론은 "모든 존재를 투쟁과 생존을 위한 전쟁이라는 관점에서 바라본다." 샤푸토는 다음과 같이 덧붙인다. "전쟁은 우선 하나의 사실이다. 전쟁은 실재한다. 전쟁은 또한 하나의 개념이며, 이상이다. 전쟁은 좋은 것이므로 존재해야만 한다."[15] 이러한 지적은 독일 나치즘과 이탈리아 파시즘 모두에 해당된다. "전쟁만이 인간의 모든 에너지를 최대한 집중시키며, 전쟁을 수행할 용기를 지닌 인민들에게 귀족의 칭호를 부여한다."[16]

반면, 신자유주의의 사회진화론은 군사 전쟁이나 영토 복속을 추구하지도 않고 열등한 종의 제거를 필요로 하지 않는다는 점에서 파시즘의 그것과 구별된다. 신자유주의의 사회적 진화는 시장을 수단으로 한 경제적 영역의 경쟁을 통해 작동한다. 여기서 국가는 경쟁이라는 목적을 위해 모든 제도를 조직하고 인민을 준비시킬 책임이 있다. 그러나 모든 개인을 하나로 녹여내어 '인민 공동체'로 집결시킬 필요는 없다. 이 점이 가장 큰 차이점이다. 자유민주주의와 인권에 적대적인 신자유주의도, 가장 국수주의적이고 폭력적인 방식으로 민족주의와 인종주의를 부추기는 신자유주의도, 트럼프의 예에서 볼 수 있듯 국가에 대한 개인의 완전한 복종을 요구하지 않으며 특정 인물 혹은 인종을 '신(新)인간'으로 내세우거나 우월한 인종의 '시조'로 섬기는 일은 하지 않았다. 이는 이탈리아 파시즘의 인간 혁신 프로젝트나 '독일의 원초적 본질'의 '최고 순수성'으로의 회귀를 추구한 국가사회주의 프로젝트[17]와 한참 동떨어져 있다.

더욱이, 심각한 문제들은 전문가, 경영인, 관료 들에게 떠맡기고자 했던 트럼프는 역사적 파시즘이 채택한 규율 잡히고 체계화된 대중 조직을 혐오했다. 물론 1월 6일의 의회 난입 사건에서 엿볼 수 있듯이 그는 프라우드 보이스(Proud Boys) 같은 이미 조직된 파시스트 혹은 백인 우월주의 민병대를 이용하는 데 주저함이 없었다. 그러나 자신을 숭배하는 이들을 중심으로 민병대를 창설하는 데까지 나아가지는 않았다. 이것이 가장 근본적인 차이점이다. 신자유주의는 가장 폭력적인 형태일 때조차도 그것이 나치즘의 '전선공동체(frontgemeinschaft)'나 파시즘에 의해 만들어진 민족공동체 등 철의 규율이 지배하는 공동체 속에 개인을 융합하지 않는다.[18] 오히려 반대로 트럼프는 개인을 찬양하고 공동체와 이성, 전체의 이익보다 개인을 우위에 두며, 개인의 자유, 자발성, 선택, '잠재력'을 발휘하여 최고가 되고자 하는 의지를 표명하는 모든 것을 추어올리며 장려한다. 트럼프와 보우소나루가 개인들에게 방역 지침, 특히 마스크 착용 의무를 무시하도록 하면서 팬데믹 위기를 '관리'한 방식은 그들이 개인과 '공동체'의 관계를 어떻게 여기는지를 여실히 보여준다. 이 방식은 '탈규제화된' 사적 자유를 거의 자유지상주의에 가까운 방식으로 옹호한다. 그러나 이 자유는 역설적이게도 경제와 안보에 기반한 보호주의적 가부장제 형태를 통한 국가권력의 증대를 요구하게 된다.[19] 어쨌든 이 방식은 개인의 완전한 예속을 요구하는 파시즘이나 나치즘과는 완전히 반대 지점에 있다.[20]

'권위주의적 자유주의'?

그렇다면, 헤르만 헬러의 권위주의적 자유주의는 '파시즘' 개념을 대체할 수 있을까? '권위주의적 자유주의'는 그가 스페인으로 망명을 떠나 1934년 임종하기 전, 1933년에 발표한 글의 제목이기도 하다. 헬러는 이 글에서 '권위주의적' 국가라는 슬로건이 1932년 바이마르 공화국의 파펜 내각에서 시작되었다는 사실을 지적하며, 1932년 11월 23일 강연에서 '강한 총체적 국가'에 대해 이야기한 카를 슈미트를 분석한다.[21] 헬러는 이제 막 '경제의 탈국가화' 옹호자가 된 이 보수주의자가 내세운 '전체적이므로 강한 국가라는 기발한 생각'은 '너무 기교를 부린 해결책'이라고 비꼬았다. 헬러는 매우 독창적인 방식으로 20세기 초 독일 보수주의의 변신으로 대변되는 당시의 독특한 정치적 상황과 관련지어 슈미트의 입장을 규명한다. 19세기 프로이센 보수주의는 '국가자유주의'[22]를 창조함으로써 정치적으로 '자유주의적 부르주아 자본주의'를 그것에 종속시키는 데 성공했다. 그러나 20세기 '사회학적 변화'에 따른 '역전 과정', 즉 보수주의의 자본주의로의 전환, 혹은 더 정확히 말해 '보수층 내부로 자본주의 정신의 침투'가 진행된다.[23] 이러한 변화는 '국가에 대한 새로운 태도'를 결정지었다. 빌헬름 권위주의[24]에 대한 과거 자유주의적 부르주아의 도전에 이어 '새로운 국가'[25]를 부르짖는 '권위주의적 자유주의'가 등장한 것이다. 오귀스탱 시마르가 지적했듯이 1918년 혁명으로 느닷없이 드러난 독일의 사회적 기초의 취약성에 화들짝 놀란 부르주아

가 빌헬름 권위주의와의 화해에 나선 것이다.[26]

그런데 왜 '자유주의'를 말하는가? 자유주의라는 이 놀라운 불변항은 '국가**자유주의**'에서 '권위주의적 **자유주의**'로의 이행을 가능하게 해준다. 마치 같은 자유주의가 역사적으로 다른 두 형태를 띠는 것이라도 되는 양 말이다. 헤르만 헬러의 눈에 이러한 명명을 정당화해주는 것은 '경제 질서 문제'다. 신보수주의자들은 '국가에 대한 경제의 자유'를 부르짖으며 국가가 완전히 '경제에서 손을 떼야 한다'라고 주장한다. 이 새로운 보수주의자들은 '반자본주의적 신중함'에 의해 움직이던 19세기 선조들과 반대로 맨체스터학파와 혼동될 만큼 닮은 모습을 보였다.[27] 여기서 맨체스터학파에 대한 언급이 눈길을 끈다. 과거 맨체스터학파는 경제에서의 자유와, 국가를 '야경'의 역할(사람과 재산의 보호)로 축소하는 것과 연결 지었다. 그런데 맨체스터학파를 따라 경제적 자유의 대변자 노릇을 떠맡은 신보수주의자들이 강하고 권위주의적인 국가의 옹호자가 된 것이다. 그리하여 맨체스터학파로부터 영감을 받은 경제적 자유주의와 빌헬름-비스마르크 제국의 유산인 정치적 권위주의의 독특한 결합이 탄생했다. 다시 말해, 신보수주의자들을 과거의 맨체스터학파와 구별하는 것은 그들의 경제적 자유주의가 아니라 오로지 국가에 대한 그들의 태도이다. 맨체스터학파와 신보수주의 모두 경제적 자유주의를 국가로부터 자유로운 경제라는 동일한 의미로 이해한다. 따라서 '자유주의'라는 명사에 덧붙여진 '국가' 혹은 '권위주의' 같은 수식어가 모든 차이점을 만들어내는 것이다.

헬러는 이러한 역사적 발전 과정을 살핌으로써 슈미트가 '경제의 탈국가화'와 '권위주의적' 국가를 동시에 소환한 것을 이해할 수 있었다. 슈미트의 말대로 국가가 '매우 강해져야' 하는 이유는 그러한 국가만이 지나치게 밀접해진 국가와 경제의 관계를 느슨하게 만들 수 있기 때문이다. 탈정치화는 국가와 관련된, 본질적으로 정치적인 행위이다. 충분히 권위적인 강한 국가만이 경제 밖으로의 **자진 철수**를 개시할 수 있다.[28] 이렇게 국가에 기대되는 권위주의적 성격은 국가에 주어진 임무에서 직접적으로 비롯된다. 그 임무란 경제에 자유를 되돌려주기 위해 국가와 경제 영역 간의 관계를 끊는 것이다. 요컨대 약한 총체적 국가는 '권위주의적 방식으로 경제를 지배'하려고 하는 반면, 강한 총체적 국가는 '경제와 깨끗하게 절연한다'.[29] 하지만 헬러에게 이 점은 새로운 자유주의의 한 특징에 불과했다. 파펜 정부는 '사회적 정책의 권위주의적 철폐(Abbau)'를 시도하면서 사회국가와의 투쟁을 벌였다. 의료보험과 실업보험이 우선적인 표적이 되었고 공공 의무교육에 대한 문제 제기를 통해 사회 정책과 문화 정책이 공격받았다. 앞서 제3장에서 살펴봤듯이, 강한 총체적 국가는 군사적 수단과 대중매체(라디오, 영화)의 독점을 특징으로 한다. 이 영역에 대한 국가권력의 집중은 경제 영역 밖으로의 철수에 대한 반대급부를 이룬다. 헬러에 따르면, '권위주의적 자유주의'의 특징은 "권위주의적 국가의 사회정책으로부터의 **철수**(Rückzug aus), 경제의 **탈국가화**(Entstaatlichung), 정치적-정신적 기능에 대한 독재적 **국가화**(Staatlichung)"[30] 세 가지로 요약할 수 있다. 여기서 특기할 점은 헬러가 사용한 표현들('철수', '철폐', '탈국가화' 등)이 정치적-정신적 기능과 관련된 마지막 표현을 제외하고는 모두 **부정적**이라는 것이다. 이 박탈과 부정의 어휘들이 헬러가 선택한 '자유주의'라는 말에 모든 의미를 부여해주는 동시에 정치적 권위주의를 정당화한다.

'권위주의적 자유주의'라는 용어는 이론의 여지 없이 최근의 독일 역사에서 그 정당성을 발견한다. 그렇다면 슈미트의 정치적 역할은 무엇이었을까? 헬러에 따르면 그가 맡은 역할은 무엇보다 도구적 역할이었다. 슈미트의 제자이자 친구였던 젊은 사회주의자 오토 키르슈하이머는 슈미트가 '그림자 인간' 혹은 '국가의 예언자'로 활동했다고 말한다. 슈미트가 1932년 11월에 쓴 글 행간에서 이탈리아 파시스트 국가 혹은 히틀러에 대한 옹호를 읽을 수 있을까? 헬러가 암시하는 것과 달리 무엇도 이러한 해석을 뒷받침해주지 못한다.[31] 어쨌든 1932년의 슈미트는 1923년 자신이 주장했고, 무솔리니의 로마 진군을 찬양하는 근거였던 '국민투표에 의한 합법성'을 더 이상 지지하지 않았다.[32] 우리는 1932년 8월, 파펜 정부가 직전 달 시행된 선거에서 패배한 이후 준비하던 쿠데타 계획 수립에 슈미트가 참여했다는 사실만을 알고 있을 뿐이다. 그 계획이란 의회 해산, 재선거 무기한 연기, 제국 내무부 장관의 경찰력 장악, 필요 시 나치당과 공산당 해산 등이었다.[33] 슈미트가 이러한 금지 조치들을 제안한 것은 바이마르 헌법을 수호하기 위해서가 아니라 치명적인 위협 앞에 선 독일이라는 국가와 '헌법'을 지켜내기 위해서였다.[34] 1933년 1월 그는 히틀러가 수상 자리에 오르는 것을 막기 위해 최후의 방법을 사용한 다.[35] 그러나 강한 총체적 국가에 대한 그의 호소는 갈수록 몰이해의 벽에 부딪히게 된다. 1933년 5월, 그의 제자 중 하나인 법학자 에른스트 포르스트호프는 슈미트의 생각을 새로운 체제의 이데올로기로 채택하고자 했다. 그리하여 총체적 국가(totale Staat)는 이제 인종 공동체(völkische Staat)로 이해되었다.[36] 1934년 나치당의 이데올로그였던 알프레트 로젠베르크는 지나치게 국가에 비중을 둔다는 이유로 슈미트의 질적 총체적 국가 개념을 비판했다.[37] 1936년 12월, 슈미트는 모든 공식 직책을 박탈당했다.

'권위주의적 자유주의' 개념을 통해 1932년 슈미트의 정치적 입장을 밝히는 것에서 더 나아간, 오귀스탱 시마르가 칭찬한 헬러의 '놀라운 선견지명'을 받아들여야 할까? 이 선견지명은 "새로운 우파든, 질서자유주의든, 대처주의든 혹은 밀턴 프리드먼에게 영향을 받은 정치적 독트린이든"[38] 전후 케인스주의 정책이 부딪힌 난관들을 명확히 해준다. 실제로 헬러는 슈미트의 권위주의적 국가를 규정하기 위해 '신자유주의 국가'라는 표현을 사용했다. 그러나 헬러가 사용한 신자유주의라는 수식어가 오늘날 우리가 부여하는 것과 같은 의미에서 사용되었을까? 오늘날 통용되는 그 말의 의미는 어디서 온 것일까? 문제는 헬러의 글에 '신자유주의'라는 말이 등장한다는 단순한 사실보다 훨씬 복잡하다. 슈미트를 '신자유주의의 충실한 대변자'로 보는 레나토 크리스티의 견해와 반대로, 시마르는 1932년의 슈미트가 '엄밀한 의미의 신자유주의보다는 보수주의적인 요소에 더 경도되어 있었다'고 주장한다.[39]

슈미트는 정말로 신자유주의 개념을 선취했을까? 그의 입장 속에서 '엄밀한 의미의 신자유주의'와 관련된 요소, 혹은 보수주의와 관련된 다른 요소를 발견할 수 있을까? 그리고 무엇보다, '엄밀한 의미의 신자유주의'를 어떻게 이해해야 할까?

신자유주의에서
법이 차지하는 독특한 위치

엄밀한 의미에서 신자유주의는 독트린으로서도, 정부 정책으로서도 1932년 독일에서 탄생한 게 아니다. 독트린으로서의 신자유주의는 1938년 월터 리프먼 학술대회에서 그 용어의 발명과 동시에 탄생했다.[40] 그전부터 '신자유주의'라는 말이 여러 글과 토론 속에 등장하기는 했지만 1938년 리프먼 학술대회에서 '자유주의의 혁신'의 기초를 놓으려는 의지에 의해 비로소 명료하게 정식화되었다. 당시 루지에는 연설의 많은 부분을 이 '혁신된 자유주의'가 기존의 자유주의와 다른 점을 설명하는 데 할애했다. 정확히 무엇이 다를까? 그 차이는 고전 경제학자들이 소홀히 한 '가장 유연하고, 가장 효율적이며, 가장 공정한 시장이 기능하기 위해 가장 적합한 법적 틀'에 대한 질문에 있다. 루지에는 자유주의 체제를 "국가의 법적 개입을 전제한 법적 질서의 결과"[41]로서 고려해야 한다고 주장했다. 루지에는 도로교통법의 비유를 들어 계획경제뿐 아니라, 동일한 이유로, '맨체스터 자유주의'에도 반대

298

했다.* 헬러는 이 계획경제를 독일 보수주의와 비교한 바 있다. 국가의 법적 개입을 중시하는 루지에의 주장은 고립된 입장이 아닌, 소속 학파를 가리지 않고 모든 참여자를 연결해주는 주요 주제였다. 뤼스토프는 '시장경제가 인간의 의지로 만들어지고 유지되는 구체적인 조건'에 기초한다는 '근본적인 사실'을 지적하며 다음과 같이 이야기했다. "강하고 독립적인 국가가 이 조건을 정확히 관리해야만 시장경제는 마찰 없이 효율적으로 기능할 것이다."[42] 그러나 이 두 인물에만 초점을 맞춘다면 1938년 학술대회의 토론에서 매우 활발한 주장을 펼친, 또 다른 사상 조류의 독창성을 놓칠지도 모른다. 바로 하이에크와 미제스로 대표되는 오스트리아학파다.

이 책 전체를 통해 보여주었듯이, 하이에크가 뢰프케와 뤼스토프의 사회적, 진보적 자유주의에 반대하는 '극단적 자유주의자'이자 국가에 대한 극렬한 비판자라는 주장은 신빙성이 떨어진다. 앞에서 우리는 하이에크가 슈미트의 사상과 얼마나 다의적인 관계를 맺고 있는지를 살펴보았다. 하이에크는 『법, 입법 그리고 자

◆　루지에는 그의 저서 『경제적 광신자들』(1938)에서 자유주의를 교통법규에 비유한다. "자유주의는 맨체스터 자유주의자들이 생각한 것처럼, 자동차들이 제멋대로 사방팔방으로 돌아다니게끔 내버려 두는 것을 의미하지 않는다. 그럴 경우 교통체증과 사고가 끊이지 않을 것이다. 그렇다고 각 자동차의 출차 시간과 경로를 정해주는 '계획주의'도 아니다. 자유주의란 합승마차 시대와 다른 자동차 시대를 위한 교통법규를 강제하는 것이다." Louis Rougier, *Les mystiques économiques*, Paris, Librairie de Médicis, 1938. p.16

유』의 주석에서 슈미트의 1932년 저서 『합법성과 정당성』에 찬사를 보냈으며, 1923년 펴낸 의회주의에 대한 그의 저서를 참고 문헌으로 제시하기도 했다.[43] 하이에크는 이 과정에서 슈미트의 '의회-입법국가에 대한 비판'만을 취하기 위해 서로 다른 시기의 사상들을 맥락을 무시한 채 연결하였다. 1923년 슈미트의 비판은 만장일치로 실현되는 '직접 민주주의'에 대한 옹호에서 비롯된 것이라면, 1932년의 비판은 '헌법의 수호자'로서의 독일(Reich) 대통령이라는 형상에 의존하고 있다. 그러나 하이에크에게 이 점은 중요하지 않았다. 그는 슈미트에 대해 양면적인 태도를 보였는데, 한편으로는 슈미트가 의회 국가에서 총체적 국가로의 정부 형태 변화를 일찌감치 예견했다는 점을 인정하고 받아들인 반면, 슈미트가 이 총체적 국가로의 진화를 **정당화**하는 방식에 대해서는 비판을 집중했다. 사실 1932년, 두 차례 강연에서 이미 슈미트의 모호한 입장이 드러났다. 두 차례의 강연 내용은 1933년 1월, 『독일 총체적 국가의 발전(Weiterentwicklung des totalen Staat in Deutschland)』[44]이라는 거창한 제목으로 발간되었다. 슈미트는 총체적 국가를 부정할 수 없는 '사실'로 받아들인다. '총제적 국가는 실재한다'는 것이다. 그런데 다른 한편으로 그는 1932년 7월의 예처럼 총체적 국가와 강한 국가를 대립시키는 형식에서 벗어나, 실재하는 총체적 국가와 그 속에 '내재하는' 역사적 대안으로서의 새로운 총체적 국가를 대비시킨다.[45] 슈미트에 대한 하이에크의 대조적인 비판은 슈미트의 글이 지니는 모호함과 관련이 있다. 『노예의 길』이 한 예다. 이 책에서 하이에크는 슈미트에게

진 빚을 인정하는데, 1931년 슈미트가 『헌법의 수호자』[46]에 제시한 국가 형태 발전 논리를 참조했다는 사실을 밝히며 그를 '헌법적 법률에 관한 독일의 탁월한 전문가'로 소개한 것이다.[47] 그러나 하이에크는 같은 책에서 영국의 역사학자 에드워드 카를 비판하는데, 그가 오늘날 사회와 국가의 구별이 큰 의미가 없다고 주장하며 '나치의 전체주의 이론가 슈미트 교수의 독트린'을 인용했는 것이 골자였다.[48] 그리하여 슈미트는 두 얼굴을 갖게 된다. 우선 국가의 총체화에 반대 입장을 표명한 덕분에 '탁월한 전문가' 호칭을 얻는 1931년의 슈미트가 있다. 그렇다면 하이에크가 '나치의 전체주의 이론가'라고 부른 슈미트는 누구인가?

슈미트에 대한 상반된 평가는 하이에크의 저서의 여러 구절이 보여주듯이, 법의 성격을 둘러싼 논쟁이 결정적인 것으로 드러난다. 하이에크는 「자유주의적 사회질서의 원칙(The Principles of a Liberal Social Order)」(1966)[49]에서 법의 자유주의적 개념에 반대하는 '구체적인 질서의 사유'[50]를 지향하는 법 개념이 '아돌프 히틀러가 총애하는 이 법학자'에게서 나왔다고 주장했다. 또한 『법, 입법 그리고 자유』에서 하이에크는, 히틀러가 권력을 잡기 전부터 슈미트가 "그의 뛰어난 지적 에너지를 모든 형태의 자유주의에 대한 공격에 쏟아부었다"[51]라고 썼다. 7년의 간격을 두고 쓰인 위 두 구절에서 하이에크는 슈미트가 1934년 2월과 3월에 한 강연을 토대로 집필한 『법적 사유의 세 가지 유형(Über die drei Arten des rechtswissenschaftlichen Denkens)』[52]을 참조한다. 이는 히틀러 집권 1주년을 기념하며 새로운 체제의 편에 선 법학자 슈미트에게 청탁한 글이다. 슈미트는 이 글에서 '구체적 질서의 사유'라는 새로운 법학적 사유 형태를 제시한다. 구체적 질서란 가족, 부족, 조합, 교회, 국가 등 실질적인 공동체를 구성하기에 적합한 복합적인 조직을 말한다. 슈미트는 자신이 '규범주의'라 이름 붙인 것과 반대로, 모든 규칙과 규범은 그 자체로 충분하지 않으며 그에 걸맞은 유기적 공동체의 존재를 전제로 한다고 주장했다. 이러한 사유는 인민 공동체(völkische Gemeinschaft)야말로 유일한 법적 주체를 구성한다는 나치의 교리에 직접적인 영향을 주었다.[53]

이러한 사실을 통해 우리는 위에 언급한 두 인용문에서 하이에크가 슈미트에게 왜 그토록 엄격한 비판을 가했는지 이해할 수 있다. 1934년 슈미트는 법의 규범적 개념을 공법에서 파생된 법의 개념으로 대체할 수 있다고 보았다. 즉 일률적인 개인 행동 규칙을 특정 목표에 따른 조직 규칙으로 대체할 수 있다고 본 것이다. 하이에크가 보기에는 슈미트 자신도 1931~1932년 명석하게 예측하였듯이, 이러한 대체야말로 서구 사회의 전체주의적 일탈, 즉 총체적 국가로의 진화에 책임이 있었다. 그 어떤 입법 당국에 의해 제정되었다는 사실이 아니라, 그것의 일률성, 일반성, 예측 가능성에 의해 정의하는 법의 개념이 상기한 비판을 뒷받침한다.[54] 슈미트는 1934년, '미리 결정되고, 계산 가능한 일반적 규칙'에 따르는, 그가 '질서의 기능주의적 개념'이라고 명명한 것을 비판한다. 그는 이러한 질서의 두 가지 예를 제시한다. 한 예는 철도 교통의 원활한 기능을 보장하는, 비인격적인 철도 표지판을 준수하는 것이다. 다른 한 예는 인간적 자의성을 발휘할 우려가 있는 교통 순경을 정밀하게 작동하는 '색색의 자동 신호기'로 대체하는, '현대 대도시 교통 운행의 적절한 통제 방식'이다. '이동이 자유로운 개인주의적 시민사회'의 질서는 이런 유형의 신호를 기초로 세워진다. 이 질서의 유일한 목표가 '모든 것을 예측할 수 있는 확실한 규제'이기 때문이다.[55]

앞서 살펴보았듯, 교통법규 비유야말로 월터 리프먼 학술대회 이후 신자유주의의 창시자들이 추구하는 자유 사회에 고유한 법적 질서 형태를 정확히 보여준다. 이 비유는 법이 몇 가지 형식적 속성들, 가령 예측 가능성 같은 것으로 파악될 수 있음을 전제로 한다. 반면 슈미트에게 완전한 예측 가능성이란 규범의 형식주의와 불가분한 관계이며, '규격화(Normierung)'의 이상에서 비롯된 것으로 '사전에 정의된 법률 기능주의'에 저항하는 구체적 질서의 논리와 양립할 수 없다. 따라서 '규범주의'에 대한 1934년 슈미트의 비판은 하이에크뿐 아니라 신자유주의의 법 개념과 정면으로 충돌할 수밖에 없었다. **모든** 신자유주의자는 법을 국가의 창작품으로 보든 관습법에서 유래된 규칙으로 보든, 어떤 구체적인 행동도 규정하지 않는 형식적인 규칙으로서의 '법' 개념을 지지하기 때문이다. 하이에크는 법의 본질과 관련한 대립을 사법(私法)의 일반 규범 **대** 공법의 특수한 규칙으로 정식화한다.

따라서 하이에크를 슈미트의 '제자'로 보거나 슈미트를 하이에크의 '스승'으로 볼 수는 있을지언정, 슈미트가 하이에크에게 깊은 영향을 끼쳤다는 이유로 슈미트가 신자유주의의 정신적 아버지 혹은 숨은 창시자가 되는 것은 아니다. 슈미트는 보수주의적 국가주의자였으며, 그의 경제적 자유주의는 상황에 따른 것이었다. 다시 말해 그는 '**엄밀한 의미**의 신자유주의'에 대해 근본적으로 외부자였다. 하이에크는 다소 쉽게 슈미트에 반대 입장을 취했지만, 슈미트와 단순한 계보 관계 이상의 관계를 맺고 있다. 여기서 우리는 모든 것이 단 하나의 근원에서 유래했다는 회고적 환상을 버릴 필요가 있다. 사실상 복수의 근원(미국, 프랑스, 독일, 오스트리아)으로부터 1938년 신자유주의가 형성되었다.

'권위주의적 자유주의' 혹은 신자유주의

이러한 조건 속에서 이 독특한 정치적 현상, 즉 **신**자유주의에 대한 헬러의 명명(권위주의적 자유주의)을 어떻게 봐야 할까? 1930년대 등장하여 1932년 7월 파펜 정부에 의해 실현되고 슈미트에 의해 이론화된 새로운 **독일** 자유주의를 가리킬 때 이 명명은 정당하다. 그러나 월터 리프먼 학술대회 준비 토론과 본 토론에서 고안된 신자유주의를 가리킬 때는 좋게 보아도 불충분하며 최악의 경우에는 결함이 있어 보인다. 이유는 매우 간단하다. 이 표현은 신자유주의의 **소극성**과 **결핍**의 개념을 연장한다. 이 개념은 너무 오랫동안 지배적인 위치를 차지해오면서 신자유주의의 **적극적인** 권력 행사 방식을 제대로 파악하지 못하게 했다. 신자유주

의 체제에서 국가의 개입은 국가의 축소라는 소극적인 방식으로
만 가능하며, 그것이 신자유주의의 '원칙적인 반개입주의'를 증
명한다는 식으로 적당히 절충해버리면 안 된다.[56] 왜냐하면 이 안
이한 변증법 뒤에 그 절충의 본질이 숨어 있기 때문이다. 신자유
주의 국가의 개입주의는 **적극적인** 개입주의로서 그 대상에 경제
적 분야도 포함된다. 헬러가 글로 써냈듯, '대형 은행과 대규모 산
업, 거대 영농인에 대한 지원 정책'을 추진했다는 것만으로 파펜
정부에 '신자유주의' 라벨을 붙이기에는 불충분하다. 또한 국가가
긴축 정책 혹은 디플레이션 정책을 펼치거나 대기업에 지원을 한
다는 사실만으로 신자유주의가 되는 것은 아니다.[57] 이러한 정책
들은 신자유주의가 등장하기 이전인 1920년대에 이미 존재했으
며, 칼 폴라니에 의해 분석된 바 있다.

　그렇지만 한편으로는 경제의 '자율화'라는 칼 폴라니의 도식
을 너무 쉽게 적용해서는 안 된다.[58] 그런 식으로 19세기에 대한
책을 저술한 이 헝가리의 경제사가를 신자유주의에 대한 선견지
명적 비판가로 만들지 말아야 한다. 과거가 아닌 미래 방향으로
시선을 돌려 신자유주의 정부의 첫 경험들을 고찰하면 국가의 개
입주의가 하나의 규칙임을 알 수 있다. 프리드먼의 권고와는 달
리 실제 칠레 군사정권의 '보조' 정부는 상당히 효과적인 개입주
의적 국가였다.[59] 이런 이유로 '권위주의적 자유주의'를 정의하는
헬러의 부정적인 어휘들('철수', '탈국가화', '철폐' 등)은 이 독특한 정
치적 입장을 이해하는 데 별 도움이 되지 않는다. 무엇보다 법이
시장 질서의 틀로서 수행하는 결정적인 역할을 이해하는 데 장애

물이 된다. 푸코가 정확하게 '신자유주의의 독특한 기반'[60]이라고 명명한 것이 이 특별한 형태의 법적 개입주의에 있기 때문이다. 루지에의 용어를 빌리자면, 신자유주의는 '적극적인 자유주의'이며 개입하는 자유주의로서, 국가의 '자진 철수'와 같은 협소한 개념에 국한되지 않는다. 그러나 우리의 연구는 적극적인 법적 개입주의라는 개념에서 더 나아가야 한다. 신자유주의적 개입주의는 경제와 법에만 국한하지 않는다. 신자유주의적 개입주의는 사회적, 정치적, 문화적이며, 신자유주의 내전이 그렇듯 총체적이다. 경쟁 **사회**의 도래를 꿈꾸는 신자유주의는 사회 **전체**에 관여한다.

또 하나의 문제점은 신자유주의를 '권위주의적 자유주의'로 규정할 경우 신자유주의가 정확히 어떤 측면에서 '권위주의적'인지를 정의할 수 없다는 것이다. 헬러는 권위주의적이라는 수식어를 사용할 때 19세기 독일 국가자유주의와 맨체스터 자유주의를 동시에 참조했을 것이다. 파펜 내각이 들어선 1930년대 독일 자유주의를 '권위주의적'이라는 수식어로 구별하는 것은 자유주의가 과거에는 (부랑자, 빈자, 소외집단에 대한 탄압 때문이 아니라 국가 권위주의를 추구한다는 의미에서) '권위주의적'이지 않았을 수도 있음을 전제한다. 진정으로 자유주의를 추구한 적이 없는 독일 '국가자유주의'보다는 19세기 말 맨체스터 자유주의가 오히려 수식어 없는 자유주의에 가까울 것이다. 헬러의 명명은 이러한 역사적 배경과 단절될 경우 이해하기 힘들어진다. 여기서 '권위주의'는 국가에 관련되며, '자유주의'는 근본적으로 경제에 관련된다.

그런 이유로 그의 개념은 지나치게 맨체스터 자유주의에 의존하고 있다. 신자유주의를 이해하기 위해서는 전혀 다른 도전을 받아들여야 한다. 정치적 권위주의는 경제 논리를 국가 자체로, 사회적 관계 전체로 확장한다.[61] 그럼으로써 신자유주의는 정도의 차이는 있을지언정 근본적으로 권위주의적인 것이 된다. 다시 말해 **오직 권위주의적인 신자유주의만이 있을 뿐이다.** 따라서 권위주의와의 관계 속에서 19세기 자유주의와 신자유주의의 유비는 불가능하다. 우리는 독재 혹은 권위주의적 국가가 부과하는 것이 아닐 때조차, 신자유주의가 어떻게 권위주의적일 수 있는지를 설명할 수 있어야만 한다.

정치적 권위주의와
권위주의적 체제

최근 몇 년간 다수의 연구자가 유럽연합의 논리를 이해하기 위해 헬러의 개념을 차용했다.[62] 헬러가 '권위주의적 자유주의'라고 명명한 것을 계승하기 위해서가 아니라, 정치적 신자유주의가 어떻게 내재적으로 권위주의적인지를 파악하기 위해 이 지점을 연구해야 한다. 그러나 단일한 '유럽국'이라는 것이 존재하지 않는 현재, 이 권위주의적 측면은 고전적인 **국가** 권위주의와 형태를 달리한다. 유럽의 여러 국가들도 **엄밀한 의미**에서 권위주의적 체제가 아니다. 반면 유럽연합 차원에서는, 수십 년 전부터 회원국 국내법보다 상위의 위치를 차지하게 된 이른바 '공동체' 규범들이 쌓여 시장의 입헌주의[63]로 나타나고 있다. 여기에 하이에크가 당대에 고안한, 강한 권력에 의해 보장되는 사법(私法) 주권이라는 방정식이 적용된다. 이 사법 주권은 유럽 조약에 명시되어 있으며, 유럽공동체재판소(CJEC), 유럽중앙은행(ECB), 유럽이사회와 집행위원회와 같은 다양한 기관이 상호 보완적으로 이 주권이 지켜지는지 감시한다. '권위주의적 자유주의' 논리에 따르면 국가를 경제 밖으로 철수시키기 위해 권위주의적 국가가 필요하다. 신자유주의 논리에 따르면 시장 입헌주의는 어떤 형태든 강한 국민국가 혹은 초국가적 차원의 민주주의적 통제에서 벗어난 결정 메커니즘을 필요로 한다. 우리는 이 두 논리 중 하나를 선택해야 한다.

선택을 내리기 이전에 사정을 살필 필요가 있다. 이는 정치학과 정치철학에서 통용되는 '권위주의'의 고전적 범주를 새롭게 손보고 재구성하는 작업을 요구하기 때문이다. 이들 분야에서 권위주의는 자주 하나의 정치체제를 가리킨다. 그래서 '권위주의'는 '권위주의적 **체제**'로 이해된다. 이를 구분해 살핀 예로 한나 아렌트를 들 수 있다. 그는 '독재 체제, 권위주의적 체제, 전체주의적 체제' 등 근본적으로 차이가 있는 현상을 구분하지 않거나 이들을 정도의 차이만 갖는 연속체로 간주하는 것을 경계했다.[64] 권위주의적 체제가 '자유의 제약'을 특징으로 한다면, 이 자유의 제약은 '전제정이나 독재 아래 정치적 자유의 철폐' 혹은 전체주의적 체제에서의 '자발성 자체의 제거'와 혼동되어서는 안 된다.[65] 정치

체제에 대한 이러한 유형론은 역사적인 시간 순서에 따르지 않으며, '권위가 거의 사라질 정도로 눈에 띄지 않는' 사회를 참조해야만 이해된다. 여기서 권위는 라틴어의 권력(*posestas*)과 구별되는 권위(*auctoritas*)를 가리킨다. 역사가라면 독재 체제 **내에서** '사회의 완전한 관리'와 '새로운 인간 양성'을 목표로 하는 이탈리아 파시즘과 독일 나치즘 같은 체제와, 살라자르의 포르투갈, 프랑코의 스페인, 비시 정권하의 프랑스와 같은 권위주의적, 전통주의적, 보수주의적 체제를 구별할 것이다.[66]

문제는 신자유주의와 관련해서는 이러한 분류가 별 소용이 없다는 것이다. 하이에크가 살라자르와 피노체트를 지지했다고 해서, 프리드먼이 1997년 홍콩에서 '너그러운 독재자' 노릇을 한 영국에 지지를 보냈다는 이유로 이 체제들이 '신자유주의 체제'가 되는 것은 아니다.[67] 우리는 이러한 분류를 거부하고, 미성숙한 민주주의 상황 속에 불평등한 정치 게임의 장을 조성하고 정치적 환경의 다원주의를 억압하는 것을 권위주의 체제의 공통 경향으로 보는 것에 만족할 수도 있다.[68] 그러나 권위주의 체제를 이러한 특징으로 규정하는 것은 너무 일반적이어서 정확도가 떨어진다. 왜냐하면 앞에 언급한 경향을 보이는 체제와 '미성숙한 민주주의' 상황에서 완전히 벗어났거나 '탈다원화'가 완성된 권위주의 체제의 차이를 규정할 수 없기 때문이다. 더욱이 이 분류법은 집권 신자유주의가 취하는 형태의 다양성을 포착하는 데 별로 소용이 없다.

여기서 근본적인 지점을 건드릴 필요가 있다. 정치체제에 국한한 접근법의 문제점은 신자유주의를 하나의 **특정 정치체제**로 정의할 수 없다는 것이다. 신자유주의가 고전적인 자유민주주의에 반하는 것은 분명하나, 때로는 매우 다른 정치적 형태로 나타난다. 두 가지 예만 들자면 서로 매우 다른 정치체제인 프랑스 제5공화국 헌법과 독일 연방국은, 그 자체로는 신자유주의 정치와 필연적인 연관이 없다. 반면 칠레의 정치체제는 독특한 예로, 1980년 헌법과 분리하기 힘들어 보인다. 바로 이 헌법에 의해 칠레의 정치체제가 확립되었기 때문이다. 역사적 상황에 따라 변화한 뢰프케의 입장은 이런 점에서 시사하는 바가 크다. 그는 1930년대 초 독일에서 강한 국가를 옹호했고, 1940년에는 '독재적 민주주의'를 주장했다. 그러던 그가 1942년에는 권위주의적이지 않은 스위스 칸톤(canton)◆ 모델의 전 세계적 확장을 언급했다는 것은 부정할 수 없는 사실이다. 또한 뢰프케는 1945년 봄, 책 제목을 통해 '독일 문제'가 비스마르크 국가를 연방 구조로 바꾸는 탈집중화에 의해서만 해결될 수 있다고 암시하기도 했다.[69]

따라서 '권위주의'라는 개념이 함축하는 다의성에 주목할 필요가 있다. 이 책 제4장에서 우리 역시 권위주의적 **체제**를 가리키기 위해 '국가 권위주의'를 언급한 바 있다. 그러나 이 용어의 통상적인 사용법에 따라 '권위주의'를 국가수반 혹은 정부의 통치

◆ 미국의 주처럼 스위스 연방은 총 26개의 칸톤으로 구성된다. 칸톤은 헌법상 영구적 지위를 부여받으며 사실상 별개의 나라 수준의 자치권을 갖는다.

방식을 가리키는 말로 사용할 수 있을 것이다. 즉, 모든 종류의 협의를 지속적으로 무시하는 태도 혹은 권력 분립에 반대하여 권력을 집중화하려는 경향을 의미하는 말로 사용하는 것이다. 트럼프가 행정명령(가령 '무슬림 금지령')을 무기로 사용하길 선호하는 경향이나, 실비 로랑의 표현을 빌리자면 트럼프가 구현한 '인종주의적 신자유주의적 권위주의'를 예로 들 수 있다. 물론 위에 언급한 '권위주의' 개념의 두 의미 사이에는 인과관계가 없다. 가령 재민주화로 탄생한 브라질의 1988년 헌법과 권위적인 보우소나루 대통령이 공존할 수 있으며, 미국의 헌법과 트럼프 정부가 공존할 수 있다. 헌법이 권력 분립을 인정한다는 의미에서 '자유주의적'일수록 권위주의적 대통령들은 정책을 추진하는 데 더 많은 장애물을 만나게 된다. 한편, 프랑스 제5공화국처럼 반민주주의적 헌법 아래 선출된 대통령이 전임자들이 도입한 신자유주의적 정책을 밀어붙이기 위해 그 헌법적 자원을 이용하는 경우도 있고, 권위주의적 체제를 구축하기 위해 기존의 헌법을 바꾸는 경우도 있다. 이 모든 것은 역사, 정치, 힘의 관계에 달려 있다.

변하지 않는 것은 정치 형태와 무관하게 국가들을 연결할 수 있는 '경제 헌법'의 필요성이다. 신자유주의 정치의 권위주의적 차원의 **핵심**이 여기에 있다. 국가의 구조와 정치를 행하는 인물 및 방식은 다양할 수 있겠지만, 핵심은 통치자가 사법(私法)의 헌법화를 추진하고 협의의 영역을 제한하기 위해 충분히 강해야 한다는 것이다. 신자유주의와 권위주의의 필연적 연결을 받아들이기를 거부하는 이들이 저지르는 오류[70]는 권위주의를 권위주의적 체제와 동일시하는 것이다.[71] '권위주의를 선택하는 것'(권위주의 체제를 선택한다는 의미에서)이 신자유주의의 여러 전략 중 하나에 불과하며, 여타의 전략 가운데 국가 주권의 탈중앙집중화가 포함된다고 해서 (클린턴과 블레어의) '제3의 길'이라는 신자유주의적 경험이 권위주의적이지 않았다고 주장하는 것은 분명 잘못이다. 실제로 신자유주의는 목표 달성을 위해 권위주의적 체제를 구축할 필요가 없을지라도 그 자체로 권위주의적이다.[72] 하이에크가 칠레를 모델로 삼아야 한다고 충고했지만, 대처에겐 권위주의적 체제가 필요하지 않았듯이 말이다.[73] 이 문제를 모든 각도에서 검토해 보고 싶다면 다음 세 가지를 구분해야 한다. 우선 **정치체제로서의 권위주의**로, 이는 구성 권력(행정, 입법, 사법) 간 맺는 특정한 관계의 유형으로 정의된다. 다음으로 **신자유주의적인 정치적 권위주의**로, 현존 체제로 곧바로 환원할 수 없는 하나 혹은 복수의 정치 전략으로 정의되며, 각 국면의 전략적 필요에 따라 매우 다른 정체를 수용할 수 있다. 마지막으로, **신자유주의의 환원 불가능한 권위주의적 측면**으로, 각 정체의 틀 속에서 제공되는 기회들을 자신에게 유리하게 활용하는 각 통치자의 능력에 따라 다양한 방식으로 실현된다. 이로써 이 책 전체를 통틀어 우리가 주장한 바를 확인할 수 있다. 신자유주의의 근본적 통일성은 그것의 교리가 아니라 그것이 추동하고 수행하는 '내전 **전략**'에 의해 확립된다.

내전에서
혁명으로

우리는 이제 현대 신자유주의의 권위주의적 차원을 밝혀줄 특성에 대한 연구자들의 합의가 명목적인 것에 그칠 수도 있다는 사실을 이해하게 되었다. 서론에서 밝혔듯이 이 특성들을 신자유주의의 위기의 증후 혹은 쇠락해가는 모델의 상처로 해석하는 것은, 민주주의와 합의에 기초한 원칙으로서의 신자유주의 혹은 정부 형태로서의 신자유주의의 역사적 전범이 존재한다는 것을 전제한다. 그러나 신자유주의를 그 기원에서부터 특징짓는 것은 몇몇 근본 특성들의 놀랍도록 지속적인 결합이다. 재분배를 위한 사회 정책에 대한 문제 제기, 반민주주의, 강한 국가 추구, '자유의 적'에 대한 폭력, 시장 입헌주의, 경쟁 예찬 등이 그 특성의 예다. 이 특성들은 계속해서 상호 결합하며, 여기에 (항상은 아니고) 자주 가족, 종교, 도덕 질서 같은 보수주의적 가치에 대한 지지가 추가되기도 한다. 그러나 흔히 하듯 '권위주의적 신자유주의'[1], '실재하는 신자유주의'[2], '변종 신자유주의'[3] 등으로 신자유주의를 범주화하는 게 우리의 목적은 아니다. 신자유주의가 무엇을 **하는지**, 어떻게 대립의 경계를 이동시켜 인구의 일부가 권위주의를 지지하게 만드는지, 혹은 역으로 어떻게 '진보주의자'의 열망을 전유하는지, 그 과정에서 어떻게 노동자의 권리와 사회적 연대, 평등을 후퇴하게 만드는지를 분석하는 것이 관건이다. 바로 이런 이유로 우리는 이 책에서 신자유주의의 전략적 차원에 주목하여, 신자유주의 권력이 내전의 정치를 통해 기능하는 다양한 방식을 파악하고자 했다.

신자유주의와 내전

이런 관점에서 내전을 '구축된 권력'을 분석하는 틀로 삼은 푸코의 사유[4]는 상당히 생산적이다. 그렇다면 신자유주의는 내전과의 관계를 스스로 어떻게 문제화하는가? 이는 이중의 과정으로 이루어진다. 한편으로 신자유주의는 개별 이해당사자들의 내전을 종식시키는 권력을 정당화하기 위해 주권이라는 고전적 담론을 취한다. 하이에크는 헌법적 법률의 역사적 구성과 관련하여 "(헌법적 법률이란) 그것을 어길 경우 개념적 충돌, 더 나아가 내전까지 초래할 수 있는 원칙"[5]이라고 지적했다. 한편 미제스는 "자유주의자가 된다는 것은, 다른 집단을 희생시키면서 소수자 집단에 부여된 특혜는 장기적으로 분쟁(내전) 없이 유지될 수 없다는 것을 이해하는 것이다"[6]라고 이야기하며 자유주의는 내전을 배제한다고 주장했다. '반자유주의 정당'들은 사회의 나머지 부분을 희생시켜 '특혜'를 쟁취하려고 하기 때문에 시민의 내분을 조장하지만, 자유주의는 '어떤 특수 이익에도 봉사하지 않기' 때문에 모든 형태의 내전을 배제한다는 것이다. 여기서 '내전'은 특별한 의미를 지닌다. 내전은 서로 다른 사회적 이해 당사자들 간의 경쟁,

특히 계급투쟁을 가리킨다. 사실 신자유주의 국가를 특수한 이해 들보다 상위에 놓기 위해 계급투쟁을 '내전'으로 재약호화하는 것은 신자유주의의 주요 주제 중 하나다. 하이에크는 "정치가 소득이라는 케이크의 더 큰 조각을 차지하기 위한 악착같은 전쟁이 되어버린다면 품위 있는 통치는 불가능하다"[7]라고 이야기했고, 독일 질서자유주의자들은 사회적 이해 당사자들 사이의 충돌을 야만적인 약탈을 의미하는 어휘들로 묘사했다. 국가 예산을 두고 뢰프케는 '특수 이익에 눈먼 자들의 노획품'[8]이라고 표현했고, 뤼스토프는 국가를 약탈하는 무리들의 먹이[9]라고 이야기했다. 계급투쟁을 내전으로 재약호화하기 위해 '피해 입은 주권자'라는 해묵은 주제[10]가 다시 등장하고, 신자유주의 국가는 '시장'이라는 유일한 정의의 수호자로 제시된다. 첫째 단계로, 내전과 주권 국가의 대립은 이해 당사자들 간의 사회적 전쟁과 경제 정의를 시장에 연동시키는 주권 국가의 대립이라는 경제적 의미로 재약호화된다. 이러한 사고방식 속에서 계급투쟁은 사회 내에서 벌어지는 내전이 되어버리며, 국가의 기능은 그 내전으로부터 사회를 보호하는 것이다.[11]

이처럼 내전으로부터 사회를 보호하는 것에 두 번째 단계가 중첩된다. 이번엔 반대로 시장의 적과 그것을 지키는 국가의 적에 대항하여 벌이는 전쟁의 계획을 온전히 수행하는 것이 과제다. 프롤레타리아로부터 탄생하는 각각의 사회주의자들이야말로 대표적인 '사회의 적'이자 '야만인'으로서 제압의 대상이 된다. 뢰프케는 독일에서 수백만 명이 '집단적'으로 '프롤레타리아화'되었다고 경고하며, "국민이 스스로 자신에 대항하는 야만적인 침략자를 만들어낼 수 있다"라고 말했다.[12] 미제스는 '사회주의 슬로건'에 현혹된 '대중'은 "필연적으로 혼돈과 비참, 암흑과 야만, 절멸의 길로 빠질 수밖에 없다"라고 했다.[13] 사회주의를 무찔러야 하는 이유는 그것이 정치적 적이어서가 아니라 범죄인 동시에 문명의 적이기 때문이다.[14] 미제스는 시장경제가 올바르게 기능하기 위한 조건들에 대항한 '폭력적인 침해'를 막기 위해 '내부의 범죄자와 외부의 적'을 굴복시키는 역할을 국가에 부여했다.[15] 신자유주의는 사회적 협정을 파기하고, 범죄자를 사회와 전쟁을 벌이는 공공의 적으로 간주하는 18세기 담론을 다시 불러와 프롤레타리아에 적용한다. 그리하여 "이러한 범죄자에 대항한 사회의 반전쟁 보호 조치"가 정당화된다.[16] 시장경제에 적용된 상당히 진화주의적인 담론 속에서 적을 지목하는 것은 국가 인종주의와 크게 다르지 않다. 이 인종주의는 특정 '인종의 보호'[17]를 목표로 삼는 대신, 경제적 차원에서 '적'을 새롭게 정의함으로써, '병적인 민주주의'[18]와 프롤레타리아화의 위험에 대항하여 건전한 경제를 유지하는 것을 목표로 삼는다.

신자유주의 내전의
전략들

20세기와 21세기 신자유주의의 역사는 사회주의라는 '적'의 다양한 형상에 대항한 신자유주의 내전 전략들의 역사로 이해될 수 있다. 신자유주의가 적으로 간주한 것들은 '계획경제', '집산주의', '노동조합운동', '인민주권', '민주화' 등으로 불리며, 모두 사회적 필요에 따른 경제 규제와 민주주의적 표현의 존중을 바탕으로 한다.

1930년대에는 경제의 정치화 과정을 저지할 능력을 갖춘 국가를 세우기 위해 '강한 국가', '경제 헌법', '경쟁 질서' 등의 개념들이 고안되었다. 프롤레타리아와 노동조합은 '적'으로 간주되었고, 법적 질서에 대한 신자유주의의 개입은 특정 사회적 이해당사자들이 압력을 행사하는 것을 불법화하는 경쟁의 법을 정착시키는 데 목적이 있었다. 1940년대부터 국제 경제 질서에 관한 모든 고민은 '경제적 국민주의'를 추구하는 사회주의적 정부들로부터 행동 수단을 박탈하는 데 집중됐으며, 이는 국제기구 내에서의 활발한 투쟁[19]을 통해 이루어졌다. 1960년대부터는 '60년대 세대(sixties)'[20]를 비난하는 도덕적 전략이 미국에서 '가족적 가치'를 최우선 순위로 복귀시키는 데 결정적 역할을 수행했다. 이로 인해 사회적 재분배 메커니즘의 정당성이 약화했고, 경제적 연대를 자선이나 동정으로 바라보는 관점에 근거한 가족 중심의 사유화가 진행되었다. 문화적 가치 전쟁 속에서 복지국가에 대한 합의의 기초가 된 계급 동맹은 점차 와해했고, 인민의 일부는 보수주의적 가치를 지지하고, 다른 일부는 1980년대부터 '제3의 길' 신자유주의에 포섭되어 진보주의적 가치를 지지했다. 최근에는 글로벌 테크노크라트, 이슬람 테러리스트, 이민자 등 다양한 적들을 지목하면서 새로운 국민주의적-경쟁주의적 신자유주의 전략이 기능하고 있다.

이와 같은 신자유주의 전략의 발전 과정을 살펴보면 국가 폭력의 사용, 권위주의, 과격성 등을 현재의 신자유주의만의 새로운 특성이라고 할 수 없다는 걸 알 수 있다. 최근 드러난 신자유주의의 변화를 권위주의적 일탈로 해석할 경우 현대사회를 지배하고 있는 신자유주의의 새로운 전략적 특성을 놓칠 수 있다. 이 새로운 전략은 이미 앞에서 살펴봤듯이 서로 밀접하게 연관된 두 가지 현상에 의존한다. 첫째, 현대 신자유주의는 두 분파로 **양분**된다. 차이를 존중하고 자아실현을 약속하는 다소 진보적인 '글로벌리즘 신자유주의'와, '국민 정체성'과 혼동되는 자유를 내세우며 소수자들의 요구 및 법적 성취를 억압하는 반동적인 '내셔널리즘 신자유주의'가 그것이다. 둘째, 이러한 두 신자유주의 분파의 가치 전쟁[21] 속에서 인민은 **자기 자신에 대항**하게 된다. 이 전쟁 속에서 매우 다른 두 개념의 자유가 마치 무한한 거울 반사처럼 서로에게 시대적 악의 책임을 돌린다. 현대 신자유주의는 이러한 방식으로 공론장 전체를 포화 상태로 만듦으로써 모든 진정한 인민적 대안을 막는다. 그리하여 신자유주의의 전략은 '통치하려면 분할하라(*divide ut regnes*)'라는 카트린 드 메디치의 유명한 격언보다 더 멀리까지 나아간다.

양차 세계대전 사이 신자유주의는 '문명'을 위협하는 인민 '대중'에 대항한 엘리트들의 저항이었지만, 현대의 신자유주의는 인구 다수와 피지배 계급 일부에게 매력적인 것이 되었다. 이것이 현대 신자유주의와 초창기 신자유주의의 결정적 차이점이다. 신자유주의 논리가 대중과 '엘리트' 사이의 불신의 골을 깊게 만들고 있는 와중에, 대중에 대한 편집증적 공포는 대중을 향한 가장 냉소적인 유혹으로 전환되었다. 신자유주의는 국내외의 희생양을 만들어 격앙된 국민주의를 이용했고, 그렇게 인민의 일부가 자신의 이익에 반하여 행동하게 되었다. 이로써 갈등의 장이 가치 문제로 이동하였고, 인민의 분노가 지닌 위력은 무력화되고 만다.

경제는 운명이 아니다

문제는 앞에서 살펴본 신자유주의의 글로벌리즘 버전과 내셔널리즘 버전 모두, 본연의 전략적 차원을 끊임없이 부정해왔고 부정하고 있다는 것이다. 신자유주의는 출발부터 정치 전략으로 정의됨에도 불구하고, 신자유주의적 정책은 언제나 (원칙적으로 되돌릴 수 있는) 선택에 따른 결과가 아니라 되돌릴 수 없는 필연으로 제시되었다. 신자유주의적 정책 혹은 정치는 그 스스로를 불가역적으로 만드는 것을 목적으로 한다는 의미에서 그 모든 선택은 가차 없는 필연이 된다. 이러한 근본적인 결정들을 '운명'이라는 베일로 가리는 이유는, 결정을 선택에서 독립된 것으로 만드는 것이 역설적이게도 신자유주의의 전략이기 때문이다. 따라서 신자유주의 비판을 위한 첫 번째 행동은 그 선택들의 내용과 결정의 의미를 복원하는 것이다. 이와 관련해 모든 것을 집약해 드러내는 한 문장이 있다. **"경제는 우리의 운명입니다.** 통화와 금융의 안정은 독일의 행동 역량과 '잠재력'을 보장합니다."[22] 이는 독일 수상 루트비히 에르하르트가 1965년 11월 11일 본에서 낭독한 정부 선언문의 일부로, 발터 라테나우의 말(경제는 운명이다)을 인용한 것이다. 라테나우는 1921~1922년 바이마르 공화국의 재건부 장관과 외교부 장관을 역임했고, 독일의 극우 민족주의자 청년들에게 살해당한 인물이다. 그의 말을 거의 그대로 옮긴 에르하르트의 연설은 산업 자본가와 자유주의 정치인의 입장에 정통한 청자들을 당황스럽게 했을 것이다. 그 점이 중요하다. 자유주의 정치인들은 중앙집중화와 경제계획 정책 때문에 질서자유주의에 호의적이지 않았다. 뢰프케는 에르하르트를 '영원한 생시몽주의자'라고 지칭하거나 '전제적 계획경제주의' 등과 연관 지었다. 그나마 나은 평가는 그를 '테크노크라트'라고 부르는 것이었다.[23]

그런데, 1965년 에르하르트 수상은 라테나우의 말을 전유하여 라테나우가 그 말을 할 당시에는 담기지 않았던 의미를 부여했다. 그 내용은 곧 질서자유주의의 신앙고백이었다. '우리 독일인에게 경제가 운명'이라는 말은 어떤 희생을 치르더라도 통화와 금융의 안정을 지켜나가야 하며, 그렇게 함으로써 독일의 번영과 국가 정통성이 보장될 것이라는 의미이다. 미영 공동통치지구 경제고문이었던 에르하르트는 1948년 2월부터 수요와 공급에 따른 가격 결정 메커니즘으로 경제를 관리할 수 있다는 원칙에서 출발하여 가격을 자유화하는 실험을 진행했다.[24] 결국 그가 라테나우의 말을 인용하여 하고자 한 말은, 이미 그 효과가 입증되었고 당대 독일의 힘의 원천이기도 한 시장경제의 길을 꾸준히 추구하는 것에 독일의 생존이 달려 있다는 의미였다. 다시 말해 경제를 구실로 한 질서자유주의적 **정치**가 자신들의 운명이라는 의미였다. 여기서 정치는 역행할 수 없는 법칙에 따르는 경제라는 표면 뒤로 은폐된다. 여전히 회자되는 "우리는 시장에 역행할 수 없다"라는 말처럼.

1920년대 말부터 라테나우의 말은 여러 해석을 낳았다. 그중에는 카를 슈미트의 해석도 포함된다. 슈미트는 1932년 출간한 『정치적인 것의 개념』에서 "오늘날 우리의 운명이 정치가 아닌 경제 안에 있다는 라테나우의 말처럼"이라고 라테나우를 언급하며 경제적 대립이 이제 정치적인 것이 되었다고 진단한다. 라테나우의 주장은 매우 논쟁적이다. 슈미트는 자신이 '윤리-경제의 양극화에 따른 탈정치화'라고 부른 것, 다시 말해 정신과 상업의 양극화를 비판했다. 이 양극화를 촉진하는 것은 '법치국가 개념'으로, 여기서의 법은 '폭력과 정복의 영역인 정치를 무력화'시키고 '세계를 탈정치화'하는 경향을 가진 사법(私法)을 의미한다.[25] 슈미트는 이러한 경향을 두고 경제는 스스로 정치가 됨으로써만 운명이 된다는 사실을 지적한다. "이 운명은 예전처럼 정치적인 것으로 남아 있으며, 다만 경제가 정치적 현상이 됨으로써 운명이 되었다고 말하는 것이 더 맞을 것이다."[26] 운명이 '**예전처럼** 정치적인 것으로 남아 있다'라고 주장한 슈미트는 어떤 사유를 참조한 것일까? 그리고 경제가 운명이라는 에르하르트의 주장과 정치가 우리의 운명으로 남을 것이라는 슈미트의 주장 사이에는 어떤 종류의 경합이 존재하는 것일까? '운명'이라는 말에 대한 동일한 관심이 맺어준 비밀스러운 공모 관계가 표면적인 경쟁을 넘어 두 주장을 하나로 이어주고 있는 건 아닐까?

정치는 운명이 아니다

1808년 10월 2일 에르푸르트에서 나폴레옹은 괴테에게 다음과 같이 말했다고 전해진다. "오늘날 우리에게 운명이란 무엇인가요? 운명, 그것은 정치입니다." 괴테는 1832년 이 문장을 다시 언급한다. "우리는 비극적 운명에 대한 그리스인들의 생각에 관해 대화를 나누었다. (…) 우리 시대는 나폴레옹을 따라 다음과 같이 말하길 원한다. **정치, 그것은 운명이다.**"[27] 비극은 정치 이전의 세계를 무대에 올렸다. 운명은 끔찍한 복수의 여신 에리니에스의 형상으로 등장하여 대귀족 가문에게 피의 법을 집행한다. 이런 의미에서 고전 비극은 "평등한 자들의 도시에 대한 반대 모델을 제시했다"[28]고 볼 수 있으며, 시민들이 정치적 결정에 참여할 수 있게 해주는 시민 간의 평등 제도는 진정으로 **운명에 반하는 것**으로 간주될 수 있다. 근대국가는 그러한 참여에 기초하는 것이 아니라 사유재산권자와 시민과의 대립 위에 세워진다. 따라서 사회와 분리된 추상적 국가의 형태 속에서 정치는 '부르주아'의 운명,

즉 부르주아가 맞서는 무엇이자 벗어날 수 없는 무엇이다.[29] 슈미트가 보기에 19세기의 주요 특징은 '경제로의 이행'과 '산업사회의 승리'이다. 이 승리의 정확한 시점은 '영국이 나폴레옹의 군사적 제국주의에 승리를 거둔' 1814년이다. 자유주의 사상이 주장하는 바와 반대로, 슈미트는 그때까지 '자율적이고 정치적으로 중립적 영역'으로 여겨졌던 경제가 '정치적 현상으로 전환된 것'으로 이해한다. 나폴레옹이 한 말이 자신의 운명으로 실현된 것은 역사의 아이러니라 할 만하다. 그는 경제적 강국 영국에 패하고 정치라는 운명에 무릎을 꿇었다. 요컨대 경제의 정치화는 경제가 우리의 새로운 운명이 되었다는 것을 의미하지 않는다. 정치가 경제영역까지 확장됨으로써 그 어느 때보다 우리의 운명으로 남게 되었다는 것을 의미한다.

그리하여 1939년 정치분석가 한스 콘이 지적했듯이, 타협할 수 없는 대립이 형성된다. 발터 라테나우가 **경제는 우리의 운명**이라 말하며 19세기 자유주의적 자본주의와 사회주의가 공유한 관점을 지지했다면, 이후 슈미트는 정치의 우위를 재확인했다(**정치는 운명이다**).[30] 앞서 언급한 에르하르트 수상의 관점으로 이 대립을 바라본다면 다음과 같은 개념을 얻게 된다. 한편에는, 선택을 선택이 아닌 것으로 제시하고 어떤 대안적 경제정책도 금지하기 위해 경제를 운명의 반열에 올려놓는 교조주의적 질서자유주의가 있다. 다른 한편에는, 비국가적 정치의 개입을 금지하기 위해 정치와 국가를 우리의 운명으로 만들려고 애쓰는 보수주의적 국가주의가 있다. 다시 말해 '운명'은, 그것이 정치적이든 경제적이든 모든 대안을 사전에 불가능한 것으로 만들어 배제하는 기능을 수행하는 성격을 지닌다. 앞에서 살핀 두 경우 모두에서 결정은 슬며시 필연으로 변모한다. 질서자유주의는 경쟁과 시장경제에 우호적인 사전 결정이고, 슈미트의 주장은 정치적 관계를 구축하기 위해 적을 지목하는 것과 관련된 사전 결정이다. 둘 가운데 하나의 자의적인 결정이 나머지 경제 질서 혹은 정치 질서의 기초를 이룬다. 신자유주의자들은 슈미트의 말을 빌려 이를 '기초 결정' 혹은 '제헌적 결정'이라고 부른다.[31]

여기서 우리는 앞 장에서 다룬 신자유주의의 권위주의적 측면과의 직접적인 연관을 발견할 수 있다. 공동체 전체가 참여하는 집단적 협의를 통하지 않은 결정에 따라 협의의 영역을 사전에 제한하는 것이다. 우리는 운명적이거나 필연적인 것에 관하여 협의하지 않는다. 실현 가능한 것들에 대해서만 협의한다. 우리에게 운명이 있다면, 다시 말해 필연적인 무언가가 있다면 그것과 관련된 협의는 할 필요가 없다. 오늘날 세계화가 경제라는 '운명'의 권능에 더욱 힘을 실어주고 있다는 점을 강조할 필요가 있다. 이제 세계시장의 제약이 국내외 모든 경제정책을 제한한다. 그러나 이와 동시에, 앞에서 살펴봤듯이 이러한 제약은 경제적 방향의 결정을 정치적 협의의 영역 밖으로 빼내기 위해 강한 국가 혹은 최소한 충분히 강한 정치를 조건으로 요구한다. 대처의 유명한 말대로 '대안이 없다'면, 모든 정치는 배제되어야 한다. 왜냐하면 정치는 공공의 협의로서, 운명에 반할 때만 가치를 지니기 때문이다. 따라서 모든 대안은 우선적으로 가능성의 영역, 즉 협의

가능한 영역을 열어야 한다. '공통의 사안'이야말로 정치적 협의의 대상이라고 한다면, 이는 곧 커먼스(commons)의 영역이다.[32]

내전에 대항한 혁명

이제 우리가 국가와 맺는 관계와 경제와 맺는 관계 모두 문제가 된다. 우리는 국가도 경제도 우리의 운명이 아니라는 전혀 다른 공리를 따르고자 한다. 국가 주권은 경쟁 사회를 구축하는 핵심이다. 따라서 국가 주권을 제쳐 놓고 경쟁에 대항해 싸우는 것은 환상에 불과하다. 우리는 경험을 통해 적의 무기를 들고 적과 싸우는 모든 자살적 전략에 면역력을 갖게 되었다. 국가는 결코 피지배자의 '무기'가 될 수 없다. 급진적으로 **비**국가적인 정치, 즉 커먼스의 정치만이 시장의 영향력과 국가의 지배로부터 벗어날 수 있는 길이다.

파리 코뮌의 예가 이 점을 더 명확하게 해줄 것이다. 카를 마르크스가 1871년 『프랑스 내전』 초고에 쓴 대로 파리 코뮌이 '국가 자체에 대항한 혁명'*이고자 했다면, 과연 그 혁명은 내전이 되고자 했을까? 이 책 첫머리에서 살펴봤듯이 베르사유 정부에

◆ 카를 마르크스는 『프랑스 내전』에 다음과 같이 썼다. "파리 코뮌은 특정한 형태의 국가권력, 가령 정통 왕당파 국가, 입헌주의 국가, 공화국 혹은 제국에 대항한 혁명이 아니었다. 코뮌은 국가 자체에 대항한 혁명이었다."

대항한 파리 코뮌 참여자들이 스스로 그 혁명을 규정하고자 할 때, 고전적인 전쟁과 내전(또는 내부 전쟁) 사이에서 망설였을 수도 있다. 전자의 경우는 귀스타브 쿠르베로 하여금 코뮌 참여자에게 교전 당사자 지위를 부여해야 한다고 주장하게 만들었고, 후자의 경우는 양편을 대칭적으로 보는 관점을 함축하며 '보통 전쟁' 모델에서 벗어난다. 그러나 코뮌 참여자들은 반복적으로 '3월 18일 혁명'을 '내전'에 대립시킴으로써 위에 언급한 두 가지 재현 방식 사이의 양자택일 문제를 극복하고자 했다.[33] 베르사유 정부가 끊임없이 내전의 책임을 코뮌에 돌리려고 했지만, 코뮌 참여자들에게 '내전'을 일으켰다는 비난에서 벗어나는 것은 명예의 문제였다. 1871년 3월 18일 아침 파리에 나붙은 아돌프 티에르의 서명이 들어간 벽보에는 정부군이 국민군의 대포를 회수할 것을 통보하면서, '외국과의 전쟁을 내전으로 이어가려는 범죄자들'을 비난하는 내용이 담겼다. 그리고 다음과 같이 선포했다. '선한 시민들은 악한 시민들과 거리를 둘 것이며, 공권력에 저항하는 대신 **협조**할 것.' 코뮌 참여자 귀스타브 르프랑세는 이를 다음과 같이 해석했다. "벽보 작성자들은 내전을 피하는 척하면서 내전을 직접적으로 추동하고 있다."[34] 코뮌의 입장에서 내전은 베르사유에만 해당하는 일이었다. 베르사유가 파리에 대항한 전쟁은 곧 코뮌에 대항해 벌인 전쟁이다. 니콜 로로가 정확히 지적했듯이 코뮌 참여자들은 자신들을 내전의 당사자로 내세운 적이 없다. 코뮌은 간결하게 '코뮌이 끌려들어 간 내전 상황'이라고 언급하며, 이 예외적 상황에 대한 모든 책임이 베르사유에 있음을 주장했다.

1871년 5월 24일 피의 주간을 보내면서 국민군 중앙위원회가 공식적으로 발표한 다음의 선언이 이를 증명한다. "우리는 오로지 하나의 적을 상대해서 싸웠다. 그 적은 바로 내전이었다."[35] 앞선 5월 19일에 이미 국민군 중앙위원회는 스스로를 '코뮌 혁명의 깃발', '무장한 내전의 적'으로 규정했다.[36]

마르크스의 표현을 빌리자면 '내전을 통해 혁명을 진압하려고' 한 것은 지배계급이다. 그는 양편을 대칭적으로 보는 관점을 벗어던짐으로써 파리 코뮌에 진정한 **혁명**의 본질을 돌려주고자 했다. 니콜 로로는 다음과 같이 정확히 표현했다. "파리 코뮌은 분명하게 **내전에 대항한 혁명**이었다."[37] 혁명이 실패했다고 해서 그 정치적 중요성이 사라지는 것은 아니다. 코뮌의 정치는 단호하게, 필요한 경우 무력 충돌의 형태까지 포함하는 대립을 받아들여야만 한다. 하지만 이는 내전이라는 함정을 더 잘 피하기 위해서이다. '내전에 대항한 혁명'이라는 말은 경제를 운명으로 만드는 국가의 정치에 반대하는 정치적 전략을 응축해서 보여준다. 칠레의 예를 보라. 오직 인민의 혁명만이, 시민들에 의해 전개되고 통제되는 혁명만이 신자유주의적 내전 전략에 대항할 수 있다.

신자유주의 내전에 어떻게 대항할 것인가?

그렇다면 이처럼 자신의 전략적 차원을 부정하는 적과 어떻게 싸울 것인가? '운명에 반하는' 정치를 어떻게 재창조할 것인가? 달리 말해, 본모습이 포착되지 않는 것이 특성인 신자유주의 내전 전략을 어떻게 좌절시킬 것인가? 신자유주의 내전에 대항한 투쟁은 신자유주의가 파괴하고자 하는 것 가령 평등, 연대, 해방 등을 중심으로 다양한 인민 집단을 재구성하는 작업을 요구한다. 그러나 이를 제대로 수행하기 위해서는 좌파 각 분파의 다양한 정치적 제안에 대한 비판이 선행되어야 한다.

한마디로 집권 좌파는 실패했다. 그들은 신자유주의 내전 전략에 어떤 대응도 하지 않았다. 내전에 대응하기는커녕 그것에 힘을 실어주었다. 물론 어느 정도 문화적, 사회적 자유주의를 구현하는 좌파를 가장 반동적인 버전의 좌파와 혼동해서는 안 된다. 그러나 엄밀하게 '개인'에 머무는 이 권리의 정치는 인민 계급의 이익에 봉사하는 사회적, 경제적 평등 정치의 포기를 보상해주지는 못한다. 과거에서 배운 우리는, 조 바이든의 '중도적' 민주당에서부터 유럽의 '진보적 사민주의자'까지, 낡은 정치적 형태들이 무엇을 할 수 있을지 커다란 의심을 품을 수밖에 없다.

스스로 '좌파 포퓰리즘'이라고 규정하는 전략은 서로 다른 다양한 '민주주의적 요구들'의 평등을 실현하면서 '대중을 구축'하고자 한다. 에르네스토 라클라우와 샹탈 무페가 이론화한 이 전략은 국가의 주권을 박탈한 세계화한 엘리트들에 대항하여 '대중을 만들어내는 것'을 목표로 한다. 이러한 생각은 대처가 실현했던 우파 포퓰리즘에 대한 미러링으로서 고안되었다.[38] 우파에서 그토록 성공을 거두었던 민족공동체와 주권 국가의 상상계를 자본주의의 지구화와 유럽연합의 신자유주의에 맞서기 위해 '재활성화'하자는 것이다. 매우 다른 맥락 속에서, 특히 유럽에서 라틴아메리카의 포퓰리즘, 그중에서도 아르헨티나의 페론주의를 재현하는 이 '좌파 포퓰리즘'은 곧바로 정치와 노조의 구조적 분열, 사회적 운동의 자율적 힘, 결집을 위한 대의의 다양성 등과 충돌했다. 신자유주의 엘리트들에 맞서기 위해 인민, 국가, 공화국 등의 위대한 레토릭을 전용했지만, 사람들을 하나로 결집하는 마법이 되지 못했고, 사람들이 스스로 '새로운 대중'으로 형성되도록 설득해내지도 못했다. 그렇게 좌파 포퓰리즘은 고전적 의회 정치 속으로 융해되어버렸다. 이로부터 무슨 교훈을 얻어야 할까? 사람들은 신비하고 초월적인 능력을 지닌, '일반의지'를 인지한 지도자가 체현하는 상징적인 무언가에 의해 하나로 결집되지 않는다. 사람들이 지도자와의 동일시를 통해 서로 간의 적대와 분열을 극복하고 인위적으로 하나의 '전체'를 창조해낼 수 있을 거라는 믿음은 환상이다. 또한, 현존하는 국가의 '정복'을 정치적 중심 목표로 삼는다는 점에서 획일주의적, 중앙집권주의적인 좌파 포퓰리즘은 국가라는 문제에 부딪힐 뿐 아니라 사회의 모든 영역과 장소에서 민주주의 제도를 상상하는 능력을 결여하기 때문에 결국 지배계급을 무장해제시키지 못한다.

이외에, 극좌파의 일부 분파가 좋아하는 대응책이 존재한다. 반란과 폭동을 통해 신자유주의적 전쟁에 대응할 수 있다는 생각이다. 이 극좌파 분파는 블랑키주의적인 방식으로 전쟁에 대칭적인 전략을 수행할 수 있다고 믿는다. 블랙 블록(Black blocs)처럼 청년층이 모인 '자율' 그룹은 잘못된 상징에 공격을 가하며 스스로 야만적이 된다. 그럼으로써 그들의 행동은 국가가 '안전'을 이유로 강요하는 자유에 대한 모든 제약을 정당한 것으로 만든다. 그들은 자신들이 맞서 싸운다고 믿는 권력이 그들을 위해 마련해 놓은 자리를 스스로 받아들이고 있는 셈이다. 그들의 행동이 운동에 미치는 영향은 참혹하다. 이 입장의 배경에는 모든 제도적 조정 방식을 폐기하고 개인들 간의 직접적인 관계를 추구하고자 하는 신조가 있다. 아감벤과 그 지지자들의 가벼운 주장과 달리, 자율통치로 대변되는 진정한 자율은 파리 코뮌의 경험이 여실히 보여주듯 제도화를 피해갈 수 없다. 전례 없는 집단적 자율통치 형태를 실험하면서 사회적, 정치적 활동에 대한 민주주의적 참여의 조건들을 창조하고 재활성화하기 위해 필요한 것은 **제도화**된 실천이지 '**탈제도화**된 힘'이 아니다.

이제 현재의 상황 속에서 **내전에 대항한** 혁명이 어떻게 가능할 것인지 그 조건에 대해 사고하는 문제가 남았다. 우리는 어떤 혁명을 해야 하는가? 아마도 일부 정치적 투쟁의 고전적 형태들에 작별을 고해야만 할 것이다. 국가와 자본주의 기업을 모델로 삼는 수직적 거대 정당과 중앙 집중식 노동조합들이 의존하던 사회학적 기초와 주체는 사라졌다. 오늘날 현실의 다양한 사회적 대립은 더 이상 두 계급 간의 적대로 요약되지 않는다. 그렇다고 경제적 가치 분배를 둘러싼 사회적 갈등이 사라진 것은 아니다. 오히려 그 반대다. 이러한 갈등은 자본주의 초기 단계의 공장을 훨씬 넘어서는 생산 활동에 대한 직간접적인 착취를 통해 일반화되었다. 계급투쟁은 더 복잡해지고 확장되었으며, 젠더, 인종, 문화, 종교 등과 관련된 다양한 갈등이 계급투쟁을 가로지른다. 이처럼 보편정당(universal party) 혹은 해방의 큰 주체를 세우는 것이 더 이상 불가능해졌다면, 직업적 이해관계, 생산 실험, 사회운동 플랫폼, 정치기관과 관련된 서로 다른 공동체 집단 간의, 가령 정당, 단체, 코뮌, 노동조합, 어셈블리, 커먼스, 협동조합 등 간의 새로운 접합을 고민해봐야 한다. 군도화(archipélisation)◆는 엄연한 현실이다. 그러나 지리적 의미의 군도가 섬들끼리의 연결 고리를 구성하는 화산 형태의 기반을 지니고 있는 것처럼, 투쟁의 군도 역시 아래에서 위까지, 실질적으로 민주적이고 평등한 사회를 위한 공동의 프로젝트 속에서 평등과 민주주의에 대한 동일한 요구에 의해 연결되어 있을 것이다.

평등과 민주주의 전략

따라서 신자유주의가 벌이는 전쟁에 대한 대응은 평등과 민주적 자치를 위한 투쟁을 축으로 삼아야 한다. 인민계급 및 농촌과 소도시의 주민 상당수가 집권 좌파에게 등을 돌렸다면, 그것은 좌파가 계급투쟁과 인민의 문화를 고리타분한 것으로 치부하고 그들을 버렸기 때문이다. 집권 좌파는 노동의 재조직과 개인

◆　공동의 이해를 지닌 커뮤니티들이 원자화되는 과정.

주의적 소비주의라는 심각한 경향 속에서 '데모스(demos)◆를 해체'[39]하는 데 기여했다. 가치 전쟁에 의한 인민 집단 간의 분열을 막기 위해, 우리가 바라는 새로운 좌파는 경제적, 사회적 평등을 위한 투쟁과 여성, 민족, 인종, 성적 소수자, 세대 등을 중심으로 한, 구체적인 투쟁을 분리하거나 대립시키지 않아야 한다. 또한 평등이라는 일반적 요구를 중심으로 이 모든 경제적·문화적 투쟁을 접합해내는 것을 임무로 삼아야 한다. 이는 차이와 특수성을 부정하자는 것이 아니라 그것이 신자유주의의 다양한 형태에 대항하기 위해 요구되는 통일성에 장애가 되지 않도록 해야 한다는 것이다. 다시 말해 정체성 물신주의는 배격되어야 한다. 그것이 이른바 '진보주의적' 신자유주의자들이 '유권자'로서 확보하려한 '소수자' 정체성이든, 반동적 신자유주의자들이 전통적 가치를 내세우며 이용하는 '다수'의 정체성이든 마찬가지다. 이를 위해서는 오직 하나의 전략이 있을 뿐이다. 모든 분야에서 평등을 우선으로 하는 모든 요구를 결집하는 것이다. 가령 권리의 평등, 사회경제적 조건의 평등, 평등한 공공서비스에 대한 접근 및 공공 사안에 대한 평등한 참여 보장 등을 들 수 있다. 한편에 경제적 투쟁이 있고 다른 한편에 문화적 투쟁이 있는 것이 아니라, 오직 평등을 위한 사회적 투쟁이 있는 것이다.

새로운 좌파가 해야 할 일은 다소 자의적인 '부유하는 기표'를 통해 위로부터 혹은 외부로부터 그러한 요구들을 통일시키는 것

◆ 국민, 민중, 대중을 의미한다. 고대 그리스의 최소 행정 단위이기도 하다.

이 아니라, 그 요구들이 서로 '교차시키는' 것이다. 노동조합주의, 생태주의, 대안세계화주의, 페미니즘, 반인종주의 등의 동맹을 조직해내기 위해서는 각각의 투쟁 주체들이 다른 투쟁의 정당성을 인정하고 그것을 자신들의 투쟁에 통합해나감으로써 평등을 위한 싸움의 모든 차원을 구체적으로 접합해나가야 한다.

우리는 '민주주의'라는 말의 의미를 공동으로 결정한 법과 규칙을 따르는 모든 활동, 제도, 관계로 확장된 자율통치로 이해한다. 이런 의미에서 민주주의는 크고 작은 공동의 운명을 함께 인지하고 책임지는 평등한 개인들 사이에 맺어지는 정치적 관계의 일반적인 형태라고 볼 수 있다. 그러한 민주주의 사회는 완벽하게 조화롭지도, '합의적'이지도 않다. 갈등은 바람직하지 않은 찌꺼기가 아니라 진정한 민주주의의 핵심이다. 민주주의에서는 복수의 대립이 표출되고, 인정되며, 토론된다. 이 대립들은 자본주의적, 가부장적, 종교적 세계에서처럼 물질적 권력 및 상징적 권력이나 관습적이고 암묵적인 힘에 의해 해소되지 않는다. 민주주의에서 갈등은 그 자체가 공동의 토의 및 결정의 산물인 규칙으로 운영되는 제도적 틀 속에서 해결된다. 여기서 공적, 사적 자유뿐 아니라 사회 구성원 간의 최대한의 평등이 절대적인 전제 조건이다. 권리의 절대적 평등은 물론이고 최대한으로 보장된 사회적, 지적, 경제적 평등까지도 필요하다. 이 사회의 목표 혹은 유토피아적 지향점은 그 수단, 즉 공동의 규칙이 사고되고, 논의되고, 결정되는 개개의 혹은 모두의 정치적 활동과 분리되지 않는다.

이러한 사회는 갑작스러운 봉기로 하루아침에 탄생하지 않는다. 권리 행사를 억압하는 모든 것들에 대항한 집단적인 행동과 실험 속에서 세워지는 것이다. 그러니 우리는 민주주의적 정치 활동을 막는 모든 장애물에 대항해 싸워야 한다. 장애물은 많다. 사회경제적 불평등과 문화적 불평등, 과두제에 지배받는 정당 간의 파괴적인 경쟁, 정치 활동의 활력을 빼앗으면서 민주주의의 의미를 탐색한다고 주장하는 의회주의와 선거지상주의, '극우파'라면 차라리 더 자연스럽게 수행했을 역할을 서투르게 흉내 낸 국민주의적이고 주권주의적인 가짜 대안, 정치·경제·생태·문화 등 각 '분야'의 전문화와 전문가들끼리의 역할 나눠 갖기, 태생에 따라 책임을 부여하는 사실상의 사회적 인종주의와 엘리트주의, 그리고 무엇보다 평등하게 토의되고 결정되어야 할 집단의 삶에 대한 여성의 권리 희생 및 남성의 권력 독점, 이 모든 것이 민주주의를 가로막는 장애물이다. 우리는 이 모든 것에 대항해야 한다.

낡은 것은 갔는데,
왜 새것은 오지 않는가?

| 장석준(사회학자, 출판&연구공동체 산현재 기획위원) |

신자유주의 시대는 이제 끝났는가? 요즘 전 세계적으로 회자되는 경구 가운데 하나는 "낡은 것은 사라졌는데 새것은 오지 않는다"는 말이다. 20세기 초, 대위기 속에서 안토니오 그람시가 역사적 위기 국면의 특징으로 제시했던 이 문구가 정확히 100년 뒤에 세계인이 느끼는 공통 정서를 가장 잘 드러내는 상투어구로 떠올랐다. 여기에서 '낡은 것'이란 결국 '신자유주의 시대'를 뜻한다. 말하자면 오늘날 지구인 다수는 신자유주의 시대가 지났다고, 최소한 '사라져가고 있다'고 느낀다.

그럴 만도 하다. 여전히 많은 이들이 신자유주의를 시장지상주의로만 이해한다. 케인스주의가 됐든 국가사회주의가 됐든 시장경제에 개입하려는 국가의 시도는 무엇이든 반대하고 시장과 그 안의 행위자들, 가령 사기업에게 경제적 결정 권한을 몰아줘야 한다는 이념이나 정책을 신자유주의로 이해한다. 이런 이해에 따르면, 시장의 힘과 국가의 힘은 제로섬 관계에 있다. 시장의 힘이 강해질수록 국가의 규모나 역량은 줄어들고, 국가의 규모나 역량이 커질수록 시장의 힘은 약해진다. 1980년대부터 21세기 첫 몇 년까지는 정확히 앞 문장 전반부에 해당하는 일들이 벌어졌고, 그래서 '신자유주의 지구화'를 말할 수 있었다. 그러나 2008년 금융위기 이후에는, 더구나 코로나 팬데믹 이후에는 케인스주의가 돌이킬 수 없이 귀환했고, 따라서 시장의 시대는 저물고 다시 국가의 시대가 열렸다. 그러니 신자유주의 시대는, 적어도 그 전성기는 끝났다는 것이다.

금융위기가 지나고 난 뒤에 2010년대에 대두한 낯선 정치적 광경 역시 흔히 이런 틀로 설명된다. 위기의 직격탄을 맞은 대서양 양안 국가들 곳곳에서 기존 정치권을 싸잡아 비판하는 신진 정치세력이 급격하게 세를 불리고 집권에 성공하기까지 했다. 이 물결은 2016년 미국 대선에서 반이민 선동으로 바람을 일으킨 도널드 트럼프가 당선됨으로써 첫 번째 절정에 이르렀다. 논평가들은 이런 흐름을 '포퓰리즘'이라 규정한다. 특히 좌파 정치이론가 샹탈 무페는, 금융시장과 능력주의 경쟁 참여를 통해 중산층 생활방식을 유지할 수 있다던 신자유주의의 약속이 무참히 깨진 상황에서 대중이 포퓰리즘 지지를 통해 불만과 항의를 표출하고 있다고 분석하면서 우리 시대를 '포퓰리스트 모멘트'라 진단한다(『좌파 포퓰리즘을 위하여』, 이승원 옮김, 문학세계사, 2019). 무페는 좌파가 어떻게 대응하는지에 따라 이 국면을 변혁적-민주적 정치가 부활하는 계기로 반전시킬 수 있다고 내다봤지만, 아직까지는 무페가 바라는 '좌파 포퓰리즘'보다는 극우 포퓰리즘이 대세를 이룬다.

아무튼 무페를 비롯한 많은 논자는 포퓰리즘이 득세한 2010년대 이후를 신자유주의가 남긴 영향에 대한 거센 반작용이 지배하는 시대로 본다. 마치 총을 발사하고 난 뒤에 발생하는 반동처럼 신자유주의의 충격이 야기한 거대한 반격이 현 시대를 지배하고 있다고 분석하는『거대한 반격: 포퓰리즘과 팬데믹 이후의 정치』(남상백 옮김, 다른백년, 2022)의 저자 파올로 제우바르도 역시 마찬가지다. 이런 입장에 따르면, 오늘날은 신자유주의 시대가 아니라 포스트-신자유주의 시대이며, 포퓰리즘은 신자유주의와는 뚜렷이 구별되어야 하는 새로운 사조가 된다.

그러나 정말 신자유주의는 단지 시장지상주의일 뿐일까? 신자유주의는 그저 다양한 버전의 국가주의와 대립하는 흐름인가? 2008년 금융위기에서 국가가 사태 해결 주역으로 나서면서 신자유주의 시대는 과연 종식됐는가? 코로나 팬데믹을 거치며 국가가 더욱 노골적으로 경제를 지휘함으로써 신자유주의의 잔영마저 이제는 옛일이 되어버렸는가? 트럼프나 자이르 보우소나루 같은 극우 포퓰리스트들이 자행하는 폭압적 정책은 신자유주의 정치와는 전혀 다른 새로운 우파 정치로 봐야 하는가?

이런 물음들에 과감히 '아니오'라고 답하는 이들이 있다. 바로『내전, 대중 혐오, 법치: 신자유주의는 어떻게 지배하는가』(원제: Le choix de la guerre civile—Une autre histoire du néolibéralisme)의 공저자들이다.

신자유주의는 단순한
고전 자유주의의 부활이 아니다

이 책을 쓴 피에르 다르도, 크리스티앙 라발, 피에르 소베트르, 오 게강은 파리 제10대학(낭테르대학)에 거점을 둔 철학자, 사회과학자 들이며, 그중 다르도와 라발은 2004년부터 퀘스천 마르크스(Question Marx)라는 연구 단체를 만들어 독특한 시각에서 마르크스주의와 신자유주의, 탈자본주의 전략과 대안 같은 주제들을 탐구해왔다. 우리말로는 다르도와 라발이 2009년에 낸 공저 『새로운 세계합리성: 신자유주의 사회에 대한 에세이』(오트르망 옮김, 그린비, 2022)가 최근 소개된 바 있다.

2008년 금융위기 직후에 출간돼 당시 논의 지형에 상당한 충격을 준 『새로운 세계합리성』은 방대한 분량에 걸쳐 신자유주의의 사상사적 계보를 추적하고 이를 둘러싼 통념을 뒤집으며 신선한 결론을 도출한다. 이를 위해 두 저자는 마르크스주의의 관심과 지향에 미셸 푸코, 특히 통치성, 주체화-예속화, 대항품행 등의 주제를 천착한 후기 푸코의 통찰과 방법론을 접목한다. 이 프리즘을 통해 신자유주의가 걸어온 궤적과 그 주창자들의 핵심 주장을 훑은 뒤에 다르도와 라발이 이끌어낸 신자유주의에 관한 명제들은 다른 두 명의 저자와 함께 쓴 『내전, 대중 혐오, 법치』에도 일관되게 이어진다. 워낙 다양한 주제를 풍부히 다루는 저작이기에 『새로운 세계합리성』의 내용을 여기에 요령 있게 요약하기는 힘들지만 『내전, 대중 혐오, 법치』에 담긴 주장과 직결된 몇 가지 대목만 짚어보면, 다음과 같다.

우선 신자유주의는 단순한 시장지상주의가 아니다. 신자유주의의 대중적 선동가들이 떠드는 것처럼 '큰 국가'에 맞서 '작은 국가'를 옹호하고 권력을 국가로부터 시장으로 옮기자고 주장하기만 하는 것이 아니다. 이 점에서, 신자유주의가 자유방임을 지향하는 고전 자유주의의 단순 귀환이라고 이해해서는 안 된다. 신자유주의는 오히려 국가의 반反시장적 개입과 사회국가 출현을 막지 못한 고전 자유주의의 약점과 한계를 넘어서려는 노력에서 출발했다.

『새로운 세계합리성』이 주목하는 그 출발점은 (필자를 비롯한 많은 이들이 주목한 제2차 세계대전 직후 몽펠르랭 협회 창립이 아니라) 1938년 파리에서 개최된 월터 리프먼 학술대회다. 몽펠르랭 협회 발기인들과 상당히 겹치는 이 학술대회 발표자들은 실은 고전 자유주의를 신랄히 비판했다. 자유방임주의자들은 사적 소유권, 자유시장, 개인의 경쟁 같은 그들의 이상이 자연법칙과 꼭 마찬가지로, 국가와 같은 외부 개입만 없으면 자동으로 관철될 것처럼 여겼다. 그러나 월터 리프먼 학술대회 참석자들은, 바로 이런 순진한 사고 때문에 자유방임주의가 사회주의나 파시즘에 효과적으로 맞설 수 없었다고 진단했다. 고전 자유주의의 통념과는 달리, 시장사회는 결코 자연법칙과 같은 것이 아니며 시장이 원활히 작동하려면 반드시 국가의 적극적 개입이 필요하다. 물론 이 경우에 국가 개입이란 사회주의나 케인스주의와는 반대로, 경쟁을 죽이는 개입이 아니라 경쟁을 강화하는 개입이어야 한다. 또한 여기에서 국가는 사회법이 아니라 철저히 사법(민법과 형법)에 종속되는 국가여야 하며, 강제력이라고는 오직 사법만 존재하고 작동하는 질서의 수립을 헌법적 목표로 삼아야 한다. 즉, 최초의 신자유주의자들은 자신들이 바라는 시장 질서를 세우는 방향에서 국가가 이전보다 더 강력한 권력을 행사하고 더 능동적인 정책을 펼치길 바랐다.

그럼 신자유주의 국가는 어떠한 활동을 벌이는가? 물론 사회국가(복지국가)를 둘러싼 각종 제도나 민중 세력의 저항-개입 거점(대표적으로 노동조합)을 파괴하고 해체하는 활동을 벌인다. 1973년 합법 좌파정부를 쿠데타로 전복하고 통화주의를 실험한 칠레 피노체트 정부를 시발로, 1970년대 말~1980년대 초에 등장한 초기 신자유주의 정부들이 모두 이러한 '위로부터의 계급투쟁'을 단행했다.

그러나 신자유주의 국가의 개입은 이런 소극적인 수준에만 머물지 않는다. 다르도와 라발이 보다 주목하는 것은, 모든 개인이 '기업가적 개인'이 되어 경쟁에 뛰어들어야 한다고 채근하는 국가 정책이며, 모든 사회 영역이 기업과 같은 형태로 조직되어야 한다고 강요하는 국가 정책이다. 사회국가를 파괴한다는 1단계 과제가 '우파' 신자유주의 정부들(가령 영국 보수당이나 미국 공화당)에 의해 효과적으로 완수됐다면, 애초에 신자유주의 사상가들이 꿈꾼 친시장적 국가 개입을 가장 탁월하게 수행한 것은 '좌파' 신자유주의 정부들(가령 영국 '신'노동당이나 미국 민주당)이었다. 다르도와 라발은 '자기계발' 담론 등을 통해 대중을 신자유주의 주체로 형성하는 것이야말로 신자유주의가 추진하는 궁극적 전략이며, 이로써 사회를 성장과 경쟁, '자기계발'과 '성공'의 회로 안에 가두는 특정한 세계합리성이 구축된다는 결론을 내린다.

신자유주의를 이렇게 바라보기에 두 저자는 금융위기 여파로 그간 신자유주의와 연루됐던 모든 것이 흔들리던 상황에서도 신자유주의 시대가 종료됐다는 판정을 내리길 거부했다. 이런 순진한 시각으로는 신자유주의가 만들어놓은 세계합리성을 벗어나 출구를 열 수 없다는 것이었다. 금융위기를 진정시키려고 케인스주의 기조가 재도입됐음에도 1930~1940년대와는 달리 좀처럼 민중에게 유리한 쪽으로 계급 역관계가 바뀌지 않는 현실을 보면, 슬프게도 『새로운 세계합리성』의 냉정한 충고에는 귀 기울일 만한 구석이 있다.

책 마지막 대목에서 두 저자는 푸코의 '대항품행' 개념을 끌어와, 신자유주의적 세계합리성에 도전하고 이를 넘어서는 민중 세력의 '대항품행'을 촉구한다. "지식의 '공유화', 상호 부조, 협력 작업의 실천"이 "또 다른 세계합리성의 선들을 그릴 수 있다"는 것이다. 저자들에 따르면, "이 대안의 합리성을 가장 잘 지시할 수 있는 단어는 공유합리성이다."(『새로운 세계합리성』, 706쪽) 이 대목에서 우리는, 신자유주의를 넘어서려면 그것이 구축한 세계합리성을 거부하는 일정한 윤리적 전환이 어떤 식으로든 필요하다는 점을 확인하게 된다. 기존 세계합리성과 많은 부분 겹치는 경제주의적 담론 등에 관성적으로 의존하는 실천으로는 절대로 새로운 질서를 향해 나아갈 수 없다. 이것은 분명 소중한 깨달음이다. 비록 아직은 그리 상세하고 풍부한 제안이나 지침으로 다가오지 않더라도 말이다.

신자유주의가 조장하는
'내전'은 지금도 계속되고 있다

『내전, 대중 혐오, 법치』는 『새로운 세계합리성』의 연장선에 있다. 일단 이 책은 다르도와 라발이 공저한 전작이 취한 신자유주의 사상사에 대한 계보학적 탐색을 이어간다. 특히 이전 저작에서 다른 여러 주제들과 함께 논하느라 충분히 짚지 못한 쟁점을 더 깊이 파고든다. 그것은 신자유주의의 정치 전략이다. 『내전, 대중 혐오, 법치』는 신자유주의가 사회국가 파괴와 새로운 세계합리성 구축의 방향에서 실은 강력한 국가를 지향한다는 『새로운 세계합리성』의 지적에서 한 걸음 더 나아간다. 이 책의 관심사는 신자유주의가 이런 국가를 수립하고 유지하기 위해 어떠한 구체적인 전략을 구사하는지 파헤치는 것이다.

이를 위해 공저자들은 루트비히 폰 미제스나 프리드리히 하이에크 같은 잘 알려진 시장근본주의자들뿐만 아니라 독일의 질서자유주의자들을 소개하고 분석하는 데 상당한 지면을 할애한다. 질서자유주의는 국가 정책의 역할이 없다면 시장 질서가 작동할 수 없다는 점을 유독 강조했기 때문에 신자유주의와는 전혀 다른 사조인 것처럼 취급되기도 한다. 그러나 이것은 오해일 뿐이다.

신자유주의가 단순한 '시장 대 국가' 구도를 넘어섬을 이미 분명히 밝힌 이 책 저자들에게 이는 더없이 분명한 사실이다. 대중민주주의에 바탕을 둔 사회국가를 전복하고 금융-기업 엘리트가 주도하는 사회를 건설해야 한다는 공통 과제를 놓고 질서자유주의자들은 리프먼 학술대회나 몽펠르랭 협회에 참가한 다른 유파 경제학자들과 뜻을 함께 했다. 이러한 지향은 질서자유주의 전통을 그대로 계승한 오늘날 유럽연합과 그 중심국가 독일의 경제 정책 기조에서 선명히 드러난다.

오스트리아학파나 질서자유주의, 통화주의 같은 신자유주의의 여러 흐름은 이렇게 서로 일정한 차이와 이견을 보이면서도 정치 전략에서는 늘 한 목소리를 냈다. 그것은 인민대중 사이에서 끊임없이 내전을 획책함으로써 그들이 바라는 질서를 구축하고 유지해나간다는 전략이다. 신자유주의 정치란 곧 내전의 정치, "연합한 과두지배자들이 국민 일부의 적극적 지지에 힘입어 다른 국민 일부를 상대로 벌이는 전쟁"을 통한 정치다. 사실 '내전' 개념은 『새로운 세계합리성』에서도 짤막하게나마 언급됐었다. 그러나 '내전' 개념에 관한 본격적인 논의와 탐색은 2010년대의 혼란과 격동을 겪고 난 뒤에 나온 『내전, 대중 혐오, 법치』에서 비로소 이뤄진다.

'내전'이라고 하면, 대번 떠오르는 문제적 사상가가 있다. 20세기 독일의 극우 법학자 카를 슈미트다. 슈미트에게 정치란 끊임없이 '적'을 지목하고 대적함으로써 '우리'를 구성하는 행위다. 적과 아의 대립 전선을 긋는 것이야말로 정치의 출발점이다. 정치의 본질을 내전에서 찾은 것이다. 그럼 슈미트 자신은 누구를 당대의 적으로 지목했을까? 그의 적은, 이해당사자들의 요구에 굴복해 경제를 비롯한 사회의 모든 영역에 개입하는 '총체적 국가'였다. 슈미트가 말하는 '총체적 국가'란 다름 아니라 대중민주주의에 좌우되는 사회국가였다. 그는 이런 '총체적 국가'의 개입으로부터 시장경제를 지키려면 정반대되는 방향에서 작동하는 또 다른 '총체적 국가'가 필요하다고 역설했다. 슈미트가 꿈꾼 이 국가의 정점에는, 시끄럽기만 한 의회민주주의의 바깥에서 고독한 결단을 내리는 최고 지도자가 있었다. 비록 슈미트는 파시즘이나 나치즘과 거리를 두었지만, 그의 정치 이론은 결국 파시즘의 씨앗을 담은 극우 권위주의를 부추기고 정당화하는 것이었다.

슈미트식 정치관이 파시즘과 맺는 이런 미묘한 관계는 내전의 정치를 추구하는 신자유주의자들의 경우에도 비슷하게 나타난다. 가령 미제스는 파시즘을 사회주의와 한 묶음으로 비판하면서도 사회주의를 진압할 효과적 수단으로 파시즘에 주목했고 실제로 반反-사회주의/노동운동을 내세우며 오스트리아 파시스트 세력과 협력했다. 국가에 영향을 끼치는 민주적 대중운동을 제압하려는 신자유주의의 열망은 분명 극우 권위주의에 기우는 측면이 있고, 이는 군부독재나 파시즘과 아예 무관하다고는 할 수 없다. 하지만 『내전, 대중 혐오, 법치』는 이러한 어두운 면모를 폭로하면서도 신자유주의 정치를 좁은 의미의 권위주의 체제와 동일시하려는 유혹은 거부한다. 신자유주의 정치는 인민주권에 바탕을 둔 '정치 헌법'에 맞서 탈정치화된 시장의 지배, 즉 '경제 헌법'을 관철하려 한다는 점에서 필연적으로 권위주의 경향을 띠지만, 그 표현 형태는 각국의 계급 역관계에 따라 다양하게 변주될 수 있다. 진정한 공통점은 다른 데 있다. 그것은 바로 신자유주의가 권위주의 경향을 갖게 만드는 더 근본적인 이유이자 이 책의 핵심 주제인 내전의 정치다.

여기에서『내전, 대중 혐오, 법치』가 전하려는 메시지가 선명히 드러난다. 이 책은 2010년대 들어 부각된 정치 현상들, 즉 점점 더 정체성 정치에 의존하는 리버럴 세력, 신자유주의의 적대자인 듯 행세하는 극우 포퓰리즘, 프랑스의 노란 조끼 운동이나 칠레의 교통비 인상 반대 시위에 대한 엘리트들의 대응 등등을 모두 신자유주의 정치의 최근 형태, 그 다양한 변형으로 설명하려 한다. 겉만 보면 이들은 너무나 상반되는 현상들 같다. 하지만 이 책에 따르면, 이 모두는 다 인민대중 내부의 특정 집단을 다른 집단에 적대하게 함으로써(내전) '경제 헌법'의 지배가 용이하도록 사회를 부단히 재구성하는 신자유주의 정치의 변종들이다.

이것은 상당히 흥미로운 분석이 아닐 수 없다. 이 분석을 따른다면, 신자유주의 시대가 이미 저물었으니 과거와 같은 계급정치로 단순히 돌아가자는 주장이나, 포퓰리즘 유행은 포스트-신자유주의의 특징이니 포퓰리즘 지형에 좌파적으로 개입해보자는 주장은 현실에 맞지 않는 진단과 처방이 된다. 대안은 무엇보다 신자유주의가 강요하는 내전에서 일단 빠져나오는 것이다. 내전의 정치에 동원되길 단호히 거부해야 한다. 정체성 정치에 빠져 문화 전쟁에 골몰해서도 안 되고, '좌파 포퓰리즘'이라는 기치 아래 극우 포퓰리즘의 행태를 뒤늦게 모방하려 해서도 안 된다. 인민 대중 내부의 분열과 대립을 거부하고 치유하는 '민주주의'와 '평등'의 가치를 부각해야 하며, 이를 중심으로 광범한 연합을 재건해야 한다. 신자유주의 시대는 오직 다양한 대중운동의 연계에 바탕을 둔 민주주의를 철저하게 확장하는 기나긴 투쟁을 통해서만 마침내 종식될 것이다.

신자유주의 시대는
저절로 저물지 않는다는 진실

『내전, 대중 혐오, 법치』는 신자유주의를 바라보는 시각을 더욱 넓고 깊게 만들어주는 책임에 분명하다. 『새로운 세계합리성』부터 계속된 공저자들의 작업은 신자유주의 질서가 흔들리고 난 지금도 "낡은 것은 갔는데 새것은 오지 않는다"는 푸념이 세상을 지배하는 이유를 설득력 있게 제시한다. 신자유주의는 특정한 정책 패키지만도 아니고 사회과학 패러다임만도 아니다. 수십 년 동안 인간 사회 전체를 일정한 방향으로 움직이는 데 성공한 문명적 기획이고, 그 배후에는 전 지구적 차원에서 계급 역관계를 자신들에게 유리하게 다지려는 지배 집단들의 네트워크가 있다.

사실 신자유주의에 관해 귀 기울일만한 주장을 제시하는 논자들은 대개 이 점을 강조한다. 가령 국내 계급투쟁 측면에서는 제라르 뒤메닐과 도미니크 레비의 공저들이 대표적인 사례이고, 북반구-남반구 관계의 측면에서는 퀸 슬로보디언(Quinn Slobodian)의 『글로벌리스트: 제국의 종말과 신자유주의의 탄생(Globalists: The End of Empire and the Birth of Neoliberalism)』(국내 미번역)이 주목된다. 필자 역시 『신자유주의의 탄생: 왜 우리는 신자유주의를 막을 수 없었나』(책세상, 2011)에서 바로 이런 신자유주의의 근본 성격을 강조한 바 있다. 『내전, 대중 혐오, 법치』는 이런 잇단 노력들 가운데에서도 연구 대상의 광범위함과 주장의 신선함 측면에서 돋보인다.

그러나 이 책의 핵심 주장 중 하나인, 극우 포퓰리즘 역시 신자유주의 정치의 변종이라는 명제에는 고개를 갸우뚱하게 된다. 집권한 극우 포퓰리스트들이 펼치는 정책이 신자유주의 기조에서 크게 벗어나지 않는 것처럼 보인다는 사실을 감안하면, 『내전, 대중 혐오, 법치』의 결론을 결코 가볍게 흘려 넘길 수는 없다. 하지만 이는 신자유주의의 거대한 여진 속에서 좌파든 우파든, 구 정치 세력이든 신진 세력이든 모두 과도적인 정책 조합에 머문 탓일 수도 있다.

물론 저자들이 신자유주의 정치의 근본 요소로 든 '내전' 개념은 흥미롭다. 이 책의 논의를 통해 우리는, '기동전'이든 '진지전'이든 결국 내전의 여러 양태를 일컫는 것임을 새삼 재확인하게 되며, 이것만 해도 중대한 기여다. 그러나 내전이라는 공통 요소를 근거로 극우 포퓰리즘을 신자유주의 정치의 한 종류로 봐야할지는 좀 의문이다. 이것은, 신자유주의 정치가 초래한 내전의 지형에서 극우 포퓰리즘이라는 또 다른 내전의 정치가 출현한 것으로, 즉 신자유주의가 불러들인 내전의 망령이 다양한 포스트-파시즘으로 돌변한 것으로 볼 수도 있다. 이 점에서 필자는 『내전, 대중 혐오, 법치』보다는 제우바르도의 『거대한 반격』쪽이 더 우리 시대의 전체상을 정확히 포착한다고 본다.

그 연장선에서, 무페의 '좌파 포퓰리즘'론에 관한 저자들의 비판 역시 따져봐야 할 점이 많다. 좌파가 포퓰리즘의 일반적 특징 중 상당 부분을 전유해야 한다는 무페의 주장은 저자들 입장에서는 충분히 비판할 수 있다. 이들은 포퓰리스트 모멘트를 포스트-신자유주의 국면이 아니라 신자유주의 국면의 연장으로 보기 때문이다. 그러나 이에 맞서 저자들이 제안하는 '민주주의'와 '평등'을 중심에 둔 광범한 연합은 '좌파 포퓰리즘'론의 기반이 되는 에르네스토 라클라우와 무페의 정식, 즉 사회운동들의 등가적 연대와 그다지 다르지 않은 것처럼 보인다. 더구나 무페는 최근에 '민주주의'와 '평등', '녹색/생태전환'을 중심에 둔 탈신자유주의 연합을 제안하는데(『녹색 민주주의 혁명을 향하여』, 이승원 옮김, 문학세계사, 2022), 이는 이 책의 결론과 더욱 닮아 있다.

그럼에도 『내전, 대중 혐오, 법치』는 우리 시대가 과연 어디를 향하는지, 아니 어디로 향해야 하는지 고민하는 이들이 반드시 읽고 토론해야 할 책이다. 몇 가지 논쟁거리에도 불구하고 이 책이 이룬 성취가 만만치 않기 때문이다. 필자는 『신자유주의의 탄생』에서, 신자유주의를 넘어서려면 반드시 생활세계, 국민국가, 지구질서라는 세 가지 수준을 포괄하는 정치 전략이 필요하다고 주장했다. 그런데 『새로운 세계합리성』은 이 가운데에서 생활세계의 정치가 추구해야 할 바가 아래로부터의 민주주의(자치)와 협동(돌봄)에 바탕을 둔 대안적 세계합리성의 구축임을 분명히 한다. 그리고 『내전, 대중 혐오, 법치』는 국민국가 수준에서 대안적 정치의 과제가 민주주의와 평등에 바탕을 둔 광범한 연대를 실현시켜 내전의 정치를 제압하는 것임을 밝힌다. 이것만으로도 탈신자유주의 전략의 상당 부분이 해명된 셈이다. 아마도 지구질서 차원에서는 경제력-군사력 경쟁이 아니라 문명 붕괴에 맞선 연대가 필요하다는 논의를 덧붙인다면, 탈신자유주의 전략의 전체 그림이 얼추 꼴을 갖추게 될 것이다.

아무튼 이 책 마지막 장을 덮으며 우리가 새겨야 할 진실은 이것이다 ― 신자유주의 시대는 결코 저절로 저물지 않는다는 것. 그에 필적할 또 다른 문명적 기획이 구축되지 않는다면, '장기 신자유주의 시대'는 끝나지 않을 것이다. 『내전, 대중 혐오, 법치』는 더 늦지 않게 이 기획에 착수하라는 촉구이며, 이 기획이 추구해야 할 방향을 안내하는 듬직한 조언이다.

LE CHOIX DE LA GUERRE CIVILE

서론 | 신자유주의 내전의 전략들

1   Nicole Loraux, *La tragédie d'Athènes. La politique entre l'ombre et l'utopie*, Paris, Seuil, coll. "La librairie du XXIe siècle", 2005, p.55. 티에르(Thiers)는 파리 코뮌 당시의 국민군을 미국 남북전쟁의 남부연합파에 빗댄다.

2   *Ibid.*, p.83

3   산티아고 칠레대학교 사회과학대학 교수인 정신분석자 에스테반 라디치(Esteban Radiszcz)는 '권위주의적 내부 식민화'라는 표현이 칠레 신자유주의의 한 특성을 반영한다고 본다. 식민 지배는 내부 식민화를 통해 연장된다.

4   Wendy Brown, "Ce qui anime les plus de 70 milions d'électeurs de Trump", *AOC*, 5 novembre 2020.

5   Sylvie Laurent. 다음에서 재인용 Romain Jeanticou, ""L'invasion du Capitole s'inscrit dans une longue tradition du terrorisme blanc américain"", *Télérama*, 8 janvier 2021.

6   Michel Foucault, *La société punitive. Cours au Collège de France. 1972-1973*, Paris, EHESS/Seuil/Gallimard, coll. "Hautes études", 2013, p.33.

7   *Ibid.*, p.34. 카를 클라우제비츠의 명제 뒤집기라는 주제와 관련해서는 다음을 참조할 것. Michel Foucault, *Il faut défendre la société, Cours au Collège de France. 1976*, Paris, EHESS/Seuil/Gallimard, coll. "Hautes études", 1997, p.16~41.(미셸 푸코 지음, 김상운 옮김, 『사회를 보호해야 한다』, 난장, 2015)

8   『불과 피. 1914~1945년 유럽내전에 대하여(*A feu et à sang. De la guerre civile européenne 1914-1945*, Paris, Stock, coll. "Un ordre d'idées", 2007)』에서 엔조 트라베르소(Enzo Traverso)는 1914~1945년 시기를 분석하기 위해 슈미트에 의지한다. 그에 따르면, 폭력은 적의 완전한 절멸을 정당화하기 위해 적을 무법지대로 추방해버리는 총체적 성격을 획득한다.

9   Wendy Brown, *In the Ruins of Neoliberalism: The Rise of Antidemocratic Politics in the West*, New York, Columbia University Press, 2019.

10 Barbara Stigler. 다음에서 재인용. Joseph Confavreux, "Le virus risque de permettre au néolibéralisme de se réinventer", *Mediapart*, 27 août 2020.

11 Grégoire Chamayou, "1932, naissance du libéralisme autoritaire" dans Herman Heller & Carl Schmitt, *Du libéralisme autoritaire*, Paris, La Découverte, coll. "Zones", 2020, p.82.

12 "Allocation du professeur Louis Rougier", Serge Audier, *Le Colloque Lippmann, Aux origines du néo-libéralisme*, Lormont, Le Bord de l'eau, coll. "Les voies du politique", 2012, p.417-418.

13 이 주제와 관련해서는, 하이에크의 사상을 선파하기 위해 앤서니 피셔, 랠프 해리스 등이 창설한 Institute of Economic Affairs에서 펴낸, John Blundell, *Waging the War of Ideas*, London, Institute of Economic Affairs, 2015 [2001]을 참조할 것.

14 Michel Foucault, *Naissance de la biopolitique. Cours au Collège de France, 1978-1979*, Paris, EHESS/Gallimard/Seuil, coll."Hautes études", 2004, p.113.(미셸 푸코 지음, 오트르망, 심세광, 전혜리, 조성은 옮김,『생명관리정치의 탄생』, 난장, 2012)

15 이 표현의 다양한 의미에 대해서는 제3장과 제12장에서 다시 살펴볼 것이다.

16 제3장 참조.

17 Gary S. Becker, "What Latin America Owes to the Chicago Boys", *Hoover Digest*, n°4, october, 1997.

18 빌헬름 뢰프케는 저서, 『우리 시대의 위기(*La crise de notre temps*, Paris, Payot, coll. "Petite bibliothèque Payot", 1962, p.202-203)』에서, 경쟁이 '한 사회 전체를 수립하는 원칙'이 될 수는 없지만, 그렇다고 중요한 기초가 아니라는 것을 의미하지는 않는다고 말한다.

19 그 예로 다음을 참조할 것. Serge Audier, *Néo-libéralisme(s). Une archéologie intellectuelle*, Paris, Grasset, coll. "Mondes vécus", 2012.

20 레온하르트 믹쉬(Leonhard Miksch)의 다음 구절은 전형적인 질서자유주의를 보여준다. "경쟁: 국가적 조직(La concurrence. une organisation étatique)."(다음에서 인용. Yves Steiner et Bernahard Walpen, "L'apport de l'ordolibéralisme au renouveau libéral, puis son éclipse", *Carnets de bord*, n°11, septembre 2006, p.95)

21 질서자유주의자들이 1948년 영국과 미국의 공동통치 하의 독일 지도자들에게 가격 자유화와 화폐개혁을 요구하는 행동에 나설 때, 질서자유주의 선언 격인 그들의 기관지 『Ordojahrbuch』 창간호 서문에 하이에크의 유명한 사회철학 텍스트 「진짜와 가짜 개인주의」가 실렸다.(Friedrich Hayek, "Der Wahre und falsche Individualismus", *Ordojahrbuch*, n°1, 1948) 다음을 참조할 것. Patricia Commun, *Les ordolibéraux. Histoire d'un libéralisme à l'allemande*, Paris, Les Belles Lettres, coll. "Penseurs de la liberté", 2016

22 두 가지 예만 꼽자면 1984~1985년 마거릿 대처의 광부 파업 강경 진압과 1981년 항공관제사 파업에 대량해고로 맞선 로널드 레이건의 방식을 들 수 있다.

23 제3장과 제5장 참조.

24   Michel Foucault, "Le sujet et le pouvoir", dans Hubert Dreyfus & Paul Rabinow, *Michel Foucault. Un parcours philosophique*, Paris, Gallimard, coll. "Bibliothèque des sciences humaines", 1984, p.319. 전략에 대한 푸코의 첫 번째 정의는 '정해진 목표에 도달하기 위해 사용하는 수단의 선택'이고, 두 번째 정의는 주어진 게임에서 상대보다 '우위에 서기 위해' 취하는 방법이다.

25   이 주제와 관련해서는 제6장 참조.

26   Audier, *Le Colloque Lippmann*, *op.cit.*, p.469.

1장 ㅣ 칠레, 최초의 신자유주의 반혁명

1   Roberto Bolaño, *Nocturne du Chili*, Paris, Christian Bourgois, 2002, p.101-102. (로베르토 볼라뇨 지음, 우석훈 옮김, 『칠레의 밤』, 열린책들, 2010) 작가는 죽음을 앞둔 날 밤 과거를 회상하며 비난으로부터 자신을 방어하려는 이바카체 신부의 입을 빌려 위의 구절을 말한다. 1973년 6월 29일 군사 쿠데타 기도는 탱크가 동원되었다고 해서 탄카소(tancazo)라고 불린다. 아르헨티나 카메라맨 레오나르도 헨리센은 1973년 6월 30일 철모를 쓴 군인을 촬영했고, 그 군인에게 사살됐다. 1973년 9월 4일 아옌데 지지 시위에 모인 인원은 7만~8만 명을 헤아렸다.

2   Frank Gaudichaud, *Chili 1970-1973. Mille jours qui ébranlèrent le monde*, Rennes, Presses universitaires de Rennes, 2020, p.288.

3   Keith Dixon, *Les évangélistes du marché. Les intellectuels britanniques et le néolibéralisme*, Paris, Raisons d'agir, 1998, p.26.

4   Brenan Montague, "The Day Thatcher Met Hayek-and How This Led to Privatisation", *The Ecologist*, 10 August 2018.

5   Gilles Dostaler, *Le libéralisme de Hayek*, Paris, La Découverte, coll. "Repères", 2001, p.23-24.

6   1975년에 이미 하이에크는 유럽중앙은행(BCE)의 독점 때문에 유럽 단일 통화가 실패에 빠질 수밖에 없다고 봤다. 그는 모든 종류의 화폐 독점에 반대하며 경쟁 원칙에 따른 화폐 발행을 제안했다. (*Ibid.*, p.75)

7   상당히 '자유주의적인' 간행물 『센터포인트(Contrepoints)』에 실린 Jean-Philippe Bidault, "Esclandre à Stockholm: quand Hayek recevait son prix Nobel il y a 40 ans", Contrepoints, 10 décembre 2014 를 참조할 것.

8   John Ranelagh, *Thatcher's People: An Insider's Account of the Politics, the Power and the Personalities*, London, HarperCollins, 1991.

9   Ryan Bourne, "Hayek and Thatcher", blog of Centre for Policy Studies, september 2012.

10   Margaret Thatcher, Dostaler, *Le libéralisme de Hayek*, *op.cit.*, p.24에서 인용.

11   Renée Sallas, "Friedreich von Hayek, Líder y maestro del liberalismo económico", *El Mercurio*, 12 avril 1981.

12   당시 상당한 성공을 거둔 레지스 드브레의 팸플릿은 진정한 거점 이론(foco)을 제안했다. Régis Debray, *Révolution dans la révolution? Luttre armée et lutte politique en Amérique latine* (Paris, Farnçois Maspero, coll. "Cahiers libres", 1967)

13   Maurice Najman, *Le Chili est proche. Révolution et contre-révolution dans le Chili de l'Unité populaire*, Paris, François Maspero, coll. "Cahiers libres", 1974, p.9. 이 기관들에 대해서는 뒤에서 다룰 것이다. '이중권력'이라는 표현은 1917년 2월에서 10월 사이 러시아의 상황과 관련된다. 당시 두 개의 권력이 맞서고 있었다. 한편에는 케렌스키 임시정부가, 다른 편에는 노동자, 병사, 농민 대표로 구성된 소비에트가 있었다. 나지만이 속한 트로츠키 전통은 혁명 전 상황 전체를 이중권력이라는 시각에서 해석한다.

14   Gaudichaud, *Chili 1970-1973*, *op.cit.*, p.288.

15   *Ibid.*, p.295-300.

16   대도시 주변에 조직된 산업평의회는 "지역에 기초한 계급 협력 조직으로서 특정 시 구역 여러 기업의 노조들을 아울렀다."(Idid., p.292)

17   *Ibid.*, p.299 (이 표현은 다음에서 인용함. Najman, *Le Chili est proche*, *op.cit.*, p.22)

18   *Ibid.*, p.278-280.

19   *Ibid.*, p.276.

20   *Ibid.*, p.285.

21   *Ibid.*, p.303.

22   Jacques Le Bourgeois, "La propagande du régime militaire chilien de 1973 à 1989", *Cahiers de psychologie politique*, n°18, janvier 2011.

23   이들 중 곤잘로 비알 코레아(Gonzalo Vial Correa)는 쿠데타 발발 후, 1973년 10월 30일 발간된 정권 교체 백서 집필에 참여하였다.

24   Naomi Klein, *La stratégie du choc. La montée du capitalisme du désastre*, Arles/Monréal, Actes Sud/ Leméac, coll. "Questions de société", 2008, p.101.(나오미 클라인 지음, 김소희 옮김, 『쇼크 독트린』, 살림Biz, 2008) 아옌데 정권하에서 무장투쟁으로 서울 신정부를 준비하기 위해 집필된 '벽돌(El ladrillo)'이라는 이름으로 알려진 문서는 쿠데타 전 시카고학파 경제학자들 간 통일성의 수준을 보여준다. 그러나 군사정권의 주역들이 미리부터 이들 편이 되어 정권을 잡자마자 곧바로 미리 준비된 프로그램을 가동했다는 식으로 해석해서는 안 된다.

25   Marcus Taylor, *From Pinochet to the "Third Way"; Neoliberalism and Social Transformation in Chile*, London, Pluto, 2006, p.54-55.

26   Stéphane Boisard & Mariana Heredia, "Laboratoires de la mondialisation économique: regards croisés sur les dictateurs argentine et chilienne des années 1970", *Vingtième Siècle*, n°105, janvier-mars 2010, p.117 & 119.

27   Taylor, *From Pinochet to the "Third Way"*, *op.cit.*, p.56.

28   *Ibid.*, p.60.

29   Carl Schmitt, *Théorie de la Constitution*, Paris, PUF, coll. "Leviathan", 1993, p.137 & 138 (note 3).

30   Cristian A. Zamorano-Guzmán, "Centralisme portalien, concepts schmittiens et carences de légitimité de la Constitution chilienne de 1980", Les Cahiers ALHIM, n°16, 2008. 저자는 다음 저서를 참조할 것을 권함. Renato Christi, *El pensamiento politico de Jaime Guzmán. Autoridad y libertad*, Santiago, LOM, 2000.

31   Carlos Ruiz Schneider, "La democracia en la transicion chilena y los limites de las politicas de derechos humanos", in Roberto Aceituno *et al.*, *Golpe 1973-2013*, t.1, Santiago, El Buen Aire, 2013, p.101-102.

32   피노체트는 1980년 헌법안 작성 당시, 1833년 헌법을 제정한 칠레 국민과 국가의 아버지로 여겨진 디에고 포르탈레스를 자주 언급했다.(Zamorano-Guzmán, "Centralisme portalien, concepts schmittiens et carences de légitimité de la Constitution chilienne de 1980", *loc. cit.*)

33   Jaime Guzmán, "El camino politico", *Realidad*, vol.1 n°7, 1979. Ruiz Schneidier, "La democracia en la transicion chilena y los limites de las politicas de derechos humanos", *loc.cit.*, p.104.

34   Carlos Ruiz Schneider, "Notas sobre algunas condicionante de la politica actual", in Aceituno *et al.*, *Golpe 2013-1973*, *op.cit.*, p.83. 가톨릭의 보충성의 원칙에 대한 신자유주의적 해석이 새로운 것이 아니라는 점을 밝혀둔다. 이 원칙은 이미 1940년대 중반부터 빌헬름 뢰프케의 질서자유주의의 (특히 『인간 사회(Civitas humana)』에서) 핵심을 이루고 있었다. 한편, 칠레식 재해석은 자연주의가 더 강조된다는 특징이 있다.

35   여기서 최소국가는 로버트 노직이 『아나키, 국가, 유토피아(Anarch, State and Utopia)』 (1974)에서 말한, 다른 기관들과의 경쟁에서 이겨 안보 시장을 독점한 기관으로서의 국가를 의미한다. 한편, 하이에크는 노직의 '최소국가'를 비판했다.(Friedrich Hayek, *Droit, législation et liberté. Une nouvelle formulation des principes libéraux de justice et d'économie politique*, PUF, coll. "Quadrige", 2013, p.688) (프리드리히 하이에크 지음, 민경국, 서병훈, 박종운 옮김, 『법, 입법 그리고 자유』, 자유기업원, 2018)

36   이 지점은 카를로스 루이스 슈나이더가 매우 정확히 지적했다. Carlos Ruiz Schneider, "Notas sobre algunas condictionanes de la politica actual", in Roberto Aceituno *et al.*, *Golpe 2013-1973*, t.2 Santiago, Ochos Libros, 2015, p.84.

37   *Ibid.*

38   *Ibid.*, p.85.

39   Talyor, *From Pinochet to the "Third Way"*, *op.cit.*, p.105.

40   Ruiz Schneider, "La democracia en la transicion chilena y los limites de las politicas de derechos humanos", *loc.cit.*, p.105.

356

41 *Ibid.*, p.106.

42 다소 차이가 있다면 1931년 슈미트가 이 주제에 천착했을 때 '헌법의 수호자'는 헌법재판소가 아니라 공화국 대통령이었다. 루이스 슈나이더는 매우 정확히 헌법재판소를 '다수파에 대항하는 기관' 중 하나로 보았다. 이 기관들은 선거로 선출된 다수파의 입지를 사전에 제한하는 역할을 수행한다. (Ruiz Schneider, "La democracia en la transicion chiliena y los limites de las politicas de derechos humanos", *loc.cit.*, p.113.)

43 이 점과 관련해서는 지리학자 Cécile Faliès, Audrey Sérandour, Chloé Nicolas-Artero, Solène Rey-Coquais의 글, "Au Chili, changer la Consitution pour repenser l'accès aux ressources?", *The Conversation*, 3 décembre 2019 를 참조할 것.

44 2019년 11월에 그려진 '물을 해방하라(Liberen el agua)'라는 그래피티는 시위자들에게 물 문제가 얼마나 중요한지를 여실히 보여준다.

45 Taylor, *From Pinochet to the "Third Way"*, *op.cit.*, p.43.

46 *Ibid.*, p.31.

47 Klein, *La stratégie du choc*, *op.cit.*, note de la p.249.(클라인, 『쇼크 독트린』)

48 나오미 클라인도 이런 경향이 있었다. "시카고학파의 반혁명은 도화선처럼 번져나갔다."(*ibid.*, p.111).

49 Boisard & Heredia, "Laboratoire de la mondialisation économique", *loc.cit.*, p.123.

50 *Ibid.*, p.118.

51 *Ibid.*, p.120.

52 *Ibid.*, p.124. 피노체트 장군은 집권 후 불과 몇 년 만에 다음과 같이 공언했다. "칠레에서는 나 모르게 이파리 하나 움직이지 못한다."(*ibid.*)

53 타리크 알리는 '관습법인 영국 헌법은 총리에 무제한적 인사권을 부여한다'고 지적한다.(*Quelque chose de pourri au Royaume-Uni. Libéralisme et terrorisme*, Paris, Raison d'agir, 2006, p.23) 블레어는 대처보다 더 권위주의적이고 중앙집중적인 정부 형태를 구축하기 위해 이 권한을 십분 활용했다.

54 Boisard & Heredia, "Laboratoires de la mondialisation économique" *loc.cit.*, p.110.

2장 | 신자유주의의 대중 혐오

1 Jean Solchany, "Le problème plus que la solution: la démocratie dans la vision du monde néolibérale", *Revue de philosophie économique*, vol.17, n°1, janvier 2016, p.155 et suiv.

2 *Ibid.*, p.159-160.

3   *Ibid.*, p.161.

4   카를 슈미트가 1932년 이 표현(총체적 국가)에 부여한 의미와 하이에크와 뢰프케가 자신들의 방식으로 인용한 바를 따랐다.(제3장과 제12장에서 독일 철학자와 법학자들이 신자유주의와 맺은 관계에 대해서 살펴볼 것이다.)

5   Audier, *Le Colloque Lippmann, op.cit.*, p.481-482.

6   Hayek, *Droit, législation et liberté, op.cit.*, p.848.(하이에크, 『법, 입법 그리고 자유』)

7   *Ibid.*, p.620 et suiv.

8   Friedrich Hayek, *La constitution de la liberté*, Paris, Litec, coll. Liberalia, 1994 [1960], p.13.(프리드리히 하이에크, 『자유헌정론』, 자유기업원, 2016)

9   1939년 6월 17일 프랑스 철학자 협회에서 한 발표에서 아롱은 "인민주권은 자유로 이끌 수도 있지만 독재정치를 낳을 수도 있다"라며 인민주권 개념은 민주주의 이념의 핵심이 아니라고 주장했다. 그리고 덧붙이기를, "넓은 의미에서 권한을 남용한 쪽은 다수파 인민이었다."(다음에서 인용함. *Enzo Traverso, Le totalitarisme. Le XXe siècle en débat*, Paris, Seuil, coll. "Points essais", 2001, p.200)

10 Friedrich Hayek, *New Studies in Philosophy, Politics, Economics and the History of Ideas*, London, Routledge, 1978, p.142-143. Francis Houle, "Hayek et la justice redistributive", dans Gilles Dostaler et Diane Ethier (dir.), *Friedrich Hayek. Philosophie, économie et politique*, Paris, *Economica*, 1989, p.216.

11 Jacob Laib Talmon, *Les origines de la démocratie totalitaire*, Paris, Calmann-Lévy, 1966, p.314. 하이에크의 영향을 받은 다음 글도 참고할 것. R.R.Palmer, *The Age of Democratic Revolution*, t.1, *The Challenge*, Princeton (NJ), Princeton University Press, 1959.

12 Hayek, *Droit, législation et liberté, op.cit.*, p.683.(하이에크, 『법, 입법 그리고 자유』)

13 *Ibid.*, p.623.

14 같은 책 p.800에 법의 특성들이 남김없이 나열되어 있다.

15 *Ibid.*, p.632.

16 *Ibid.*, p.457-458.

17 *Ibid.*, p.872.

18 *Ibid.*, p.636.

19 Friedrich Hayek, *La présomption fatale. Les erreurs du socialisme*, Paris, PUF, coll. Libre-échange, 1993.(프리드리히 하이에크 지음, 신중섭 옮김, 『치명적 자만』, 자유기업원, 2014)

20 Walter Eucken, "Staatliche Strukturwandlugen und die Krisis des Kapitalismus", *Weltwirtschaftliches Archiv*, vol.36, 1932.

21 이 주제와 관련해서는 Pierre Dardot et Christian Laval, *Dominer. Enquête sur la souveraineté de l'Etat en Occident*, Paris, La Découverte, 2020, p.632 및 이 책 제12장을 참조할 것.

22 Wilhelm Röpke, *La crise de notre temps*, Neuchâtel, Editions de la Baconnière, 1945. Solchany, "Le problème plus que la solution", *loc.cit.*, p.145.

23 Walter Euken, Solchany, "Le problème plus que la solution", *loc.cit.*, p.139.

24 José Ortega y Gasset, *La révolte des masses*, Paris, Le Labrynthe, coll. "Le livre-club du Labyrinthe", 1986, p.55.(호세 오르테가 이 가세트 지음, 황보영조 옮김, 『대중의 반역』, 역사비평사, 2005)

25 Louis Rougier, *La mystique démocratique. Ses origines, ses illusions*, Paris, Flammarion, coll. "Bibliothèque de philosophique politique", 1929: et *Les mystiques économiques. Comment l'on passe des démocraties libérales aux Etats totalitaires*, Paris, Librairie de Médicis, 1938.

26 Rougier, *Les mystiques économiques, op.cit.*, p.14.

27 *Ibid.*, p.15.

28 Wilhelm Röpke, *Mass und Mitte*, Zurich, Rentsch, 1950, p.182.

29 Rougier, *Les mystiques économiques, op.cit.*, p.11.

30 Wilhelm Röpke, Solchany, "Le problème plus que la solution", *loc.cit.*, p.147에서 인용.

31 리프먼의 전문가 통치와 관련해서는 다음을 참조할 것. Barbara Stiegler, "*Il faut s'adapter*". *Sur un nouvel impératif politique*, Paris, Gallimard, coll. "NRF essais", 2019, p.35 et suiv.

32 Walter Lipmann, *Public Opinion,* Plano (TX), Wilder Publications, 2010[1922](월터 리프먼 지음, 이동근 옮김, 『여론』, 커뮤니케이션북스, 2021)

33 Ludwig von Mises, *Liberalism. In the Classical Tradition*, Auburn(AL), Mises Institute, 2018[1927], p.28.(루트비히 폰 미제스 지음, 이지순 옮김, 『자유주의』 자유기업원, 2020)

34 Ludwig von Mises, *Le socialisme. Etude économique et sociologique*, Paris, Librairie de Médicis, 1938, p.589. François Denord, *Néolibralisme version française. Histoire d'une idéologie politique*, Paris, Demopolis, 2007.

3장 | 강한 국가 예찬

1 Alexander Rüstow, "Vom Sinn der Wirtschaftsfreiheit", *Blätter der Freiheit*, vol.6, n°6, juin 1954, p.217-222. Werner Bonefeld, *The Strong State and the Free Economy*, London, Roman and Littlefield, 2017, p.3.

2 Friedrich Hayek, "Socialism and Science", conférence à l'Economic Society of Austrlia and New Zealand, 19 octobre 1976. Bonefeld, *The Strong State and the Free Enconomy, op.cit.*, p.43.

3 신자유주의에 '권위주의적 자유주의' 개념을 적용하는 것에 대한 비판은 제12장을 참조할 것.

4 Carl Schmitt, *Légalité et légitimité, Monréal*, Presses de l'Université de Monréal, 2015, p.71.(카를 슈미트, 『합법성과 정당성』 교육과학사, 1993)

5 Carl Schmitt, "Etat fort et économie saine", in Heller & Schmitt, *Du libéralisme autoritaire, op.cit.*, p.97.

6 *Ibid.*

7 Olivier Beaud, *Les derniers jours de Weimar. Carl Schmitt face à l'avènement du nazisme*, Paris, Descartes à Cie, 1997, p.71.

8 Parteienstaat를 Etat de partis로 옮긴 올리비에 보의 번역을 따랐다. *ibid*, p.70.

9 Wilhelm Röpke, "Wirtschaftlicher Liberalismus und Staatsgedanke", *Hamburger Fremdenblatt,* n°314, 13 novembre 1923. Bonefeld, *The Strong State and the Free Economy, op.cit.*, p.37.

10 Walter Eucken, "Staatliche Strukturwandlungen und die Krise des Kapitalismus", *Weltwirtschatliches Archiv*, vol.36, 1932, p.297-323.

11 Alexander Rüstow,"Interessenpolitik oder Staatspolitik", *Der deutsche Volkswirt,* vol.7, n°6, 1932. in Ralf Ptak, "Neoliberalism in Germany: Revisiting the Ordoliberal Foundations of the Social Market Economy". Mirowski & Plehwe, *The Road from Mont Pèlerin, op.cit.*, p.11. p.111.

12 Hayek, *Droit, législation et liberté, op.cit.*, p.849.(하이에크, 『법, 입법 그리고 자유』)

13 Wilhelm Röpke, *Au-delà de l'offre et de la demande*, Paris, Les Belles Lettres, coll. "Bibliothèque classique de la liberté", 2009[1958]. Jean Solchany, "Le problème plus que la solution: la démocratie dans la vision du monde néolibérale", *Revue de philosophie économique*, vol. 17, n°1, janvier 2016, p.148.

14 Walter Lippmann, *La cité libre*, Paris, Les Belles Lettres, coll. "Bibliothèque classique de la liberté", 2011[1938], p.262.

15 *Ibid.*, p.275.

16 Louis Rougier, *La mystique démocratique. Ses origines, ses illusions*, Paris, Flammarion, coll. "Biblothèque de philosophie politique", 1929, p.10.

17 *Ibid.*, p.18-19.

18 Hayek, *Droit, législation et libeté, op.cit.*, p.832.(하이에크, 『법, 입법 그리고 자유』)

19 *Ibid.*, p.48. Pierre Dardot et Christian Laval, *Ce cauchemar qui n'en finit pas. Comment le néolibéralisme détruit la démocratie*, Paris, La Découverte, coll. "Petits cahiers libres", 2016, p.55 et suiv.

20 Hayek, *Droit, législation et liberté, op.cit.*, p.684.(하이에크, 『법, 입법 그리고 자유』) 하이에크는 매우 증후적으로 크라토스(kratos)를 아르케(arche)에 대비시켜 정당성을 박탈하는 고대의 사고를 소환한다. kratos가 과두제에 대항한 인민의 승리를 의미한다면, arche

는 제도적 권력의 지속을 의미한다.(Nicole Loraux, *La cité divisée. L'oubli dans la mémoire d'Athènes*, Paris, Payot, coll. "Petite bibliothèque Payot", 2005, p.55.)

21 Moses Finley, *L'invention de la politique. Démocratie et politique en Grèce et dan la Rome républicaine*, Paris, Flammarion, coll. "Nouvelle bibliothèque scientifique", 1985, p.198.

22 Hayek, *La constitution de la liberté, op.cit.*, p.312.(하이에크, 『자유헌정론』 버지니아 학파 이론가들도 하이에크와 같은 논리를 펼쳤다. 1962년부터 제임스 뷰캐넌은 고든 털럭 과 함께 『국민합의의 분석』에서 누진세 같은 조처를 '차등적', '차별적' 입법이라고 비판하 면서, 조세정책 결정은 모든 납세자의 만장일치와 거부권의 기초 위에서 이루어져야 한다 고 주장한다. 다음을 참조할 것. James M.Buchanan & Cordon Tullock, *The Calculus of Consent. The Logical Foundation of Constitutional Democracy*, Indianapolis, Liberty Fund, 1999[1962], p.77.(제임스 M. 뷰캐넌, 고든 털럭 지음, 황수연 옮김, 『국민합의의 분석』, 지만지, 2012).

23 Hayek, *Droit, législation et libeté, op.cit.*, p.872.(하이에크, 『법, 입법 그리고 자유』)

24 새뮤얼 헌팅턴은 1975년 5월 교토에서 발표된 유명한 삼극위원회(The Trilateral Commission) 제8차 보고서에서 이렇게 말했다. "경제 성장의 한계가 있다는 것을 인정할 때 가 됐다. 마찬가지로 정치적 민주주의의 무제한적 확장에도 한계가 있다."(Michel Crozier, Samuel Huntington & Joji Watanuki, *Crisis of Democracy. Report on the Governability of Democracies to the Trilateral Commssion*, New York, New York University Press, 1975, p.115)

25 Alexander Rüstow, "Diktatur innerhalb der Grenzen der Demokratie", *Vierteljahrshefte für Zeitgeschichte*, vol.7, 1929. 다음에서 인용. Mirowski & Plehwe, *The Road from Mont Pèlerin, op.cit.*, p.111-112.

26 Wilhelm Röpke, *International Economic Disintegration*, London, Willliam Hodge & Company, 1942, p.246-247.

27 *Ibid.*, p.247, note 3.

28 Carl Schmitt, *La dictature, Paris*, Seuil, coll. "L'ordre philosophique", 2000[1921].

29 Wilhelm Röpke, lettre à Marcel van Zeeland, 20 octobre 1940. 다음에서 인용. Quinn Slobodian, *Globalists: The End of Empire and the Birth of Neoliberalism*, Cambridge(MA), Harvard University Press, 2018, p.116.

30 Friedrich Hayek *et al.*, "Wilhelm Röpke – Einleitende Bemerkungen zur Neuausgabe seiner Werke", dans Wilhelm Röpke, *Die Lehre von der Wirtschaft*, Bern/Stuttgart, Haupt, 1993, p.v-xxxvif.

31 Rold Kowitz, *Alfred Müller-Armack: Wirtschaftspolitik als Berufung. Zur Entstehungsgeschichte der Sozialen Marktwirtschaft und dem politischen Wirketn des Hochschullerers*, Cologne, Deutscher Institutverlag, 1998.

32 Alfred Müller-Armack, *Entwicklungsgesetze des Kapitalismus*, Berlin, Junker

und Dünnhaupt, 1932. 다음에서 인용. Bonefeld, *The Strong State and the Free Economy*, *op.cit.*, p.38.

33 Alfred Müller-Armack, *Studien zur Sozialen Markwirtschaft*, Cologne, Institut für Wirtschaftspolitik, 1960.

34 Alfred Müller-Armack, *Staatsidea und Wirtschaftsordnung in neuen Reich*, Berlin, Jünker & Dünnhaupt, 1933. Bonelfeld, *The Strong State and the Free Economy*, *op.cit.*, p.38 에서 인용.

35 *Ibid.*

36 Bonefeld, *The Strong State and the Free Economy*, *op.cit.*, p.39.

37 Werner Abelshauser, "Aux origines de l'économie sociale de marché. Etat, économie et conjoncture dans l'Allemagne du XXe siècle", *Vingtième siècle*, n°34, avril-juin 1992, p.188.

38 Ibid.

39 Franz Böhm, *Die Ordnung der Wirtschaft als geschichtliche Aufgabe und rechtsschöpferische Leistung*, Stuttgart, Kohlhammer, 1937. *Ibid.*, p.189 에서 인용.

40 이 표현은 알렉산더 뤼스토프가 처음 사용했다. Alexander Rüstow, "General Sociological Causes of Economic Disintegration and the Possibilities of Reconstruction", dans Röpke, *International Economic Disintegration*, *op.cit.*, p.289.

41 Ernst Rudolf Huber, *Die Gestalt des Deutschen Sozialismus*, Hambourg, Hanseaische Verlagsanstalt, 1934. 다음에서 인용. Abelshauser, "Aux origines de l'économie sociale de marché", *loc.cit.*, p.189.

42 1920년대 초 오스트리아의 정치는 양분되어 있었다. 한편에는 이그나츠 자이펠 수상이 속한 매우 보수적인 기독사회당이 있었고, 다른 한편에는 오토 바우어의 노동자사회민주당(SDAP)이 있었다. 오스트리아 마르크스주의의 영향을 받은 사회민주당은 빈에서 1918년에서 1934년 사이 노동자 주거, 가족과 아동을 위한 사회복지 프로그램, 공공 교육 등과 관련된 가장 혁신적인 사회주의적 시정을 실시했다. 이 덕분에 이 도시는 '붉은 빈'이라는 별칭을 얻게 됐다.

43 Mirowski & Plehwe, *The Road from Mont Pèlerin*, *op.cit.*, p.11.

44 Janek Wassermann, *The Marginal Revolutionnaries: How Austrian Economist Fought the War of Ideas*, London, Yale University Press, 2019, p.234.

45 Mises, *Liberalism*, *op.cit.*, p.19. (미제스, 『자유주의』)

46 Rüstow, "Vom Sinn der Wirtschaftfreiheit", *loc.cit.*, p.221 을 참조할 것.

47 Mises, *Liberalism*, *op.cit.*, p.39.(미제스, 『자유주의』)

48 *Ibid.*

49 Slobodian, Globalists, *op.cit.*, p.43.

50 Jörg Guido Hüllsmann, Mises: The Last Knight of LIberalism, Auburn(AL), Mises

Institute, 2007, p.458.

51 Wassermann, The Marginal Revolutionnaries, *op.cit.*, p.250.

52 Mises. Slobodian, *Globalists, op.cit.*, p.43.

53 Mises, *Liberalism, op.cit.*, p.45 (미제스, 『자유주의』)

54 *Ibid.*, p.48-49.

55 *Ibid.*, p.51.

56 Erwin Dekker, Viennese Students of Civilization. The Meaning and Context of Austrian Economics Reconsidered, Cambridge, Cambridge University Press, 2016 을 참조할 것.

57 Mises, *Liberalism, op.cit.*, p.63 (미제스, 『자유주의』)

58 *Ibid.*, p.87.

59 *Ibid.*, p.51.

60 *Ibid.*

61 Ludwig von Mises, *Human Action*: A treatise on Economics, Auburn(AL), Mises Institute, 1998[1949], p.258.(루트비히 폰 미제스 지음, 민경국, 박종운 옮김, 『인간행동』, 지만지, 2011)

4장 ｜ 정치 헌법과 시장의 입헌주의

1 Hayek, *Droit, législation et liberté*, p.443.(하이에크, 『법, 입법 그리고 자유』)

2 *Ibid.*, p.852.

3 *Ibid.*, p.674. 하이에크는 다음과 같이 썼다. "이 권력의 원천이 어떤 것으로도 제한되지 않아야 한다는 믿음은 오류다. 한 마디로 이는 주권의 이념 자체다."(강조는 인용자)

4 헌법 주권이라는 개념에 내재하는 혼동에 대한 슈미트의 비판과 관련해서는 다음을 참조할 것. Carl Schmitt, *Théorie de la Constitution, op.cit.*, p.136 & p.187.

5 Hayek, *Droit, législation et liberté, op.cit.*, p.622 & 798.(하이에크, 『법, 입법 그리고 자유』)

6 찰스 버드(Charles Beard)의 저서 『미국 헌법에 대한 경제적 해석(An Economic Interpretation of the Constitution of the United States)』(New York, 1913)에 대해 다음 글에 탁월하게 소개되어 있다. Violaine Delteil & Lauréline Fontaine, "Sur l'empreinte économique de la Constitution américaine, lecture croisée de Charles Beard", in Lauréline Fontaine, *Capitalisme, libéralisme et constitutionnalisme*, Paris, Mare & Martin, coll. "Libre Droit", 2021, p.87.

7 Delteil & Fonataine, "Sur l'empreinte économique de la Constitution américaine, lecture croisée de Charles Beard", *loc.cit.*, p.130.

8   Slobodian, *Globalists*, *op.cit.*, p.211.

9   Delteil & Fonataine, "Sur l'empreinte économique de la Constitution américaine, lecture croisée de Charles Beard", *loc.cit.*, p.126.

10   Hayek, *Droit, législation et liberté*, *op.cit.*, p.56.(하이에크, 『법, 입법 그리고 자유』)

11   *Ibid.*, p.795-796.

12   *Ibid.*, p.798-799.

13   Friedrich Hayek, lettre à António de Oliveira Salazar, 8 juillet 1962. 다음에서 인용. Jean Solchany, "Le problème plus que la solution: la démocratie dans la vision du monde néolibérale", Revue de philosophie économique, vol.17, n°1, janvier 2016, p.148.

14   Hayek, *Droit, législation et liberté*, *op.cit.*, p.800.(하이에크, 『법, 입법 그리고 자유』)

15   하이에크는 여기서 명백하게 1948년 유엔총회에서 채택된 세계인권선언을 겨냥한다.(ibid., p.522-523 참조)

16   *Ibid.*, p.804. 하이에크는 온건하고 사려 깊은 입법원 의원들과 편견에 사로잡힌 선동에 휘둘리는 의회를 대조하면서, 인민주권(기원전 5세기)에서 법치(기원전 403년 이후)로 전환하며 입법원 제도가 도입된 것으로 잘못 해석한다.(다음을 참조할 것. Vincent Azoulay & Paulin Ismard, *Athènes 403. Une histoire chorale*, Paris, Flammarion, coll. "Au fil de l'histoire", 2020, p.333)

17   *Ibid.*, p.821.(강조는 인용자)

18   *Ibid.*, p.681.

19   *Ibid.*, p.304.(강조는 인용자)

20   하이에크는 전 저서에 걸쳐서 법률(loi)과 법(droit)의 구분을 강조했다. 법(droit)은 법학자에게 주어지지만, 법률(loi)은 법학자에 의해 만들어진다.(*ibid.*, p.230 참조)

21   *Ibid.*, p.682.

22   *Ibid.*, p.817.

23   *Ibid.*, p.868. 하이에크는 '서로 구별되는 동학에 의해 작동하는 메커니즘'을 묘사한다. 이 메커니즘은 특정 이익집단을 만족시키기 위한 특수한 조처들을 실현하는 정치 기구들을 포함한다. 이와 정반대로 품행 규칙은 '인민 다수의 의견'에서 나온다.

24   *Ibid.*, p.822.

25   슬로보디언(Slobodian, *Globalists*, *op.cit.*, p.205)은 하이에크의 저서를 인용한다. Friedrich Hayek, "Recht, Gesetz und Wirschaftsfreiheit"(1963), in *Freiburger Studien*, *Tübingen*, J.C.B.Mohr, 1969, p.47. Dans une note d'un écrit de 1934, *Les trois types de pensée juridique*(Paris, PUF, coll. Quadrige, 2019, p.105). 슈미트는 법치국가와 관련된 모든 이론가가 법(droit)과 법률(loi)의 구별을 무시하고 법치국가를 입법국가로 축소시켰다고 말한다. 그들 중 일부는 법률을 '국회 다수파의 단순한 결정'으로 만들어버린다. 제12장에서 다시 살펴보겠지만, 슈미트는 '구체적인 질서와 구체적인 공동체를 포함하는 법의 전체 개념'의 의미를 법에 부여한다.

26   제1장에서 살펴보았듯이 칠레 피노체트에 의한 '이식'의 결과로, 칠레 헌법재판소는 상원과 하원에 의해 통과된 법에 대한 거부권을 행사할 수 있다.

27   Hayek, *Droit, légistlation et liberté*, *op.cit.*, p.819.(하이에크,『법, 입법 그리고 자유』)

28   *Ibid.*, p.822.

29   제1장 참조.

30   *Ibid.*

31   Hayek, *Droit, légistlation et liberté*, *op.cit.*, p.823-824.(하이에크,『법, 입법 그리고 자유』)

32   *Ibid.*, p.825.

33   *Ibid.*, p.824.(강조는 인용자)

34   *Ibid.*, p.824-825. 하이에크는 여기서 카를 슈미트를 언급한다. Carl Schumitt, "Soziologie des souveränitätsbegriffes und politische Theologie", in Melchior Palyi, *Hauptprobleme der Soziologie, Erinnerungsgabe für Max Weber*, Berlin, Duncker & Humbolt, 1923, p.5

35   Slobodian, *Globalists*, *op.cit.*, p.115에서 다음을 인용. Walter Euken, Franz Böhm & Hans Grossmann-Doerth, *Die Ordnung der Wirtschaft als geschichtliche Aufgabe und rechtschöpferishce Leistung*, Stuttgart, W. Kohlhammer, 1937, p.xix.

36   Slobodian, *Globalists*, *op.cit.*, p.211.

37   뵘만이 유대인 차별에 반대했다. Bonefeld, *The Strong State and the Free Economy*, *op.cit.*, p.11.

38   *Ibid.*, p.119.

39   Alfred Müller-Armack, *Auf dem Weg nach Europa. Erinnerungen und Ausblicke*, Stuttgart, Wunderlich und Poeschel, 1971. 다음에서 인용. ibid,, p.119.

40   Slobodian, *Globalists*, *op.cit.*, p.207.

41   *Ibid.*, p.210.

42   *Ibid.*

43   Delteil & Fontaine, "Sur l'empreinte économique de la Constitution américaine, lecture croisée de Charles Beard", *loc.cit.*, p.131.

44   James M. Buchanan, *The Limits of Liberty: Between Anarchy and Leviathan*, Indianapolis, Liberty Fund, 2000[1975], p.191, 209, 205.

45   James M. Buchanan, "Democracy Limited or Unlimited?". 다음에서 인용. Nancy MacLean, *Democracy in Chains: The Deep History of the Radical Right's Stealth Plan for America*, London, Penguin, 2018, p.220.

46   James M. Buchanan, "Government Intervetiontionism is Simply Inefficient", *El Mercurio*, 9 may 1980. 다음에서 인용. MacLean, *Democracy in Chains*, *op.cit.*, p.199.

5장 | 신자유주의와 그 적들

1   "Statement of Aims", Société du Mont-Pèlerin, 8 avril 1947.

2   Ludwig von Mises, *Socialism: An Economic and Sociological Analysis*, New Haven(CT), Yale University Press, 1962[1922], p.51.(루트비히 폰 미제스 지음, 박종운 옮김, 『사회주의』, 지만지, 2015)

3   제3장 참조.

4   Mises, *Socialism, op.cit.*, p.137.(미제스, 『사회주의』)

5   *Ibid.*, p.52.

6   Ludwig von Mises, *Nation, State and Economy: Contributions to the Politics and History of Our Time*, New York, New York University Press, 1983[1919], p.205.

7   Mises, *Socialism, op.cit.*, p.135.(미제스, 『사회주의』)

8   Otto Neurath & Wolfgang Schuhmann, *Können wir heute sozialisieren? Eine Darstellung der sozialistischen Lebensordnung und ihres Werdens*, Leipzig, Kinkhardt, 1919.

9   Ludwig von Mises, *Economic Calculation in the Socialist Commonwealth*, Auburn(AL), Mises Institute, 1990[1920], p.18.

10 Mises, *Socialism, op.cit.*, p.458.(미제스, 『사회주의』)

11 Hüllsmann, *Mises: The Last Knight of Liberalism, op.cit.*, p.406.

12 Friedrich Hayek, "The Present State of the Debate", in Friedrech von Hayek (dir.), *Collectivist Economic Planning: Critical Studies of the Possibilities of Socialism*, London, Routledge, 1963[1935], p.214.

13 하이에크가 런던정경대학에서 교류했던 윌리엄 허트의 소비자 주권과 관련해서는 다음을 참조할 것. Nikals Olsen, *The Sovereign Consumer: A New Intellectual History of Neoliberalism*, London, Palgrave Macmillan, 2019, p.52-58.

14 Hayek, "The Present State of the Debate", *loc.cit.*, p.241.

15 Friedrich Hayek, "The Trend of Economic Thinking", *Economica*, n°40, may 1933, p.135.

16 Hayek, "The Present State of the Debate", *loc.cit.*, p.218-219.

17 Friedrich Hayek, "The Use of Knowledge in Society", *The American Economic Review*, vol.35, n°4, september 1945, p.519-530.

18 Röpke, *Die Lehre von der Wirtschaft, op.cit.* 다음에서 인용. Olsen, *The Sovereign Consumer, op.cit.*, p.49.

19 Lippmann, *La Cité libre, op.cit.*, p.106.

20 Hayek, "Yale University Archives, Walter Lippman Papers, Selected Correspondence 1931-1974-77, Box 10, Folder 11: Hayek". 다음에서 인용. Ola Innset, *Reinventing Liberalism: The Politics, Philosophy and Economics of Early*

Neoliberalism(1920-1947), London, Springer, 2020, p.51.

21 Friedrich Hayek, *La route de la servitude*, Paris, PUF coll. "Quadridge", 1944, p.30, 33, 41-42.(프리드리히 하이에크 지음, 김이석 옮김, 『노예의 길』 자유기업원, 2018)

22 *Ibid.*, p.45.

23 *Ibid.*, p.43-44.

24 *Ibid.*, p.48.

25 Wilhelm Röpke, *La crise de notre temps*, Paris, Payot, coll. "Petite bibliothèque Payot", 1962, p.38.

26 *Ibid.*, p.37.

27 이 주제와 관련해서는 다음을 참조할 것. Pierre Dardot & Christian Laval, *La nouvelle raison du monde. Essai sur la société néolibérale*, Paris, La Décourverte, coll. "La Découverte poche", 2010, p.219 et suiv.(피에르 다르도 & 크리스티앙 라발 지음, 오트르망, 심세광, 전혜리 옮김, 『새로운 세계합리성』 그린비, 2022)

28 Mises, *Human Action*, *op.cit.*, p.183.(미제스, 『인간행동』)

29 이론적 차이들을 넘어선 신자유주의의 전략적 통일성을 이해하지 못한 세르주 오디에(Serge Audier)는 이러한 실수를 범한다.

30 Röpke, *La crise de notre temps*, *op.cit.*, p.36.

31 Hayek, *La présomption fatale*, *op.cit.*,(하이에크, 『치명적 자만』)

32 *Ibid.*, p.23.

33 Hayek, *Droit, législation et liberté*, *op.cit.*, p.872.(하이에크, 『법, 입법 그리고 자유』)

34 *Ibid.*, p.870.

35 *Ibid.*

36 Hayek, *La constitution de la liberté*, *op.cit.*, p.254.(하이에크, 『자유헌정론』)

37 Mises, *Human Action*, op.cit., p.810.(미제스, 『인간행동』)

38 다음을 참조할 것. Yves Steiner, "The Neoliberals Confront the Trade Unions", in Mirowski & Plehwe, *The Road from Mont Pèlerin*, *op.cit.*, p.11. p.181-203.

39 Friedrich Hayek. 다음에서 인용. Richard Cockett, *Thinking the Unthinkable: Thinks-Tanks and the Economic Counter-Revolution, 1931-1983*, London, Harper Collins, 1994, p.114.

40 Hayek, *La constitution de la liberté*, op.cit., p.277.(하이에크, 『자유헌정론』)

41 몽펠르랭 협회와 대기업 경영자들의 관계를 보여주는 문서들이 역사학자들에 의해 매우 잘 정리되어 있다. 텍사스의 대규모 석유회사들은 몽펠르랭 협회를 지원했을 뿐 아니라 경제 교육재단(FEE: Foundation for Economic Education)과 같은 반공, 반노동조합 선전 조직 에도 돈을 댔다.

42 신자유주의를 신봉하는 미국의 법학자 실베스터 페트로(Sylvester Petro)는 '합법적 강제력' 에 대해 말한다.(*The Labor Policy of the free society*, New York, Ronald Press, 1957 참조) 그 에 따르면 결사의 자유가 자유 사회와 불가분한 것이긴 해도, 미국 노동조합의 강제적이고

독점적인 행위들처럼 계약의 자유와 사적 소유를 문제 삼아서는 안 된다. 노동조합의 올바른 역할은 회사가 시장에서 인정받고 직원들의 생산성이 향상되도록 돕는 것이다. 이것만이 노동자들의 복지를 향상시킬 수 있는 길이다. 노동 정책은 노동조합의 폭력적 행위를 막고, 고용주와 피고용자들 간 사회적 협상의 자유를 보호하는 역할을 수행해야 한다.

43 이 주제와 관련해서는 제1장 미주 10을 참조할 것.

44 Hayek, *La constitution de la liberté*, *op.cit.*, p.284.(하이에크, 『자유헌정론』)

45 노동조합에 대항한 신자유주의 전쟁의 정치적 전개에 대해서는 제9장의 '노동조합에 대항한 전쟁에서…'를 참조할 것.

46 Hayek, *La route de la servitude*, *op.cit.*, p.230 et suiv.(하이에크, 『노예의 길』)

47 *Ibid.*, p.235.

48 Hayek, *La constitution de la liberté*, *op.cit.*, p.289.(하이에크, 『자유헌정론』)

49 *Ibid.*, p.259.

50 *Ibid.*, p.261.

51 *Ibid.*, p.297-299.

52 *Ibid.*, p.303.

53 Hayek, *Droit, législation et liberté, op.cit.*, p.446.(하이에크, 『법, 입법 그리고 자유』)

6장 | 사회 진화의 신자유주의적 전략

1 Brown, *In the Ruins of Neoliberalism*, *op.cit.*

2 Stiegler, *"Il faut s'adapter".*, *op.cit.*, p.15.

3 Pierre Bourdieu, *Contre-feux. Propos pour servir à la résistance contre l'invasion néo-libérale*, Paris, Raisons d'agir, 1998, p.40.(피에르 부르디외 지음, 현택수 옮김, 『맞불』, 동문선, 2004) "일반적으로, 신자유주의는 매우 세련되고 현대적인 메시지로 포장된, 가장 낡은 주인의 가장 오래된 이념들을 불러온다. (…) 이러한 복원을 혁명처럼 보이게 하는 것이 보수주의 혁명들, 가령 30년대 독일의 혁명, 대처와 레이건의 혁명이 한 일이다." 이 주제와 관련해서 다음을 참고할 것. Christian Laval, *Foucault, Bourdieu et la question néolibérale*, Paris, La Découverte, 2018, p.225 et suiv.

4 장 솔샤니는 다음과 같이 썼다. "빌헬름 뢰프케는 전후 스위스의 호세 오르테가 이 가세트였다. 그의 종말론적 이론은 매력적이다." 다음을 참조할 것. Jean Solchany, *Wilhelm Röpke, l'autre Hayek. Aux origines du néolibéralisme économique et sociale. Capitalisme, collectivisme, humanisme économique, Etat, société, économie*, Paris, Librairie de Médicis, 1946.

5 Wilhelm Röpke, *Civitas humana ou Les questions fondamentales de la réforme économique et sociale. Capitalisme, collectivisme, humanisme économique,*

Etat, société, économie, Paris, Librairie de Médicis, 1946.

6   Wilhelm Röpke, *Jenseits von Angebot und Nachfrage*, Erlenbach-Zurich, Eugen Rentsch, 1958.

7   Solchany, *Wilhelm Röpke, l'autre Hayek*, op.cit., p.405. 이 뢰프케 전기는 이 신자유주의 사회학자를 하이에크의 '초자유주의'에 대한 반대자이자 '반자본주의적 자유주의'의 주창자로 보는 해석을 결정적으로 반박한다.

8   Röpke, *La crise de notre temps*, op.cit., p.14.

9   뢰프케의 주장은 가톨릭계에 큰 영향을 미쳤으며 독일 기민당의 강령 작성에도 도움이 되었다. 다음을 참조할 것. Solchany, *Wilhelm Röpke, l'autre Hayek*, op.cit., p.41.

10 Röpke, *La crise de notre temps*, op.cit., p.20.

11 *Ibid.*, p.27-28.

12 Röpke. 다음에서 인용. Solchany, *Wilhelm Röpke, l'autre Hayek*, op.cit., p.85.

13 Röpke. *La crise de notre temps*, op.cit., p.242.

14 *Ibid.*, p.32.

15 *ibid.*, p.127 이하를 참조할 것.

16 파트리시아 코맹은 질서자유주의를 옹호한 그의 저서에서 독일 남부, 스위스, 이탈리아 북부의 자본주의에서 뢰프케가 '기뻐했을' 만한 현실을 보았다고 믿었다. 다음을 참조할 것. Patricia Commun, *Les ordoliberaux. Histoire d'un libéralisme à l'allemande*, Paris, Les Belles Lettres, coll. "Penseurs de la liberté", 2016, p.372.

17 Röpke. *La crise de notre temps*, op.cit., p.252.

18 *Ibid.*, p.260.

19 Friedrich Hayek, "Pourquoi je ne suis pas un conservateur", in *La constitution de la liberté*, op.cit., p.393-406.(하이에크, 『자유헌정론』)

20 *Ibid.*, p.400.

21 *Ibid.*, p.395.

22 Brown, *In the Ruins of Neoliberalism*, op.cit., p.13.

23 Hayek, "Pourquoi je ne suis pas un conservateur", loc.cit., p.398.

24 Friedrich Hayek, "Les intellectuels et le socialisme"(1949), in *Essais de philosophie, de science politique et d'économie*, Paris, Les Belles Lettres, coll. "Bibliothèque classique de la liberté", 2007, p.286.

25 *Ibid.*, p.292.

26 Hayek, "Pourquoi je ne suis pas un conservateur", loc.cit., p.282.

27 Hayek, *La constitution de la liberté*, op.cit.,(하이에크, 『자유헌정론』)

28 *Ibid.*, p.61.

29 Hayek, *Droit, législation et liberté*, op.cit., p.897-898.(하이에크, 『법, 입법 그리고 자유』)

30 Brown, *In the Ruins of Neoliberalism*, op.cit., p.106.

31 Hayek, *Droit, législation et liberté*, op.cit., p.901.(하이에크, 『법, 입법 그리고 자유』)

32   Hayek, *La constitution de la liberté, op.cit.*, p.61.(하이에크, 『자유헌정론』)

33   Jean-François Kervégan, "Y a-t-il une philosophie libérale? Remarques sur les oeuvres de J.Rawls et F. von Hayek", *Rue Descartes*, n°3, janvier 1992, p.51-77.

34   Hayek, *Droit, législation et liberté, op.cit.*, p.893.(하이에크, 『법, 입법 그리고 자유』)

35   *Ibid.*, p.906.

36   *Ibid.*, p.902 & p.912.

37   *Ibid.*, p.922.

38   Edmund Rurke, *Réflexions sur la Révolution française*, Paris, Hachette, coll. "Pluriel", 1989, p.372.

39   제4장 참조.

40   월터 리프먼의 연설문. 다음에서 인용. Audier, *Le Colloque Lippmann, op.cit.* p.424.

41   Friedrich Hayek, "The Atavism of Social Justice", in Friedrich Hayek (dir.), *New Studies in Philosophy, Politics, Economics, and the History of Ideas*, Chicago, University of Chicago Press, 1985, p,67.

42   Ludwig von Mises, *Théorie et histoire. Une interprétation de l'évolution économique et sociale*, Paris, Institut Coppet, 2011[1957], p.204.

43   *Ibid.*, p.205-206.

44   Ludwig von Mises, *Liberalism. In the Classical Tradition*, Indianapolis, Liberty Fund, 2005[1927], p.4. (미제스, 『자유주의』)

45   *Ibid.*, p.96.

46   Edmond Giscard d'Estaing, "Libéralisme et colonialisme", 8e rencontre de la Société du Mont-Pèlerin, Saint-Moritz, 2~8 september 1957. 다음에서 인용. Solchany, *Wilhelm Röpke, l'autre Hayek, op.cit.*, p.379.

47   Solchany, *Wilhelm Röpke, l'autre Hayek, op.cit.*, p.381.

48   *Ibid.*, p.392.

49   *Ibid.*, p.400.

7장 ┃ 글로벌리즘과 내셔널리즘의 가짜 대안

1   뢰프케의 표현에 따랐다. 다음을 참고할 것. Röpke, *International Economic Disintegration, op.cit.*

2   하이에크의 표현에 따랐다. 다음을 참고할 것. Slobodian, *Globalists, op.cit.*, p.12.

3   로마법의 imperium과 dominium의 범주 구분은 주로 뢰프케가 사용했다. 다음을 참고할 것. Röpke, *International Economic Disintegration, op.cit.*, p.96.

4   라이오넬 로빈스는 이 자유주의 연맹이 '어느 정도 소득의 불평등을 초래할 것'이라는 사실을

인정했다. 다음을 참고할 것. Lionel Robbins, *Economic Planning and International Order*, London, Macmillan, 1937. 다음에서 인용됨. Slobodian, *Globalists*, *op.cit.*, p.101.

5 Ludwig von Mises, "Letters from Citizen Readers", Ottawa Citizen, 19 August 1944. 다음에서 인용. *Ibid.*, p.111.

6 James M. Buchanan, *Post-Socialist Political Economy. Selected Essays*, Cheltenham, Edward Elgar, 1997.

7 Wilhelm Röpke, "Die Internationale Wirtschaftsordnung der Zukunft: Pläne und Probleme", *Schweizer Monatschefte*, vol.22, n°7, october 1942. 다음에서 인용됨. Slobodian, *Globalists*, *op.cit.*, p.115.

8 Carl Schmitt, *Le nomos de la terre*, Paris, PUF, coll. "Léviathan", 2001[1950], p.233-234. (카를 슈미트, 최재훈 옮김, 『대지의 노모스』 민음사, 1995)

9 다음을 참고할 것. Liat Spiro, "Global histories of Neoliberalism: An interview with Quinn Slobodian", site web of Toynbee Prize Foundation, 21 march 2018.

10 Michael A. Heilperin, *International Monetary Organization*, London, Longman, Green and Co., 1939. 다음에서 인용. Slobodian, *Globalists*, *op.cit.*, p.93.

11 "Statement of Aims", Société du Mont-Pèlerin, 8 april 1947.

12 이 주제와 관련해서는 다음을 참고할 것. Jessica Whyte, *The Morals of the Market: Human Rights and the Rise of Neoliberalism*, London, Verso, 2019.

13 슬로보디언은 하이에크의 표현을 빌려, 이것을 시민의 권리에 대한 '크세노스의 권리'의 우월성이라고 명명한다.

14 Taylor St John, *The Rise of Investor-State Arbitration: Politics, Law, and Unintended Consequences*, Oxford, Oxford University Press, 2018.

15 Slobodian, *Globalists*, *op.cit.*, p.140.

16 슬로보디언의 구분에 따름. *Ibid.*, p.182-217.

17 경제 헌법과 관련해서는 제4장을 참조할 것.

18 하이에크가 이 개념에 부여한 의미에 대해서는 제4장의 '독특한 권력 분립' 참조.

19 Friedrich Hayek, "Recht, Gesetz und Wirtschaftsfreiheit" (1963). 다음에서 인용. Slobodian, *Globalists*, *op.cit.*, p.206.

20 Brigitte Leucht & Katja Seidel, "Du Traité de Paris au règlement 17/62: ruptures et continuités dans la politique européenne de la concurrrence, 1950-1962", *Histoire, économie et société*, vol. 27, n°1, 2008, p.25-36. CJEC의 중심 역할과 관련해서는 제4장을 참조할 것.

21 Ernst Joachim Mestmäcker, "Auf dem Wege zu einer Ordnungspolitik für Europa", in Ernst-Joachim Mestmäcker, Hans Möller et Hans-Peter Schwarz (dir.), *Eine Ordnungspolitik für Europa*, Baden-Baden, Nomos, 1987. 다음에서 인용. Slobodian, *Globalists*, *op.cit.*, p.208.

22 Böhm, *Die Ordnung der Wirtschaft als geschichtliche Aufgabe und rechtsschöpferische Leistung*, op.cit., 다음에서 인용. Slobodian, *Globalists*, op.cit., p.211.

23 Jacques Delors. 다음에서 인용. Rawi Abdelal, "Le consensus de Paris, La France et les règles de la finance mondiale", *Critique internationale*, vol.3, n°28, Juillet-Septembre 2005, p.91.

24 Commission de Communautés européennes, *L'achèvement du marché intérieur. Livre blanc de la Commission à l'intention du Conseil européen*, Bruxelles, juin 1985.

25 Abdelal, "le consensus de Paris", *loc.cit.*

26 Charles Grant, "Delors: After Power", *Prospect*, 20 october 1995.

27 Déclaration de principes du Parti socialiste, 14 juin 2008.

28 Abdelal, "Le consensus de Paris", *loc.cit.*

29 Pascal Lamy, *The Geneva Consensus: Making Trade Work for All*, Cambridge, Cambridge University Press, 2013.

30 알랭 맹크의 표현이다. 다음을 참조할 것. Alain Minc, *L'avenir en face*, Paris, Seuil, coll. "L'histoire mmédiate", 1984. 다음에서 인용. François Cusset, *La décennie. Le grand cauchemar des années 1980*, Paris, La Découverte, 20ᵃ 08, p.93.

31 1995년 프랑스 민주노동연맹(CFDT) 위원장 니콜 노타의 표현이다. 그는 쥐페의 연금 개혁안을 지지했다.

32 Stephanie L. Mudge, *Leftism Reinvented: Western Parties from Socialism to Neoliberalism*, Cambridge(MA), Havard University Press, 2018.

33 좌파의 새로운 선거주의와 사회에 대한 파편화된 접근에 대해서는 제8장을 참조할 것.

34 Tony Blair, déclaration à la conférence ministrielle de l'OMC, Genève, 1998.

35 Anthony Giddens, *The Third Way: The Renewal of Social Democracy*, Cambridge, Polity, 1998, p.65-66.

36 인민계급 생활 수준 저하에 대한 클린턴주의의 책임에 대해서는 다음을 참조할 것. Nancy Fraser, "Progressive Neoliberalism versus Reactionary Populism: A Hobson's Choice". in Heinrich Geiselberger(dir.), *The Great Regression*, Cambridge, Polity, 2017, p.120.

37 Margaret Thatcher, "The Bruges Speech, discours au Collège d'Europe", Bruges, 20 september 1988.

38 Margaret Thatcher, "Speech to Conservative Party Conference", discours au Conference Center, Brighton, 14 october 1988.

39 Margaret Thatcher, *10 Downing Street. Mémoires*, Paris, Albin Michel, 1993, p.610.

40 Quinn Slobodian & Dieter Plehwe, "Neoliberals against Europe", in Wiliam

Callison & Zachary Manfredi (dir.), *Mutant Neoliberalism: Market Rule and Political Rupture*, New York, Fordham University Press, 2019, p.89-111.

41 "About Us", site web anglophone du groupe Identité et démocratie: http://identityanddemocracy.eu.

42 Murray Rothbard, "Stop Nafta!" (october 1993), in Murray Rothbard, *Irrepressible Rothbard: The Rothbard-Rockwell Report Essays of Murray N. Rothbard*, Burlingame(CA), Center for Libertarian Studies, 2000, p.142.

43 Murray Rothbard, "The Lessons of the Nafta Struggle: What Next?", *Rothbard-Rockwell Report*, vol 5, n°1, january 1994.

44 Murray Rothbard, "The Nationalites Question", in Rothbard, *Irrepressible Rothbard*, op.cit., p.225.

45 Murray Rothbard, "Nations by Consent: Decomposing the Nation-State", *The Journal of Libertarian Studies*, vol.11, n°2, autome, 1994.

46 이 영향에 대해서는 다음을 참조할 것. Slobodian & Plehwe, "Neobiberals against Europe", *loc.cit.*

47 Murray Rothbard, "How and How not to Desocialize", *The Review of Austrian Economics*, vol.6, n°1, 1992.

48 로스바드는 1977년 (코크 형제가 후원하는) 카토 연구소(Cato Institute)에 "Toward a Strategy of Libertarian Social Change"라는 제목의 두꺼운 의견서를 제출했다. 그는 성공한 전략의 조건을 정의하기 위해 레닌과 히틀러에게 영감을 받았음을 명시적으로 언급했다.

49 Murray Rothbard, "A Strategy for the Right", in *Irrepressible Rothbard*, *op.cit.*, p.11.

50 Murray Rothbard, "Revolution in Italy!", *Rothbard-Rockwell Report*, vol.5, n°7, july 1994.

51 Matthew Sheffield, "Where Did Donald Trump Get his Racialized Rhetoric? From libertarians", *The Washington Post*, 2 september 2016.

8장 | 가치 전쟁과 '인민'의 분열

1 Nancy Fraser, "From Progressive Neoliberalism to Trump – and Beyond", *American Affairs*, vol.1, n°4, winter 2017. 주지하듯이 그람시에게 '역사적 헤게모니 블록'은 단지 계급 동맹만을 의미하는 것이 아니라, 현실에 대한 단일한 표상 속에서 경제와 문화의 통일을 이룬 것이다. 이러한 집단적 표상이야말로 사회 집단들의 연합을 위한 조건이다.

2 미국 역사학 자료에는 '문화 전쟁(culture wars)'이라는 표현이 더 자주 등장한다.(다음을 참

조할 것. James Davison Hunter, *Culutre Wars: The Struggle to Define America*, New York, Basic Books, 1991) '문화'라는 개념의 다의성 때문에 우리는 '가치들의 전쟁'이라는 표현을 선호한다.

3   Andrew Hartman, *A War for the Soul of America: A History of the Culture Wars*, Chicago, University of Chicago Press, 2015.

4   Melinda Cooper, *Family Values: Between Neoliberalism and the New Social Concervatism*, Princeton(NJ), Princeton University Press, 2017, p.22 et suiv.

5   *Ibid.*, p.49 & 57.

6   Stuart Hall, *The Hard Road to Renewal: Thatcherism and the Crisis of the New Left*, London, Verso, 1990, p.2.

7   요제프 슘페터는 자본주의의 발전을 낡은 분야, 기술, 활동에 대한 지속적인 파괴와, 기술적·조직적 혁신에서 나온 새로운 것들이 그것을 대체되는 과정의 결과로 묘사한다.

8   Murray Rothbard, *Egalitarianism as a Revolt against Nature and Other Essays*, Auburn(AL), Mises Institute, 2000[1974].

9   Christopher Chase Rachels, *White, Right, and Libertarian*, Sotts Valley(CA), CreateSpace Independant Publishing Plateform, 2018.

10 Hans-Hermann Hoppe, *Getting Libertarianism Right*, Auburn(AL), Mises Institute, 2018. 대안 우파와 문화전쟁의 역사와 관련해서는 다음을 참조할 것. Simon Ridley, *L'alt-right: de Berkeley à Christchurch*, Lormont, Le Bord de l'eau, coll. "Documents", 2020.

11 Quinn Slobodian, "Anti-'68ers and the Racist-Libertarian Alliance: How a Schism among Austrian School Neoliberals Helped Spawn the Alt Right", *Cultural Politics*, vol.15, n°3, november, 2019.

12 Wendy Brown & Jo Littler, "Where the Fires Are: An Interview with Wendy Brown", *Eurozine*, 18 april 2018.

13 Hans-Hermann Hoppe, *The Private Production of Defense*, Auburn(AL), Mises Institute, 2009. 2020년 미국 하원의원에 당선된 마저리 테일러 그린은 선거 벽보에 자신의 깔끔한 저택 현관 앞에서 남편과 나란히 서서 차분한 표정으로 산탄총을 들고 포즈를 취한 사진과 함께 "미국을 구하라, 사회주의를 멈춰라!(Save America, Stop Socialism!)"라는 구호를 실었다.

14 미국의 주도로 브라질, 우간다, 사우디아라비아, 폴란드, 헝가리 등 32개국 정부는 2020년 10월 여성의 임신중절 권리를 '인권'으로 보는 관점에 반대하고 가족을 지키자는 내용의 '제네바 합의 선언'에 서명했다.

15 이탈리아 동맹(Lega) 소속 상원의원 시모네 필론이 제출한 이혼 후 공동육아에 관한 법안은 아버지, 남편으로서 남성의 권위를 재확립하고자 하는 목적을 지닌다. 양육비 지불 의무를 없애고, 집 소유주에게 거주권을 부여하고, 가족 관계 관리를 위한 '중재자' 제도를 의무화하는 내용의 이 법령은 아이 양육을 위해 일을 하지 못하거나 충분한 수입이 없는 여성이

374

이혼을 고려할 때 경제적 장애물이 된다.

16 다음에 열거하는 조치들은 '브라질 가족', 기독교, 조국에 대한 참을 수 없는 침해라고 비난 받았다. 2006년 가정폭력으로부터 여성을 보호하고자 제정된 일명 '마리아 다 페냐' 법, 가 사노동자의 노동권을 인정한 수정헌법, 여성의 권리 보호를 위한 법률 수정에 따른 무뇌증 태아 낙태 허용, 2011년 헌법재판소의 동성결혼 합법화, 2012년 제정된 대학과 주립 연구 소 수업과 실습생 정원의 50%를 공립학교 출신과 흑인, 혼혈인 등으로 채우는 내용의 일명 '쿼터법' 등이 그것이다.

17 이 회의는 1990년대 말 북미 신기독교우파와 러시아의 극보수주의자의 주도로 출범했다. 이들은 '도덕 위에 세워진' 사회와 전통적 가부장제 가족의 적들에 대항해 공동 행동을 취 하고자 했다.

18 2013년 초등학교에 도입된 '평등을 위한 ABCD' 교육에 대한 가톨릭, 이슬람 단체와 우파 의 원들의 반응과 관련된 연구를 보려면 다음을 참조할 것. Fanny Gallot & Gaël Pasquier, "L'école à l'épreuve de la "théorie du genre": les effets d'une polémique", *Cahiers du Genre*, vol.2, n°65, 2018.

19 Cooper, *Family Values*, *op.cit.*, p.225 et suiv. 미국 신자유주의에서 내세우는 가족의 가치에 대해 의문을 제기한 쿠퍼는 다음을 확인한다. "1970년대 미국의 신자유주의적 정치 활동의 상당수가 가족 구조에 불어닥친 변화의 영향을 받았다."(p.8)

20 Silva Federici, *Le capitalisme patriarcal*, Paris, La Fabrique, 2019.

21 제6장과 다음을 참조할 것. Brown, *In the Ruins of Neoliberalism*, *op.cit.*, p.122-135.

22 자유와 '전통 도덕으로부터의 해방 요구'의 하이에크적 모순에 대해서는 하이에크의 『치명 적 자만』의 다음 구절을 참고할 것.(Hayek, *La présomption fatale*, *op.cit.*, p.90) "이러한 요 구를 하는 이들이 목적을 달성할 경우 자유의 근본 기초를 파괴할 것이며, 사람들이 문명을 가능하게 했던 조건들을 돌이킬 수 없이 부수도록 내버려두는 결과를 초래할 것이다."

23 "Allocution de Wlater Lippmann", in Serge Audier, *Le Colloque Lippmann. Aux origines du néo-libéralisme*, Lormont, Le Bord de l'eau, coll. "Les voies du politique", 2012, p.422.

24 다음을 참조할 것. Luiz Felipe Barbiéri, "Bolsonaro exonera secretário da Cutura, aue fez discurso com frases semelhantes às de ministro de Hitler", *Política*, 17 january 2020.

25 헝가리의 청년민주동맹(Fidesz)은 과학 아카데미의 자율성을 공격하고 국립대학교의 재정 을 직접적인 국가 통제하에 두었다. 1990년부터 시에서 관리하던 초중등 공립학교는 국립 으로 흡수되고 완전히 중앙집중화된 교육 과정이 도입되었다. Gyözö Lugosi, "Hongrie: un mélange embrouillé de nationalisme et de néolibéralisme", *Europe solidaire sans frontières*, 15 avirl 2019.

26 이 주제와 관련해서는 다음을 참조할 것. Brown, *In the Ruins of Neoliberalism*, *op.cit.*, chap.5.

27 폴란드의 정당 '법과 정의(PiS)', 헝가리의 청년민주동맹(Fidesz)은 시민의 자유, 사법과 언

론의 독립성 등과 관련된 '국가적 이해'에 반하는 규범들을 강요한다며 유럽연합에 대한 비판에 열을 올린다. 이 정부들은 명백히 이중 게임을 벌인다. 유럽연합의 보조금을 받으면서도, 전통적 자유주의 가치를 보호하고 최소한의 사회적 안전망을 보장하는 유럽연합의 모든 조치를 거부한다.

28 Jason Hackworth, "Religious Neoliberalism", in Damien Cahill and *et al.*, *The SAGE Handbook of Neoliberalism*, Sydney, SAGE, 2018, p.329 et suiv.

29 Viktor Orbán. 다음에서 인용. Amélie Poinssot, *Dans la tête de Viktor Orbán*, Paris, Paris/Arles, Solin/Actes Sud, 2019, p.120.

30 이러한 삼투 작용에 대해 뤽 볼탕스키와 에브 치아펠로가(*Le nouvel esprit du capitalisme*, Paris, Gallimard, coll. "Tel", 1999), 최근에는, 데이비드 핸콕(*The Counterculturel Logic of Neoliberalism*, New York, Routledge, 2019)이 분석을 시도했다. 이들은 신자유주의를 반-문화운동의 유일한 보전 형태로 간주하면서 다른 전통주의적 경로를 완전히 배제하는 경향이 있다.

31 Fraser, "From Progressive Neoliberalism to Trump", *loc.cit.*

32 미국진보센터(Center for American Progress)는 민주당의 가장 중요한 싱크탱크 중 하나로서 민주당의 '중도주의' 노선을 지지하며, 마이클 블룸버그와 같은 통 큰 후원가로부터 재정 지원을 받고 있다.

33 John B. Judis & Ruy Teixeira, *The Emerging Democratic Majority*, New York, Simon and Schuster, 2002.

34 Ruy Teixeira, "New Progressive America: Twenty Years of Demographic, Geographic, and Attitudinal Changes Across the Country Herald a New Progressive Majority", Center for America Progress, march 2009.

35 Ruy Teixeira, "The coming End of Cultural Wars, Center for American Progress", july 2009.

36 미국진보센터와 스페인 사회노동당(PSOE) 산하 '진보를 위한 이념 재단(Fundación Ideas para el Progreso)'이 함께 기획한 프로젝트로서, 노동자들이 우파와 극우파에게 투표하는 현상을 일반적인 현실로 보고 동일한 형태의 '이기는' 선거 전략을 전 세계적으로 구축하는 것을 목표로 했다. 2010년, 펠리페 곤살레스와 빌 클린턴 같은 은퇴한 지도자들이 새로운 리더를 양성하기 위한 '글로벌 진보 회의'를 창설했다. 이러한 '진보주의' 전략은 2017년 마크롱과 그와 연대한 사회주의자들에 의해서도 채택됐다.

37 Olivier Ferrand, Bruno Jeanbart & Romain Prudent, "Gauche: quelle majorité électorale pour 2012?", Terra Nova, 10 mai 2011.

38 *Ibid.*, p.55.

39 *Ibid.*, p.13.

40 2016년 9월 초 개최된 '힐러리를 위한 LGBT 갈라쇼'에서 힐러리 클린턴은 트럼프 지지자들에 대해 다음과 같이 말했다. "트럼프 지지자들을 일반화하자면 그들 중 절반을 내가 개탄스러운 사람들의 무리(basket of deplorables)라고 이름 붙인 것 속에 집어넣을 수 있을 것입

니다. 인종주의자, 성차별주의자, 동성애 혐오자, 외국인 혐오자, 이슬람 혐오자가 그들입니다. 나머지는 여러분이 직접 선택하세요." 다음을 참조할 것. Frédéric Autran; "Electeurs de Trump pitoyables: la gaffe qui pourrait coûter cher à Clinton", *Libération*, 11 septembre 2016.

9장 | 노동 일선에서

1   "Thatcher voulait envoyer l'armée à la mine", *Le Monde*, 3 janvier 2014.

2   Commission des Communautés européennes, "Livre vert. Moderniser le droit du travail pour relever les défis du XXIe siècle", Bruxelles, 22 november 2006. 다음에서 인용됨. Aleis Cukier, "Le néoliberalisme contre le travail démocratique", *Contretemps*, n°31, novembre 2016.

3   서론에서 언급한 홉스의 표현과 전혀 다른 의미다. 홉스는 국가 형성 전 혹은 해체 시에 나타나는 상태를 묘사한 반면, 여기서 문제가 되는 전쟁은 전쟁의 조건을 창조하고 전쟁을 영속화하는 강한 신자유주의적 국가의 존재를 전제한다.

4   Marie Pezé, *Ils ne mourraient pas tous mais tous étaient frappés. Journal de la consultation "Souffrance et travail" 1997-2008*, Paris, Flammarion, coll. "Champs actuels", 2010; Costa-Gavras, *Le couperet*, Paris, KP Productions, 2005, 122 minutes; Jean-Marc Moutout, *Violence des échanges en milieu tempéré*, Paris, TS Productions, 2003, 99 minutes; Stéphane Brizé, *La loi du marché*, Issy-les-Moulineaux, Arte France Cinéma, 2015, 93 minutes; et Stéphane Brizé, *En guerre*, Paris, Nord-Ouest Films, 2018, 105 minutes.

5   Christophe Dejours, *Souffrance en France. La banalisation de l'injustice sociale*, Paris, Seuil, coll. "L'histoire immédiate", 1998, p.199-200.

6   다음을 참조할 것. David Harvey, *Une brève histoire du néolibéralisme*, Paris, Les prairies ordinaires, coll. "Penser-Croiser", 2014(데이비드 하비 지음, 최병두 옮김, 『신자유주의』, 한울, 2007), Gérard Duménil & Dominique Lévy, *Capital Resurgent: Roots of the Neoliberal Revolution*, Cambridge(MA), Harvard University Press, 2004(제라르 뒤메닐, 도미니크 레비 지음, 이강국, 장시복 옮김, 『자본의 반격』, 필맥, 2006), Cukier, "Le néolibéralisme contre le travail démocratique", *loc.cit.*

7   Luc Boltanski & Eve Chiapello, *Le nouvel esprit du capitalisme*, Paris, Gallimard, coll. "Tel", 1999.

8   신자유주의의 탄생에 대한 이런 식의 해석과 관련해서는 다음의 저서를 참조할 것. David Hancock, *The Counterculturel Logic of Neoliberalism*, New York, Routledge, 2019.

9 제5장 참조.

10 경찰 무장과 관련해서는 제10장을 참조할 것.

11 다음을 참조할 것. Alan Brinkley, *The End of Reform: New Deal Liberalism in Recession and War*, New York, Vintage, 1996.

12 Rick Fantasia & Kim Voss, *Des syndicats domestiqués. Répression patronale et résistance syndicale aux Etats-Unis*, Paris, Raisons d'agir, 2003. 이 책은 회사 관리자들과 미국 정부가 노동조합 조직에 대항하여 벌인 싸움을 묘사한다.

13 도나 케슬만과 카트린 소비아는 다음과 같이 설명한다. "1983년에서 2006년 사이 미국의 노조 가입률은 20.1%에서 10.7%로 반토막이 났다. 16.8%에서 6.4%로 감소한 민간 부문에서 이런 현상은 훨씬 더 두드러졌다. 반면 공공 부문의 노조 가입률은 민간 부문의 거의 6배에 달하는데, 반노조법을 도입한 일부 주를 제외하고는 민간에 비해 감소 폭이 훨씬 적었다.(1983년 36.7%에서 2016년 34.4%로 감소)" 다음을 참조할 것. Donna Kessleman & Catherine Sauviat, "Etats-Unis. Les enjeux de la revitalisation syndicale face aux transformations de l'emploi et aux nouveaux mouvements sociaux", *Chronique internationale de l'IRES*, n°160, février 2018.

14 Leslie Kaplan, "Jour 12 – Les mots, c'est quelque chose", *La petite BAO*, 27 mai 2019; Sandra Lucbert, *Personne ne sort les fusils*, paris, Seuil, coll. "Fiction & Cie", 2020.

15 토마 쿠트로는 프랑스 텔레콤 재판 첫날 '방청 소감'에서도 이러한 사실을 환기한다. 다음을 참조할 것. Thomas Coutrot, "Jour 1 – Procès France Télécom: rendre frileux les PDG?", *La Petite BAO*, 7 mai 2019.

16 Peter Drucker, *La pratique de la direction des entreprises*, Paris, Editions d'organisation, 1957[1954].

17 El Mouhoub Mouhoud & Dominique Plihon, *Le savoir & la finance. Liaisons dangereuses au coeur du capitalisme contemporain*, Paris, La Découverte, 2009.

18 Alain Supiot, *La gouvernance par les nombres. Cours au Collège de France(2012-2014)*, Paris, Fayard, coll. "Poids et mesures du monde", 2014.

19 Vincent de Gaulejac, *La société malade de gestion. Idéologie gestionnaire, pouvoir managérial et harcèlement social*, Paris, Seuil, coll. "Points économie", 2009, p.326.

20 Christophe Dejours, "La psychodynamique du travail face à l'évaluation: de la critique à la propositiion", *Travailler*, vol.1, n°25, 2011, p.15-27.

21 Robert Castel, *La montée des incertitudes. Travail, protections, statut de l'individu*, Paris, Seuil, coll. "La couleur des idées", 2009.

22 Maud Simonet, *Travail gratuit: la nouvelle exploitation?*, Paris, Textuel, coll. "Petite encyclopédie critique", 2018.

23 Antonio A. Casilli, *En attendant les robots. Enquête sur le travail du clic*, Paris,

Editions du Seuil, coll. "La couleur des idées", 2019.

24 이 주제와 관련해서는 다음을 참조할 것. Marie-Anne Dujarier, *Trouble dans le travail*, Paris, PUF, 2021.

25 Tony Blair & Gerhard Schröder, "La troisième voie – le nouveau cnetre", *PSinfo*, 8 juin 1999.

26 이와 관련한 다양한 지점들에 대해서는 다음을 참조할 것. Dardot & Laval, *La nouvelle raison du monde*, *op.cit.*, chapitres 7 & 8.(다르도 & 라발, 『새로운 세계합리성』)

27 Foucault, *Naissance de la biopolitique*, *op.cit.* 특히 1979년 3월 14일 강의(원서 p.237)를 참조할 것.(푸코, 『생명관리정치의 탄생』)

28 Gary S. Becker, *Human Capital: A Theoritical and Empirical Analysis with Special Reference to Education*, Chicago, University of Chicago Press, 1993[1964].

29 Foucault, *Naissance de la biopolitique*, *op.cit.*, p.232.(푸코, 『생명관리정치의 탄생』)

30 Theodore W. Schultz, "Capital Formation by Education", *Journal of Political Economy*, vol.68, n°6, december 1960, p.571-583.

31 Jacob Mincer, "Investment in Human Capital and Personal Research Income Distribution", *Journal of Political Economy*, vol.66, n°4, August 1958, p.281-302.

32 Theodore W. Schultz, "Investment in Human Capital", *The American Economic Review*, vol.51, n°1, March 1961, p.1-17.

33 Melinda Cooper, "In Loco Parentis: Human Capital, Student Debt, and the Logic of Family Investment", in *Family Values*, *op.cit.* p.215-256.

34 Cukier, "Le néolibéralisme contre le travail démocratique", *loc.cit.* 이 점과 관련해서는 다음을 참조할 것. Alexis Cukier, *Le travail démocratique*, Paris, PUF, coll. "Actual Marx confrontation", 2017.

35 일과 관련된 자살의 병인론을 살펴보려면 다음을 참조할 것. Christophe Dejours, "Nouvelles formes de servitude et suicide", Travailler, vol.1, n°13, 2005, p.53-73; Christophe Dejours & Florence Bègue, *Suicide et travail: que faire?*, Paris, PUF, coll. "Souffrance et théorie", 2009; Dominique Lhuilier, "Suicides en milieu de travail", in Phillippe Courtet (dir.), *Suicides et tentatives de suicide*, Cachan, Lavoisier, coll. "Psychiatrie", 2010, p.219-223.

36 Marie-Anne Dujarier, *Le management désincarné. Enquête sur les nouveaux cadres du travail*, Paris, La Découverte, coll. "Cahiers libres", 2015.

37 특히 지그프리트 베른펠트, 오토 페니켈, 파울 페데른, 빌헬름 라이히의 작업을 참조할 것.

38 Theodor W. Adorno, *Études sur la personnalité autoritaire*, Paris, Allia, coll. "About and around", 2007[1950].

39 Erich Fromm, *Arbeiter und Angestellten am Vorabend des Dritten Reiches. Eine sozialpsychologische Untersuchung*, Giessen, Psychosozial-Verlag, 2019[1980]; Max Horkheimer, Erich Fromm & Herbert Marcuse, *Studien über Autorität*

und Familie. Forschungsberichte aus dem Institut für Sozialforschung, Paris, Librairie Félix Alcan, 1936. 프랑크푸르트학파의 연구 속에서 이 주제가 차지하는 자리와 역사와 관련해서는 다음을 참조할 것. Katia Genel, *Autorité et émancipation. Horkheimer et la Théorie critique*, Paris, Payot, coll. "Critique de la politique", 2013, chap.2, p.103-198.

40 Stéphane Haber, "Subjectivation surmoïque et psychologie néolibéralisme", in *Penser le néolibéralisme. Vie, capital et aliénation*, Paris, Les prairies ordinaires, 2013, p.145-180.

41 *Ibid.*, p.161.

10장 ｜ 반민중적 통치

1 Olivier Fillieule & Fabien Jobard, *Politiques du désordre. La police des manifestations en France*, Paris, Seuil, 2020, p.11.

2 푸코를 인용하자면, "일상적인 권력 행사는 내전처럼 인식될 수 있어야 한다. 권력을 행사한다는 것은 어떤 의미에서 내전을 벌이는 것이며, 그 모든 수단, 포착 가능한 전술, 동맹은 내전의 개념으로 분석 가능해야 한다." 푸코는 자신의 연구 대상이었던 19세기에 대해 다음과 같이 덧붙였다. "사회 전쟁이 벌어지고 있다. 만인에 대한 만인의 전쟁이 아니라 빈자들에 대한 부자들의 전쟁, 무산자들에 대한 소유자들의 전쟁, 프롤레타리아에 대한 사용자들의 전쟁이다."(Foucault, *La société punitive, op.cit.*, p.33 & 23.)

3 "Michel Foucault: la sécurité et l'Etat"(1977), *Dits et écrits, t.2, 1976-1988*, Paris, Gallimard, coll. "Quartro", 2001, p.383~.

4 Marie Goupy, "L'Etat d'execption, une catégorie d'analyse utile? Une réflextion sur le succès de la notion d'état d'exception à l'ombre de la pensée de Michel Foucault", *Revue interdisciplinaire d'études juridiques*, vol.79, n°2, 2017, p.97-111.

5 우리는 이를 2020~2021년 팬데믹 위기 때 경험했다.

6 Foucault, *La Société punitive, op.cit.*

7 Stuart Hall *et al.*, *Policing the Crisis: Mugging the State and Law and Order*, London, Macmillan Press, 2013[1978].

8 2020년 9월 프랑스 내무부 장관이 발표한 '국가 질서 유지 계획'의 다음 구절은 할 말을 잃게 만든다. "3차원적 통제는 현시대의 질서 유지에 필수적이다. 비행 수단을 강화, 개발해야 하며, 광학 촬영과 전송 능력을 향상시키고 관련 법적 틀을 정비하는 데 노력을 기울여야 한다. 이 수단들은 진압 작전 수행뿐 아니라 소요 주동자 신원 확인을 위해서도 유용하다." 다음을 참조할 것. "Schéma national du maintien de l'ordre", Paris, ministère de l'intérieur, 16 septembre 2020, p.27.

9 시위대의 일부를 고립시켜 때로는 수 시간 동안 최루탄 연기 속에 가두어 두는 방법으로, 이처럼 시위 자체를 봉쇄하는 경찰의 진압 방식은 어떤 법적 근거도 지니지 못한다.

10 Tony Jefferson, "Policing the Riots: From Brsitol and Brixton to Tottehham, via Toxteth, Handsworth", *Criminal Justice Matters*, vol.87, n°1, march 2012, p.8-9.

11 위험한 무기 사용은 프랑스 치안 정책의 특징이다. 유럽 국가 중 시위 진압을 위해 GLI-F4 타입 최루탄이나 고무탄 발사기 같은 폭발 무기를 사용하는 국가는 프랑스가 유일하다. 이 무기들은 부상과 신체 부위 절단을 초래할 수도 있으며, 실제로 그런 사고들이 벌어졌다. 유럽연합이사회와 미셸 바슐레가 이끄는 UN 인권위원회도 이 무기들의 사용을 반대하는 입장을 냈다.

12 David Dufresne, "Allô Place Beauvau: que fait (vraiment) la police des polices?", *Mediapart*, 12 juin 2020.

13 "Le maintien de l'ordre au regard des règles de déontologie", Paris, Défenseur des droits, décembre 2017.

14 Bernard E. Harcourt, *The Counterrevolution: How Our Government Went to War against Its Own Citizens*, New York, Basic Books, 2018, p.15.

15 *Ibid.*

16 *Ibid.*, p.8.

17 *Ibid.*, p.60.

11장 | 신자유주의 전쟁 기계로서의 법

1 제4장 참조.

2 "Attaque à Nice: le débat monte sur une législation d'exception", *Les Echos*, 29 octobre 2020.

3 "Des mesures disproportionnées. L'ampleur grandissante des politiques sécuritaires dans les pays de l'UE est dangereuse", London, *Amnesty International*, 17 janvier 2017.

4 Mireille Delmas-Marty: "Le projet de loi antitrroriste, un mur de papier face au terrorisme", *Philomag*, 31 july 2017.

5 Manuel Valls, discours prononcé lors de l'examen du projet de loi de révision consititutionnelle, 5 february 2016. 다음에서 인용됨. Véronique Champeil-Desplats "Aspects théoriques: ce que l'état d'urgence fait à l'Etat de droit", in *Ce qui reste(ra) toujours de l'urgence*, Centre de recherches et d'études sur les droits fondamentaux(CREDOF), february 2018.

6   Marie Goupy, *L'état d'exception ou L'impuissance autoritaire de l'Etat à l'époque du libéralisme*, Paris, CNRS, 2016. 다음을 참조할 것. Giorgio Agamben, *Etat d'exception*, t.1, *Homo sacer*, Paris, Seuil, coll. "L'ordre philosophique", 2003.(조르조 아감벤 지음, 김항 옮김, 『예외상태』, 새물결, 2009)

7   Foucault, *La société punitive*, *op.cit.*, p.34.

8   Orde F. Kittrie, *Lawfare: Law as a Weapon of War*, Oxford, Oxford University Press, 2016.

9   Christiano Zanin Martins, Valeska Teixeira Zanin Martins & Rafael Valim, *Lawfare: uma introdução*, São Paulo, Contracorrente, 2019.

10   John Carlson & Neville Yeomans, "Whither Goeth the Law-Humanity or Barbarity", in Margaret Smith & David Crossley (dir.), *The Way Out: Radical Alternatives in Australia*, Narembrun, Lansdowne, 1975.

11   Charles J. Dunlap Jr, "Law and Military Interventions: Preserving Humanitarian Values in 21st Century Conflicts", document de travail, Harvard Kennedy School, november 2001.

12   던랩은 다음과 같이 결론을 내린다. "우리는 적들이 우리를 이기기 위해 우리의 가치들을 이용할 만반의 준비가 되어있으며, 전쟁법을 무시하고 그렇게 할 것이라는 점을 명심해야 한다."(*Ibid.*, p.19)

13   다음을 참조할 것. Roberto Dañino, "The Legal Aspects of the World Bank's Work on Human Rights", *The International Lawyer*, vol.41, n°1, printemps 2007.

14   Ran Hirschl, "The Political Origins of the New Constitutionalism", *Indiana Journal of Global Legal Studies*, vol.11, n°1, january 2004, p.73.

15   C. Neal & Torbjörn Valinder (dir.), *The Global Expansion of Judicial Power*, New York, New York University Press, 1995. 1980년 칠레 헌법 제1장도 참조할 것.

16   Hirschl, "The Political Origins of the New Consitutionalism", *loc.cit.*, p.72-73.

17   Rodrigo Burgarelli & André Carmona, "Salários do Judiciário mais que dobraram em 20 anos", *Exame*, 27 juin 2016.

18   Coralie Delaume, "Du traité constitutionnel à Syriza: l'Europe contre les peuples", *Le Figaro*, 2 février 2015.

19   Bárbara Dias & Jean-François Deluchey, "Neoliberalismo, neofascismo e neocolonialismo na América Latina", *Jornal Resistência*, december 2019, p.4-5.

20   Tatiana Roque, "Brésil: une crise en trois actes", *La vie des idées*, 28 mai 2019. 제4장에 언급한 헌법화 문제 역시 참조할 것.

21   'lava jato'는 세차용 고압 분사기를 의미한다.

22   Friedrich Hayek, "Les principes d'un ordre social libéral", in *Essais de philosophie, de science politique et d'économie*, Paris, Les Belles Lettres, coll. "Bibliothèque classique de la liberté", 2007, p.259.

23   제2장, 제4장 참조.

24   Foucault, *Naissance de la biopolitique*, *op.cit.*, p.155.(푸코, 『생명관리정치의 탄생』)

12장 | 신자유주의와 권위주의

1   법 이론서를 저술한 철학자 헤르만 헬러는 사민주의 좌파로, 1932년 7월 파펜 수상이 프로이센주 각료들을 해임하기 위해 '프로이센 쿠데타'를 벌였을 때, 슈미트와는 반대로 바이마르 헌법을 옹호했다.

2   Martin Jacques, "The Death of Neoliberalism and the Crisis of Western Politics", *The Guardian*, 21 August 2016; and Cornel West, "Goodbye, American Neoliberalism: A New Era Is Here", *The Guardian*, 17 november 2016. 두 글 모두 다음에서 인용. Thomas Biebricher, "Neoliberalism and Authoritarianism", *Global Perspectives*, vol.1, n°1, february 2020.

3   Ian Bruff, "The Rise of Authoritarian Neoliberalism", *Rethinking Marxism*, vol.26, n°1, january 2014, p.113-129; and Wendy Brown, Peter E. Gordon and Max pensky, *Authoritarianism: Three Inquiries in Critical Theory*, Chicago, University of Chicago press, 2018, 다음에서 인용. Biebricher, "Neoliberalism and Authoritarianism", *op.cit.*, 저자는 다른 어떤 개념보다 '권위주의' 개념에 의존한다.

4   Wendy Brown, "Neoliberalism's Frankenstein Authoritarian Freedom in Twenty-First Century "Democracies"", *Critical Times*, vol.1, n°1, april 2018, p.33.

5   Traverso, *Le totalitarisme*, *op.cit.*, p.128.

6   프랑스 상황에 적용된 이런 유의 주장에 대해서는 다음을 참조할 것. Ugo Palheta, *La possibilité du fascisme. France, la trajectoire du désastre*, Paris, La Découverte, coll. "Cahiers libres", 2008.

7   Robert O. Paxton, *The Anatomy of Fascism*, New York, Alfred A. Knopf, 2004. Henry Giroux, "Neoliberal Fascism and the Echoes of History", *Truthdig*, 2 August 2018.

8   Robert O. Paxton, "Le régime de Trump est une ploutocratie", *Le Monde*, 6 mars 2017.

9   Emilio Gentile, *Qu'est-ce que le fascisme? Histoire et interprétation*, Paris, Gallimard, coll. "Folio histoire", 2004.

10   Robert O. Paxton, "I've Hesitated to Call Donald Trump a Fascist, Until Now", *Newsweek*, 11 january 2021.

11   Traverso, *Le totalitarisme*, *op.cit.*, p.133.

12   *Ibid.*, p.126.

13 *Ibid.*, p.135.(강조는 인용자)

14 Johann Chapoutot, *Fascisme, nazisme et régimes autoritaires en Europe(1918-1945)*, Paris, PUF, coll. "Quadrige", 2020, p.94 (1921년 인용문 관련), p.197 (1938년 인용문 관련).

15 *Ibid.*, p.127.

16 Traverso, *Le totalitarisme*, *op.cit.*, p.129.

17 Chapoutot, *Fascisme, nazisme et régimes autoritaires en Europe(1918-1945)*, *op.cit.*, p.204-205.

18 *Ibid.*, p.130.

19 Brown, "Neoliberalism's Frankenstein Authoritarian Freedom in Twenty-First Century "Democracies"", *loc.cit.*, p.34.

20 요한 샤푸토에 따르면 라인하르트 휜 같은 나치 법학자들이 전시 경제의 '관리'에서 자유 개념에 깊이 천착한 이유는, 이 자유가 자유로운 인간들의 공동체 안에서만 이해될 수 있음을 보여주기 위해였다. "복종한다는 사실로 인해 본질적으로 자유롭다. 왜냐하면, 그들은 총통에 복종함으로써 자기 자신, 게르만 인종의 가장 순수하고 건강한 본능에 복종하는 셈이기 때문이다."(Johann Chapoutot, *Libres d'obéir. Le management du nazisme à aujourd'hui*, Paris, Gallimard, coll. "NRF essais", 2020, p.139)

21 Carl Schuitt, "Etat fort et économie saine" (1932), in Heller & Schmitt, *Du libéralisme autoritaire*, *op.cit.*, p.87-118. 본서 제3장 참조.

22 비스마르크를 지지한 이 정치적 조류 이외에 아담 스미스에 대한 비판과 보호주의 옹호자로 알려진 프리드리히 리스트의 '국가 경제' 독트린을 언급할 필요가 있다. 그의 독트린은 독일의 입장을 옹호할 필요성에 따라 '교육적 보호주의'라고 불렸다.

23 Augustin Simard, *La loi désarmée. Carl Schmitt et la controverse légalité/légitimité sous la république de Weimar*, Québec/Paris, Presses de l'Université Laval/ Maison des sciences de l'homme, 2009, p.218.

24 빌헬름 1세(1871-1888)와 그 계승자들을 말한다.

25 Hermann Heller, "Libéralisme autoritaire?", in Heller & Schmitt, *Du libéralisme autoritaire*, *op.cit.*, p.133.

26 Simard, *La loi désarmée*, *op.cit.*, p.220-221.

27 Heller, "Libéralisme autoritaire?", *loc.cit.*, p.134.

28 올리비에 보는 '자기 제한'에 대해 논하면서 슈미트를 인용한다. 슈미트는 1930년부터 국가가 '스스로 자연적인 규모로 되돌아감으로써' 자신의 힘을 증명한다고 주장했다.(Olivier Beaud, *Les derniers jours de Weimar. Carl Schmitt face à l'avènement du nazisme*, Paris, Descartes & Cie, 1997, p.69, note 57, 강조는 인용자)

29 Heller, "Libéralisme autoritaire?", *loc.cit.*, p.135.

30 *Ibid.*, p.137.(강조는 인용자)

31 헬러는 슈미트가 "근본적으로 오로지 '권위주의' 국가, 다시 말해 무솔리니 모델에 기초한 파시스트 독재만을 알았다"라고 주장한다.(*ibid.*, p.127)

32 Simard, *La loi désarmée, op.cit.*, p.140 & 169. 저자는 여기서 슈미트의 다음 저서를 참조했다. Schmitt, *Die geistesgeschichtliche Lage des heutigen Parlamentarismus*, Berlin, Duncker & Humbolt, 2017[1923].

33 Beaud, *Les derniers jours de Weimar*, op.cit., p.114 et suiv.

34 *Ibid.*, p.239-240.

35 *Ibid.*, p.226.

36 Traverso, *Le totalitarisme, op.cit.*, p.146-150.

37 Ibid., p.147. 샤푸토가 강조하듯이(*Fascisme, nazisme et régimes autoritaires en Europe, op.cit.*, p.202), 파시스트 전체주의가 국가중심적이라면, 나치즘은 '국가와 맺는 좀 더 도구적인 관계'를 특징으로 한다.

38 Simard, *La loi désarmée, op.cit.*, p.219.

39 *Ibid.*, p.221-222. 시마르는 레나토 크리스티(Renato Christi)의 연구 *Carl Schmitt and the Authoritarian Liberalism: Strong State, Free Economy*, Cardiff, University of Wales Press, 1998의 p.221 각주를 참조했다.

40 슬로보디언에 따르면 '신자유주의'라는 용어는 월터 리프먼 학술대회에 참석한 프랑스 기업가 루이 마를리오에 의해 만들어졌다.(Slobodian, *Globalists, op.cit.*, p.93)

41 "Allocution du professeur Louis Rougier", dans Serge Audier, *Le Colloque Lippmann, op.cit.* p.415.

42 *Ibid.*, p.470.

43 제3장 참조.

44 Carl Schmitt, "Weiterentwicklung des totalen Staat in Deutschland" (1933), in *Positionen und Begriffe im Kampf mit Weimar-Genf-Versailles 1923-1939*, Berlin, Duncker & Humblot, 1988, p.185-190. 이 글의 일부에 대한 번역과 소개가 다음에 실려 있음. Traverso, *Le totalitarisme, op.cit.*, p.137-146. 제목에서 엿볼 수 있듯 발전의 방향은 총체적 국가를 향하며, 그 발전은 약한 총체적 국가를 강한 총체적 국가로 이끈다.

45 시마르는 이 점을 그의 저서 Simard, *La loi désarmée, op.cit.*, p.229 에서 강조했다.

46 Carl Schmitt, *Der Hüter der Verfassung*, Berlin, Duncker & Humblot, 1931.(카를 슈미트, 김효전 옮김, 『헌법의 수호자』, 법문사, 2000)

47 Hayek, *La route de la servitude, op.cit.*, p.129, note 1: 슈미트에 대한 이 인용에서 총체적 국가는 '그 안에서 국가와 사회가 하나로 융합되는 국가'로 규정된다. (하이에크, 『노예의 길』)

48 *Ibid.*, p.136.

49 Friedrich Hayek, *Essais de philosophie, de science politique et d'économie*, Paris, Les Belles Lettres, coll. "Bibliothèque classique de la liberté", 2007, p.259.

50 독일어로는 말 그대로, '구체적 질서의 사유(konkrete Ordnungsdenken)'라는 의미다.

51 Hayek, *Droit, législation et liberté, op.cit.*, p.184-185.(하이에크, 『법, 입법 그리고 자유』) 본서 제4장 주석 25에서 이 '법의 전체 개념'을 언급한 바 있다.

52 Carl Schmitt, *Les trois types de pensée juridique*, Paris, PUF, coll. "Quadrige", 2015. in Hayek, *Droit, législation et liberté*, (*op.cit.*, p.185, note 1), 독일어 제목으로 인용됨.

53 Dominique Séglard, "Présentation", in Schmitt, *Les trois types de pensée juridique*, *op.cit.*, p.80.

54 Hayek, *Droit, législation et liberté*, *op.cit.*, p.622.(하이에크, 『법, 입법 그리고 자유』) 이러한 법 개념, 특히 하이에크가 슈미트에게서 차용하여 역으로 그를 비판하는 데 이용한 법(Recht)과 법률(Gesetz)의 구별과 관련하여, 본서 제2, 4, 11장을 참조할 것.

55 Schmitt, *Les trois types de pensée juridique*, *op.cit.*, p.110.

56 Dardot & Laval, *La nouvelle raison du monde*, *op.cit.*, p.7. (다르도 & 라발, 『새로운 세계합리성』)

57 Grégoire Chamayou, "1932, naissance du libéralisme autoritaire", in Heller & Schmitt, *Du libéralisme autoritaire*, *op.cit.*, p.71-72 에서 믿는 바와는 반대다.

58 슬로보디언이 *Globalists*, *op.cit.*, p.16에서 지적하였다. 같은 의미로, 서두에 칼 폴라니의 『거대한 전환』을 인용한 나오미 클라인의 『쇼크 독트린(Klein, *La stratégie du choc, op.cit.*)』을 참조할 것.

59 제1장 참조.

60 Foucault, *Naissance de la biopolitique*, *op.cit.*, p.113.(푸코, 『생명관리정치의 탄생』)

61 이미 앞서 인용한 레온하르트 믹쉬의 탁월한 표현, '경쟁: 국가적 조직'이 이를 간결하게 보여준다. (본서 서론 주석 20 참조)

62 슬로보디언은 헬러의 권위주의적 자유주의를 다룬 "European Law Journal" 2015년 5월 특집호를 언급한다. (*Globalists*, *op.cit.*, p.296 note 61) 그는 또한 같은 주석에서 다음을 참조한다. Werner Bonefeld, "Authoritarian Liberalism: From Schmitt via Ordoliberalism to the Euro", *Critical Sociology*, vol.43, n°4-5, july 2017, p.747-761; Christian Joerges, "What is Left of the European Economic Constitution?", *SSRN*, vol.20, n°3, november 2004; Michael A. Wilkinson, "The Specter of Authoritarian Liberalism: Reflections on the Constitutional Crisis of the European Union", *German Law Journal*, vol.14, n°5, 2013, p.527-560.

63 이 개념과 관련해서는 제4장을 참조할 것.

64 Hannah Arendt, "Qu'est-ce que l'autorité?", dans *L'humaine condition*, Paris, Gallimard, coll. "Quarto", 2012, p.682.(한나 아렌트 지음, 이진우 옮김, 『인간의 조건』, 한길사, 2019)

65 *Ibid.*, p.675-676.

66 Chapoutot, *Fascisme, nazisme et régimes autoritaires en Europe(1918-1945)*, *op.cit.*, p.249.

67 Biebricher, "Neoliberalism and Authoritarianism", *loc.cit.*, p.12.

68 Steven Levitsky and Lucan Way, *Competitive Authoritarianism: Hybrid Regimes*

After the Coldwar, Cambridge, Cambridge University Press, 2012. 다음에서 인용. *ibid.*, p.2.

69   Slobodian, *Globalists*, *op.cit.*, p.113.

70   다음의 예를 보라. Biebricher in "Neoliberalism and Authoritarism", *loc.cit.*, p.10, 15.

71   *Ibid.*, p.2.

72   제7장과 8장 참조.

73   제1장 참조.

결론 | 내전에서 혁명으로

1   Bob Jessop, "Authoritarian Neoliberalism: Periodization and Critique", *South Atlantic Quarterly*, vol.118, n°2, april 2019, p.343-361.

2   Brown, *In the Ruins of Neoliberalism*, p.108-115.

3   Callison & Manfredi(dir.), *Mutant Neoliberalism*, *op.cit.*

4   Foucault, *La société punitive*, *op.cit.*, p.33.

5   Hayek, *Droit, législation et liberté*, *op.cit.*, p.303.

6   Ludwig von Mises, *Liberalism: In the Classical Tradition*, Auburn(AL), Mises Institute, 2018[1927], p.187.(미제스, 『자유주의』)

7   Hayek, *Droit, législation et liberté*, *op.cit.*, p.869-870.(하이에크, 『법, 입법 그리고 자유』)

8   Wilhelm Röpke, *Die Religion der Marktwirtschaft*, Münster, LIT, 2009. 다음에서 인용. Bonefeld, *The Strong State and the Free Economy*, *op.cit.*, p.21.

9   Alexander Rüstow, *Rede und Antwort*, Düsseldorf, Hoch, 1963. 다음에서 인용. Bonefeld, *The Strong State and the Free Economy*, *op.cit.*, p.37

10   Foucault, *La société punitive*, *op.cit.*, p.35.

11   미제스는 마르크스를 '내전'과 연관시킨다. 다음을 참조할 것. Mises, *Socialism*, *op.cit.*, p.544: "마르크스는 혁명과 내전을 수단으로 자본주의에서 사회주의로의 이행을 완수하기 위한 정당을 조직하려고 했다."(미제스, 『사회주의』)

12   Röpke, *International Economic Disintegration*, *op.cit.*, p.241.

13   Mises, *Socialism*, *op.cit.*, p.23.(미제스, 『사회주의』)

14   제5장 127~129쪽 참조.

15   Mises, *Human Action*, *op.cit.*, p.258.(미제스, 『인간행동』)

16   Foucault, *La société punitive*, *op.cit.*, p.34.

17   Foucault, *Il faut défendre la société*, *op.cit.*, p.71.(푸코, 『사회를 보호해야 한다』)

18   Röpke, *La crise de notre temps*, *op.cit.*, p.30.

19 이 점과 관련하여 다음을 참조할 것. Slobodian, *Globalists*, *op.cit.*, chap.3.

20 뷰캐넌은 1960년대 자신의 지적 탐구의 여정을 다음과 같이 회고한다. "나는 1960년대 중반 대학들에서 무정부주의가 분출하는 것을 멀리서 지켜봤고, 가까이는 1968년 LA 캘리포니아대학교(UCLA)에서 목격하였다. 자본의 가치를 구현한 규칙과 협약 들이 새로운 야만에 의해 땅에 떨어지는 것을 보았을 때, 나는 일어나서 모두를 상대로 싸워야만 한다고 느꼈다." 다음을 참조할 것. James M. Buchanan, *Economics from the Outside In: Better than Plowing and Beyond*, College Station(TN), Texas A&M University Press, 2007, p.115.

21 제8장 참조.

22 "M. Erhard dresse un catalogue des problèmes plutôt que des solutions", *Le Monde*, 12, novembre 1965.(강조는 인용자)

23 Röpke, *Civitas humana ou Les questions fondamentales de la réforme économique et sociale*, *op.cit.*, p.144 & 120, note 1. 다음에서 재인용됨. Foucault, *Naissance de la biopolitique*, *op.cit.*, p.130-131, note 33.(푸코, 『생명관리정치의 탄생』)

24 Foucault, *Naissance de la biopolitique*, *op.cit.*, p.82-85.(푸코, 『생명관리정치의 탄생』)

25 Carl Schmitt, *La notion de politique. Théorie du partisan*, Paris, Flammarion, coll. "Champs", 1992, p.116 & 125.(카를 슈미트, 『파르티잔 이론』, 인간사랑, 1990)

26 *Ibid.*, p.125.

27 Johan Wolfgang von Goethe, *Conversations de Goethe avec Eckermann*, Paris, Gallimard, coll. "Du monde entier", 1988[1941], p.425.

28 Vincent Azoulay & Paulin Ismard, *Athènes 403*, *op.cit.*, p.216.

29 독일어 Bürger는 부르주아와 시민을 동시에 의미한다. 그 덕분에 헤겔의 경우처럼 개인의 내적 대립을 이해할 수 있다. 슈미트는 "부르주아에 대한 논쟁적이고 정치적인 첫 번째 정의는 비정치적인 사적 영역을 떠나기를 거부하는 사람이다"라고 한 헤겔의 말에 동의한다.(Carl Schmitt, *La notion de politique. Théorie du partisan*, Paris, Flammarion, coll. "Champs classiques", 2009, p.106)

30 Hans Kohn, "The Totalitarian Philosophy of War", *Proceedings of the American Philosophical Society*, vol.82, n°1 february 1940, p.57-72. 다음에서 인용. Traverso, *Le totalitarisme*, *op.cit.*, p.344.

31 Slobodian, *Globalists*, *op.cit.*, p.211.

32 이 점과 관련해서는 다음을 참조할 것. Haud Guéguen, "La délibérabilité du commun: commun et délibération chez Aristote", dans Christian Laval, Pierre Sauvêtre & Ferhat Taylan (dir.), *L'alternative du commun*, Paris, Hermann, coll. "Les colloques CERISY", 2019, p.379-393.

33 1871년 3월 28일, 국민군 연맹 중앙위원회는 툴루즈 사절단에게 편지 하나를 전달했다. 그 편지엔 다음과 같은 내용이 적혀 있었다. "내전 말고는 어떤 희망도 없는 정부의 도발에 대항하여 파리는 미래의 초석을 쌓았다. 파리는 진정한 힘은 평화적인 혁명에 있으며, 인민은

자신의 존엄한 태도로 무기를 들고 그들을 공격하는 자들을 쳐부술 수 있을 만큼 충분히 강하나는 것을 증명하고자 했다." 다음을 참조할 것. Comité central de la Fédération de la Garde national, 28 mars 1871, dans *Journal officiel de la République française sous la Commune du 19 mars au 24 mai 1871*, Paris, Victor Bunel, 1871, p.102.

34   Gustave Lefrançais, *Étude sur le mouvement communaliste. Suivi de "La Commune et la Révolution"*, Paris, Klincksieck, coll. Critique de la politique, 2018[1871], p.98.

35   Georges Bourgin et Gabrien Henriot (éd.), *Procès-verbaux de la Commune de 1871*, t.2, Paris, E. Leroux, 1945, p.522, 다음에서 인용. Loraux, *La tragédie d'Athènes*, *op.cit.*, p.48.

36   Comité central de la Fédérationde de la Garde nationale, 19 mai 1871, dans *Journal officiel de la République française sous la Commune du 19 mars au 24 mai 1871*, *op.cit.*, p.615.

37   Loraux, *La tragédie d'Athènes*, *op.cit.*, p.50.

38   Chantal Mouffe, *Pour un populisme de gauche*, Paris, Albin Michel, 2018, p.52. (샹탈 무페 지음, 이승원 옮김, 『좌파 포퓰리즘을 위하여』, 문학세계사, 2019)

39   Wendy Brown, *Défaire le démos. Le néolibéralisme, une révolution furtive*, Paris, Amsterdam, 2018.(웬디 브라운 지음, 배충효, 방진이 옮김, 『민주주의 살해하기』, 내인생의책, 2017)

ㅎ

내전, 대중 혐오, 법치
신자유주의는 어떻게 지배하는가

2024년 2월 29일 초판 1쇄 발행
2024년 5월 16일 초판 2쇄 발행

지은이	피에르 다르도, 크리스티앙 라발, 피에르 소베트르, 오게강
옮긴이	정기헌
해제	장석준
펴낸이	류지호
책임편집	곽명진
편집	이기선, 김희중, 곽명진
디자인	쿠담디자인
펴낸 곳	원더박스 (03169) 서울시 종로구 사직로10길 17, 301호
	대표전화 02-720-1202 팩시밀리 0303-3448-1202
	출판등록 제2022-000212호(2012.6.27.)

ISBN 979-11-92953-23-6 (03300)